Katie Fforde
Im Garten meiner Liebe

Aus dem Englischen von
Ingrid Krane-Müschen

BASTEI LÜBBE TASCHENBUCH
Band 14258

1. Auflage: November 1999
2. Auflage: April 2002

Vollständige Taschenbuchausgabe

Bastei Lübbe Taschenbücher ist ein Imprint
der Verlagsgruppe Lübbe

Titel der englischen Originalausgabe: WILD DESIGNS
© 1996 by Katie Fforde
© 1998 für die deutschsprachige Ausgabe by Schneekluth
Ein Verlagsimprint der Weltbild Verlag GmbH, Augsburg
Lizenzausgabe: Verlagsgruppe Lübbe GmbH & Co. KG,
Bergisch Gladbach
Einbandgestaltung: QuadroGrafik, Bensberg
Titelillustration: AKG, Berlin
Edouard Vuillard
»Le Jardin de Vaucresson«, 1923
Satz: hanseatenSatz-bremen, Bremen
Druck und Verarbeitung: AIT Trondheim AS
Printed in Norway
ISBN 3-404-14258-6

Sie finden uns im Internet unter
http://www.luebbe.de

Der Preis dieses Bandes versteht sich einschließlich
der gesetzlichen Mehrwertsteuer.

Widmung

Für meine Kinder, die selbstverständlich keinerlei Ähnlichkeit mit den Figuren dieses Buches haben.

Danksagungen

Mein Dank gilt Jane Fearnley-Whittingstall, die mich unwissentlich auf die Idee brachte, sowie Mike Miller und seinem Team von Clifton Nurseries, darunter besonders Bob Scrutton und Nicki Harvey, die mir großzügig ihre Zeit opferten, mich von ihren Fachkenntnissen profitieren ließen und mir gestatteten mich ausgiebig in ihrer Ausstellung auf der Chelsea Flower Show umzusehen. Danken möchte ich auch Alan und Minn Hogg, den Kindern, Eltern, Lehrern und dem Verwaltungsrat der Rodborough County Primary and Horsley Schools, sowie denen ihrer Partnerschule in Frankreich. Ebenso Anne Rafferty und Laura Stewart für ihre wertvollen Ideen, Sarah Molloy und Richenda Todd für ihre Unterstützung und ihre uneingeschränkte Toleranz und allen anderen, die vielleicht ohne es zu merken in meinem Unterbewusstsein an der Kettenreaktion mitgewirkt und so die Entstehung dieses Buches ermöglicht haben.

KAPITEL 1 »Mum«, sagte eine Stimme, die gleichermaßen vorwurfsvoll und nachsichtig klang. »Hast du etwa schon wieder Orangensaft gleich aus dem Karton getrunken?«

Altheas Geste war Eingeständnis und Entschuldigung, vermischt mit einem Hauch von Verärgerung darüber, dass er ihr wieder mal auf die Schliche gekommen war. »Er war schon ganz dickflüssig, du hättest ihn sowieso nicht mehr getrunken.«

Ihr siebzehnjähriger Sohn schüttelte mit gespielter Entrüstung den geschorenen Kopf.

»Ich wollte kein Glas schmutzig machen«, fuhr sie fort. »Es war nur ein Schlückchen.« Dann besann sie sich auf ihre Mutterrolle: »Wenn du jemals nur einen Kaffeebecher abwaschen oder den Geschirrspülautomaten einräumen würdest, wüsstest du meinen sparsamen Gläserverbrauch zu schätzen.«

»Heutzutage nennt man das Spülmaschine.«

»Mir ist gleich, wie du es nennst, Liebling. Hauptsache, du stellst ab und zu etwas hinein.«

William war groß, hatte hier und da ein paar Pickel und war doch in den Augen seiner Mutter von makelloser Schönheit. Jetzt entstellte allerdings ein metallisches Grinsen sein Gesicht. Die Eisenbahnschienen, die die Zähne seines Unter- und Oberkiefers durchzogen, gaben seinem breiten Lächeln eine bizarre Note. Diese Kombination aus Lächeln und Zahnspange war vollkommen unwiderstehlich und es blieb ihr gar nichts anderes übrig, als das Lächeln zu erwidern.

»Juno kommt gleich.« Sie hoffte, ihr Sohn werde den Wink verstehen und ihr aufräumen helfen.

»Ah ja? Wie nett für dich.« Er hielt nicht allzu viel von Juno. Sie war nach seiner Einschätzung zu materialistisch und zu sehr mit sich selbst beschäftigt. Allerdings erhob er diesen Vorwurf gegen die meisten Leute, denn er war Buddhist.

Althea seufzte. »Komm schon, hilf mir ein bisschen. Du weißt doch, wie kritisch sie ist.«

»Sie ist deine Schwester. Deine *jüngere* Schwester. Wenn es dir nichts ausmacht, im Durcheinander zu leben, warum sollte es sie dann stören?«

»Es macht mir nicht gerade Spaß, im Durcheinander zu leben. Das ist etwas, das mir einfach passiert. Und es stört sie eben, das weißt du doch. Sie schimpft mich jedes Mal aus.«

»Das ist dein Problem, Mum. Du lässt es zu, dass die Leute auf dir rumtrampeln.«

»Ja, und die größten Füße hast du.«

»Unsinn. Ich will nur dein Bestes.«

Althea verzog ärgerlich das Gesicht. Wenn ein bestimmter Punkt überschritten war, fand sie diese Art von Rollentausch nicht mehr besonders komisch. »Das Beste für mich wäre im Moment ein bisschen Hilfe in der Küche.«

William warf einen abgenagten Apfel Richtung Mülleimer. Er landete daneben.

Althea hatte die Flugbahn verfolgt. »Ich dachte, Buddhisten sollen immer nett zu ihren Müttern sein.«

William schnitt eine Grimasse. »Oh, meinetwegen. Ich mach einen Rundumschlag in der Küche, aber ich werde mich nicht zu euch setzen und an eurer banalen Unterhaltung teilnehmen. Ich hab noch zu tun.«

»Schulaufgaben?« Althea wagte kaum zu hoffen. William verbrachte unendlich viel Zeit damit, sündhaft teure buddhistische Bücher zu studieren, aber A-Levels – den Schulabschluss mit Hochschulreife – hielt er nicht für besonders wichtig. Seine Mutter, die nie A-Levels gemacht hatte, schon.

William schüttelte den Kopf, nahm ein Tuch in die Hand und hielt es unter den Wasserhahn. »Nein, liebste Mutter. Ich muss mir noch einiges über das Sich-Loslösen anlesen.« Er wischte ohne viel Elan über die Teeflecken auf der Anrichte. »Ich leite die Diskussion heute Abend.«

Althea seufzte, stand auf und küsste ihn. »Ich bin sicher, das wird wunderbar sein für dein Karma. Ich schnapp mir den Staubsauger.«

Sie machte sich ans Werk und saugte eher oberflächlich um die Möbel herum, während sie in Gedanken mit der bangen Frage beschäftigt war, ob sie noch einen Job hatte oder nicht. Es konnte jetzt nicht mehr lange dauern, bis sie es erfuhr.

Es war grausam, jemanden zu zwingen sich um seine eigene Stelle zu bewerben, fand sie. Doch in den Augen der Whickham School – die nun bald die Whickham and Dylan's Combined Primary School heißen und auf mehr als das Doppelte ihrer bisherigen Größe aufgebläht werden sollte – war es eben nicht *ihre* Stelle, um die sie sich beworben hatte, sondern die einer Schulsekretärin in einer wesentlich größeren Einrichtung. Und auch wenn sie ihre Arbeit in der Whickham School immer zur vollen Zufriedenheit der Schulleitung erledigt hatte, mochte es durchaus sein, dass die großen Weisen, die über das

Schicksal dieser neuen Einrichtung und auch über das ihre zu entscheiden hatten, einer jüngeren, intelligenteren, besser qualifizierten, wenn auch unerfahrenen Kraft den Vorzug gaben. Mr Edwards, der Schulleiter, für den sie jahrelang in gegenseitigem Einvernehmen gearbeitet hatte, ging in den Vorruhestand.

Viele, viele Male hatte Althea sich ausgemalt, wie es sein würde, wenn es zum Schlimmsten käme. Und sie war zu dem Schluss gekommen, dass ihr am meisten davor graute, ihrer Schwester Juno zu gestehen, dass sie ihren Job verloren hatte. Juno war eine willensstarke Frau. Altheas Wohlergehen lag ihr am Herzen und sie war der Auffassung, diesem Wohlergehen sei am besten damit gedient, wenn sie über jedes Detail und alle Probleme im Leben ihrer Schwester Bescheid wusste und um Rat gefragt wurde. Zu Altheas Arbeitslosigkeit würde sie sicher eine Menge zu sagen haben, und Althea hatte den Verdacht, dass sie sich das so oder so würde anhören müssen, selbst wenn sie den Job bekam.

William weichte ein paar Tassen mit angetrockneten Tee- und Kaffeeresten ein und beobachtete seine Mutter kritisch, die einen Papierstoß vom Küchentisch nahm und auf die Anrichte legte, wo er der Post der vergangenen Tage Gesellschaft leistete. Der Stapel würde wachsen und wachsen und irgendwann verschwinden.

»Das solltest du wirklich nicht tun, Mum. Morgen wirst du in heller Panik nach Ruperts Zwischenzeugnis suchen und das ganze Haus auf den Kopf stellen. Warum kannst du nicht ein bisschen systematischer sein?«

Althea wusste, er hatte Recht, und verzog das Gesicht. »Es langweilt mich, systematisch zu sein. In der Schule bin ich systematisch. Zu Hause bin ich so, wie ich sein möchte.«

»Bist du nicht, denn dann würdest du hier ja nicht wie ein aufgescheuchtes Huhn rumrennen, nur weil Juno zu Besuch kommt. Du bist ein Opfer deiner Neigung es immer allen recht zu machen.«

»Ich bin ein Opfer meiner diktatorischen Schwester und meiner diktatorischen Kinder.«

»Dann wird es Zeit, dass du anfängst dein Umfeld zu kontrollieren, so wie ich es tue.«

Althea hatte sich im Laufe des vergangenen Jahres an solcherlei Äußerungen gewöhnt, trotzdem schnaubte sie. »Ich tue mein Bestes! Du bringst es doch nur fertig, dein Zimmer so minimalistisch zu halten, weil du deinen ganzen Plunder im Wohnzimmer ablädst.«

»Das ist kein Plunder, das sind die Schulbücher, die du doch für so wichtig hältst.«

»Auf jeden Fall nehmen sie viel Platz ein. Ich wäre dankbar, wenn du sie in dein Zimmer bringen könntest.«

»Ja, ja, Mum. So wie du deinen Krempel immer nur in deinem Zimmer aufbewahrst.« In einer der Tassen hatte er eine Halskette gefunden, die jetzt mit einem feinen Spülmittelfilm überzogen war. Er drückte sie ihr in die Hand. »Ich bin hier fertig. Ich mach mir nur schnell noch ein paar Rühreier.«

Althea hängte die Kette zu ein paar weiteren, die an einem Haken am Küchenschrank baumelten. »Vermutlich besteht keine Hoffnung, dass du sie in der Mikrowelle machst, oder?«

»Aus der Mikrowelle schmecken sie einfach nicht.«

»Dann spül bitte die Pfanne hinterher.«

»Tu ich doch immer!«

Fettverschmierte Pfannen voll kaltes Wasser laufen zu lassen ist nicht dasselbe wie spülen, dachte Althea, aber das würden ihre Kinder wohl erst lernen, wenn sie zu Hause ausgezogen waren und ihre Töpfe selber spülen mussten.

Sie öffnete ein Paket mit Vollkornkeksen und ließ sie auf einen Teller gleiten. Juno glaubte an die Segnungen eines festen Ernährungsplans und Althea konnte sich nie merken, was genau sie zu welcher Tageszeit essen durfte. Die Kekse waren eher symbolisch gemeint. Geistesabwesend steckte sie sich eine zerbrochene Kekshälfte in den Mund, und als es ihr bewusst wurde, fuhr sie erschrocken zusammen. In der Schule hatte ihr jemand mal einen Kühlschrankmagneten geschenkt, auf dem stand: ›Naschen macht fett‹. Diese banale Wahrheit kam ihr immer einen Sekundenbruchteil zu spät in den Sinn.

Um Punkt vier Uhr – wie Juno angekündigt hatte – klingelte es. Althea fuhr mit der Hand durch ihr Gesicht um sich zu vergewissern, dass sich dort keine Krümel befanden, und ging an die Tür. So sehr sie ihre Schwester auch liebte, machte sie sie immer ein bisschen nervös. Juno gehörte zu den Frauen, die tatsächlich ihr Gesicht pudern, ehe sie Augen-Make-up auftragen, um dann verschmierte Stellen leichter ausbessern zu können. Althea kannte sonst niemanden, der sich diese Mühe machte.

›Hallo, Liebes‹, sagte sie und küsste Juno, die mal wieder wie aus dem Ei gepellt aussah und nach irgendeinem neuen Parfüm mit unaussprechlichem Namen duftete. ›Komm rein.‹

Juno umarmte sie ebenfalls. ›Ich hab dir ein paar Zeitschriften mitgebracht, die ich ausgelesen habe. Und ein Paar Schuhe. Ich hab sie gekauft, weil sie runtergesetzt waren, aber sie sind mir viel zu groß. Vielleicht probierst du sie mal an.‹

»Wie lieb von dir.« Althea verdankte all ihre eleganteren Kleidungsstücke Junos Leidenschaft für Sonderangebote. »Jetzt komm. Kann ich dir was anbieten? Was hättest du gerne? Tee? Kaffee? Oder irgendetwas anderes?«

Juno folgte ihr durch den Flur zur Küche. »Es ist noch viel zu früh, um Alkohol zu trinken«, bemerkte sie spitz, obwohl Althea gar nichts von Alkohol gesagt hatte. »Aber ich hätte gern eine Tasse Tee.«

Als sie die Küche betraten, goss William gerade kochendes Wasser aus dem Kessel in seine persönliche Kaffeepresse.

»Hi, Juno«, grüßte er seine Tante. »Wie geht's? Möchtest du einen Kaffee? Wenn ja, mach ich ihn dir. Mit dieser Technologie ist Mum einfach überfordert.« Er wies auf die Kaffeepresse.

»Es gibt auch Technologien, die dich überfordern«, konterte seine Mutter wütend. »Zum Beispiel die eines Staubsaugers. Außerdem möchte Juno Tee.«

»Dann mache ich euch welchen.« William entblößte seine Zahnspange in einem charmanten Lächeln.

»Danke, William«, sagte Juno ein wenig verwundert. »Das wäre sehr nett.«

Althea wusste, dass Williams Freundlichkeit jeden Augenblick in Spott umschlagen konnte. »Gehen wir in den Wintergarten?«

»Wenn du glaubst, dass wir dort ein Plätzchen finden. Als ich neulich in deinem Wintergarten war, sah es so aus, als würdest du die letzten Überreste des tropischen Regenwalds dort beherbergen.«

Althea beschloss das als Kompliment aufzufassen. Mit dem Keksteller in der Hand ging sie voraus zu dem Raum des Hauses, den sie am meisten liebte.

Er war voll gepfropft mit Pflanzen und es roch nach Geranien, nasser Erde und dem Zitronenbaum, den Althea selbst von einem winzigen Ableger zu seiner jetzigen Größe gezogen hatte. Wie immer kräuselte sich ihre Nase vor Wonne, als sie den Duft einatmete.

Das Haus lag wie viele andere in dieser Gegend am Hang, sodass der Wintergarten höher gelegen war als die Vorderfront. Von hier aus hatte man einen herrlichen, weiten Blick über die Hügel der Cotswolds, die im Westen zum Severntal hin abfielen. An klaren Wintertagen, wenn die Bäume kein Laub trugen, konnte Althea bis zum Fluss sehen, der sich wie eine Schlange durch sein Bett wand, und sogar noch weiter bis nach Wales.

Jetzt, Anfang Mai, machte der Ausblick vom Wintergarten nach Südwesten Urlaub in anderen Ländern völlig überflüssig, selbst wenn sie sich dergleichen hätte erlauben können. Und auch ohne den Ausblick, Althea hätte es nie fertig gebracht, sich im Sommer von ihrem Garten loszureißen.

Bozo, ihre kleine Spanielhündin, hatte den einzig vernünftigen Korbsessel mit Beschlag belegt und hütete dort ein Sojawürstchen. Bozo war keine Vegetarierin, sie hatte keineswegs die Absicht das Würstchen zu fressen, aber sie wollte um jeden Preis verhindern, dass eine der Katzen es bekam. Darum schleppte sie es jetzt seit Tagen mit sich herum.

Als Bozo Juno kommen sah, sprang sie aus ihrem Korbsessel, stemmte ihre Vorderpfoten gegen Junos Beine und blinzelte sie vertrauensvoll an. Juno tätschelte ihr den Kopf, was Bozo nicht ausstehen konnte, und usurpierte dann ihren Korbsessel. Althea setzte sich ihr gegenüber und bot ihr den Plätzchenteller an. Bozo vergaß das Sojawürstchen auf der Stelle, neigte den Kopf zur Seite und wartete auf ihren Anteil an den Leckerbissen.

Juno stellte den Keksteller unberührt zurück und Bozo wandte sich sogleich wieder an Althea, die sich immer schnell erweichen ließ. Erwartungsgemäß brach Althea ein Eckchen ab, wartete, bis ihre kleine Hündin Sitz machte, und gab es ihr dann.

»Also wirklich, du solltest den Hund nicht auch noch ermuntern zu betteln«, schalt Juno.

»Sie bettelt nicht, sie bittet höflich.«

»Das läuft auf dasselbe hinaus. Und jetzt erzähl mir, wie ist es gelaufen bei deinem Vorstellungsgespräch?«

Althea hob die Schultern. »Ich weiß nicht. Ich fand den neuen Schuldirektor nicht besonders sympathisch. Während ich ihn herumführte, telefonierte er fortwährend, so als wär sein Handy an seinem Ohr festgeschweißt. Und als wir uns unterhalten haben, hat er mir kaum in die Augen gesehen. Er redete die ganze Zeit davon, ›die neue Schule für den Aufbruch ins nächste Jahrtausend flott zu machen‹, und wollte wissen, welche Fortbildungsmaßnahmen ich machen will.«

»Tja, Mr Edwards war ja wohl auch ziemlich altmodisch.«

»Mr Edwards war ein Schatz. Er liebte die Kinder und er liebte seine Schule und ließ mich im Büro schalten und walten. Es wird ihm alles furchtbar fehlen, wenn er in Pension geht.«

»Wann wirst du etwas hören?«

»Ich rechne jetzt täglich damit.«

»Du musst krank sein vor Sorge.«

Althea winkte ab. »Ich bin gar nicht sicher, ob ich mit diesem Mann überhaupt arbeiten könnte. Als Schulsekretärin musst du sehr eng mit dem Direktor zusammenarbeiten. Manchmal ist es schlimmer, als wenn man verheiratet ist.«

Juno, die ihren eigenen Mann gut im Griff hatte, verdrehte ungeduldig die Augen. »Aber du rechnest dir Chancen aus?«

»Na ja, ich hab den Job ungefähr sieben Jahre lang gemacht. Aber die anderen waren jünger. Und distinguierter.« Althea seufzte und entdeckte eine Ameise, die zwischen den Holzdielen hervorgekrabbelt kam. Verdammt, wie sollte man ein Ameisennest beseitigen, wenn man einen Buddhisten im Haus hatte?

»Du könntest durchaus distinguiert wirken, wenn du dir ein bisschen Zeit dazu nähmest und dir nur etwas mehr Mühe machtest«, sagte Juno, aber es klang nicht sehr überzeugt. Sie hatte es noch nicht aufgegeben, ihre große Schwester dazu zu bewegen, ein bisschen mehr aus sich zu machen, aber es war eines der schwierigeren Ziele, die sie sich gesetzt hatte. Und im Augenblick war das Timing äußerst ungünstig.

Sie schwiegen bedrückt und Althea hoffte, Juno werde die Ameisen nicht bemerken, die sich inzwischen vor einem Kekskrümel zu einer ordentlichen Schlange angestellt hatten. Wenn Juno sie entdeckte, würde sie nach kochendem Wasser und anderen todbringenden Utensilien verlangen, William würde sich aufregen und sie würden so nahe an einen handfesten Familienkrach herankommen, wie es unter diesen Umständen, da einer der Kontrahenten es sich versagte, Zorn zu empfinden, überhaupt nur möglich war.

»Hast du von Frederick gehört?«, erkundigte sich Juno, immer noch ahnungslos, dass eine Karawane kleiner Lebewesen zu ihren Füßen entlangzog.

Frederick war Altheas Exmann. Er hatte sich davongemacht, als Merry, inzwischen zwölf und durchaus in der Lage sich zu benehmen, ein von Koliken und Blähungen geplagtes Baby war, das immer nur schrie. Jetzt tyrannisierte er Althea meistens fernmündlich und warf ihr vor, wie unvernünftig sie gewesen sei sich zu weigern, die Jungen aufs Internat zu schicken (Merrys Erziehung und Schulbildung waren nicht von so großer Bedeutung, schließlich war sie nur ein Mädchen). Wann immer er auch nur den leisesten Verdacht hegte, dass seine Söhne nicht in allen Fächern Höchstleistungen erzielten, hielt er Althea vor, es sei alles nur ihre Schuld, weil sie sie auf die öffentliche Schule am Ort geschickt habe. Und darum konnte sie ihn natürlich niemals um Unterstützung bitten, wenn sie versuchte die Kinder zu etwas mehr Einsatzfreude bei ihren Schulaufgaben zu motivieren. Dabei hätte sie genau diese Unterstützung gut gebrauchen können.

»Vor ein paar Tagen hat er William angerufen, aber du weißt ja, ich rede nur mit ihm, wenn es sich gar nicht vermeiden lässt. Er macht mir ja doch immer nur Vorhaltungen wegen der Kinder.«

Juno war selbst kinderlos, aber sie teilte Fredericks Meinung bezüglich der Vorzüge von Privatschulen uneingeschränkt. Sie verzog den Mund. Sie wusste, Althea ließ Frederick absichtlich im Ungewissen über die schulischen Leistungen der Kinder und das fand sie unverantwortlich. »Nun, du wirst es ihm sagen müssen, wenn du arbeitslos wirst. Du wärst wohl kaum in der Lage die Hypothek zu bezahlen.«

»Es ist keine sehr hohe Hypothekenrate. Außerdem würde ich ja erst Ende August arbeitslos und ich bekäme doch Arbeitslosengeld.«

»Wie viel?«

»Ich weiß nicht.«

»Ich wette, es ist lächerlich wenig.«

Das glaubte Althea auch. Und Juno hatte Recht, wenn sie ihren Job verlor, würde ihr nichts anderes übrig bleiben als es Frederick zu sagen. Und er würde brummeln und sie mit einem »Ich hab's dir doch gesagt«-Sermon traktieren, aber er würde die Raten bezahlen. Dabei war zu bedenken, dass er das Haus immer schon für sich und seine Freundin haben wollte. Wenn er nun ein paar Monate lang die Abtragung für die Hypothek übernahm, würde das seinen Anspruch untermauern? Würde ihm mehr gehören als das Viertel, das er schon besaß? Vielleicht sollte sie den Kampf aufgeben, lieber früher als später.

»Ich glaube, ich würde eher ausziehen, als ihn die Raten zahlen zu lassen.«

»Aber warum das denn?« Mochte Junos Loyalität auch manchmal wanken, jetzt war sie eindeutig auf der Seite ihrer Schwester. »Es ist euer Heim. Das Heim deiner *Kinder*.«

»William wird sowieso nur noch ein Jahr hier sein, und wenn Merry mit der Schule fertig ist, werde ich es verkaufen müssen. Es sei denn, ich könnte es mir leisten, Frederick auszubezahlen. Und danach sieht es momentan nicht aus.«

»Aber es würde dir das Herz brechen, deinen Garten aufzugeben!«

»Vermutlich. Na ja, ich könnte wohl irgendwo einen neuen anlegen und außerdem kann ich es mir nicht leisten, sentimental zu sein.«

»Ich bin sicher, Frederick würde es nichts ausmachen, die Raten zu zahlen. Er kann es sich schließlich leisten und ganz gleich, was du sagst, ich fand, er war eigentlich doch immer ziemlich vernünftig.«

Althea hatte so ein Gefühl, dass Frederick in Junos Augen immer ein bisschen mehr als nur »ziemlich vernünftig« gewesen war. »Verdammt attraktiv« traf es wohl eher. Aber Frederick hatte längst die Macht verloren Althea wehzutun, und wenn sie auch den Geschmack ihrer Schwester in Zweifel zog, nahm sie ihr ihr kleines Geheimnis doch nicht übel.

Das bedeutete allerdings nicht, dass sie darüber erhaben war, sich gegen Junos Bevormundung aufzulehnen und ein bisschen zu sticheln. »Ich könnte natürlich Zimmer vermieten um die Raten für die Hypothek zusammenzukriegen. Ein, zwei Arbeitslose, die volle Sozialhilfe bekommen, wären vermutlich schon ausreichend.«

Juno war entsetzt. »Das kannst du nicht tun!«

»Wieso nicht? Ich habe ein Gästezimmer mit einem Waschbecken und ein Gäste-WC und eine separate Dusche.« Sie hatte das Thema nur angeschnitten um ihre Schwester zu ärgern, aber jetzt, da sie darüber nachdachte, fand sie die Idee gar nicht so abwegig. »Wirklich, eine nette, ruhige Lehrerin wäre doch überhaupt keine Belastung.«

»Eine nette, ruhige Lehrerin könnte es niemals ertragen, eine Küche mit dir zu teilen.«

»Warum nicht? Mir würde es nichts ausmachen, meine Platzansprüche einzuschränken.«

»Vielleicht, aber du bist so furchtbar schlampig, das hält kein normaler Mensch aus. Nein, nein. Frederick wird dich unterstützen müssen.« Für Juno stand offenbar schon fest, dass ihre Schwester arbeitslos würde. Sie strich ihren Rock entlang ihrer schönen Beine glatt. Auf den lederbezogenen Absätzen ihrer Pumps war nicht ein einziger Kratzer.

»Aber das wird er nicht tun. Das weißt du doch.«

Juno schnalzte ungeduldig und fegte ein paar nicht existente Krümel von ihrer Bluse. »Nur weil du dich so albern anstellst, was die Erziehung der Jungen angeht. Er hätte dir Unterhalt und das Schulgeld bezahlt, wenn du sie ins Internat geschickt hättest.«

Althea war mit einem Mal sehr müde und die Sorge um ihre berufliche Zukunft wurde erdrückend. »Oh, lass uns nicht wieder davon anfangen.«

»Tja, wir haben uns schon vor Jahren geeinigt, dass wir uns über dieses Thema nicht einigen können. Und ich muss gestehen, im Großen und Ganzen gibt der Erfolg dir Recht. Es sind wirklich gelungene Kinder.«

Althea sah auf ihren Gartenteich hinaus und war dankbar, dass Juno nicht näher über die schulischen Leistungen ihrer gelungenen Kinder informiert war. Sie waren weitaus weniger beeindruckend als die im zwischenmenschlichen Bereich. »Danke.«

»Wo wir gerade von Ausbildung sprechen«, fuhr Juno fort. »Wenn du wirklich deinen Job verlierst, könntest du aufs College gehen und etwas Neues lernen. Du könntest Lehrerin werden und hättest nach wie vor die Sommerferien frei.«

Althea schauderte. »Ich will nicht aufs College. So viele Frauen in meinem Alter machen das und sofort fangen sie an sich wie Studentinnen zu kleiden und Dope zu rauchen. Außerdem glaube ich nicht, dass ich all diese Seminararbeiten schreiben könnte.«

Juno, die einen Abschluss in Wirtschaftswissenschaften hatte, dachte darüber nach. »Hm, und außerdem ist da das kleine Problem, dass du keine A-Levels hast.«

»Vermutlich könnte ich sie überreden mich trotzdem zu nehmen«, widersprach Althea. Es musste ihr nur jemand sagen, sie könne irgendetwas nicht tun, und sofort wollte sie genau das. »Oder ich könnte die A-Levels nachmachen. Aber ich würde mich nie an die Kleidung gewöhnen. Oder die Sprache. Mit achtzehn ist es in Ordnung, wie ein Hippie zu reden, aber nicht, wenn man an die Vierzig ist.«

»Du bist nicht an die Vierzig«, sagte Juno bestimmt. Sie war nur zwei Jahre jünger als ihre Schwester. »Du bist achtunddreißig.«

»Fast neununddreißig.«

Juno seufzte. »Also, das muss man dir lassen: Deine Frisur ist eine Katastrophe, du müsstest zehn Pfund abnehmen und du kleidest dich ziemlich exzentrisch, aber wie neununddreißig siehst du nicht aus.«

Juno machte ihr nicht oft Komplimente. Althea errötete leicht. »Oh ... vielen Dank.«

»Deine Haut ist gut, du hast schöne Zähne, das ist ein Bonus. Und deine Wimpern und Brauen sind von Natur aus dunkel ...«

»Juno ...«

»Aber du könntest um einiges besser aussehen, wenn du dir ein bisschen mehr Mühe geben würdest. Mal etwas bewusster isst und ausnahmsweise mal zu einem vernünftigen Frisör gehst. Und ich schätze, die Pinzette, die ich dir zu Weihnachten geschenkt habe, hast du wohl verloren. Aber das Schlimmste ist deine Figur.«

Die Ankunft ihre Sohnes Rupert rettete Althea vor einer endlosen Aufzählung von Diättipps und einer Jahresmitgliedschaft im Fitnesscenter. Rupert war ebenso groß wie sein älterer Bruder, hatte aber weder den Kopf geschoren noch Zahnspangen.

»Hallo, Liebling. Ach, du bringst uns den Tee, wie lieb von dir. Hattest du einen guten Tag?«

»Ja, alles in Ordnung. Hallo, Juno. Wo soll ich das Tablett hinstellen?«

Juno lächelte, selbst ihr kritisches Herz konnte Ruperts scheuem Lächeln, dem im Gegensatz zu dem seines Bruders nie ein Anflug von Spott beigemischt war, nicht widerstehen.

»Ich mach mal ein bisschen Platz auf dem Tisch.« Sie legte die Sonntagszeitungen der vergangenen Woche auf den Boden.

»Möchtest du dich zu uns setzen?«, fragte Althea. »Hol dir eine Tasse.«

»Ähm ... nein, danke, Mum. Ich hab noch zu arbeiten.«

Das hieß vermutlich, dass er sich über die neuesten Verwicklungen irgendeiner Seifenoper informieren wollte, mutmaßte Althea. Das nannte er dann Medienstudien. Sie konnte nur hoffen, dass ihr Exmann nicht Recht behielt und es wirklich besser gewesen wäre, die Kinder ins Internat zu schicken. Wenn sie bei ihren Abschlussprüfungen eine schlechte Figur machten, würde er ihr das bis ans Ende aller Tage vorhalten.

»Da fällt mir ein ...« Rupert stellte das Tablett ab und zog einen Umschlag aus der Tasche. »Der wurde per Boten gebracht. Ist für dich, Mum.«

Althea erkannte Mr Edwards Handschrift und ihr Herz sank so tief, dass es den Ameisen am Boden Gesellschaft leistete. Mr Edwards hatte versprochen dafür zu sorgen, dass sie es so früh wie möglich erfuhr. Und es mussten schlechte Neuigkeiten sein. Hätte sie den Job bekommen, hätte man sie angerufen. Sie riss den Umschlag auf und hoffte, ihr gebanntes Publikum werde nicht sehen, dass ihre Hand zitterte und ihr Herz unter ihrer Bluse wie verrückt hämmerte.

Sehr geehrte Mrs Farraday,
wir bedauern, Ihnen mitteilen zu müssen ...
Sie las nicht weiter. ›So ein Mist‹, sagte sie.

KAPITEL 2 Eine Hummel, die sich in den Wintergarten verirrt hatte, flog unter tiefem Gebrumm vor die Scheibe. Bozo beschloss unvermittelt einen Floh zu vertreiben, der mitten auf ihrem Rücken saß, und purzelte von Altheas Schoß.

Somit war die Stille gebrochen und Rupert und Juno begannen gleichzeitig zu reden.

»Was für ein Pech, Mum ...«

»Jetzt nur nicht in Panik geraten, Ally ...«

»Ich könnte Zeitungen austragen ...«

»Du weißt ja, wenn es irgendwas gibt, das ich tun kann um zu helfen ...«

»Schon gut«, sagte Althea und es schien ihr, als käme ihre Stimme aus weiter Ferne. »Im Grunde bin ich erleichtert.«

Sie hatte nicht damit gerechnet, dass sie so empfinden würde. Verzweiflung hatte sie erwartet, Sorge, das Gefühl, dass eine grässliche Leere sich vor ihr auftat, die sie mit nichts als Panik ausfüllen konnte. Stattdessen fühlte sie eine Art schwacher Euphorie, als sei ein enormer Druck von ihr genommen. Ganz genau so, dachte sie immer noch erstaunlich distanziert, wie sie sich gefühlt hatte, als ihr Mann ihr eröffnete, er werde nicht zurückkommen.

»Macht euch keine Sorgen«, sagte sie zu ihrer Schwester und ihrem Sohn. »Es wird sich schon alles einrenken. Ich werde einfach mehr aus meinem Gärtnerjob machen.

Mir mehr Kunden suchen. Noch mehr Pflanzen züchten und sie auf Trödelmärkten verkaufen statt sie zu verschenken. Keine Schule mehr! Das wird himmlisch! Viele Leute suchen händeringend nach Hilfe bei der Gartenarbeit«, fügte sie hinzu um ihr Publikum zu überzeugen.

Juno atmete tief durch. »Liebes, du bist ja verrückt. Völlig verrückt. Du kannst unmöglich dich selbst und drei heranwachsende Kinder von dem ernähren, was du als Gärtnerin verdienst. Was machst du denn schon? Du versorgst die Gärten von drei alten Damen für drei Pfund die Stunde?«

Altheas Euphorieballon verlor ein bisschen Luft. »Natürlich muss ich den Stundensatz erhöhen und mehr arbeiten und vielleicht suche ich mir einen Teilzeitjob in einem Gartencenter«, sagte sie um ihn wieder aufzupumpen. »Ein- und auspflanzen und so weiter.«

Juno schüttelte den Kopf. »Im Sommer verdienst du vielleicht genug um euren Lebensmittelbedarf zu decken. Aber im Winter verdienst du überhaupt nichts.«

»Es ist erst Mai ...«

»Glaub mir, Weihnachten steht vor der Tür, ehe du *Jingle Bells* sagen kannst.«

Althea, die ohnehin niemals *Jingle Bells* sagte, wenn es sich vermeiden ließ, wehrte sich dagegen, einzusehen, dass ihre Schwester nicht ganz Unrecht hatte. »Ich kann Trockensträuße machen. Kränze für Haustüren, solche Sachen. Es wird klappen, bestimmt.«

Juno und Rupert betrachteten sie besorgt und William, der die aufgeregten Stimmen gehört hatte, kam und schloss sich ihnen an.

»Schlechte Neuigkeiten, Mum?«

»Schrecklich. Deine Mutter hat ihren Job verloren«, verkündete Juno.

William, geübt in den Künsten der Wahrnehmung, stellte fest, dass seine Tante die Sache viel zu ernst nahm und seine Mutter nicht ernst genug. »Du findest schon was anderes, Mum. Ich hol dir die Zeitung.«

Doch Althea war nur mäßig an den »offenen Stellen« interessiert; sie fühlte sich geradezu beschwingt bei dem Gedanken, dass sie nicht gezwungen sein würde tagein, tagaus Seite an Seite mit einem Mann zu arbeiten, den sie nicht mochte, und sich vorschreiben zu lassen, wie sie die Dinge zu tun hatte, die sie schon seit Jahren tat. Die Rubrik »Verdienen Sie Ihr Geld von zu Hause aus, alles, was Sie brauchen, sind ein Telefon und Ihren eigenen Wagen« studierte sie eingehender, aber erst als sie zum Immobilienteil kam, zeigte sich eine Reaktion auf ihrem Gesicht. Hier stand die eigentliche Hiobsbotschaft.

»Oh mein Gott. Das Haus ist verkauft worden.«

Eben noch war ihr die Aussicht arbeitslos zu werden wie eine goldene Chance erschienen, eine Einladung des Schicksals etwas Neues zu probieren. Ganz plötzlich hatte die Realität sie eingeholt und legte sich mit einer lähmenden Schwere auf ihre Glieder.

»Welches Haus?« Juno sprang auf und las über ihre Schulter. »Hat Frederick es etwa zum Verkauf angeboten ohne dich vorher zu fragen?«

»Nein, nein, nein. Nicht *dieses* Haus. Das mit dem Gewächshaus, wo ich all meine Pflanzen ziehe. Hier, sieh nur. Das ist wirklich eine schlechte Nachricht.«

Juno nahm die Zeitung aus Altheas kraftlosen Fingern und kehrte damit zu ihrem Sessel zurück. »Ach, *das* Haus. Mensch, wer hätte das gedacht. Ich wüsste zu gern, wer das gekauft hat.«

»Entweder eine Supermarktkette oder ein kompletter

Vollidiot«, sagte Althea und nahm die Zeitung wieder. »Es ist in einem furchtbaren Zustand, absolut unbewohnbar.«

»Die Supermärkte sind alle abgelehnt worden«, wusste Juno zu berichten. »Also muss es ein Vollidiot sein. Steht der Name da?«

»Nein. Nur ›verkauft‹ in Fettdruck.«

Juno riss ihr die Zeitung wieder aus den Händen. »Hier ist ein kleiner Artikel darüber im Lokalteil. Es wurde an einen Privatmann verkauft, der beabsichtigt es zu restaurieren und ihm seine einstige Eleganz zurückzugeben. Vermutlich ist es ein arabischer Scheich. Das sind die Einzigen, die sich so was heutzutage noch leisten können. Es wird ein Vermögen verschlingen, das Haus wieder herzurichten.«

»Und es hat einen traumhaften, windgeschützten Garten und ein leicht verfallenes Gewächshaus. Vermutlich wissen Araber keines von beiden zu schätzen.«

»Aber Araber halten große Stücke auf Gärten ...«, begann Rupert.

»Wie kam es überhaupt, dass du das Gewächshaus benutzten konntest?«, unterbrach Juno. »Hattest du eine Erlaubnis des Vorbesitzers?«

Althea legte Rupert die Hand auf den Arm um ihn wissen zu lassen, dass sie seinen Gesprächsbeitrag zwar schätzte, im Augenblick aber nicht gebrauchen konnte. »Ich arbeite für Mrs Phillips, der das Nachbargrundstück gehört. Ich schlüpf immer durch ein Loch im Zaun. Das mach ich seit Jahren.«

»Tja, du wirst dir einfach was anderes suchen müssen.« Juno fand ihren Verdacht bestätigt, dass ihre Schwester das Gewächshaus ohne die Einwilligung des Besitzers benutzt hatte, doch sie beschloss ihren Vortrag über geltendes Strafrecht und den Tatbestand des Hausfriedensbruchs auf einen passenderen Zeitpunkt zu vertagen.

»Aber wohin soll ich mit meinen Pflanzen? Hier ist wirklich kein Platz dafür und ich werde nirgends so ein großes, leer stehendes Gewächshaus finden.«

»Dann musst du eben feststellen, wer das Haus gekauft hat, und fragen, ob du das Gewächshaus vorläufig weiter benutzen darfst.«, sagte Juno. »An dem Haus wird furchtbar viel zu tun sein. Es wird ewig dauern, bis irgendwer einzieht.«

Althea betrachtete ihre Schwester versonnen. Sie selbst wäre bedenkenlos in ein verfallenes Haus gezogen, wenn das Haus selbst ihr gefiel, und hätte in einem Zimmer kampiert, während der Rest um sie herum restauriert wurde. Aber es war wohl unwahrscheinlich, dass die Käufer von Barnet House gewillt waren solche Unbequemlichkeiten auf sich zu nehmen. Niemand, der reich genug war ein solches Haus zu kaufen, würde das tun. Nein, vermutlich waren sie eher so wie Juno, die niemals in ein neues Heim ziehen würde, bevor nicht alles frisch gestrichen war, geschweige denn die Einbauküche oder die neuen Installationen im Badezimmer fertig waren. Und das hieß, dass ihr vielleicht wirklich noch eine Galgenfrist blieb.

»Wie finde ich raus, wer es gekauft hat?«

»Das überlass nur mir. Ich werde meine Fühler ausstrecken; das ist eine meiner Stärken. Ich stelle fest, wer der neue Eigentümer ist, und dann musst du nur noch um *Erlaubnis* bitten das Gewächshaus benutzen zu dürfen.« Junos stahlblaue Augen sagten in aller Deutlichkeit, dass Althea das von vornherein hätte tun müssen.

Althea fegte den unausgesprochenen Vorwurf mit einer Geste beiseite und fragte: »Meinst du nicht, ich könnte einfach so weitermachen wie bisher? Es wird viel Zeit vergehen, bis sie dahinter kommen, dass irgendwer das Gewächshaus benutzt.«

»Vielleicht, aber sie könnten die Bulldozer schicken noch ehe sie dahinter kommen.«

»Oh Gott, was für ein furchtbarer Gedanke. Aber was, wenn sie Nein sagen? Oder nur Arabisch sprechen?«

Juno ignorierte diesen kleinen Scherz am Rande. »Dann bist du auch nicht schlimmer dran als jetzt. Und ich bin überzeugt, sie geben dir wenigstens Gelegenheit dich nach etwas anderem umzusehen.«

»Aber wo sollte ich denn hin mit meinen Pflanzen? Ich habe den ganzen Sommer französische Kinder hier.«

Juno seufzte. »Ich hoffe doch, immer nur eins auf einmal, oder?«

»Oh natürlich. Die Kinder sind kein Problem. Aber es bedeutet, dass ich das Gästezimmer nicht mit Blumentöpfen voll stellen kann.«

»Also, ich werde so schnell ich kann feststellen, wer das Haus gekauft hat, und dann kannst du hingehen und mit ihnen reden. Vorausgesetzt sie wollen das Gewächshaus nicht sofort abreißen, wird es wohl keine Probleme geben.«

Althea überflog den Zeitungsartikel und suchte nach einem Hinweis, wer das Haus gekauft haben mochte und ob die neuen Eigentümer ein verfallenes Gewächshaus wohl abreißen würden oder eher nicht. Als sie nichts fand, fragte sie: »Und du meinst wirklich, sie lassen mich?«

»Natürlich. Wenn du respektabel und ehrlich wirkst. Mach dir keine Sorgen. Ich leih dir was zum Anziehen. Ich hab ein Kostüm, das mir viel zu weit ist. Du könntest so gerade eben reinpassen.«

Irgendwie stimmte dieses Versprechen Althea nicht hoffnungsvoller.

Nachdem Juno gegangen war, fühlte sie sich zu erledigt für die Gartenarbeit und spürte ein heftiges Bedürfnis nach Entspannung. Sie holte sich die Zeitschriften, die Juno mitgebracht hatte, und nahm sie mit in den Wintergarten. Es waren ihre Lieblingszeitschriften, voll wunderschöner Gärten und hinreißender, unerschwinglicher Küchen. Sie schob ihre drängenden Sorgen entschlossen beiseite und blätterte die Hochglanzseiten durch, seufzte sehnsüchtig beim Anblick ummauerter Gärten mit Südlage und blühenden Hecken und grummelte missfällig über teure, fantasielose Bepflanzungen.

In einer der Zeitschriften fand sie ein Preisausschreiben. Sie konnte Preisausschreiben nie widerstehen und häufig gewann sie irgendetwas. Leider war bisher nie etwas dabei gewesen, das auch nur im Entferntesten nützlich war. Doch von dieser Tatsache ließ sie sich nicht abschrecken. Sie suchte einen Kugelschreiber und sann auf einen möglichst geistreichen Zungenbrecher, der in zwölf Worten beschreiben sollte, warum sie unbedingt an der Algarve Urlaub machen wollte.

Als Merry von einem Besuch bei ihrer Freundin nach Hause kam, fand sie ihre Mutter tief in Gedanken versunken.

»Hi, Mum. Wieder mal eine Einbauküche, die du nicht gewinnst?«

Schuldbewusst ließ Althea den Stift sinken. Sie hätte eigentlich ihre berufliche Qualifikation überdenken und einen Lebenslauf entwerfen sollen statt sich Tagträumen von Orangenhainen hinzugeben.

Merry, die noch nicht wusste, welche Katastrophe über ihre Familie hereingebrochen war, fuhr fort: »Du gewinnst doch immer nur irgendwelchen langweiligen Schrott. Salatschleudern oder Karten für Fußballspiele. Ich versteh nicht, warum du's nicht aufgibst.«

»Diesmal kann man zwei Wochen in einem Ferienhaus in Portugal gewinnen. Das würde dir gefallen, oder?«

Merry nickte nachdenklich. »Aber nur, wenn ich Ronnie mitnehmen darf.«

»Natürlich darfst du.« Sie wussten beide, dass keine von ihnen nach Portugal fahren würde, aber es machte Spaß, davon zu träumen. »Hunger?«

Merry schüttelte den Kopf. »Ich hatte einen riesigen Teller Pasta bei Ronnie. *Ihre* Mutter macht die Soße *selbst*.«

»Wenn du sie höflich bittest, zeigt sie dir vielleicht, wie das geht«, schlug Althea vor. »Aber jetzt muss ich dir erst mal was sagen.«

Merry nahm es sehr gelassen. Solange sie ihre beste Freundin behalten und weiterhin dieselbe Schule besuchen konnte, war es ihr ziemlich gleich, wo ihre Mutter arbeitete. Es lag vermutlich daran, ging Althea auf, dass ihre Tochter keine klare Vorstellung davon hatte, was Arbeitslosigkeit bedeutete. Und genau das war auch der Grund, warum sie selbst so wenig erschüttert war. Sie hatte immer noch dieses leicht euphorische Gefühl, das sie empfunden hatte, als sie die Schule verließ oder, wie ihr vorhin klar geworden war, als sie erkannte, dass sie nicht länger mit Frederick zusammenleben musste.

Abends rief Juno an. »Hör zu, ich hab rausgefunden, wer das Haus gekauft hat.«

»Wie in aller Welt hast du das so schnell geschafft?«

Für Juno war so etwas eine Kleinigkeit. Sie führte ein ausgesprochen aktives Gesellschaftsleben und hatte einen verantwortungsvollen Job, eine Kombination, die vor allem dadurch erleichtert wurde, dass sie keine Kinder hatte, einen pflegeleichten Mann und eine Putzfrau. »Na ja, der Immobilienmakler ist der Schwager von Diana Sanders. Sie hat es mir gesagt.«

»Also wer ist es?«

»Er ist Architekt. Ist gerade bei Greenwich Partnership eingestiegen. Er ist geschieden, hat erwachsene Kinder und er hat seine Sekretärin mitgebracht. Offenbar ist sie ein bisschen mehr in seinem Leben als nur Sekretärin.«

»Lassen sie die Leute einen persönlichen Fragebogen ausfüllen, ehe sie ihnen Immobilien vermitteln?«

»Selbstverständlich nicht. Aber Hauptsache ist, wir wissen, wie er heißt und wo er arbeitet. Du musst nur noch einen Termin mit ihm ausmachen. Im Grunde ist es ganz einfach. Ich bring dir das Kostüm vorbei. Du brauchst es mir nicht zurückzugeben, du wirst es ohnehin brauchen, wenn du zu Vorstellungsgesprächen gehst.«

Althea dankte ihrer Schwester demutsvoll und fasste den festen Entschluss das Kostüm auf der Stelle zurückzugeben, sobald sie die Angelegenheit mit dem Glashaus geregelt hatte.

Althea zog ihre Seidenbluse straff und den Bauch ein. Der Rock saß recht locker in der Taille, aber er spannte weiter unten und wollte immerzu nach oben rutschen. Doch als das Jackett ihre Hüften verhüllte, war sie einigermaßen zufrieden mit ihrer Erscheinung. Juno hatte ihr geraten eine einreihige Perlenkette und Perlenohrstecker zu tragen, doch Althea hatte den Rat ihrer Schwester in den Wind geschlagen und eine Kette aus bunten Glasperlen und passende Ohrringe angelegt. Damit, fand sie, hatte sie das strenge blaue Kostüm hinreichend aufgemöbelt. Dieses blöde Kostüm sollte bloß nicht auf die Idee kommen, sie beide gingen zusammen zu einem Vorstellungsgespräch.

Vor dem Spiegel glättete sie ihr Haar und begutachtete, wie es heute mit den Krähenfüßen stand. Dabei stellte sie fest, dass die Glasperlenkette eine Spur zu lang war. Mochte sie in Bezug auf ihr Aussehen auch oft nachlässig sein, bei der Platzierung von Broschen und der Länge von Halsketten nahm sie es immer sehr genau.

Sie hatte keine Sicherheitsnadel zur Hand und es blieb auch keine Zeit mehr, ein Stück Draht zu suchen. Also machte sie hinten unter ihrem Blusenkragen einen Knoten in die Kette. Doch sie zog ihn zu fest, der Seidenfaden riss und Glasperlen regneten klimpernd an ihr herab.

»Oh, Mist«, murmelte Althea und versuchte so viele wie möglich aufzufangen. »Jetzt muss ich doch die Perlen nehmen.«

Sie rannte die Treppe hinauf ins Schlafzimmer, griff in die Glasschale, in der sie ihren Schmuck aufbewahrte, stach sich in den Finger und fand schließlich die Perlenkette.

Es stellte sich heraus, dass die Perlen wirklich die bessere Wahl gewesen waren. Sie verliehen ihr eine gewisse Würde.

Wie gewöhnlich war sie viel zu früh und musste eine Weile umherspazieren, bis sie das Gefühl hatte, der rechte Zeitpunkt sei gekommen, ihre schlotternden

Knie zwischen den protzigen Säulen hindurch zum gläsernen Eingang des Gebäudes zu bewegen. Ein freundlicher Mann am Empfang wies ihr den Weg und so gelangte sie zum Lift und in das richtige Stockwerk.

Und nun stand sie Auge in Auge mit einer äußerst attraktiven jungen Frau in einem kurzen Rock und ärmellosem Oberteil, die weder dicke Waden noch schwabbelige Oberarme hatte, und Althea hatte das tröstliche Gefühl, dass die Perlen ihr die Würde einer Frau in den mittleren Jahren verliehen. Angesichts dieser strahlenden Jugend und dieser perfekten Figur war das ihre einzige Rettung. Mit diesem Geschöpf konkurrieren zu wollen wäre ein aussichtsloses Unterfangen gewesen.

»Kommen Sie doch herein, Mrs Farraday. Sie sind allerdings ein bisschen zu früh«, sagte die junge Frau, zweifellos Patrick Donahughs Sekretärin, von der Juno ihr erzählt hatte; die Sekretärin, die ein bisschen mehr in seinem Leben war als nur das. »Weiß Mr Donahugh, warum Sie ihn sprechen möchten?«

Althea lächelte ein bisschen verlegen. »Nein.«

»Sie können es mir ruhig sagen. Ich bin seine persönliche Assistentin.« Sie zeigte eine Reihe unnatürlich ebenmäßiger Zähne, zweifellos überkront, aber nichtsdestotrotz überwältigend.

Althea fuhr mit der Zunge ihre eigenen Zähne entlang, naturbelassen und möglicherweise lippenstiftverschmiert. »Dann bin ich überzeugt, er wird es Ihnen erzählen. Aber ich kann die ganze Sache wirklich nicht zweimal erklären.«

Die junge Dame schien ein wenig eingeschnappt, bemühte sich aber es nicht zu zeigen. Sie führte Althea zu einer Sitzgruppe. »Ihr Termin ist erst in fünf Minuten, wissen Sie.« Sie schien Spaß daran zu haben, Althea unter die Nase zu reiben, was sie doch selbst genau wusste. »Bitte, nehmen Sie Platz.«

Zögerlich ließ Althea sich in ein Sofa sinken, aus dem sie vermutlich nie wieder aus eigener Kraft herauskommen würde, und sah der jungen Frau nach, die ins innere Heiligtum entschwand. Wahrscheinlich wollte sie verhindern, dass ihr Chef auch nur eine Nanosekunde vor der verabredeten Zeit herauskam.

Althea ergriff eine Ausgabe von *Country Life* und blätterte zu den Seiten über Gartengestaltung. Automatisch wanderten ihre Finger zu einer Glasschüssel, die, so glaubte sie, eine Art Salzgebäck enthielt, Nahrung für die Hungrigen, Nervenfutter für die Ängstlichen. Im letzten Moment bemerkte sie, dass es sich um gefärbte Hobelspäne und Samen handelte. Wie viele Menschen hatten sie wohl in den Mund gesteckt, fragte Althea sich, um sie dann unauffällig in ihre Taschentücher zu spucken?

Endlich kehrte die hübsche Sekretärin zurück. »Bitte hier entlang«, sagte sie und beobachtete Althea eingehend, während sie sich schwerfällig aus dem Sofa in die Höhe hievte. Dann führte sie sie zu einem Büro.

Patrick Donahugh erhob sich von seinem ausladenden Schreibtisch, der mit solchen Bergen von Plänen und Papieren befrachtet war, dass Althea sich an die alte Jahrmarktsattraktion erinnert fühlte, bei der man seine Münze auf einen kleinen Münzenberg warf, in der Hoffnung eine Lawine auszulösen. Er hatte sein Jackett ausgezogen, was nur verständlich war, bedachte man die Temperatur in diesem Büro. Das Blau seiner Augen glich exakt dem seines Hemdes. Zweifellos hatte seine Freundin dieses Hemd ausgesucht.

»Patrick Donahugh.« Er streckte die Hand aus. »Was kann ich für Sie tun?«

Er hatte dichtes, wirres Haar, das vielleicht von Sonne und Wind gebleicht war oder anfing zu ergrauen. Nase und Mund waren zu groß geraten und saßen ohne jede Symmetrie in seinem Gesicht, was den geraden Blick, mit dem er Althea ansah, noch intensiver machte. Seine Haut hatte eine kräftige Urlaubsbräune – nicht aus der Karibik, dachte Althea, sondern von irgendwoher, wo die Luft salzig war, Bretagne vielleicht.

Die Wartezeit hatte ihre Anspannung nicht gerade gelindert. Es fiel ihr immer schwer, jemanden um einen Gefallen zu bitten, einen völlig Fremden bitten zu müssen machte sie furchtbar nervös. Sie nahm seine Hand und war bemüht sich von seinem Blick nicht aus dem Konzept bringen zu lassen. »Althea Farraday. Es handelt sich nur um eine Kleinigkeit.«

»Nehmen Sie doch Platz. Kaffee? Topaz, wärst du so nett?«

Althea, selbst mit einem melodramatischen Namen geschlagen, spürte für einen Augenblick tiefes Mitgefühl für Topaz. Doch als sie das strahlende Lächeln und ihren federnden Gang sah, verflüchtigte sich ihr Mitgefühl. Stattdessen beschlich sie der Verdacht, dass Topaz in Wirklichkeit völlig anders hieß, Tracy etwa, und sich selbst umbenannt hatte. Und Topaz, fiel Althea jetzt auf, hatte ebenfalls eine gesunde Urlaubsbräune.

Sie konzentrierte sich auf den Grund ihres Besuches. Patrick Donahugh sah sie nach wie vor aufmerksam an, was Althea paradoxerweise auf die Idee brachte, dass er mit seinen Gedanken vermutlich ganz woanders war.

»Wenn ich recht informiert bin, haben Sie Barnet

House gekauft?«, fragte sie mit fester Stimme um sicherzugehen, dass er ihr seine Aufmerksamkeit schenkte.

»Ja?« Er sagte nicht: »Und was geht Sie das an?«, aber sie spürte, dass er es dachte.

»Nun ja ...« Was ihr vorhin noch wie ein recht harmloses Ansinnen erschienen war, kam ihr jetzt vor, als wolle sie ihn um eine Spenderniere bitten. »Kennen Sie das Gewächshaus von Barnet House?«

»Nicht sehr gut, aber wir sind einander vorgestellt worden.«

Hätte er nicht schlicht und einfach Ja sagen können? Musste er so affektiert sein? »Also, ich weiß nicht, ob Ihnen bekannt ist ...« Sie hatte sich schon tagelang zurechtgelegt, was sie sagen wollte. Warum hatte sie ihre Notizen nicht mitgebracht?

»Ja?«

»Dass ich es genutzt habe.«

Patrick Donahugh lehnte sich in seinem Schreibtischsessel zurück, als sei diese Eröffnung die Lösung eines Rätsels. »Ich dachte mir, dass irgendjemand es benutzt, ja. Ich habe nicht angenommen, dass all die Pflanzen von ganz allein gekommen sind, wie etwa der Schwamm in den Wänden oder die Holzwürmer im Dachstuhl.«

»Hausschwamm und Holzwürmer? So ein Pech.« Althea versuchte nicht zu frohlocken. Ein Haus, in dem Hausschwamm und Holzwürmer wüteten, würde wohl noch jahrelang leer stehen.

»Tja. Und Saatkästen im Glashaus. Bei den Problemen, die dieser Besitz mit sich bringt, ist kein Ende in Sicht.«

Althea zupfte an ihrem Rock und wünschte, sie hätte einen ihrer eigenen, weiteren angezogen, in denen man so viel besser sitzen konnte. »Die Saatkästen sind kein Problem. Ich hab sie dorthin gebracht.«

»Also kann man davon ausgehen, dass Sie sie auch wieder wegschaffen können?«

»Ja, aber das will ich nicht. Ich meine, kann ich ... Würde es Ihnen etwas ausmachen, wenn ich sie noch ein Weilchen daließe?«

Topaz schwebte mit dem Kaffee herein. Die Muskeln in ihren Oberarmen zeugten von regelmäßigem Hanteltraining, bemerkte Althea. Sie stellte das Tablett auf einem kleinen Tisch ab, auf dem eine weitere Schale mit Hobelspänen und Trockenblüten stand, die noch appetitlicher als die draußen aussahen.

»Was sagten Sie?«, fragte Topaz. Althea fand ihren Tonfall ziemlich scharf.

Sie wandte sich zu ihr um. »Ich fragte, ob es wohl möglich wäre, dass ich das Gewächshaus von Barnet House weiter benutze, bis ich etwas finde, wo ich meine Pflanzen unterbringen kann.«

»Ich fürchte, das wird schwierig«, erwiderte Topaz ohne auch nur einen Blick mit ihrem Chef zu wechseln. »Wir haben schon die Bauarbeiter da.«

Sie lebte also mit ihm zusammen. Ob Junos Spione das wussten? Und wenn nicht, sollte sie es ihnen sagen?

»Wollen Sie das Gewächshaus abreißen lassen? Das wäre wirklich jammerschade. Natürlich müsste man hier und da etwas daran tun, aber eigentlich ist es noch in ganz gutem Zustand ...«

»Mr Donahugh hat nicht besonders viel für Pflanzen übrig. Darum verschwindet das Gewächshaus und an seine Stelle kommt ein Swimmingpool«, erklärte Topaz, die ganz offensichtlich zu den Frauen gehörte, die schon vor dem Frühstück gern ein paar hundert Meter schwimmen.

»Aber doch bestimmt nicht sofort? Ich nehme doch an, Sie wollen sich erst einmal um den Hausschwamm und all diese Dinge kümmern? Das sollten Sie unbedingt, wissen Sie, das kann sich furchtbar ausbreiten.«

Topaz reichte Althea eine Tasse Kaffee mit Milch und ohne Zucker und so stark, dass man Nervenflattern davon bekam. »Natürlich. Patrick kennt sich mit diesen Sachen aus.«

»Das sollte man von einem Architekten wohl annehmen«, fügte Patrick hinzu. Er trank seinen Kaffee schwarz und die hohe Koffeindosis schien keinerlei Wirkung auf ihn zu haben.

Althea wünschte, sie könnte noch einmal ganz von vorn anfangen. Ihr war furchtbar heiß in Junos marineblauem Kostüm und sie überlegte, ob sie wohl fett aussehen würde, wenn sie die Jacke auszog. »Was ich eigentlich sagen wollte oder vielmehr, worum ich Sie bitten wollte ... Wäre es wohl möglich, dass ich meine Pflanzen noch ein Weilchen in Ihrem Glashaus lasse? Nur so lange, bis ich etwas anderes gefunden habe?«

Topaz lehnte sich an den Schreibtisch und kreuzte die Füße, was Althea zu der Überlegung veranlasste, ob ihre Wadenmuskeln nicht ein wenig zu ausgeprägt waren. »Na ja, ich schätze ...«

»Warum haben Sie sie denn überhaupt dorthin gebracht?«, wollte Patrick wissen.

Althea zwang ihre Lippen zu einem Lächeln. »Sie sind einfach gewachsen ...« Sie sah an seinem Gesichtsausdruck, dass diese Antwort keine befriedigende Erklärung war, und fuhr fort: »Ich konnte einfach nicht mit ansehen, wie es so ungenutzt dalag. All das Glas, ideal zur Pflanzenzucht, und nichts als Unkraut wuchs dort.«

»Und warum züchten Sie Pflanzen? Sind Sie Gärtnerin?«, fragte Topaz.

So wie sie es sagte, hatte Althea das Gefühl, sie sollte Kniebundhosen aus Cord tragen und in einem unverständlichen Dialekt reden. »Ich würde es eher Gartenarchitektin nennen«, erwiderte sie. Es klang so viel besser, richtig professionell und kreativ.

Das fand Topaz offenbar auch. »Ach wirklich? Für wen haben Sie gearbeitet?«

Althea zählte die Namen ihrer Kundinnen auf. Da alle drei ihr völlig freie Hand ließen und sie ihre Gärten tatsächlich vollkommen umgestaltet hatte, war es eigentlich nicht einmal eine Lüge. Sie war einfach bisher noch nie auf die Idee gekommen sich als Gartenarchitektin zu bezeichnen.

»Sie brauchten den Platz also aus beruflichen Gründen?«

Althea sah Patrick an und schluckte. »Ja.«

»Also, wie lange wird es schätzungsweise dauern, bis Sie etwas Neues finden?«

Sie hob die Schultern. »Ich weiß nicht. Vermutlich eine Ewigkeit. Aber das ist natürlich nicht Ihr Problem«, fügte sie hinzu und hoffte inständig, er wäre anderer Meinung.

»Nein, das ist es nicht«, antwortete Patrick. »Aber ich sehe keinen Grund, warum Sie ihre Pflanzen nicht für vierzehn Tage lassen können, wo sie sind. Oder vielleicht sogar einen Monat. Aber danach müssen sie verschwinden.« Er schien zu glauben, das sei ein großzügiges Angebot.

»Und wir werden uns auf eine angemessene Miete einigen«, fügte Topaz hinzu.

Althea spürte Schweiß auf der Stirn und zog die Jacke

doch aus. Fett oder nicht, sie würde einfach in Flammen aufgehen, wenn sie sich nicht ein bisschen Kühlung verschaffte. »Selbstverständlich.«

»Ich meine, wenn Sie eine professionelle Gartenarchitektin sind, verlangen Sie vermutlich ein Heidengeld für Ihre Pflanzen, nicht wahr?«, fuhr Topaz fort.

Althea hatte bislang nur Geld für ihre Pflanzen genommen, wenn es für einen guten Zweck war. Sie atmete tief durch. »Könnten wir wohl vereinbaren, dass ich die Miete im Nachhinein zahle? Vielleicht nach drei Monaten?«

Patricks blaue Augen wirkten mit einem Mal recht kühl. »Ich sagte zwei bis vier Wochen. Und es wäre doch sicherlich geschäftsüblicher, wöchentlich zu zahlen.«

»Nicht in meiner Branche. Ich werde immer erst nach Abschluss meiner Arbeit bezahlt. Ich bin sicher, das ist bei Ihnen ebenso.« Was für ein Glück, dass sie das heute Morgen auf dem Klo in einer von Junos Zeitschriften gelesen hatte.

»Das heißt, Sie haben ein Cashflow-Problem, ja?«

»Keineswegs«, widersprach Althea empört. Bei ihr floss das Geld nicht, es strömte vielmehr, und zwar immer nur in eine Richtung.

»Dann müssen Sie der einzige Unternehmer unter der Sonne sein, der keins hat. Aber wenn es Ihnen lieber ist, können wir auch vereinbaren, dass Sie bezahlen, wenn Sie die Pflanzen abholen.«

»Vielen Dank. Lassen Sie mich wissen, was Sie für angemessen halten.« Aber bitte nicht mehr als zwei Pfund die Woche, dachte sie und lächelte angestrengt.

»Wissen Sie …« Patrick schwang mit seinem Drehsessel zu ihr herum. »Es ist seltsam, aber in den Unterlagen über den Besitz war nirgendwo erwähnt, dass das Glashaus vermietet ist.«

»Wirklich nicht?« Althea erhob sich ein wenig überstürzt. »Wie eigenartig. Aber vermutlich waren auch der Hausschwamm und die Holzwürmer nirgends erwähnt, oder?«

»Nein, aber das Gutachten hat sie ans Licht gebracht und ich bin gewohnt damit umzugehen.«

Althea hing sich das Jackett über die Schultern und fragte sich, ob sie sich daran gewöhnen könnte, mit diesem Mann umzugehen. Unter glücklicheren Umständen wäre es wahrscheinlich gar keine so große Zumutung.

»Ich werde mich auf jeden Fall bemühen Ihnen nicht länger als nötig im Wege zu sein.«

»Wir wollen so bald wie möglich mit dem Swimmingpool anfangen«, sagte Topaz. »Ich schwimme für mein Leben gern.«

»Natürlich«, erwiderte Althea würdevoll und zog die Jacke über. Als sie zu diesem Zweck die Arme hob, rutschte der Rock ein Stück abwärts. So wurde ihr Abgang von einem leisen Klimpern begleitet, als ein paar smaragdgrüne Glasperlen, die sich unter dem Bündchen versteckt hatten, plötzlich zu Boden purzelten.

KAPITEL 3 Wenige Wochen später stand Althea im Schulsekretariat, trat von einem Fuß auf den anderen und wünschte, ihr Chef würde aufhören sich wie eine aufgescheuchte Glucke zu benehmen.

»Also, Sie brauchen sich nur um diese fünf zu kümmern«, sagte Mr Edwards und reichte ihr ein Blatt Papier. »Ach, ich wünschte, ich könnte mitkommen.«

Während der letzten zwei Wochen war er so häufig die Einzelheiten der Schulfahrt nach Frankreich mit ihr durchgegangen, dass Althea das Gefühl hatte, sie habe die Reise bereits mehrmals durchlebt. Sie schenkte ihm ein beruhigendes Lächeln. »Ich bin sicher, alles wir reibungslos klappen.«

»Es ist so schade, dass ich nicht mitfahren kann«, sagte er wenigstens zum hundertsten Mal. »Aber ich bin froh, dass Sie dort sein werden um Whickham Primary School zu vertreten.«

»Und es werden noch drei weitere Vertreter der Whickham Primary School da sein. Wirklich, Sie brauchen sich keine Sorgen zu machen.«

»Ich weiß. Aber keiner von ihnen arbeitet so lange für mich wie Sie und ihre Loyalität verlagert sich schon auf den neuen Schulleiter ...«

»Oh, aber das stimmt doch nicht«, widersprach sie. Doch selbst wenn sie ihre beruhigende Botschaft von einer Düsenfliegerstaffel mit bunt gefärbten Abgasen hätte in den Himmel schreiben lassen, hätte es nichts genützt.

»Und es ist Ihnen recht, dass Sie mit Sylvia zusammen untergebracht sind? Ich weiß nicht viel über die Dame, bei der Sie wohnen werden, nur, dass sie verwitwet ist.«

»Kein Problem. Wir werden wunderbar zurechtkommen.« Sylvia Jones war eine der Kindergärtnerinnen der Schule, und Althea war mit ihr befreundet.

»Hab ich irgendetwas vergessen, das Sie wissen sollten?«

»Ich glaube nicht. Ich schätze, ich kenne den ganzen Ablauf inzwischen auswendig. Der Bus fährt morgen früh um Punkt sechs Uhr hier los. Wenn Sie mir jetzt noch einen Schnellkurs in Französisch geben, bin ich gewappnet«, schloss sie boshaft.

Mr Edwards riss entsetzt die Augen auf. »Sprechen Sie denn überhaupt kein Französisch?«

»Na ja, wissen Sie, vor ungefähr tausend Jahren hatte ich mal Französisch in der Schule.« Sie lächelte beruhigend. »Ich kann aber ziemlich gut mit Hände und Füßen reden.«

Als man sie eingeladen hatte an der Fahrt teilzunehmen, hatte sie sofort gestanden, dass sie bestenfalls rudimentäre Sprachkenntnisse besaß. Doch Mr Edwards hatte geglaubt, es sei ohne Belang, weil er davon ausging, dass er selbst mit von der Partie sein würde. Jetzt war es plötzlich ein Problem.

Er schien noch besorgter als zuvor. »Sie werden schon zurechtkommen, ganz bestimmt«, sagte er ohne viel Überzeugung.

»Ich weiß. Und jetzt gehe ich nach Hause und packe«, verkündete Althea entschlossen.

Außerdem musste sie noch äußerst komplizierte Gießanweisungen für die Jungen schreiben. Merry würde bei ihrer Freundin übernachten, aber William und

Rupert sollten Bozo und die Katzen hüten sowie die beiden Meerschweinchen, die sich trotz ihres fortgeschrittenen Greisenalters hartnäckig weigerten das Zeitliche zu segnen. Doch die größte Verantwortung bedeuteten die Pflanzen.

Die Reisegarderobe fand Althea nicht so wichtig. Es sollte zwar ein Empfang stattfinden, aber im Grunde handelte es sich ja nur um eine von Mahlzeiten unterbrochene Wochenend-Busreise. Viel würde sie also nicht brauchen und Bequemlichkeit, fand sie, sollte Priorität vor Eleganz haben. Sie vertraute darauf, dass ihre Gastgeberin nicht unerträglich »chic« war und beschränkte sich hauptsächlich auf Dunkelblau, aufgelockert durch bunte Halstücher und Schmuck.

Man hatte Althea eingeladen an der Schulfahrt nach Frankreich teilzunehmen. Es sollte wohl ein Trostpflaster für ihre Entlassung sein und ein zusätzlicher Erwachsener konnte schließlich auch nicht schaden. Jedem Erwachsenen war eine Gruppe von Kindern zugeteilt worden, Größe und Kaliber ihren jeweiligen pädagogischen Fähigkeiten angepasst, so hoffte man. Altheas Mädchen waren keine Engel. Die Engel hatte man für die weniger strapazierfähigen Begleitpersonen reserviert. Aber sie hatte all diese Mädchen sehr gern und war überzeugt, dass sie ihr zuliebe nicht allzu unerträglich sein würden.

Die Fahrt war auf Initiative des neuen Schulleiters zustande gekommen. Seit fünf Jahren fuhr Geoffrey Conway jedes Jahr (so hatte er allen erzählt) mit einer kleinen Schülergruppe nach Frankreich um dort ihre Partnerschule zu besuchen. Dieses Jahr hatte er Mr Edwards vorgeschlagen ebenfalls eine Gruppe zu schicken, ein Akt, der der »Verschmelzung der beiden Schulen« zugute kommen sollte. Bei dieser Gelegenheit, so sagte er, könnten Mitarbeiter beider Schulen sich doch schon einmal ganz zwanglos kennen lernen.

Mr Edwards war von der Idee sehr angetan. Nur hatte er nicht eine handverlesene Schar Kinder aus besserem Hause ausgesucht, die schon einmal in Frankreich gewesen waren, sondern allen Kindern der richtigen Altersgruppe die Möglichkeit eröffnet. Mitkommen durfte, wer sich schnell genug anmeldete. Dieser Akt angewandter Demokratie hatte zur Folge, dass statt der klugen, hoch motivierten Musterkinder, mit denen Mr Conway sein Land zu vertreten gedachte, Whickham Primary School eher eine Art repräsentativen Durchschnitt schickte und manche dieser Kinder bezeichnete selbst Mr Edwards als »lebhaft«.

»Mrs Farraday! Mrs Farraday! Haben Sie schon gehört? Miss Jones kann nicht mitkommen.«

Eins von Altheas intelligentesten und »lebhaftesten« Mädchen brachte ihr diese Nachricht, als sie morgens um zehn vor sechs durchs Schultor wankte, niedergedrückt von ihrer Reisetasche und den Auswirkungen einer nahezu schlaflosen Nacht. Seit drei Uhr war sie wenigstens einmal stündlich aufgewacht, weil sie fürchtete, der Wecker könne versagen. Als er schließlich lospiepste, riss er sie aus der einzigen Tiefschlafphase dieser Nacht.

»Oh, bist du sicher, Lorraine?«

»Ja! Ihre Mum ist krank geworden.«

Mr Edwards, der nicht mitfuhr, aber gekommen war um sich zu vergewissern, dass sie gut auf den Weg kamen, bestätigte die schlechten Neuigkeiten. »Ich fürchte, Lorraine hat Recht. Sylvia hat mich gestern Abend angerufen und gesagt, es gehe ihrer Mutter so schlecht, dass sie nicht mitfahren könne.«

»Also haben wir einen Erwachsenen zu wenig?« Altheas müdes Herz sank. »Möchten Sie, dass ich ihre Gruppe übernehme?«

»Nein, danke, Althea. Das ist sehr nett von Ihnen, aber nicht nötig. Ich habe Geoffrey Conway angerufen und er sagte, er werde jemand anderen finden. Er will seine Gruppen ein bisschen umverteilen und seine Kindergärtnerin wird Sylvias Gruppe übernehmen. Sie hat ein paar von ihnen schon beim Bezirkssportfest kennen gelernt.«

»Sie heißt Julie Coulthard, oder? Hübsches Mädchen mit langen, dunklen Haaren?«

»Genau. Was für ein gutes Gedächtnis Sie haben!«

»Wir haben auf dem Sportfest zusammen die Kuchentheke organisiert.«

»Ach, richtig. Denken Sie, Sie könnten ihr ab und zu ein bisschen unter die Arme greifen? Sie ist an jüngere Kinder gewöhnt, wissen Sie, ich fürchte, ein paar von unseren könnten ihr auf der Nase herumtanzen.«

»Natürlich«, antwortete Althea. In diesem Moment erscholl der Ruf »Der Bus kommt! Der Bus kommt!« im Schulhof und bereitete ihrer Unterhaltung ein jähes Ende. Mr Conways Schüler, die im Gegensatz zu denen der Whickham Primary School schon einige Routine darin hatten, ins vereinte Europa verschickt zu werden, waren bereits an Bord. Für Altheas Mädchen war dies eine große Enttäuschung, aber sie selbst war erleichtert. Die hinteren Sitzbänke in Reisebussen hatten irgendetwas an sich, das selbst die respektabelsten Menschen gesetzteren Alters zu schlechtem Benehmen verleitete.

Jede Kindergruppe, die dort saß, verwandelte sich unversehens in eine wilde Horde, wenn man sie nicht fesselte und knebelte.

Althea lotste ihre Gruppe etwa in die Mitte des Busses und als sie sich vergewissert hatte, dass alle ihre Plätze eingenommen hatten, stieg sie wieder aus um ihre Reisetasche im Gepäckraum zu verstauen.

Sie erkannte Geoffrey Conway von hinten und fragte sich, ob er die Absicht hatte sie in seinen »Teambildungsprozess« noch mit einzubeziehen. Er unterhielt sich mit einem Mann, der offenbar erst auf die letzte Minute gekommen war und der ebenfalls mit dem Rücken zu ihr stand. Althea zögerte, sie wollte nicht stören.

»Also, wer ist diese Frau, mit der ich zusammenwohnen soll?«, fragte der Zuspätkommer. Die Stimme kam Althea irgendwie bekannt vor, aber ihr fiel einfach nicht ein, woher. Er war ein gutes Stück größer als Mr Conway und trug Freizeitkleidung von der Sorte, die ein Vermögen kostet, aber ewig hält.

»Mrs Farraday. Alison oder so was Ähnliches. Sie ist Whickhams Schulsekretärin. Sie scheint ein bisschen ...«

Althea räusperte sich so laut sie konnte, ehe sie hören musste, was Mr Conway von ihr dachte. Der Lauscher an der Wand hörte schließlich nie Gutes über sich. »Hallo«, sagte sie. »Ich muss meine Tasche noch irgendwo unterbringen ...«

Beide Männer zuckten zusammen und fuhren herum, als hätte sie »Buuhh!« gemacht. Und im nächsten Moment zuckte sie selbst zusammen. Der Mann neben Geoffrey Conway war Patrick Donahugh.

»Aber sind Sie nicht ...«, begann Patrick.

»Mrs Farraday«, sagte Mr Conway. »Darf ich vorstellen, Patrick Donahugh. Er wird demnächst dem Verwaltungsrat der Schule beitreten und hat sich freundlicherweise bereit erklärt unsere Lücke zu füllen, sozusagen.«

Althea brachte ein angestrengtes Lächeln zustande. »Hallo.« Sie schuldete diesem Mann ziemlich viel Geld und sie hatte keine Ahnung, wovon sie es bezahlen sollte. Vielleicht würde sie rechtzeitig im Lotto gewinnen.

»Hallo, Mrs Farraday. Wie geht's?«

»Was denn, Sie kennen sich?« Geoffrey Conways Brauen fuhren in die Höhe.

»Nein«, antwortete Althea eilig. »Aber wir sind uns schon mal begegnet.«

Geoffrey Conways Brauen erreichten seinen Haaransatz und da blieben sie.

»Ja«, bestätigte Patrick. »Ich dachte, Sie sagten, Sie seien Gartenarchitektin.«

»Und ich dachte, Sie sagten, Sie sind Architekt.«

»Bin ich auch«, erwiderte Patrick verdrossen.

»Mr Donahugh ... Patrick wird dem Verwaltungsrat der neuen Schule angehören«, wiederholte Geoffrey Conway, offenbar überzeugt, Althea sei zu begriffsstutzig um ihn auf Anhieb verstanden zu haben. »Er hat sich freundlicherweise erboten für Miss ... ähm ... Jones einzuspringen.«

»Du meine Güte«, sagte Althea, die im Allgemeinen keine sehr hohe Meinung von Schulräten hatte. »An dieser Fahrt teilzunehmen geht ein bisschen über die Pflichten eines Schulrates hinaus, oder nicht?«

Patricks Gesichtsausdruck brachte sie auf den Gedanken, dass er vielleicht nicht aus freien Stücken mitfuhr, als hätten die Umstände sich gegen ihn verschworen und ihm dieses Wochenendvergnügen ohne sein Zutun beschert. »Möglicherweise«, antwortete er. »Ich weiß noch nicht genau, was es mit sich bringt, einem Schulverwaltungsrat anzugehören.«

Althea lächelte höflich. »Ich fürchte, das kann ich Ihnen auch nicht sagen.«

Geoffrey Conway sah nicht sehr glücklich aus. Während des Vorstellungsgespräches für die Sekretärinnenstelle der neuen Schule hatte Althea ihn nicht sonderlich beeindruckt und er hatte nur deshalb zugestimmt sie zu dieser Fahrt einzuladen, weil er wusste, dass sie eine glückliche Hand mit Kindern hatte. Patrick Donahugh hingegen war eine hoch geschätzte Bereicherung seines neuen Schulrats. Nur mit größter Mühe hatte er ihn überhaupt überreden können den Posten anzunehmen. Vermutlich hatte er es nur deshalb getan, weil er abgesehen von seinen Kollegen im Architektenbüro fast niemanden außer Conway in dieser Gegend kannte. Und als Conway hörte, dass Patrick hergezogen war, hatte er ihre flüchtige Bekanntschaft ausgenutzt und ihn regelrecht überfallen, weil er frisches Blut und Leute mit Einfluss in seinem Verwaltungsrat haben wollte.

»Also, Mrs Farraday ... oder Alison?«, warf er hastig ein, ehe Althea irgendetwas Furchtbares sagen konnte. »Dann wollen wir mal Ihre Tasche verstauen.«

Althea überließ ihm widerspruchslos ihr Gepäck. »Mein Name ist Althea. Also, wir sehen uns später«, fügte sie eilig hinzu. »Ich muss mir meinen Platz im Bus sichern.«

Kaum hatte sie sich auf dem Sitz niedergelassen, den Lorraine ihr freigehalten hatte, bat sie das nächste Kind, das an ihr vorbeikam, sich neben sie zu setzen. Es war zwar unwahrscheinlich, dass Patrick Donahugh – oder noch schlimmer, Geoffrey Conway – sich freiwillig zu ihr setzen würde, aber wenn sie nicht bald einstiegen, würden sie mit den Plätzen vorlieb nehmen müssen, die noch frei waren.

Es stellte sich heraus, dass Geoffrey Conway sich einen Platz im vorderen Teil des Busses reserviert hatte, und Patrick Donahugh landete neben Julie Coulthard, der hübschen, langhaarigen Kindergärtnerin der anderen Schule. Althea war nicht besonders überrascht.

»Möchten Sie ein Bonbon, Miss?«, fragte Altheas Sitznachbarin Ellie.

»Nein, danke, für mich ist es noch ein bisschen zu früh.«

Ellie wickelte ein weiches Lakritzbonbon aus, das jedem über zwanzig todsicher die Füllungen aus den Zähnen ziehen würde. »Sagen Sie mir Bescheid, wenn Sie eins möchten.«

Althea versprach, sie werde sich auf der Stelle melden, sobald die Lust auf ein Lakritzbonbon sie überkam. Dann schloss sie die Augen in einem vergeblichen Versuch etwas von dem versäumten Schlaf nachzuholen, ehe das Singen begann. Doch schon nach wenigen Minuten hob ein allgemeines Gejohle an und unermüdlich wiederholten die Kinder einen alten Vers, wobei die Namenspaare bei jeder Strophe variiert wurden. »*Kristen und Alex saßen auf dem Baum. K-ü-s-s-e-n ...*« Althea fühlte sich versucht Lorraine, die die Initiatorin war, dazu anzustiften, eine Strophe mit »Mr Donahugh und Miss Coulthard« zu singen. Aber solche Dinge konnten allzu schnell zum Bumerang werden.

Nachdem Lorraine wenigstens ein Dutzend Mal dazu aufgefordert worden war, sich bitte umzudrehen und ordentlich hinzusetzen, gestand sie Althea, dass sie ein Auge auf einen der Jungen in Mr Donahughs Gruppe geworfen hatte. Althea hatte keine Ahnung, woher sie wusste, wer zu wessen Gruppe gehörte, aber offenbar war Lorraine ebenso geschickt in der Informationsbeschaffung wie Juno.

»Kann ich gehen und mich näher zu ihm setzen?«, fragte Lorraine.

»Nein. Alle Plätze sind besetzt. Außerdem, wenn du das tätest, wüsste er ja sofort, dass du was für ihn übrig hast.«

Lorraine fügte sich vorläufig und Althea verkniff sich ein Lächeln. Ganz bestimmt gehörte Lorraine zu den selbstbewussten, emanzipierten jungen Frauen, die nichts von den altmodischen Vorstellungen hielten, die besagten, dass der Junge den ersten Schritt machen musste. Patricks Schützling würde bald keine ruhige Minute mehr haben ...

»Bist du sicher, dass du jetzt schon anfangen willst zu essen, Ellie?«, fragte sie ihre Sitznachbarin, die sich nach einem runden Dutzend Bonbons jetzt über ihr Lunchpaket hermachte. »Es ist erst sieben Uhr morgens.«

»Meine Mum hat mir reichlich zu essen eingepackt«, sagte Ellie. »Möchten Sie ein Käsebrötchen?«

Althea lehnte dankend ab. Alle Kinder hatten inzwischen ihre Lunchpakete ausgepackt und futterten. Bis Dover aßen und sangen sie ohne Unterlass.

»Also, Kinder!« Althea stand vor ihrer Gruppe. Es war ihr gelungen, sie vollzählig vom Bus auf die Fähre zu bringen. »Wenn ihr euch anständig benehmt, können wir in den Dutyfreeshop gehen und uns mit Parfüm einsprühen. Aber wenn ihr zu viel Radau macht, wird Mr Conway uns alle dazu verdonnern, bis nach Frankreich hier auf unseren Plätzen sitzen zu bleiben.«

Althea dachte insgeheim, dass Mr Conway keinerlei

Fantasie im Umgang mit Kindern hatte. Er wollte sie die ganze Zeit unter strikter Kontrolle halten. Althea fand, ein paar kleine Belohnungen und ein paar Ventile für überschüssige Energie waren viel eher dazu geeignet, den gewünschten Effekt zu erzielen. Schließlich kam sie mit ihren Mädchen an Deck – sie alle verströmten ein exotisches Duftgemisch französischer Parfüms – und dort trafen sie auf Patrick Donahugh. Er war völlig entnervt. Seine gesamte Gruppe, eine hastig ausgewählte Elitetruppe von Überfliegern, die samt und sonders eine große akademische Zukunft vor sich hatten, war entwischt.

»Überlassen Sie das mir, Sir«, sagte Lorraine. »Ich werd sie schon finden.«

Althea war einverstanden. »In Ordnung. Du gehst mit ihr, Angela. Aber ihr anderen bleibt hier.«

Patrick verfügte nicht über Altheas Erfahrungsschatz und hatte daher Zweifel, dass Lorraine in der Lage war ihre Beute aufzuspüren. Er war immer noch beunruhigt. »Ich schwöre, ich habe höchstens für eine Minute nicht aufgepasst. Ich wollte eine Zeitung kaufen. Und augenblicklich waren sie alle verschwunden. Wahrscheinlich sind sie inzwischen über Bord gefallen ...«

»Nein, nein«, versicherte Althea. »Lorraine wird sie finden und zurückbringen.«

»Aber woher wollen Sie das wissen?«

»Weil sie meistens erreicht, was sie will. Außerdem ist sie sehr attraktiv, falls Ihnen das nicht aufgefallen sein sollte.«

Die übrigen Mädchen aus Altheas Gruppe lehnten sich bedenklich weit über die Reling oder versuchten in der Menge ihre Schulfreunde zu entdecken. Manche warfen Mr Donahugh aus dem Augenwinkel kurze Blicke zu. Sie hatten Mrs Farraday gern. Vermutlich war sie ja aus dem

Alter heraus, aber wer weiß, vielleicht hätte sie ja gern einen Freund, der genauso steinalt war wie sie. Mr Donahugh, fanden sie, kam dafür durchaus infrage.

»Kann ich Sie zu einem Kaffee einladen?«, fragte Patrick, nachdem seine Gruppe wieder aufgetaucht war und sich dann unter Lorraines Aufsicht unter Deck begeben hatten um ihr Taschengeld an ein paar Street-Fighter-Zwei-Spielautomaten zu vergeuden. »Ich schulde Ihnen was dafür, dass Sie meine Jungs wieder gefunden haben.«

»Sie schulden höchsten Lorraine etwas. Sie hat übrigens ein Auge auf Ihren Darren geworfen. Ich denke, wir sollten die Kinder nicht zu lange allein lassen, aber einen Kaffee könnte ich gut vertragen.«

Sie sagte Lorraine Bescheid, wohin sie gingen. Dann suchten sie sich einen Tisch und Althea wartete auf ihren Kaffee. Gerade als Patrick ihn brachte, kreuzte Geoffrey Conway auf. »Hallo, Patrick. Ali... Alison?«

»Althea, Geoffrey. Nicht leicht zu merken und schwer auszusprechen noch dazu, ich weiß.« Sie lächelte strahlend.

Geoffrey setzte sich. »Ich bin froh, dass sich die Gelegenheit ergibt mit Ihnen beiden zu reden. Wie Sie ja wissen, *Althea*, sollte Sylvia Jones mit Ihnen zusammen in einer Gastfamilie wohnen. Ich habe da bisher niemanden erreichen können. Aber der Direktor der französischen Schule hat mir versichert, dass es kein Problem sei, Sie *beide* unterzubringen.«

»Sie meinen, wir werden nicht plötzlich feststellen, dass für uns beide nur ein Bett da ist wie in der Kaffeereklame, nein?«

Geoffrey Conway sah niemals Fernsehwerbung und hatte keine Ahnung, wovon Althea sprach, aber die

Vorstellung entsetzte ihn offenbar. »Nein! Ganz sicher nicht.« Er lachte verlegen. »Das können wir auf keinen Fall zulassen, nicht wahr.«

»Sieht nicht so aus, nein«, sagte Patrick. Es klang ironisch und anzüglich zugleich.

Geoffrey warf seinem neuen Schulrat einen unsicheren Seitenblick zu und fuhr dann fort: »Wenn wir ankommen, werden der Schuldirektor, der Bürgermeister und alle Würdenträger des Städtchens da sein um uns zu begrüßen. Es wäre nett, wenn Sie in meiner Nähe blieben, wenn wir aus dem Bus steigen, Patrick, denn mein Französisch ist nicht so gut, wie es sein sollte. Und bestimmt nicht so gut wie Ihres.«

»Mein Französisch ist auch nicht so gut, wie es sein sollte«, erwiderte Patrick. »Aber immerhin besser als mein Deutsch.«

»Aber ich dachte, Ms ... ähm ... Topaz, als ich angerufen habe, sagte sie, Ihr Französisch sei exzellent.«

Plötzlich tat Geoffrey Althea richtig Leid. Topaz hatte offenbar in ihrem Eifer, ihren Chef und Liebhaber im besten Licht erscheinen zu lassen hinsichtlich seiner linguistischen Fähigkeiten ein bisschen übertrieben.

Patrick hob beide Hände zu einer übertriebenen *C'est-la-vie*-Geste. »Tut mir Leid.«

In diesem Moment erschien Lorraine an Altheas Seite. »Können Sie mal kommen, Mrs Farraday? Kirsty ist hingefallen und hat sich verletzt und es blutet wirklich ganz schlimm.«

Althea erhob sich. »Wenn Sie mich entschuldigen würden, Gentlemen ...«

»Zögern Sie nicht mir Bescheid zu geben, wenn Sie Hilfe brauchen, Althea«, sagte Geoffrey. »Ich habe einen gültigen Erste-Hilfe-Schein.«

»Und ich habe ein Pflaster in meiner Handtasche«, erwiderte Althea. »Ich glaube, das wird den Zweck sehr viel besser erfüllen.«

Die Kinder sangen und aßen immer noch, als der Bus endlich vor der Schule des kleinen französischen Städtchens anhielt, wo, wie Mr Conway angekündigt hatte, eine wahre Menschenmenge ihre Ankunft erwartete.

Einem Jungen aus Patricks Gruppe war vom Busfahren schlecht geworden. Patrick war mit dieser Situation hoffnungslos überfordert gewesen und hatte Althea händeringend um Hilfe gebeten. Der kleine Junge tat Althea sehr Leid und darum hatte sie sich während der ganzen Busfahrt durch Frankreich um ihn gekümmert, seine Stirn mit Eau de Cologne abgetupft und darum gerungen, ihr eigenes Mittagessen bei sich zu behalten, während er seines von sich gab. Althea war schon unausgeschlafen gewesen, als sie aufbrachen, jetzt fühlte sie sich, als werde sie im nächsten Moment umkippen. Die Kinder hingegen schienen noch genug Energie zu haben um die Nacht durchzufeiern.

Geoffrey Conway und Patrick, die sicher sein konnten, nicht nach Erbrochenem zu riechen, begrüßten die Lehrer der Gastschule und gingen mit ihnen voraus. Althea war weitaus weniger sicher und machte vorsichtshalber Gebrauch von Julie Coulthards Dutyfreeparfüm, ehe sie langsam folgten. Sie ließen den Kindern den Vortritt, die neugierig vorwärts drängelten.

In der Eingangshalle der Schule war ein großes Fest im Gange. Blumenvasen standen auf jedem noch so kleinen freien Platz auf den Tischen, die mit Platten voller Köstlichkeiten bedeckt war. Britische und französische Flaggen zierten die Wände.

Julie war augenblicklich von ihren französischen Gastgebern mit Beschlag belegt worden, aber für Althea interessierte sich niemand. Sie kam sich vor wie ein evakuierter Flüchtling. Sie lächelte vage in die Runde, versuchte liebenswürdig und zugänglich zu wirken und fühlte sich plötzlich sehr verlassen. Patrick stand von Geoffrey flankiert in einer Traube von Lokalgrößen. Hätte Sylvia doch nur mitkommen können, dachte sie. Dann hätten sie schon ihren Spaß gehabt.

»Bitte«, sagte eine Stimme. »Essen.« Eine freundliche Französin schob Althea zu einem Tisch hinüber, wo Teller mit Quiches, Pasteten, Baguettes, exotischen Kuchen und Sahnetorten um Aufmerksamkeit rangen. Die Kinder hatten alle schon ihre Gastfamilien gefunden und verschmolzen ohne die geringsten Schwierigkeiten mit ihren französischen Altersgenossen. Sie beluden sich mit Proviant und stürmten dann auf den Schulhof hinaus um Fußball zu spielen. Ein Junge trug ein ganzes Baguette, wenigstens dreißig Zentimeter lang, gefüllt mit Schinken und Salat. Althea stellte ohne jede Überraschung fest, dass es der kleine Kerl war, der sich seit Calais unaufhörlich übergeben hatte.

»Hallo.« Patrick stand plötzlich neben ihr und drückte ihr ein Glas Champagner in die Hand. »Ich habe gerade kurz mit dem Schuldirektor gesprochen. Es ist wohl so, dass die Dame, bei der wir wohnen sollen, Krankenschwester ist. Derzeit ist sie auf Nachtschicht und sie konnte nicht freinehmen um uns zu begrüßen. Wie es aussieht, sollen wir mit Geoffrey beim Direktor und seiner Frau zu Abend essen. Dann fährt der Direktor uns zu unserem Domizil. Irgendwer hat unser Gepäck schon hingebracht.«

»Oh.« Das war wirklich so typisch Mann, ihr erst die

Sorge für seinen erbrechenden Schützling zu überlassen, dann mit dem Begrüßungskomitee zu verschwinden und schließlich herüberzuspazieren und ihr in aller Seelenruhe zu berichten, dass sie vor vollendeten Tatsachen stand. Aber sie hatte vermutlich kein Recht irgendetwas anderes zu erwarten. »Es scheint mir ein bisschen unhöflich mitten in der Nacht bei ihr aufzukreuzen ohne wenigstens vorher Hallo zu sagen«, meinte sie. »Und weiß sie denn überhaupt, dass wir zwei Zimmer brauchen und so weiter?«

Patrick hob langsam die Schultern. »Ich denke, doch«, sagte er gleichmütig. »Geoffrey versichert, dass er alles geregelt hat. Und ich habe dem Schuldirektor gesagt, wir seien nicht verheiratet und er meinte, das sei kein Problem. ›*C'est pas grave*‹ waren seine Worte.«

»Das kann alles heißen«, murmelte Althea, bedrückt vor Müdigkeit und vom Champagner.

Patrick legte eine große Hand auf ihre Schulter. »Ich bin sicher, es wird alles klappen. Sehen Sie, da drüben ist der *Directeur*. Er winkt. Vermutlich ist es Zeit fürs Abendessen.«

»Ich kann nichts mehr essen«, beteuerte Althea. Es hatte sie schon Mühe gekostet, den einen Käsewürfel herunterzuwürgen, den sie aus Höflichkeit genommen hatte.

Patrick verzog das Gesicht. »Tut mir Leid, aber es wird Ihnen wohl nichts anderes übrig bleiben. Francine, das ist die Frau des Direktors, hat mir zu verstehen gegeben, dass sie seit Tagen gekocht hat.«

KAPITEL 4 Nach einer nervenaufreibenden Fahrt im Wagen des Schuldirektors, auf der Rückbank zusammengepfercht, kamen sie schließlich zu dessen Haus. Es blieb ihnen gerade eben Zeit, sich die Hände zu waschen, ehe der nächste Champagnerkorken knallte.

Althea hätte am liebsten in einer Sofaecke ein kleines Schläfchen gehalten, aber da Francine überhaupt kein Englisch sprach, musste sie ihr Schulfranzösisch aus der Versenkung holen und preisgeben, wie unzureichend es war. Nach einem kurzen, unangenehmen Schweigen, während die Gastgeber sich vergeblich bemühten irgendeinen Sinn in Altheas Äußerungen zu entdecken, sprang Francine auf und rief sie zu Tisch. »Jetzt wir essen!«, verkündete sie stolz. Und sie meinte, was sie sagte. Althea dachte, Francine müsse nicht tage-, sondern wochenlang gekocht haben. Sie hielt offensichtlich nichts davon, ihre Gäste hungrig von dannen ziehen zu lassen. Was sie auffuhr, hätte ausgereicht eine ganze Armee zu beköstigen.

Althea aß, was sie konnte, und noch ein bisschen mehr. Irgendwie überstand sie vier Gänge. Die *Terrine*, ein Gedicht aus blassgrünen Avocados, Krebsfleisch und Paprikastreifen, entlockte ihr Ausrufe der Bewunderung. Sie bestaunte die Zartheit des in Meersalz und Alufolie gebackenen Lachses. Sie kostete drei der sechs Käsesorten, die zur Auswahl standen, würgte sogar mit einem angestrengten Lächeln ein Stück Ziegenkäse herunter, das ein wenig modrig schmeckte. Sie aß von der sagenhaften *Charlotte Russe* und wünschte, sie hätte mehr Appetit.

Und nicht nur das Essen galt es zu bewältigen. Zu jedem Gang gab es einen passenden Wein, den sie kosten, über die Zunge rollen und dann in beängstigenden Mengen trinken musste.

»Und jetzt Kaffee!«, ordnete der *Directeur* an, als Althea endgültig die Augen zufielen. »*Et pour le digestif – Cognac!*«

»Alles ist in Ordnung. Ich habe einen Schlüssel!« Der *Directeur*, Philippe, wie sie inzwischen gelernt hatten, klimperte triumphierend mit einem Schlüsselring.

Dieses Mal saß Althea allein auf der Rückbank und war fest eingeschlafen, kaum dass der erste Hase auf der Straße knapp dem Tode entronnen war.

»Der Ärmste wollte sich wohl das Leben nehmen«, murmelte sie Patrick zu, der auf dem Beifahrersitz saß.

»Aber es hat nicht geklappt«, antwortete er. »Vermutlich war's nur ein Hilferuf.«

Danach hatte Althea die Augen keine zwei Minuten lang mehr offen halten können. Es hatte ja doch keinen Zweck, sich um Dinge zu sorgen, auf die sie keinen Einfluss hatte. Dann brachte Patricks energische Hand auf ihrer Schulter sie zurück ins Hier und Jetzt. Sie brauchte einen Augenblick um wieder ganz zu sich zu kommen. In der Zwischenzeit betraten Patrick und Philippe schon auf leisen Sohlen das Haus.

»*Les enfants sont ici.*« Althea schloss sich ihnen an, als Philippe gerade eine Tür öffnete, die offensichtlich ins Wohnzimmer führte. Es war vorübergehend in ein Dormitorium verwandelt worden. Kleine Kokons in Schlafsäcken lagen auf dem Sofa und am Boden. Ein längerer Kokon enthielt zweifellos einen Teenager, offenbar der Babysitter.

»Bad.« Philippe öffnete eine weitere Tür. »Küche. *Et voici*, Schlafzimmer.«

Althea war nicht zu schlaftrunken um den Unheil verkündenden Singular seiner Wortwahl zu bemerken.

»Und da?« Sie zeigte hoffnungsvoll auf die letzte Tür.

»Nichts. Nur ein ... Schrank?«

Die Vokabel war völlig richtig. Hinter der Tür verbargen sich nichts als verschiedene Putzmittel, Bürsten und Schrubber für die Reinigung der Keramikfliesen, die den Boden im ganzen Haus bedeckten. Kein tröstlicher Gedanke unter diesen Umständen.

»Ah, *bon*. Sie sind müde, Alt'ea. Gehen Sie schnell zu Bett.« Philippe öffnete die Schlafzimmertür, berührte einen Schalter und augenblicklich war der Raum in ein zart rosafarbenes Licht getaucht, das zwei Nachttischlämpchen und eine weitere auf der Frisierkommode verströmten. »Schnell!«, befahl er, als sei sie ein ungehorsames Kind und er ein ungeduldiger Vater. Er bemerkte nicht, dass sie an der Schwelle zögerte. Kaum hatte sie das Zimmer betreten, nahm er ihre Hand und küsste sie auf die Wange. »*Bonne nuit. Dormez bien.*«

Als sie endlich allein war, unterzog Althea das Bett einer kritischen Betrachtung. Man konnte es eigentlich nicht Doppelbett nennen – eher ein überdimensioniertes Einzelbett – aber immerhin lagen zwei Kopfkissen auf der Tagesdecke. Es war zweifellos für sie beide gedacht.

Es war ein betont femininer Raum. Die rüschenverzierten Vorhänge passten zur Tagesdecke und den Schmuckkissen. Auf der nierenförmigen Platte der Frisierkommode herrschte ein dichtes Gedränge von Kosmetika und Parfümfläschchen. An den Seiten wallte meterweise rosa Tüll herab, es erinnerte an ein kitschiges Tutu.

Es muss noch ein Schlafzimmer geben, dachte sie. Philippe war sicher gerade mit Patrick dorthin unterwegs. Vermutlich war das Haus verwinkelter, als es aussah, vielleicht bog man irgendwo um eine Ecke und dort lag eine ganze Flucht von weiteren Zimmern. Bestimmt war es so. Zu wenig Schlaf und zu viel Alkohol hatten ihr Gehirn verschleiert. Es gab wirklich nicht den geringsten Grund in Panik zu geraten.

Sie klammerte sich an diese Hoffnung und packte ihren Kulturbeutel aus. Bei dieser Gelegenheit entdeckte sie Patricks Reisetasche neben ihrer. Nun ja, Philippe – oder wer auch immer – hatte wohl beide Taschen der Einfachheit halber ins selbe Zimmer gestellt. Woher sollte er wissen, wer wo schlafen würde. Was sie brauchte, war eine Ladung kaltes Wasser ins Gesicht. Das würde ihr ihren Orientierungssinn zurückgeben und sie würde das zweite Schlafzimmer auf Anhieb finden.

Doch alles, was sie fand, als sie aus dem Bad zurückkam, war Patrick, der mit leicht verlegenem Gesichtsausdruck am Fenster stand. Er wirkte deplaziert im rosa Licht und umgeben von all den Rüschen.

»Oh. Es ist also wirklich wie in der Kaffeereklame?«, fragte Althea.

Er nickte. »Es gibt kein weiteres Zimmer, wo man schlafen könnte, wenn Sie das meinen. Die Kinder schlafen im *Salon* und das hier muss das Zimmer der *Madame* sein.«

Althea sah sich um. Fotos hingen an den Wänden, Souvenirs und Nippes füllten die Regale, ein Spiegel reichte vom Boden bis zur Decke – nein, das war kein Gästezimmer.

»Irgendwo muss es doch ein Kinderzimmer geben.«

»Aber da sie jetzt im Wohnzimmer sind, hat Madame offenbar die Absicht selber dort zu schlafen, wenn sie irgendwann heute Nacht nach Hause kommt. Es wäre ein herber Schock am Ende einer langen Nachtschicht, einen fremden Mann in ihrem Bett vorzufinden.«

»Ja, vermutlich haben Sie Recht.«

»Ich werde auf dem Fußboden schlafen. Kein Problem.« Er sprach in einem betont fröhlichen, zuversichtlichen Tonfall. So ähnlich hatte vermutlich Captain Oates geklungen, bevor er auf Nimmerwiedersehen in der antarktischen Nacht verschwand.

Althea blickte zu Boden. Wie überall im Haus lagen auch hier Fliesen, nur von einem schmalen Bettvorleger unterbrochen. »Wussten Sie, dass es so kommen würde?«, fragte sie um Zeit zu gewinnen.

»Nicht ehe es zu spät war, nein. Und wir können jetzt keine andere Unterkunft finden. Davon abgesehen, das hier ist Madames Schlafzimmer. Sie hat es extra für uns geräumt. Es wäre ungehobelt, sich über die Arrangements zu beschweren.«

Er sagte ihr nichts, was sie nicht längst wusste, aber es war nichtsdestotrotz niederschmetternd. Müde sank sie auf das Bett. Es gab bedenklich weit nach, die Schmuckkissen gerieten ins Rutschen.

»Oder da wäre noch der Stuhl«, fuhr Patrick tapfer fort. Vermutlich war ihm inzwischen auch aufgegangen, wie kalt und hart der Fußboden war.

Der Stuhl war ein filigranes Schmuckstück auf spindeldürren Beinchen, hatte eine sehr gerade Lehne und war nur mit einem kleinen, rüschenverzierten Kissen gepolstert. Im Moment saß eine Harlekinpuppe darauf. Der Stuhl wirkte kaum einladender als der Fußboden, niemand, der größer war als eine passende Kolombine, konnte bequem darauf sitzen.

»Das ist viel zu kalt.«

»Nein, es wird wunderbar gehen«, widersprach Patrick immer noch im Captain-Oates-Tonfall, auch wenn er nicht mehr ganz so nobel klang.

Althea fasste einen Entschluss. »Hören Sie. Wir sollten uns wie Erwachsene benehmen. Ich bin eine verheiratete Frau – oder wenigstens war ich das mal – und ich bin sicher, ich kann Ihnen trauen. Wenn Sie versprechen keiner Menschenseele davon zu erzählen, können wir das Bett von mir aus teilen.«

»Ehrlich?«

Sie hatte mit etwas mehr Protest gerechnet. »Natürlich. Es besteht kein Grund, dass wir uns so prüde aufführen. Seien Sie einfach so nett und verschwinden Sie im Bad, während ich mich umziehe. Ich brauche etwa zehn Minuten.«

Als er fort war, zog sie sich eilig aus. Sie traute ihm zwar so weit, dass sie zuversichtlich war, er werde nicht plötzlich mitten in der Nacht über sie herfallen, aber sie war nicht ganz sicher, ob er nicht vorzeitig zurückkommen würde, während sie sich noch aus ihren Nylons kämpfte.

Sie zog ein T-Shirt über ihr Nachthemd. Nicht, so gestand sie sich, um den großzügigen Ausschnitt zu bedecken, sondern die kleinen Fettpolster, die immer zwischen ihren BH-Trägern und den Achseln hervorquollen. Sie schminkte sich ab und ließ nur gerade so viel Mascara übrig, dass sie am nächsten Morgen nicht völlig nackt wirken würde. Dann schlug sie das Bett auf.

Als Patrick zurückkam, war sein Oberkörper nackt und sein Haar nass. Offenbar hatte er geduscht.

»In Ordnung«, sagte sie bestimmt und schlug ihrerseits einen knappen, geschäftsmäßigen Ton an. »Ich geh mir die Zähne putzen.«

Im Bad überlegte sie, ob sie vielleicht ebenfalls duschen sollte. Wenn er die Höflichkeit besessen hatte es zu tun, sollte sie nicht auch? Sie drehte das heiße Wasser auf, aber es kam nur kaltes. Also nahm sie von der Idee Abstand. Sie waren schließlich kein Liebespaar und selbst wenn sie es wären, sie hätte wirklich sehr verliebt sein müssen, um zu dieser späten Stunde mehr als auch nur einen Spritzer kaltes Wasser zu ertragen.

Patrick, inzwischen mit einem ordentlichen Baumwollpyjama von Marks & Spencer angetan, stand neben dem Bett.

»Na los, rein mit Ihnen«, befahl Althea forsch, als sei er ein kleiner Junge.

»Althea ... ich glaube wirklich nicht, dass das eine gute Idee ist.«

»Aber es bleibt uns nichts anderes übrig. Ich ärgere mich jedes Mal über diese Frau in der Kaffeereklame, die immer so ein Theater macht, weil sie das Bett mit einem Mann teilen soll.«

»Wirklich?«

»Sie etwa nicht?«

»Ich seh die Sache immer mehr aus der Perspektive des Mannes.«

»Die da wäre?«

»Sind Sie wirklich so naiv? Hören Sie, legen Sie sich hin. Ich komm schon irgendwie zurecht.«

Althea schüttelte den Kopf. Ihr Nachthemd reichte bis zu den Knöcheln hinab und das T-Shirt bedeckte sie bis zum Hals. Es war ganz und gar ausgeschlossen, dass sie irgendeine Art von Versuchung darstellte, selbst wenn es keine Topaz gegeben hätte. »Ich könnte nicht schlafen, wenn Sie auf dem Fußboden liegen. Ich hätte ein schlechtes Gewissen.«

Er seufzte ungeduldig. »Es muss eine Lösung geben.«

»Gibt es. Wir teilen das Bett.«

Er schüttelte den Kopf. »Hier muss doch irgendwas zu finden sein, worauf ich schlafen kann.« Er öffnete den Kleiderschrank und wühlte zwischen Madames Hemdchen und Negligees herum. »Ah! Gott sei Dank, diese Frau hat mit Tierschutz nichts im Sinn.« Er brachte einen Pelzmantel zum Vorschein. »Der ist doch genau richtig.«

»Das wäre er bestimmt, wenn Sie nicht größer als eins zwanzig wären.«

»Nein, das geht, sehen Sie.« Er nahm eines der Kopfkissen. »Können Sie auf eine Decke verzichten?«

»Natürlich.«

Er faltete sie der Länge nach und legte sie auf den Boden. An ein Ende legte er das Kopfkissen, mit dem Pelzmantel deckte er sich zu.

»Und was wollen Sie rausgucken lassen? Ihre Schultern oder Ihre Füße?«, erkundigte sich Althea.

»Ich werd schon zurechtkommen.«

Dieses Mal seufzte Althea. Bislang hatte sie immer geglaubt, Gentlemanmanieren seien eine wunderbare, bewundernswerte Sache. Jetzt empfand sie sie als verdammt lästiges Ärgernis. »Das werden Sie nicht. Lassen Sie mich Ihnen helfen.«

Sie durchstöberte ihre Reisetaschen und zog Pullover, Sweatshirts und T-Shirts heraus. Daraus machte sie ein Polster, das sie an das Fußende des provisorischen Bettes legte. Dann nahm sie noch eine Decke vom Bett.

Somit blieb für sie selbst nur eine, aber sie hatte notfalls noch die Tagesdecke.

»Legen Sie sich hin. Dann kann ich Sie einpacken.«

Patrick setzte eine Leidensmiene auf, aber er tat, wie ihm geheißen. Seine Füße lagen jetzt auf dem Polster aus Kleidungsstücken. Sie breitete die beiden Decken über ihn und stopfte sie am Fußende fest. Dann kam der Pelzmantel. Ein zweites T-Shirt-Polster kam unter Kopf und Schultern, sodass sie nicht auf dem nackten Fliesenboden lagen.

»Wie ist das?«

»Wunderbar.«

Er klang nicht so, als fühle er sich wunderbar, aber mehr konnte sie nicht für ihn tun, wenn er darauf bestand, sich so albern anzustellen. Sie legte sich ins Bett und stellte fest, dass sie fror. Sie fror immer, wenn sie zu viel gegessen und getrunken hatte. Sie stand wieder auf und holte das Kleiderbündel, das sie nicht für Patricks Bett gebraucht hatte. Sie wickelte ein T-Shirt um ihre Füße und breitete den Rest sorgsam über sich aus.

Alle Knochen taten ihr weh vor Müdigkeit, aber sie wusste genau, dass sie nicht würde einschlafen können. Sie war viel zu angespannt. Was sie jetzt bräuchte, wäre ein Radio um sich vom BBC World Service langsam in den Schlaf langweilen zu lassen. Oder heiße Milch und Whisky. Sie unterdrückte ein Seufzen. Patrick bewegte sich unruhig. Offenbar hielt sie ihn wach.

»Entschuldigung. Ich habe nur ziemliche Mühe mich zu entspannen. Es ist lange her, seit ich zuletzt das Schlafzimmer mit irgendwem geteilt habe, der größer ist als ein Zwergspaniel.« Sie wünschte sehnlich, Bozo wäre jetzt bei ihr. Eine pelzige Wärmflasche war genau das, was ihr fehlte. »Sind Sie sicher, dass es so gehen wird?«

»Ganz sicher.«
»Morgen tauschen wir.«
»Schlafen Sie jetzt.«
»Tut mir Leid. Gute Nacht.«

Mitten in der Nacht wachte Althea auf. Sie schwitzte. Sie setzte sich auf und zog das T-Shirt aus. Aber selbst als ihr nicht mehr zu heiß war, konnte sie nicht wieder einschlafen.

Sie hörte Patrick auf dem Boden neben sich. Er schnarchte eigentlich nicht, sein Atem ging lediglich in tiefen, irgendwie zufriedenen Zügen, die betonten, dass er schlief und sie nicht. Sie lauschte eine Zeit lang. Der Rhythmus hatte etwas Beruhigendes.

Wie hatte Frederick sich im Schlaf angehört? Als sie erst kurz verheiratet waren, hatte sie vermutlich zu tief geschlafen um es je zu hören. Und als dann so erschreckend schnell die Kinder kamen, hatte er die meisten Nächte im Gästezimmer verbracht. Althea hatte so entsetzliche Angst vor dem plötzlichen Kindstod, dass sie sich geweigert hatte William irgendwo anders als in ihrem Schlafzimmer hinzulegen. Sie bestand darauf, ihn gleich neben ihrem Bett zu haben. Frederick hatte das als Eindringen in seine Privatsphäre empfunden und von da an war es bergab gegangen.

Nach Frederick hatte Althea es sich zweimal gestattet, sich zu einer Affäre überreden zu lassen. In beiden Fällen war der Mann anfangs ein guter Freund und vertrat die Auffassung, es könne ihre Beziehung enorm bereichern, wenn sie zusammen schliefen. Aber das tat es nicht. Beide Männer hatten irgendwann verkündet, man könne nicht zu der einstmaligen Freundschaft zurückkehren, und verschwanden, der eine nach Kanada, der andere auf die Äußeren Hebriden. Sie vermisste ihr

Geschick im Umgang mit Rasenmähern und verstopften Abflüssen, nicht aber den Sex. Darum hatte sie irgendwann beschlossen sich sowohl ihre Freunde als auch ihre Keuschheit zu bewahren.

Als die Kinder noch klein waren, hatten sie oft bei ihr in dem großen Doppelbett geschlafen. Aber die Zeiten waren längst vorbei. Einzig Bozo, ihre kleine Hündin, durfte jetzt also noch in stürmischen Nächten oder wenn Althea besonders deprimiert war mit in ihr Bett. Doch Bozo entwickelte immer zu viel Hitze und kratzte außerdem, darum war sie eine sehr unruhige Bettgenossin. Im Vergleich dazu war Patrick wirklich nur ein geringer Störfaktor.

Als Althea das nächste Mal aufwachte, stand er an ihrer Seite und rief ihren Namen.

›Althea? Wachen Sie auf! Madame hat das Frühstück fertig und in einer Stunde müssen wir an der Schule sein.‹

›Oh Gott! Wie spät ist es?‹ Ein Blick auf ihre Armbanduhr beantwortete diese Frage: halb neun. ›Wie konnte ich nur so lange schlafen? Hab ich noch Zeit zu duschen?‹

›Wenn Sie sich beeilen. Ach, übrigens, wir sind seit zwölf Jahren verheiratet und haben drei Kinder.‹

›Ah ja?‹ Sie lachte leise. ›Und wie heißen sie?‹

Er grinste. ›Das überlasse ich Ihnen.‹

›Typisch. Wie alt sind sie? Mädchen oder Jungen?‹

›Sie haben doch Kinder, oder nicht? Ich dachte, die könnten wir nehmen.‹

›Nicht, wenn wir erst zwölf Jahre verheiratet sind. Mein Ältester ist siebzehn.‹

›Oh.‹ Er schien verblüfft. ›Sie sehen nicht aus, als wären Sie alt genug für so einen großen Sohn.‹

»Ich habe sehr jung geheiratet.« Sie schlug die Decke zurück und hoffte, er werde nicht bemerken, dass sie errötet war.

»Offensichtlich. Wollen Sie Tee oder Kaffee?«

Sie musste wieder lachen. »Wie haben Sie ihr erklärt, dass Sie das nicht wissen?«

»Ich hab gesagt, normalerweise trinken Sie Tee, aber jetzt wollten Sie vielleicht Kaffee, wo wir doch in Frankreich sind.«

Sie nickte. »Nicht schlecht.«

»Beeilen Sie sich. Die Kinder haben schon vor Stunden gefrühstückt und Madame will uns den Garten zeigen, bevor wir gehen.«

Althea stand auf. »Sie spricht gut Englisch, ja?«

Für einen Augenblick schien Patrick entgeistert. »Ähm, nein, eigentlich nicht. Aber ich kann mich meistens ganz gut verständigen. Jetzt machen Sie schon. Ich räum hier unser Bettzeug auf.«

Als Althea erschien, stand Madame vom Tisch auf und umarmte sie herzlich, ließ einen schnellen, völlig unverständlichen Wortschwall los und bedeutete Althea Platz zu nehmen.

Althea entschuldigte sich für ihr miserables Französisch und setzte sich an den Tisch, der mit Kaffeekannen, Körben voller Croissants und einem riesigen Hefekuchen auf einem Geschirrtuch beladen war. Bis Althea endlich klargemacht hatte, dass sie nichts weiter als eine Schale Kaffee und ein Croissant wollte, fühlte sie sich schon gerädert.

Madame redete schnell und äußerst angeregt auf Patrick ein, der die Schultern hob und sie an Althea verwies. Madame schien verwirrt, wandte sich dann aber an Althea und sprach im selben Tempo weiter. Althea erklärte, ihr Mann spreche leider fast gar kein Französisch, und flüchtete sich zu einem zweiten Croissant. Niemand konnte erwarten, dass sie sprach, während sie aß, auch nicht Madame, deren Persönlichkeit ebenso großzügig zu sein schien wie ihre Oberweite.

»Das war anstrengend«, sagte Patrick auf dem Weg zur Schule. Sie beeilten sich. Ihr Bus erwartete sie zu einer Rundfahrt durch die malerische Umgebung des kleinen Städtchens und sie waren spät dran.

»Damit hab ich gerechnet«, keuchte Althea. Sie musste laufen um mit ihm Schritt zu halten.

»Ja, ich eigentlich auch.« Patrick legte zwar keinen so großen Wert auf Pünktlichkeit wie sie, hatte aber trotzdem ein forsches Tempo angeschlagen.

»Warum sind Sie dann mitgefahren?« Für sie war dieses Wochenende eine willkommene Chance gewesen einmal »rauszukommen«. Es war zum Teil Arbeit, zum Teil Vergnügen, es ging nach Frankreich und abgesehen vom Taschengeld war es auch noch kostenlos. Und wäre Sylvia wie geplant mitgekommen, dann hätte Althea sicher richtig viel Spaß gehabt. Jetzt, da sie Patrick zum Zimmergenossen hatte, war »Spaß« nicht mehr ganz zutreffend.

»Persönliche Gründe.« Er ließ es bedeutungsvoll klingen. Ganz sicher sollte es ihr aber wohl sagen, dass er nicht weiter ins Detail gehen wollte.

»Oh.« Althea brannte vor Neugier, aber sie beherrschte sich. »Da, sehen Sie nur, wie diese Ziegel dort hängen. Es sieht aus, als sei das ganze Dach abgerutscht, wie zerlaufene Buttercreme.«

»Ah ja.« Mit seinen Gedanken war er bei einem ganz anderen Thema. »Hören Sie, Althea, wir müssen sehr vorsichtig sein mit dem, was wir sagen, falls irgendjemand nach unserer Unterkunft fragt.«

»*Falls* jemand fragt? Was denken Sie sich? Es wird das Hauptgesprächsthema sein! ›Was gab es zu essen und wie ist dein Zimmer?‹« Sie unterbrach sich um Atem zu schöpfen. »Ich schätze, uns bleiben hundert Meter um ein Zimmer für Sie zu erfinden. Ich behalte das, wo wir geschlafen haben, weil ich mit Sicherheit öfter gefragt werde.«

»Einverstanden. Also, was sagen wir? Dachkammer?«

»Nicht bei einem Bungalow, nein. Ein kleiner Raum, der hinter der Garage angebaut ist. Einzelbett, nackte Glühbirne an der Decke, nicht sehr komfortabel. Okay?«

»Ich denke, ja. Und ich hatte nur ein Kissen. Und das Bett ist eine Idee zu kurz.«

Althea zog eine Braue hoch und warf ihm einen argwöhnischen Blick zu. »Das können Sie ziemlich gut, oder? Schwindeln und so tun, als ob?«

»Manchmal verblüffe ich mich selbst.«

Auf jeden Fall verblüffte er Althea. Die Lügen kamen ihm ohne jede erkennbare Mühe über die Lippen, als er Geoffrey Conway erzählte, Althea habe freiwillig in dem kleineren Zimmer schlafen wollen, aber er habe darauf bestanden, dass sie das Doppelbett ganz für sich allein haben solle.

Geoffrey führte Patrick unter einem Schwall untertäniger Huldigungen davon und Althea ging auf, dass sie ihn vermisste. Sie wollte ihn an *ihrer* Seite, nicht an Geoffreys oder noch schlimmer in den jugendlichen Klauen von Julie Coulthard, die sich in der Sekunde auf ihn stürzte, als Geoffrey von ihm abließ.

Die Männer anderer Frauen waren für Althea immer ein absolutes Tabu gewesen. Ein hehres moralisches Prinzip, dem treu zu bleiben ihr schon allein deswegen nie schwer gefallen war, weil sie an den Männern ihrer Freundinnen nie auch nur das leiseste Interesse gehabt hatte. Aber Patrick war attraktiv, Topaz war sehr weit weg und die Tatsache, dass sie Verschwörer waren, dass sie zusammen eine Lügengeschichte aufrechterhalten mussten, gab ihr ein Gefühl von Zusammengehörigkeit. Doch das nutzte ihr überhaupt nichts. Sie konnte weder besitzergreifend seinen Arm nehmen, noch darauf bestehen, im Bus neben ihm zu sitzen, sie konnte ihn auch nicht anstupsen um ihn auf das aufmerksam zu machen, was sie gerade sah, so sehr sie auch wünschte all diese Dinge zu tun. Sie musste sich damit begnügen, seine breiten Schultern und seinen athletischen Gang aus der Ferne zu bewundern.

Im Gegensatz zu Lorraine. Lorraine war in sehr kurzen Shorts, schwarzen Nylonstrümpfen und klobigen Stiefeln aufmarschiert und hatte nicht die geringsten Skrupel. Mit ihren elf Jahren strahlte sie das siegessichere Selbstvertrauen einer Neunzehnjährigen aus und sie war fest entschlossen Darren ihrer langen Liste von Eroberungen hinzuzufügen. Darren ging auf »die andere Schule« und das verlieh ihm den Reiz des Fremden und Geheimnisvollen, mit dem Lorraines eigene Klassenkameraden nicht konkurrieren konnten. Außerdem hatte er während der Busfahrt am Vortag alle Herausforderer im Armdrücken besiegt und sich somit endgültig ihrer Aufmerksamkeit würdig erwiesen.

Mit einer Mischung aus Entsetzen und Neid beobachtete Althea, wie Lorraine ihr Zielobjekt ins Visier nahm und ihm augenblicklich folgte, als er aus dem Bus stieg. Die übrigen Mädchen ihrer Gruppe waren genauso gespannt zu sehen, ob Lorraine Erfolg beschieden war, wie Althea selbst. Es war einfacher, ihnen zu folgen, als zu versuchen sie zurückzuhalten. In dem Bewusstsein wieder einmal den leichten statt den rechten Weg gewählt zu haben schlich sie mit den anderen Lorraine hinterher.

Auch Patricks Jungen spazierten in die Richtung, die Lorraine und Darren eingeschlagen hatten. Sie hatten nur eine halbe Stunde um den »typischen französischen Wochenmarkt« zu erkunden, zu dem der Bus sie gebracht hatte. Es galt also darauf zu achten, dass alle Kinder Gelegenheit fanden ihre Souvenirs zu kaufen, aber nicht verloren gehen konnten.

Althea war gerade damit beschäftigt, einem ihrer Mädchen bei der Wahl zwischen zwei Paaren billiger Ohrringe zu helfen, eine Aufgabe, die mehr Zeit in Anspruch zu nehmen drohte als die Decke der Sixtinischen Kapelle zu bemalen. Plötzlich hörte sie Patrick fluchen. Sie wandte sich um und sah, dass er sich mit erstaunlicher Schnelligkeit einen Weg durch das dichte Gewühl bahnte.

»Was ist passiert? Habt ihr irgendwas gesehen?«

»Es war Darren, Miss«, erklärte einer der Jungen. »Er und das Mädchen sind abgehauen.«

»Oh nein!« Um ein Haar hätte Althea mit dem Fuß aufgestampft. Warum hatte sie sie nicht besser im Auge behalten? Es war alles ihre Schuld. Jetzt würden Darren und Lorraine den Bus verpassen, sie würde auf sie warten müssen und dann konnten sie zusehen, wie sie zu ihrem Dorf zurückkamen. Geoffrey Conway hatte klar und deutlich gesagt, was diejenigen erwartete, die trödelten: Wer zu spät kam, würde weder die Windmühle noch die tiefste Kanalschleuse Europas zu sehen kriegen. Diese Attraktionen wollten sicher auch die erfahrensten Weltenbummler unter ihnen um keinen Preis versäumen – jedenfalls glaubte er das.

Es war wirklich nett von Patrick, dass er sich auf die Suche nach den Ausreißern gemacht hatte, aber es konnte keinen Zweifel geben, wer für den Vorfall verantwortlich war. Darum würde auch sie es sein, die auf sie warten musste.

Niedergeschlagen führte sie ihre und Patricks Gruppe durch die Gasse zwischen den Marktständen zum Bus zurück. Weder Patrick noch die beiden Ausreißer waren dort. Althea blieb nichts weiter übrig als Geoffrey Conway zu gestehen, was passiert war, und sie musste sich dann seinen Vortrag über Leute anhören, die nicht in der Lage sind in einer Gruppe ihnen anvertrauter Kinder Disziplin zu halten.

»Wirklich, Mrs Farraday« – er hatte sich nie so richtig wohl dabei gefühlt, sie beim Vornamen zu nennen, und war froh, dass er jetzt einen Anlass hatte zur förmlicheren Anrede zurückzukehren – »Mr Edwards hat mir versichert, Sie seien sehr verantwortungsbewusst im Umgang mit Kindern. Ich bin enttäuscht von Ihnen.«

Althea kochte, aber sie sagte nichts. Nicht einmal mit ihren Kindern hätte sie so gesprochen, geschweige denn mit einem Erwachsenen. Patrick sammelte Minuspunkte. Nur er war Schuld, dass sie diese Erniedrigung über sich ergehen lassen musste. Er mochte noch nichts davon wissen, aber sie machte ihn allein für dieses ganze Fiasko verantwortlich.

Während Geoffrey befahl die Kaugummis auszuspucken und in den Bus zu steigen, weil es Zeit zum Aufbruch sei, machte Althea sich selbst auf die Suche nach ihren verlorenen Schäfchen. Sie wusste, Geoffrey Conway würde nicht ohne Patrick losfahren, wenn er auch alle anderen bedenkenlos zurückgelassen hätte.

Sie sah sie aus einer Bar kommen. Patrick hielt ein

dickes, unförmiges Paket unterm Arm und plauderte angeregt mit dem Wirt, der schließlich die Hand hob und Patrick kräftig auf die Schulter klopfte. Althea konnte nicht hören, in welcher Sprache sie redeten, aber sie hätte bereitwillig ihr Geld darauf gewettet, dass der Wirt nicht fließend Englisch sprach.

Nur wenige Meter vom Bus entfernt trat Althea ihnen entgegen, Hände in die Hüften gestemmt, die Augen zu schmalen Schlitzen verengt, fest entschlossen sie mit ihrem eisigen Zornesblick so zu erschrecken, dass sie wenigstens für dieses Wochenende folgsam wurden.

Die Kinder sahen auf einen Blick, dass Altheas Wut sich nicht ausschließlich gegen sie richtete. Sie schlugen einen geschickten Haken, bestiegen den Bus und ließen Patrick allein zurück um die Breitseite auf sich zu nehmen.

»Ich hab diese kleinen Satansbraten in einer Bar gefunden«, murmelte er. »Sie hatten Pernod bestellt. Ich hätte sie zwingen sollen ihn zu trinken. Das wäre ihnen vielleicht eine Lehre gewesen.«

Dann erklärte er Geoffrey Conway mit einem entwaffnenden Lächeln, was passiert war. Althea stolzierte davon und stieg in den Bus.

»Er spricht wirklich unheimlich gut Französisch«, vertraute Lorraine ihr an, als Althea sich hinter sie setzte. Lorraine wusste instinktiv, dass diese Eröffnung Altheas gerechten Zorn in eine andere Richtung lenken würde. »Er hat einfach so drauflos gequatscht.«

Althea hatte eine wirklich *mauvais quart d'heure* damit verbracht, auf sie zu warten. Sie hatte sich ernstliche Sorgen gemacht und Geoffrey Conways Strafpredigt erdulden müssen. Jetzt fand sie obendrein auch noch ihren Verdacht bestätigt, dass Patrick nicht nur Französisch, sondern gut Französisch sprach. Sie war drauf und dran aus der Haut zu fahren.

»Lügner!«, schleuderte sie ihm entgegen, als er neben ihr Platz nahm. Ihre gesenkte Stimme schwächte die Beschuldigung nur unwesentlich ab. »Sie haben mir gesagt, Sie könnten kein Französisch.«

Seine blauen Augen funkelten vor unterdrückter Heiterkeit. »Und Sie haben mir gesagt, Sie wären Gartenarchitektin.«

»Das bin ich auch. Jedenfalls so was Ähnliches. Aber Sie haben wirklich *gelogen*.«

Genau wie Darren und Lorraine schien er die Schwere seines Vergehens nicht einzusehen. »Ich habe nicht ausdrücklich gesagt, ich könne kein Französisch, oder?«

»Keine Ahnung. Jedenfalls haben Sie keine Silbe Französisch gesprochen. Und das kommt doch wohl auf dasselbe heraus.«

Er wechselte das Thema. »Ich habe ihnen übrigens ihre Zigaretten abgeknöpft.« Es sollte wohl eine Entschuldigung sein.

Althea ging nicht darauf ein. »Das muss man sich mal vorstellen. Sie sehen einfach zu, wie ich mich zum Narren mache mit meinem eingerosteten Schulfranzösisch.« Ihr Flüstern klang wie das Zischen einer wütenden Feuerwerksrakete. »Außerdem, wenn Sie Französisch sprechen, hätten Sie doch wohl irgendetwas arrangieren können, sodass wir nicht im selben Bett hätten schlafen müssen.«

Sein Atem an in ihrem Ohr fühlte sich heiß an und ihre Nackenhaare richteten sich auf. »Wir haben nicht im selben Bett geschlafen, schon vergessen?«

»Darum geht es nicht!«

»Na ja, mir wurde ziemlich bald klar, dass es sehr

schwierig geworden wäre, die Arrangements für unsere Unterbringung zu ändern und ich dachte, da wir ja beide erwachsen sind, würden wir schon irgendwie zurechtkommen. Sind wir ja auch.«

Unwillig gab sie ihm in diesem Punkt Recht. »Schön, das seh ich ein. Aber warum haben Sie verheimlicht, dass Sie Französisch können?«

»Weil ich andernfalls unablässig für Geoffrey hätte dolmetschen müssen.«

Das stimmte. Geoffrey hing schon so die meiste Zeit wie eine Klette an ihm. Sie schnaubte ungeduldig. »Es kommt mir trotzdem sehr merkwürdig und verdächtig vor.«

Plötzlich ging ihr auf, wie viel Aufmerksamkeit ihre geflüsterte Unterhaltung erregte. Die Mädchen vor ihnen hatten sich auf ihre Sitze gekniet und starrten sie mit offenen Mündern an. Althea räusperte sich. »Sehen Sie nur, da ist ein Fluss!«, rief sie aus und wies aus dem Fenster.

»Genau genommen ist es ein Kanal«, bemerkte Patrick.

»Warum sollte ich Ihnen das glauben?«, erwiderte sie spitz, aber eigentlich war sie gar nicht mehr wütend. Nur verwirrt. Sie kam sich vor wie eine Dienstmagd, die sich in ihrer Unerfahrenheit vom jungen Herrn des Hauses hatte ausnutzen lassen. Aber, dachte sie bedauernd, das hab ich ja gar nicht.

»Wenigstens habe ich einen Schlafsack gekauft«, wisperte er.

KAPITEL 5 »Wir sind da!«

Der Ausruf riss Althea aus einem unruhigen, dringend benötigten leichten Schlaf. Die Rückreise war ihr endlos vorgekommen und hatte sie erschöpft. Sie hätte nichts dagegen gehabt, noch zehn Minütchen weiterzuschlafen. Alle anderen im Bus hatten fast während der ganzen Reise friedlich geschlummert, aber Althea waren die Augen erst zugefallen, als sie beinahe zu Hause waren. Sie sah auf die Uhr. Vier Uhr nachmittags. Sie fühlte sich eher so, als sei Mitternacht.

Sie sah aus dem Busfenster und entdeckte William. Er stand an seinen prähistorischen Ford Escort gelehnt und hielt Bozos Leine. Der Hund zog aufgeregt an der Leine und machte Anstalten jeden, der aus dem Bus stieg, anzubellen.

Neben dem Escort parkte ein blassblauer, lang gezogener Sportwagen mit offenem Verdeck, nicht neu, aber ein Klassiker, dessen Versicherung vermutlich ein Vermögen verschlang. Neben dem Wagen wartete Topaz in makellosen Leinenshorts und einer kurzen Seidenbluse. Mit einigem Entsetzen stellte Althea fest, dass William und Topaz ins Gespräch gekommen waren.

Es hatte sie geärgert, dass sie und Patrick nach der letzten Rast getrennt wurden und nicht mehr nebeneinander saßen, aber jetzt war sie erleichtert, dass ihr ein offizielles Vorstellmanöver erspart blieb. Sie hätte kaum darauf hoffen können, dass William sich auf den Austausch von Höflichkeitsfloskeln beschränkt hätte, und ganz sicher hätte Topaz gespürt, dass Althea ein schlechtes Gewissen hatte. Für etwas, das überhaupt nicht passiert war.

Sie hielt sich ein paar Minuten an der Klappe zum Gepäckraum auf, verteilte Rucksäcke und half dabei, zahllose Plastiktüten, die von außen alle gleich aussahen, ihren rechtmäßigen Besitzern zuzuordnen. Während sie sich vergewisserte, dass niemand irgendwelchen Abfall zurückgelassen hatte, brachte sie ein bisschen Ordnung in das heillose Durcheinander ihrer Gedanken. Warum hatte sie Gewissensbisse verspürt, als sie Topaz sah? Nichts war passiert. Kein Händchenhalten, kein flüchtiger Kuss. Auch als sie sich während des Tanzfestes für ein paar Minuten davongestohlen hatten, weil es drinnen so heiß war, hatten sie sich nicht das Geringste zuschulden kommen lassen. Weil sie beide nicht rauchten, hatten sie sich nicht mal hinter dem Fahrradschuppen versteckt – falls es so was in Frankreich gab – um eine Gauloise zu teilen. Doch als sie in die Schulaula zurückkamen, hatte sie viele neugierige Blicke gespürt. Weil sie bei derselben Gastfamilie wohnten, nahmen natürlich alle an, sie gehörten zusammen. Glücklicherweise war die Wahrheit über ihr gemeinsames Schlafzimmer nicht ans Licht gekommen.

Ein weniger unerbittliches Gewissen als Altheas hätte sich wohl kaum geregt. Aber sie konnte einfach nicht vergessen, wie es war, als sie den anderen Erwachsenen ihrer Reisegruppe beschrieben hatten, wie sie untergebracht waren. Mit jedem Glas Wein wurden ihre Ausschmückungen fantasievoller. Sie schienen beide immer genau zu wissen, was der andere als Nächstes sagen wollte, und soweit sie feststellen konnte, hatte niemand auch nur den geringsten Verdacht geschöpft.

Und da war dieser verräterische Stich der Eifersucht gewesen, den sie verspürt hatte, als Julie Coulthard Patrick auf der Fähre in die Bar entführte und Althea mit allen drei Kindergruppen zurückließ. Sie hatte Julie gegenüber angedeutet, die Kinder seien ihr ein bisschen zu viel, aber nie im Leben hätte sie durchblicken lassen, was ihr in Wahrheit zu schaffen machte.

Als endlich alle Kinder aus dem Bus gestiegen waren, hatte Topaz Patrick in einer Art und Weise umschlungen, die Althea unweigerlich an Würgeschlangen denken ließ. Wenn es wirklich ein häuslicher Streit gewesen war (wie Althea annahm), der Patrick dazu verleitet hatte, mit einer Busladung voller Schulkinder für ein Wochenende nach Frankreich zu fahren, dann hatten sich die Wogen inzwischen jedenfalls offenbar wieder geglättet.

Als Bozo sie entdeckte, vollführte sie aufgeregte Luftsprünge und versuchte sich loszureißen um zu ihr zu laufen. Althea hob ihre kleine Hündin hoch und entging aufgrund jahrelanger Praxis einem Biss in die Nase. Dann begrüßte sie William mit größerer Herzlichkeit, als er normalerweise klaglos über sich ergehen ließ. Ihre Müdigkeit war vergessen, auf einmal war sie sehr froh wieder zu Hause zu sein.

»Hallo, mein Liebling! Wie geht es euch allen? Hat alles geklappt? Habt ihr an die Meerschweinchen gedacht?«

»Lass uns deine Tasche holen, Mum. Alle haben überlebt, sogar die Pflanzen.«

Althea gestattete sich einen kurzen Blick in Patricks Richtung, aber er war beschäftigt, also verzichtete sie darauf, sich zu verabschieden. Sie stieg einfach in Williams Auto, kehrte damit ins wirkliche Leben zurück und beschloss ihre nicht stattgefundene Wochenendaffäre mit Patrick Donahugh als schöne Träumerei zu betrachten, gefahrlos, da unerfüllt. Schließlich hatte sie alles, was sie sich von ihrem Leben wünschte: ihr Heim, ihre Kinder, ihren Hund und ihren Garten, also wieso sollte sie sich nach etwas sehnen, das all das durcheinander bringen würde?

Das Haus war blitzblank und alles roch nach Möbelpolitur und Haushaltsreiniger. Auf dem Küchentisch lag ausnahmsweise einmal nichts herum, stattdessen stand eine Vase mit Blumen darauf. Überwältigt von Mutterliebe und Stolz umarmte Althea Rupert und Merry und stieß sie in ihrem Überschwang beinah mit den Köpfen zusammen.

»Wie war's denn, Mum?«, fragte Rupert, als er wieder Luft holen konnte.

»Schön, dass du wieder zu Hause bist. Hast du viel Spaß gehabt?« Merry hatte ihrer Mutter einen Arm um die Taille gelegt. »Wir haben Hausputz gemacht!«

Das hatten sie wirklich. Sah man über die Taschen und Tüten hinweg, die Althea beim Betreten des Hauses verstreut hatte, gewann man nicht wie sonst auf den ersten Blick den Eindruck, als hätten Einbrecher hier eben noch gewütet und alle Schränke durchwühlt. Die Briefe auf dem Tisch waren zu einem ordentlichen Stapel aufgeschichtet.

»Mach die Briefe auf, Mum«, drängte Merry.

»Kann ich nicht erst eine Tasse Tee bekommen?« Immer noch Zeit genug sich den Zahlungsaufforderungen und »Sie erhalten gratis ein seidenes Kopftuch, wenn Sie innerhalb der nächsten vierzehn Tage bestellen«-Werbebriefen zu widmen, wenn sie sich mit etwas Heißem und einem Keks gestärkt hatte.

»Ich mach dir einen«, erbot sich Rupert.

»Ich habe alle möglichen Leckereien in meiner Tasche. Wein, Schokolade, Käse. Ihr könnt gerne mal stöbern.«

»Hört sich an wie ein todsicheres Rezept für eine Migräne«, meinte Rupert, während er Wasser in den Kessel laufen ließ.

»Jetzt mach doch schon die Post auf.«

»Wieso? Es sind doch nur Rechnungen und solche Sachen.«

»Nein! Du hast was gewonnen! Ich weiß es genau!«

Althea setzte sich wieder und wappnete sich für die Nachricht, dass sie fünfzigtausend Pfund gewonnen hatte, aber nur falls ihr Name aus einem Hut mit fünfzigtausend weiteren Namen gezogen würde. Sie öffnete den Brief, der Merry in solche Aufregung versetzt hatte.

Nach einem Augenblick sagte sie. »Du hast Recht. Ich hab wirklich gewonnen!«

»Wusst ich's doch! Wir konnten ein paar Wörter entziffern, als wir den Umschlag gegen das Licht gehalten haben. Was ist es denn? Eine Reise nach Portugal?«, fragte Merry.

»Eine Einbauküche?«, schlug Rupert vor.

»Oder ein Auto?« William klang hoffnungsvoll.

»Nein«, antwortete Althea abwesend. »Nichts dergleichen.«

»Was dann?«, riefen die Kinder im Chor.

«Ich hab eine Chance gewonnen. Die Chance wirklich eine Gartenarchitektin zu werden statt den Leuten lediglich weiszumachen, ich wäre Gartenarchitektin.«

»Was?«, fragte William, der ein Paket mit einem sehr reifen Camembert befingerte.

»Du weißt, was ein Gartenarchitekt ist, oder?«

»Ich denke doch, ja, Mutter. Ich meinte, wem hast du erzählt, du seist Gartenarchitekt?«

»Ist doch egal. Ach, das ist herrlich! Das gibt mir die Gelegenheit festzustellen, ob ich wirklich dazu in der Lage bin, bei Null anzufangen und einen Garten zu entwerfen.«

Die Kinder versuchten wenigstens für einen Augenblick ihre Begeisterung zu teilen.

»Was hast du uns denn mitgebracht, Mum?«, fragte Merry dann.

Aber Althea war wieder in den Brief vertieft und las leise murmelnd.

»*Wenn Ihr Garten ausgewählt wird, werden Sie ihn bei der berühmten Chelsea Flower Show ausstellen können, wo er gemeinsam mit den Entwürfen professioneller Gartenarchitekten von einer Jury der Royal Horticultural Society beurteilt wird. In diesem Falle erhalten Sie eine Summe von £ 1.000 ...*«

»So viel ...«, staunte Merry.

»Für einen Garten ist es nicht besonders viel«, wandte Althea ein. »Das reicht nur, weil die Fläche so winzig ist ... Oh, und sie schicken mir einen Scheck über zweihundert Pfund. Augenblick mal. Hier kommt der Haken.« Sie las vor: »*Bedenken Sie, einen Garten in nur drei Wochen anzulegen ist eine enorme Herausforderung ...* Warum sagen sie nicht »schwierig«? *Neue Ideen sind die wichtigste Voraussetzung um in die engere Wahl zu kommen, aber bitte bedenken Sie, dass Ihr Entwurf auch praktisch durchführbar sein muss. Wir schlagen vor, dass Sie die £ 200 für experimentelle Zwe-*

cke nutzen, ehe Sie mit der Entwurfsplanung Ihres Gartens beginnen. Sollte Ihr Garten ausgewählt werden, erhalten Sie einen Preis von £ 1.000. Es steht Ihnen frei, diese Summe zu verwenden um ausgefallene Pflanzen für Ihren Garten in Chelsea zu erwerben.«

»Oh, gut«, sagte Merry. »Du kannst es ausgeben, wie du willst. Wir können irgendetwas anderes davon kaufen.«

Althea stieß die Luft aus und biss sich auf die Unterlippe, wie Eltern es tun, wenn sie schlechte Neuigkeiten für ihr Kind haben. »Das Problem ist, dass ich bisher immer an Ort und Stelle war, wenn ich einen Garten angelegt habe. Ich habe noch nie irgendwas auf dem Papier geplant. Ich kann es nur anders herum: erst den Garten entwerfen, dann aufzeichnen. Könnte sein, dass ich dabei deine Hilfe brauche, Merry.«

»Aber das wird doch wohl keine zweihundert Pfund kosten?«, fragte Rupert.

»Doch. Und noch ein bisschen mehr, was wir nicht haben.«

»Oh.« Merry war enttäuscht, aber nicht am Boden zerstört. »Wie langweilig. Ich dachte, du hättest vielleicht mal was wirklich Interessantes gewonnen.«

»Nun, für mich ist es interessant. Wer weiß, vielleicht entwickeln sich ganz neue Berufschancen daraus. Und die könnte ich im Moment wirklich gut gebrauchen.«

»Was musstest du machen um dich hierfür zu bewerben?«, wollte William wissen.

Althea sah auf den Brief hinab. »Weiß nicht mehr. Ich glaube, man musste die richtigen Namen zu ein paar Fotos von berühmten Gärten wissen und »Warum ich Pflanzen liebe« in zwanzig Wörtern oder weniger erklären.«

»Wenn du dich mehr auf Werbeslogans konzentrierst, könntest du vielleicht mal was Besseres gewinnen«, meinte Merry.

»Ja«, stimmte Rupert zu. «Du solltest dir wirklich mehr Mühe geben mal was Vernünftiges zu gewinnen.«

Althea lachte. »Reich mir mal die Tasche rüber und lass mich nachsehen, was ich für euch habe.«

»Ally? Du bist wieder da?« Juno klang nicht ganz so kühl und beherrscht wie sonst. »Ich muss bei dir vorbeikommen.«

Ehe sie antwortete und beinahe ohne es zu merken, überlegte Althea, wie lange sie brauchen würde um das Haus in Ordnung zu bringen. Dann fiel ihr wieder ein, dass die Kinder alles auf Hochglanz gebracht hatten, während sie weg war. Bis auf ihre Taschen, die irgendwie explodiert zu sein schienen und anstelle von Trümmerfeldern Berge schmutziger Wäsche und aller möglichen Reiseutensilien hinterlassen hatten, war alles in halbwegs akzeptablem Zustand. »Das wäre schön«, sagte sie, als hätte Juno gefragt, ob es ihr recht sei. »Wann bist du hier?«

»In zwanzig Minuten«, antwortete ihre Schwester und legte auf.

Althea räumte ihre Tasche vom Küchentisch, ließ die Hoffnung fahren, dass sie den Abend schlafend oder mit einem Gläschen Wein vor dem Fernseher verbringen könnte, und bürstete sich die Haare. Die Tatsache, dass sie den Großteil des Wochenendes in einem Reisebus verbracht hatte, würde Juno als Entschuldigung für eine unordentliche Erscheinung kaum gelten lassen.

Juno war tadellos zurechtgemacht wie immer, doch um ihren Mund lag ein leicht verkniffener Zug. Einen furchtbaren Moment lang überlegte Althea, ob sie vielleicht irgendwie erfahren hatte, dass ihre ältere Schwester zwei Nächte mit einem fremden Mann im selben Raum verbracht hatte, doch dann verwarf sie den Gedanken als paranoid. Es waren so ereignisarme Nächte gewesen, dass nicht einmal Junos Informationsnetz irgendwelche Vibrationen davon hätte verzeichnen können.

Althea führte ihre Schwester entschlossen an den halb ausgepackten Taschen vorbei in den Wintergarten. »Setz dich. Kann ich dir irgendetwas holen? Ein Glas Wein?«

Juno ließ sich in den Sessel fallen und sah sich um. »Der Wintergarten wirkt weniger voll gepfropft als sonst. Nicht so viele Pflanzen. Ich nehme an, das liegt daran, dass du verreist warst?«

»Ich hab die meisten nach draußen gestellt, damit die Kinder es mit dem Gießen etwas leichter hatten. War das ein Ja oder ein Nein?«

»Ein Ja. Glaub ich.«

Es war untypisch für Juno, so unentschlossen zu sein. »Hm?«

»Die Sache ist, ich weiß nicht, ob ich darf.«

»Ob du was darfst?«

»Wein trinken. Ich bin schwanger.«

Althea rührte sich nicht und sagte nichts, versuchte gleichzeitig diese Eröffnung zu verarbeiten und zu entscheiden, ob es für Juno eine gute oder eine schlechte Neuigkeit war. Eine falsche Reaktion konnte fatale Folgen haben. »Also, ich denke, ein Glas Wein ist genau richtig«, sagte sie nach einem kurzen Schweigen. »Ich hol die Flasche.«

Sie nahm eine Flasche Weißwein und eine mit Mineralwasser aus dem Kühlschrank und trug sie mit zwei Gläsern in den Wintergarten hinüber. Juno streichelte Bozo, die von dieser ungewohnten Aufmerksamkeit so hingerissen war, dass sie sich auf den Rücken gewälzt hatte und voller Glückseligkeit die Pfoten gen Himmel reckte.

»Wie wär's mit einer Weißweinschorle?«, fragte Althea.

»Das kann wohl kaum schaden.«

»Bist du sicher?«

Althea hatte ihre Kinder zu einer Zeit bekommen, als es noch nicht als notwendig erachtet wurde, während der Schwangerschaft alles aufzugeben, was das Leben lebenswert macht. Sie hatte trotzdem während der Schwangerschaften keinen Alkohol getrunken, aber hätte ihr der Sinn nach einer Weißweinschorle gestanden, hätte sie sich sicher nicht abhalten lassen. »Ganz sicher«, antwortete sie nach einem kurzen Zögern.

Juno nahm ihr Glas. »Danke.« Sie war ungewöhnlich kleinlaut.

Altheas Wein war unverdünnt und sie nahm einen tiefen Schluck, ehe sie sich Juno gegenübersetzte und die selten erprobte Rolle der großen Schwester übernahm.

»Und, freust du dich?«

»Ich weiß nicht. Ich weiß nicht einmal, wie es passiert ist.«

Altheas Mundwinkel zuckten. Sie fühlte sich versucht Juno von den Blümchen und den Bienchen zu erzählen, nahm dann aber doch Abstand davon. Das hier war irgendwie nicht der richtige Zeitpunkt für Scherze.

»Wolltest du denn, dass es passiert?« Althea sprach ganz sanft und wappnete sich gegen ein vehementes Nein.

»Ich *weiß* es nicht.« Juno, die sich sonst immer in allen Fragen absolut sicher war, schien sich plötzlich selbst nicht mehr zu kennen. »Ich dachte immer, wir könnten nicht. Wir haben seit Jahren nicht mehr verhütet. Und jetzt, wo es mit meiner Karriere endlich richtig aufwärts geht und wir das Haus renoviert und einen Urlaub in Afrika gebucht haben, da muss *das* passieren.«

»Wirst du ... ich meine ... du willst doch nicht ... du weißt schon, was dagegen tun?« Althea drückte sich so behutsam aus, wie sie konnte. Abtreibung wäre für sie selbst niemals infrage gekommen, aber wenn Juno die Absicht hatte diesen Weg einzuschlagen, wollte sie nicht den Eindruck erwecken, dass sie es verurteilte.

»Ich *weiß* nicht. Ich glaube nicht.«

»Was sagt Kenneth denn dazu?«

»Er weiß es noch gar nicht. Ich hatte das Gefühl, ich müsste zuerst mit dir darüber reden.«

Althea war gerührt. »Und denkst du, er wird sich freuen? Ihr könntet vielleicht nicht nach Afrika fahren, aber sonst würde sich doch vorläufig noch nichts ändern.«

»*Ich weiß es nicht*! Du stellst mir die ganze Zeit Fragen, dabei weiß ich im Augenblick einfach überhaupt nichts mehr. Ich meine, glaubst du, ich könnte ein Baby bekommen?«

»Warum denn nicht? Es ist nicht so besonders schwierig, weißt du. Sobald du schwanger bist, regelt der Körper das meiste ganz von selbst.«

Juno schwieg betroffen. Die Vorstellung, dass ihr Körper irgendetwas ohne ihre sorgsam durchdachte, auf fundierten Informationen gründende Intervention tat, erfüllte sie ganz offenbar mit Entsetzen. »Oh nein. Darauf kann ich mich nicht verlassen. Man muss seine Schwangerschaft kontrollieren. Ich meine, hätte ich die *Absicht* gehabt schwanger zu werden, hätte ich *mindestens* zwei Jahre lang eine Vor-Schwangerschafts-Diät gemacht.«

Althea war sehr erleichtert, dass die altbekannte, resolute Juno das Ruder wieder übernahm und ihre ratlose, verschreckte Doppelgängerin verdrängte. Sie unterdrückte ein Lächeln. »Aber du ernährst dich doch schon so gesund, ich glaube nicht, dass du dich sorgen musst.«

Juno seufzte ungeduldig. »Aber verstehst du das denn nicht? Sich gesund zu ernähren reicht nicht. Ich habe mich nicht richtig ernährt um mich auf eine *Schwangerschaft* vorzubereiten.«

»Tja, irgendwas musst du richtig gemacht haben«, meinte Althea. »Oder warum sonst bist du nach all den Jahren plötzlich schwanger geworden?«

Juno hob die Schultern. »Ich weiß nicht ...«

William hätte gesagt, dass die Natur vermutlich beschlossen habe, Juno von ihrer Besessenheit zu kurieren alles kontrollieren zu wollen. Juno hatte ihr ganzes Leben in überschaubare, ordentliche Bereiche unterteilt, alles war bis ins kleinste Detail organisiert. Und jetzt drohte das Zufallstreffen zweier für das menschliche Auge nicht einmal sichtbarer Zellen ihren ganzen Lebensplan zu sabotieren. »Du hast dir nicht die Eileiter durchspülen lassen oder so?«

Juno schauderte. »Nein. Ich wollte nie Kinder, wozu also die Schmerzen und die Erniedrigung auf mich nehmen?«

»Ich hab gehört, es sei furchtbar schmerzhaft, aber doch wohl kaum erniedrigend.«

»Darum geht es jetzt doch gar nicht. Ich bin schwanger, auch ohne dass ich mich mit Kontrastmittel habe voll pumpen lassen.«

Althea nickte. Alles, was sie jetzt sagen könnte, wäre so oder so falsch.

»Also. Als Erstes werde ich mir eine Literaturliste beschaffen und dann sofort anfangen zu lesen. Und mich in einem vernünftigen natürlichen Schwangerschaftsvorbereitungskurs anmelden. Ich will eine ganz natürliche Geburt, vielleicht im Wasser, ohne alle mechanischen oder chemischen Hilfsmittel.«

Althea musste sich schon wieder auf die Lippen beißen. Bis auf die Sache mit dem Wasser hatte sie genau dasselbe gewollt. Aber bei William waren die Dinge nicht ganz so verlaufen, wie es im Schwangerschaftshandbuch der nationalen Gesundheitsbehörde beschrieben stand, und irgendwann hatte sie um jedes mechanische oder chemische Hilfsmittel gebettelt, über das das Krankenhaus verfügte. »Selbstverständlich«, sagte sie.

»Vielleicht könnten wir im Arbeitszimmer ein Geburtsbecken aufstellen«, fuhr Juno nachdenklich fort. »Dann ginge es auch als Hausgeburt.«

»Weißt du, wann das Baby kommen soll? Wie hast du überhaupt rausgefunden, dass du schwanger bist?«

»Ich habe einen Test gekauft. Ich war zehn Tage überfällig.«

»Also, ich denke, du solltest schnellstmöglich einen Termin bei deinem Frauenarzt machen. Er wird dir sagen, mit welchem Datum du rechnen kannst.«

»*Sie*, meinst du wohl. Du denkst doch nicht, ich würde einen Mann an mir rumfummeln lassen, oder?«

Tja, zumindest Kenneth hast du an dir rumfummeln lassen, sonst wärst du jetzt nicht in diesem Zustand, dachte Althea. »Wer auch immer. Dann kannst du Pläne machen. Aber wirklich, es ist nicht so kompliziert, wie du glaubst. Im Grunde kannst du genauso weiterleben wie bisher, es sei denn, du hast unter dieser grässlichen Übelkeit zu leiden so wie ich.«

Juno gedachte nicht unter grässlicher Übelkeit zu leiden. Sie würde es einfach nicht zulassen. Ihr Körper hatte ihr ein Schnippchen geschlagen, aber das würde sie ihm kein zweites Mal gestatten. »Ich bin überzeugt, hättest du die richtigen Dinge getan, eine vernünftige Diät eingehalten, hätte dir niemals übel sein müssen.«

Althea nickte in Demut. Sie hatte alles getan, alles versucht, was der Wissenschaft, der Pseudowissenschaft und an alten Hausmitteln bekannt war, und hatte sich trotzdem neun Monate lang übergeben. »Ich bin sicher, Kenneth wird sich freuen. Du solltest nach Hause gehen und es ihm erzählen.«

»*Du* bist vielleicht sicher, aber ich bin es keineswegs. Vielleicht mag er mich nicht mehr, wenn ich dick und unförmig bin. Frederick fand es bei dir grauenhaft.«

»Frederick ist ein Sonderfall. Und ich war so oft schwanger, in so kurzen Abständen. Aber es waren nicht die Schwangerschaften, die ihn gestört haben, sondern die schreienden Babys.«

»Weißt du, wenn du mit William zu einem Osteopathen gegangen wärst, hätte er vielleicht nicht so oft geweint.«

»Es war Merry, die Darmkoliken hatte.«

»Wer auch immer.«

»Vermutlich hätte ich es getan, wenn ich mehr darüber gewusst hätte. Aber damals waren solche Dinge noch nicht so verbreitet.«

»Nein, wahrscheinlich nicht ...« Juno verlor plötzlich die Lust sie zu bevormunden und seufzte tief. »Aber du warst wenigstens im richtigen Alter zum Kinderkriegen. Ich werde eine Spätgebärende sein.«

Typisch Juno. Sie kannte die Fachausdrücke schon vor der ersten Schwangerschaftsuntersuchung. »Du wirst eine wunderbare Mutter sein. Es gibt eine ganze Reihe von Statistiken, die besagen, Kinder älterer Mütter seien intelligenter.«

»Wenn sie nicht behindert sind.«

»Juno, mach dir nicht solche Gedanken. Du bist erst sechsunddreißig, das ist doch nicht alt. Du bist absolut fit und kerngesund und du hast einen Mann, der dich liebt. Du kannst dich glücklich schätzen, wirklich.«

Juno seufzte wieder. »Ich weiß. Du hast ja Recht. Aber ich hab solche *Angst*, Ally.« Ihre Stimme versagte und sie fing an zu weinen. Offenbar hatte der Hormonschock ihre sonst so eiserne Selbstbeherrschung unterminiert.

Althea legte die Arme um ihre jüngere Schwester. »Es wird alles gut gehen, ganz bestimmt. Und ich werde da sein und dir helfen.«

»Aber du warst so eine *widerliche* Mutter«, schluchzte Juno.

Also, das ging ja wohl entschieden zu weit. »Wie meinst du das? Mein Gott, ich weiß, ich war vielleicht manchmal ein bisschen nachlässig, aber ...«

Juno schniefte. »Ich erinnere mich genau, dass ich mal gesehen habe, wie du William mit deinem Rock die Nase geputzt hast!« Juno betupfte ihre eigene Nase mit einem frischen, tadellos gebügelten Leinentaschentuch.

Althea war selbst erschüttert. »Hab ich das wirklich getan? Wie schrecklich. Ich kann mich überhaupt nicht daran erinnern.«

»Na ja, es war einer von diesen indianischen Wickelröcken, die damals so modern waren«, sagte Juno einschränkend. »Und vielleicht war's auch sein Gesicht, nicht die Nase.«

»Ach, das war alles? Einen Augenblick hast du mir richtig Angst gemacht ...«

»Trotzdem. Du warst furchtbar schlampig mit allem. Ich kann mich nicht einmal entsinnen hier irgendwo einen Flaschensterilisator gesehen zu haben.«

»Das lag daran, dass ich meine Babys gestillt habe und anschließend sind sie gleich auf Tassen umgestiegen.«

Juno schrumpfte noch weiter in sich zusammen. »Oh Gott! Ich weiß, dass es heißt, es sei das Beste für die Kinder. Und dir war ja ganz egal, wo du es tatest, du warst da völlig schamlos. Aber ich bin nicht sicher, ob ich mich dazu überwinden kann, mein Kind zu stillen.«

»Na ja, dann tu's eben nicht. Und ich war nicht schamlos, sondern sehr diskret.«

»Warst du nicht! Du hast es überall gemacht. Sogar im Supermarkt, ich hab's doch selbst gesehen.«

Die Nebel vor Altheas lückenhafter Erinnerung lichteten sich einen Augenblick, als der Vorfall zur Sprache kam. »Aber niemand hat es gesehen oder bemerkt, was ich tat. *Du* hast es nur mitbekommen, weil du kamst um mich auszuschimpfen, dass ich angeblich Fertignudelgerichte kaufen wollte. Dabei hab ich nur die Zutatenliste studiert um einen guten Grund zu haben mit dem Rücken zum Laden stillzustehen, sodass Merry schnell ein paar Schlucke trinken konnte.«

»Ich weiß, aber ...«

»Ein schreiendes Baby stört alle. Ein Baby, das gestillt wird, stört überhaupt niemanden, vorausgesetzt die Mutter ist diskret.«

»Das hört sich an wie ein Zitat aus *Breast is Best*«, murmelte Juno mit einem ersten, schwachen Aufflackern von Humor.

»Ich weiß. Vermutlich hab ich es genau daher. Aber ich glaube daran.« Und sie war froh, dass sie sich mit ein paar einfachen Tricks und unter Zuhilfenahme von Zeitschriften, weiten Pullis und großen Halstüchern immer zu helfen gewusst hatte. Sie war nie in die Verlegenheit gekommen von einem bärbeißigen Kneipenwirt zum Stillen auf die Damentoilette verbannt zu werden und ihn fragen zu müssen, wie es ihm wohl gefallen würde, auf dem Klo zu essen. Sollte es allerdings so kommen, dass Juno ihren Widerwillen überwand, dann würde sie sich mit Feuereifer in solche Schlachten stürzen und Kampagnen zur Verbesserung der Situation stillender Mütter ins Leben rufen, zur Einführung separater Bahnabteile oder gar zur Reservierung ganzer Kabinenabschnitte in Passagierflugzeugen.

»Ich finde die Vorstellung einfach ekelhaft«, gestand Juno. »Es hat irgendwie so was ... Sexuelles.«

»Kinder gedeihen genauso gut mit Babynahrung. Du brauchst ja nicht zu stillen, wenn es dich abstößt.«

»Nein, vermutlich nicht. Aber du weißt ja, wie wichtig ich gesunde Ernährung finde, und es scheint mir irgendwie falsch, mein Kind mit irgendwelchem chemieverseuchten Zeug zu füttern, statt auf natürliche Weise mit meiner Milch.«

Althea unterdrückte ein Seufzen. Manchen Leuten konnte man es einfach nie recht machen. »Du musst dich ja jetzt noch nicht entscheiden. Vielleicht denkst du ganz anders darüber, wenn es so weit ist.«

Juno stand auf. »Ich weiß. Ich benehme mich völlig neurotisch. Die ganze Sache macht mich einfach fertig.«

Althea umarmte sie wieder. »Es bleibt dir so viel Zeit, dich damit auseinander zu setzen. Wart's nur ab, du wirst dich an den Gedanken gewöhnt haben, lange bevor das Baby geboren wird.«

»Wenn du es sagst.« Juno erwiderte die Umarmung.

Arm in Arm gingen sie zur Haustür. »Wann willst du's Mummy sagen?«

Juno verzog das Gesicht. »Nicht eher als unbedingt nötig. Sie wird wollen, dass ich im Queen Charlotte's Krankenhaus entbinde, mit wenigstens einem Dutzend männlicher Spezialisten um mich herum. Immerzu macht sie mir Vorschriften.«

Althea entdeckte ein Knäuel Katzenhaare auf dem Boden, das Merrys Staubsaugeraktion entgangen war. Es war gleichzeitig traurig und komisch, dass Juno und ihre Mutter so oft auf Konfrontationskurs waren, wo sie doch eigentlich so viel gemeinsam hatten.

»Also, ich muss los. Ich glaube, es geht mir schon ein bisschen besser.« Zum ersten Mal nahm Juno Altheas Gepäck wahr. »Und du brennst vermutlich darauf, endlich auszupacken und Ordnung zu schaffen. Ich sehe, hier herrscht noch überall das Chaos.«

»Ach, Juny. Ich könnte mir vorstellen, wenn du nach einem vierundzwanzigstündigen Flug mitten in der Nacht nach Hause kämest, würdest du zuallererst die Waschmaschine in Gang setzen.«

»Natürlich«, sagte Juno. »Ich habe die ganze Wäsche im Koffer schon vorsortiert. Außerdem ist der Strom nachts billiger.«

KAPITEL 6 Althea fand, ihre Reisetasche konnte ruhig noch ein bisschen warten. So viel war passiert seit ihrer Heimkehr, sie brauchte Zeit um über alles nachzudenken, ihre Post zu lesen und sich an den Gedanken zu gewöhnen, dass sie Tante wurde.

Ein Glas Wein später hatte sie festgestellt, dass sie sich über Junos Schwangerschaft freute. Sie liebte Babys und es würden noch viele Jahre vergehen, ehe sie mit Enkelkindern rechnen konnte. Als allein stehende Frau würde sie selbst keine Kinder mehr bekommen, ganz abgesehen davon, dass sie eine sehr Spätgebärende wäre, wie Juno sagen würde.

Es galt allerdings zu bedenken, dass es nie Junos Stärke gewesen war, ein neues Spielzeug mit ihrer Schwester zu teilen. Vermutlich würde sie Althea anfangs eher selten an ihr Baby heranlassen. Erst wenn die Realität Junos hohe Ideale von Mutterschaft und Säuglingspflege zurechtstutzte, würde sie froh sein, wenn sich ihr zwei hilfreiche Arme entgegenstreckten, in denen sie ihr schreiendes Baby sicher aufgehoben wusste.

Althea lächelte, als sie an Junos Pläne für die Geburt dachte. Kein Zweifel, alles würde so strategisch geplant und genial durchdacht wie ein militärisches Manöver. Denn hatte Juno sich einmal für einen Weg entschieden, dann versetzte sie notfalls ganze Gebirgszüge, ließ sie zerschmelzen durch die Kraft ihrer Entschlossenheit. Jeder verfügbare »natürliche«-Experte würde bei der Geburt dieses Babys zugegen sein. Althea bezweifelte, ob etwas so Allopathisches wie eine Hebamme überhaupt zugelassen würde, es sei denn, sie fand sich bereit sich auszuziehen und das Kind nackt in einem Geburtsbecken auf die Welt zu holen.

Nein, ein Aromatherapeut würde ganz sicher zugegen sein, ein Homöopath und jemand, der sich auf autogenes Training verstand, vielleicht ein Shiatsupraktiker und natürlich ein Osteopath. Ob irgendein Mediziner Zutritt finden würde, der nicht über ein enormes Maß an Toleranz für alternative Heilmethoden verfügte, bezweifelte Althea. Kenneth, der Vater des Kindes, würde vermutlich dort sein, aber nur, wenn er zuvor die richtigen Vorbereitungskurse absolvierte und die Abschlussprüfungen bestand. Juno würde ihn vermutlich dazu bringen, dem Baby noch im Mutterleib pädagogisch wertvolle Märchen vorzulesen, ungefähr von der zwölften Woche an.

»Nein, es werden Wochen vergehen, bevor ich es anfassen darf«, sagte Althea zu einer Hummel, die freundlicherweise ihren *Jasminum Officiale* bestäubte. »Nicht, dass ich dir nicht traue, Ally, Liebes«, wird sie sagen. ›Aber du musst zugeben, dass du immer dreckige Fingernägel hast.‹« Althea gab es zu. Sie konnte nie die Finger aus den Blumentöpfen lassen, die über das Haus verteilt standen, und wenn sie in den Garten ging um nur mal eben ein paar Kräuter zu holen, konnte sie der Versuchung nie widerstehen bei der Gelegenheit hier und da ein Unkraut auszuzupfen.

Sie lachte leise vor sich hin, während sie sich vorstellte, dass Juno sie auffordern würde durch eine Desinfektionsschleuse zu treten und Atemschutzmaske und Handschuhe zu tragen, ehe sie das kleine Würmchen auf den Arm nehmen durfte. Sie gähnte und streckte sich, füllte ihr Glas auf und nahm sich die Post vor. Wohlige Zufriedenheit durchrieselte sie, als ihr wieder einfiel, dass sie einen Wettbewerb gewonnen hatte. Junos Neuigkeiten hatten dieses Erfolgserlebnis aus ihren Gedanken gedrängt.

Doch der nächste Brief machte ihrem Hochgefühl ein jähes Ende. Er war von Dicky, der nicht nur Maurer war, sondern auch ein Heimwerker-Allroundgenie und ein guter Freund. Und er hatte schlechte Nachrichten.

Dicky war in ihr Leben getreten, als es zum ersten Mal richtig schlimm durchs Dach regnete. Er hatte die undichte Stelle repariert, fast nichts dafür genommen und seither immer wieder hier und da am Haus etwas zusammengeflickt. Er nahm ihr nie mehr ab als unbedingt nötig und wenn er glaubte, Althea könne eine Reparatur selbst durchführen, zeigte er ihr, was sie tun musste. Sie hatte ihn in letzter Zeit nicht mehr oft bemühen müssen, denn sie tat es nur, wenn ihre hart erkämpften Do-it-yourself-Künste sich als unzureichend erwiesen.

Kurz bevor sie nach Frankreich gefahren war, hatte sie in Williams Zimmer ein wenig Putz von der Wand geschlagen und war dabei auf etwas gestoßen, das ihr verdächtig nach Hausschwamm aussah. Dicky, der umgehend herbeieilte, bestätigte, dass es sich genau darum handelte. Jetzt hatte er Althea eine geschätzte Kostenaufstellung für die Beseitigung geschickt und obwohl sie wusste, dass niemand sonst es so günstig machen würde, war es trotzdem sehr viel Geld.

Die Hummel versuchte durchs Fenster ins Freie zu entkommen und Althea stand auf um sie zur geöffneten Tür zu lotsen. Sie verfluchte die Götter, die mit der einen Hand nahmen, was sie einem mit der anderen reichten. Als die Hummel davongeflogen war, leerte sie den Rest aus der Weinflasche in ihr Glas und las den Brief noch einmal. Sie hatte vorgehabt ihr Preisgeld in ein paar ausgefallene Pflanzen, vielleicht einen Teich und ein paar Steine zu investieren. Aus der Traum. Jetzt würde sie es für Mörtel, ein paar hochgiftige Chemikalien und neues Holz ausgeben müssen, irgendwann würde sie die Wand auch neu tapezieren müssen.

Immerhin, wenigstens habe ich das Geld, tröstete sie sich. Oder jedenfalls würde sie es haben, sobald der Scheck kam. Ohne ihren Gewinn hätte es wirklich düster ausgesehen. Es würde noch ewig dauern, bis ihr Arbeitslosengeld bewilligt wurde. Und das war sicher nur eine winzig kleine Summe, die sie sorgsam und nur Penny für Penny verplanen konnte, nicht aber gleich in Batzen von zweihundert Pfund verjubeln. Nein, ohne diesen unerwarteten Geldsegen hätte sie Frederick um Hilfe bitten müssen. Sie schauderte.

Aber sie war trotzdem enttäuscht. Sie hatte sich so darauf gefreut, ihr Pflanzenbuch aus dem Regal zu holen und nach Herzenslust – und auch noch mit voller Berechtigung – auszusuchen. Jetzt musste sie einen Garten für den Wettbewerb entwerfen ohne irgendetwas zu kaufen. Sie blätterte die Post durch und las den Brief, der sie über ihren Gewinn informierte, noch einmal. Er heiterte sie auf, aber die anfängliche Euphorie wollte sich nicht wieder einstellen. Sie war einfach zu müde. Morgen würde sie sich besser fühlen, nach einer heißen Dusche und einer ungestörten Nachtruhe.

Das Badezimmer war erfüllt von Dampfschwaden. Nasse Handtücher und feuchte Kleidungsstücke lagen am Boden verstreut. Ein Hauch von Aftershave in der Luft legte den Schluss nahe, dass einer der männlichen

Bewohner des Hauses das Chaos hinterlassen hatte und – wie ein Blick auf den Pegel der Wassertherme zeigte – das gesamte heiße Wasser verbraucht hatte. Althea seufzte, schaltete den Boiler ein und fand sich damit ab, dass sie auf die ersehnte Dusche noch ein Weilchen würde warten müssen.

Aber sie hatte keine Lust in einem Sessel vor sich hin zu dösen und beschloss kurzerhand ihren Pflanzen im Gewächshaus einen Besuch abzustatten. Es war erst sieben Uhr und der Anblick von lebenden, wachsenden Pflanzen heiterte sie immer auf. Sie hatte Wein getrunken, also musste sie laufen, doch es war ein schöner Abend. Sie war müde, aber sie hatte den Großteil des Tages eingezwängt in einem Bus gesessen. Ein Spaziergang von zwanzig Minuten konnte ihr und Bozo nur gut tun.

Bozo folgte der Aufforderung begeistert, aber sie bestand darauf, ihr altes Spielchen zu spielen und mehrmals den Kopf wegzudrehen, ehe Althea ihre Leine am Halsband einhaken konnte.

»Wie Frederick sich über dich aufregen würde«, sagte Althea. »Was für ein Glück, dass wir ihn los sind.«

Althea zählte oft in Gedanken all die Dinge auf, für die sie dankbar war, und Fredericks Abwesenheit kam immer an erster Stelle. Sie rief den Kindern oben zu, dass sie zum Gewächshaus wolle, und machte sich auf den Weg.

Bozo kannte den Weg und hatte sich schon durch das Loch im Zaun gezwängt, lange bevor Althea zu dem Grundstück mit dem verfallenen Landhaus kam, das Patrick Donahugh rücksichtsloserweise erworben hatte.

Im siebzehnten Jahrhundert war es als Mühle geplant

worden, doch lange vor der Fertigstellung hatte man den Lauf des Mühlbaches umgeleitet und das Bauwerk stand nutzlos in der Landschaft. Etwa fünfzig Jahre später hatte ein wagemutiger Architekt es zu einem herrschaftlichen Landsitz ausgebaut und die nachfolgenden Generationen fanden es zu groß, um darin zu leben und zu historisch und erhaltenswert, um es abzureißen.

Althea hatte keine Eile ihren Hund einzuholen, ihr verstecktes Gewächshaus entlockte ihr heute nicht mehr dieselbe Begeisterung wie früher, jetzt, da sie wusste, dass sie es vermutlich bald würde aufgeben müssen. Sie war es durchaus gewöhnt, Dinge zu verlieren: Schlüssel, Quittungen, ihre Handtasche – all diese Gegenstände entwickelten scheinbar eigenständige Fortbewegungsmethoden und machten sich einen Spaß daraus, ihr zu entwischen. Aber in letzter Zeit hatte sie irgendwie angefangen Dinge zu verlieren, die wirklich wichtig waren. Ihren Job zum Beispiel, ihr Gewächshaus und jetzt ihr Preisgeld. Bald würden auch ihre Kinder eins nach dem anderen fortgehen und sie nicht nur arm, sondern obendrein auch noch einsam zurücklassen. Wie würde sie wohl zurechtkommen, nur mit Bozo, drei Katzen und zwei Meerschweinchen zur Gesellschaft?

Sie öffnete das Törchen zu dem verwilderten Garten. Notfalls könnte ich immer noch als Kindermädchen bei Juno anfangen, überlegte sie. Aber der Gedanke ließ sie schaudern. Juno als Schwester zu haben war eine Herausforderung, Juno als Arbeitgeber ein Ding der Unmöglichkeit. Nein, bleib lieber Gartenarchitektin. Falls es dir gelingt, ohne Geld einen neuen Garten zu erschaffen. Pflanzen konnten ebenso anspruchsvoll sein wie eine Schwester, aber wenigstens verbalisierten sie ihre Kritik nicht. Wenn ihnen nicht gefiel, wie die Dinge liefen, verkümmerten sie einfach, warfen ihre Blätter ab und starben in aller Stille. Und sie sagten einem nie, man müsse abnehmen.

Bozo kratzte mit den Vorderpfoten an der Tür, als Althea sie einholte. Althea war gerade im Begriff ihr vorzuhalten, wie dumm es doch sei, an die Tür eines verlassenen Hauses zu klopfen, als die Tür sich öffnete und Bozo drinnen verschwand. Nach einem Augenblick kam sie jaulend wieder herausgeschossen, den Schwanz zwischen die Beine geklemmt.

Patricks breite Gestalt füllte den Türrahmen des Gewächshauses beinah gänzlich aus.

»Was tun Sie hier?«, fragte Althea, nachdem sie Bozo über den schweren Nervenschock hinweggetröstet hatte. Dann wünschte sie, sie hätte nachgedacht, ehe sie den Mund aufmachte. Es war immerhin sein Gewächshaus. Sie war hier der Eindringling, nicht er.

»Ich wollte nur ein bisschen Luft schnappen und mal nachsehen, was Sie hier eigentlich so treiben. Topaz kocht das Abendessen.«

Althea konnte es sich lebhaft vorstellen. Vermutlich handelte es sich um Fisch, auf diese oder jene Weise fettarm gegart, mit ein paar frischen Kräutern angerichtet, dazu reichte sie gedünstetes Gemüse und, falls heute sein Glückstag war, vielleicht ein paar neue Kartoffeln. Ein Gläschen gut gekühlter Chardonnay dazu und anschließend ein bisschen Frischobst, fein gerieben oder mit Vanillestangen gebacken. Vermutlich stammte das Rezept aus dem zum Bestseller avancierten Buch »Fit statt fett« irgendeines magersüchtigen Hollywood-Sternchens und enthielt an Nährwert absolut nichts außer ein oder zwei Spurenelementen. Althea fühlte sich mit einem Mal hungrig und befürchtete, man werde ihr anmerken, dass sie zu viel billigen Wein getrunken hatte.

»Also schön, ich zeig Ihnen, was ich hier so mache«, sagte sie und versuchte nicht schroff zu klingen. Es war ein Schock, ihn plötzlich wiederzusehen, auch wenn es ihr so vorkam, als sei ihr gemeinsames Wochenende schon Ewigkeiten her. Dabei waren sie erst vor ein paar Stunden zurückgekommen.

Sie zwängte sich an Patrick vorbei und führte ihn zum hinteren Ende des Gewächshauses, wo die Glasscheiben sauber waren, selbst wenn sie teilweise Risse zeigten oder ganze Ecken herausgebrochen waren. Es war ein Abschnitt von gut drei Metern Länge. Althea löste eine grüne, Schatten spendende Abdeckplane und schob sie beiseite. Sie enthüllte ein paar Rahmen, in denen das fehlende Glas durch Plastikfolie ersetzt worden war, die sie mit Isolierband befestigt hatte. Doch die Stellagen waren tragfähig und durchaus brauchbar und sie standen voller Töpfe, Setzlinge und Saatkästen. Ein Behälter für Blumenerde, Pflanzgranulat und Kokosfaser, die sie als Torfersatz verwendete, stand in der Nähe. Ein paar Gartenwerkzeuge ragten aus einem angeschlagenen Tontopf hervor.

»Hier. Das ist meine Gärtnerei.«

Er hatte offenbar Mühe eine passende Antwort zu finden. Es war ja auch kein besonders beeindruckender Anblick, nicht gerade geeignet ihre Behauptung, sie sei Gartenarchitektin, zu untermauern. Aber es war alles, was sie hatte.

»Ich habe übrigens gerade einen Wettbewerb gewonnen«, verkündete sie und widerstand mit Mühe dem Impuls, sich quer über das ganze Sammelsurium zu werfen und es mit ihrem Körper vor seinen Blicken zu schützen, wie Kinder es manchmal tun, wenn sie ein Bild gemalt haben, das keiner sehen darf.

»Das ist doch wunderbar. Wofür?«

Ihr fiel ein, dass sie kein Geld haben würde um die Anforderungen wirklich zu erfüllen, und sie machte einen Rückzieher. »Oh, nichts Besonderes. Ich soll einen Garten entwerfen. Nur einen kleinen.«

Er warf ihr einen fragenden Blick zu, spürte aber offenbar, dass sie lieber das Thema wechseln wollte. »Was ist das?« Er wies auf einen Saatkasten mit winzigen, grünen Blättern.

»Geht dich nichts an«, antwortete sie. Die Versuchung war einfach unwiderstehlich.

Seine buschigen Brauen schossen in die Höhe.

»So heißt die Pflanze. »Geht dich nichts an«. Oder *Soleirolia Soleirolii*, wenn Sie es förmlich lieber haben.«

Die Augenbrauen beruhigten sich. »Oh.«

»Ich mache Kugeln und Figuren daraus und solche Sachen. Es ist wie Buchsbaum, nur dass man es nicht nachschneiden muss und es braucht auch keine zwanzig Jahre, um auf eine brauchbare Größe zu wachsen.«

»Schlau. War das Ihre eigene Idee?«

Sie schüttelte den Kopf. »Ich hab's im Fernsehen gesehen.«

»Verstehe. Und das da?« Er zeigte auf eine Reihe Blumentöpfe, die mit Plastiktüten abgedeckt waren.

Althea nahm einen der Töpfe und streifte mit den Fingern das Kondenswasser ab. »Das sollen einmal Prunkwinden werden.« Sie versuchte durch die Folie zu sehen. »Ja, sie haben gekeimt.« Dann nahm sie sie ab. »Da, die Keimblätter sind riesig, nicht wahr?«

»Ich fürchte, ich verstehe nichts von Pflanzen. Für

mich wäre der perfekte Garten ein gepflasterter Innenhof, mit einem Springbrunnen vielleicht.«

Althea seufzte. »Die wenigsten Männer verstehen etwas von Pflanzen. Nicht einmal die, die das von sich glauben. Ich habe einen Schwager, der sich Gartenbaukünstler nennt, und ich habe mit eigenen Augen gesehen, wie er wilde Orchideen abgemäht hat.«

»Und das ist schlimm?«

»Na ja, es waren nur Hundswurzen, nicht besonders selten oder kostbar. Trotzdem. Es war an einem wunderschönen Fleckchen in Schottland, gleich neben einem kleinen Holzhaus mit einem herrlichen Blick ins Tal. Aber er fand, der Garten wirkte ungepflegt. Vermutlich wird irgendein Mann eines Tages Napalm für den Hausgebrauch erfinden. Für solche Leute wie meinen Schwager.«

»*Rasenmäheramok: die Geschichte eines psychopathischen Gartenbaukünstlers*«, sagte Patrick. »Jetzt im Buchhandel erhältlich.«

Althea lächelte wider Willen. »Mein Exmann – es war sein Bruder – hat ihn mal gebeten ein bisschen Ordnung in meinen Garten zu bringen. Es hat fünf Jahre gedauert, bis der Garten sich davon erholt hatte. Seither habe ich keinen Mann mehr an meine Pflanzen gelassen.«

»Was ist mit Ihren Söhnen? Erlauben Sie ihnen auch nicht Ihnen zu helfen?«

»Das ist weniger eines Frage des Erlaubens als der Motivation. Ich muss sie bestechen, damit sie den Rasen mähen.«

»Ich bin also der erste Mann in Ihrem Gewächshaus?«

Althea nickte. »Sogar Blattlausmännchen machen für gewöhnlich einen Bogen darum.«

»Ich fühle mich geehrt.«

»Nicht nötig. Ich hätte Sie nie im Leben über die Schwelle gelassen, wenn es Ihnen nicht gehören würde.«

Er lachte. »Heikle Situation für Sie, ja?«

»Und wie.«

Es war eine Weile still. So lange, dass Althea sich schließlich genötigt fühlte das Schweigen zu brechen. »Und was wollen Sie nun hiermit anfangen? Durch die Mauer ist es hier sehr geschützt. Ideal für einen Swimmingpool.«

»Finden Sie nicht, das wäre ungefähr dasselbe wie Orchideen abzumähen?«

»Doch. Aber es ist ja nicht mein Haus und unterschiedliche Menschen haben unterschiedliche Hobbys. Ich habe für Schwimmen einfach nicht viel übrig.«

»Was halten Sie von einer Orangerie oder etwas in der Art? Oder ein richtiger Wintergarten?«

»Mit einem Teich? Und deckenhohen Palmen und so weiter? Und vernünftige Holzmöbel, nicht solche, an denen man sich ständig die Nylons zerreißt, und Karaffen mit Pimms ...« Und Topaz, unwiderstehlich verführerisch in einem wallenden durchsichtigen Etwas und sie und Patrick lieben sich in der tropisch feuchten Nachtluft, die vom schweren Duft der Zitrusbäume erfüllt ist ... Althea rief sich zur Ordnung. »Ich denke, es wird langsam Zeit, dass wir über die Miete reden«, sagte sie als verbales Äquivalent zu einer kalten Dusche.

»Sie haben mir nicht gesagt, was Sie von der Orangerie halten. Ich würde die Expertenmeinung einer Gartenarchitektin wirklich schätzen.«

»Sie brauchen nicht sarkastisch zu werden.«

»Bin ich nicht. Wäre eine Orangerie das Richtige?«

»Eine Orangerie wäre fantastisch und das wissen Sie

ganz genau. Sie können Topaz ihren Swimmingpool auch irgendwo anders hinbauen. Ich kann mir kaum vorstellen, dass Sie die Absicht haben den Gemüsegarten wieder zu kultivieren. Da wäre Platz für einen überdachten Pool und alles, was dazu gehört.«

»Noch eine Frau, die glaubt, ich schwimme im Geld.«

Althea lachte. »Das hoffe ich für Sie. Denken Sie nur dran, was es kosten wird, das Dach zu reparieren.«

»Ich denke dran, glauben Sie mir. Tag und Nacht. Es raubt mir den Schlaf.«

»Aber wenn Sie kein Millionär sind, warum in aller Welt haben Sie diesen alten Kasten dann gekauft? Sie sollten doch besser als jeder andere wissen, wie viel Geld es verschlingen wird, es zu restaurieren.«

Er schien plötzlich auf unbestimmte Weise gereizt, als habe er diese Diskussion schon mehrfach geführt und nie irgendwen überzeugen können. »Ich hab es gekauft, als ich bei Greenwich eingestiegen bin und herausfand, dass es zum Verkauf stand. Ich wollte eine Herausforderung und die Vorstellung, dass dieses Haus weiter verfällt, fand ich furchtbar. Abgesehen davon war es ziemlich billig, nachdem sämtliche Bauanträge für Umbauten anderer Interessenten abgelehnt worden waren.«

»Trotzdem. Auch wenn Sie es umsonst bekommen hätten, wird es immer noch Unsummen ...«

»Dann sollte ich Ihnen wohl besser eine richtig gesalzene Miete abknöpfen um wenigstens einen Teil wieder reinzuholen.«

Sein Ton klang ziemlich scharf. Althea wurde unruhig. »Sie sollten mir lieber nicht mehr abknöpfen, als ich mir leisten kann, sonst muss ich mein Zeug packen und verschwinden.«

Patrick trat zur Seite, damit er aufrecht stehen konnte, und fing sich bei der Gelegenheit eine große Spinnwebe auf seinem dunklen Schopf ein. Er sah lächelnd auf sie hinab, aber da das schwindende Sonnenlicht in seinem Rücken war, konnte sie keine Nuancen in seinem Ausdruck erkennen.

»Ich glaube nicht, dass Ihre fünf Pfund die Woche mich über Wasser halten werden. Also warum vergessen wir die ganze Geschichte mit der Miete nicht einfach?«

»Aber das könnte ich niemals ... ich meine, es wäre nicht richtig ...«

»Wenn irgendwer irgendwas sagt, könnten Sie einfach behaupten, Ihr Vermieter habe Ihnen die Miete erlassen, weil Sie mit ihm geschlafen haben. Stimmt ja beinah.«

Althea lachte, plötzlich übermütig. »Aber was in aller Welt werden Sie Topaz sagen? Oder hatten Sie die Absicht ihr zu erzählen, was passiert ist?«

»Todsicher nicht. Im Gegensatz zu Ihnen und mir hätte sie keine Sekunde gezögert mitten in der Nacht als Gast in einem fremden Land ein riesiges Theater zu veranstalten, wenn sie nicht alles nach ihren Wünschen vorgefunden hätte.«

»Tatsächlich? Also, was werden Sie ihr sagen, wenn Sie nach der Miete fragt?«

»Ich werde mir irgendetwas hinreichend Vages einfallen lassen. Aber wenn sie Sie fragt ...«

»Wird sie nicht. Es ist unwahrscheinlich, dass unsere Wege sich noch einmal kreuzen.«

»Und was ist mit *unseren* Wegen?«

Althea fühlte sich, als habe sie gerade noch im seichten, sonnengewärmten Wasser geplanscht und plötzlich habe der Boden unter ihren Füßen nachgegeben. Wenn sie sich nicht sofort ans sichere Ufer brachte, würde sie in unbekannten Tiefen versinken.

»Oh ...« Sie machte eine unbestimmte Geste. »Vermutlich auch nicht, oder? Es sei denn, Sie haben die Absicht in nächster Zeit noch ein paar Schulfahrten mitzumachen?«

Er lachte. »Bestimmt nicht. Aber ich werde bald hier einziehen.«

»Was?«

»Schreien Sie doch nicht so. Es ist durchaus nicht ungewöhnlich, in ein Haus zu ziehen, das man gekauft hat, wissen Sie.«

»Aber wenn es so verfallen ist wie dieses, dann schon. Was ist beispielsweise mit dem Dach?«

»Ein Abschnitt des Dachs ist vor nicht allzu langer Zeit erneuert worden. Er deckt vier große Zimmer und eine Küche ab, die absolut bewohnbar sind, wenn auch ein bisschen staubig. Da werde ich vorläufig wohnen.«

»Aber *warum*?«

»Weil ich vor Ort sein will, wenn die Bauarbeiter anrücken. Andernfalls würde ich ständig nach einem langen, harten Arbeitstag hierher kommen nur um festzustellen, dass hinter meinem Rücken alles schief gelaufen ist. Wenn ich aber hier bin, kann ich den Handwerkern morgens sagen, was sie tun sollen, ehe ich ins Büro fahre. Es ist eine praktische Idee. Ich verstehe überhaupt nicht, warum alle sich so darüber aufregen.«

Althea hatte keine Mühe sich vorzustellen, wen er mit »alle« meinte. »Heißt das, dass Sie wollen, dass ich früher als verabredet hier verschwinde?«

Er schüttelte den Kopf. »Ich sehe nicht, warum.«

»Aber was ist mit Topaz? Vielleicht ist es ihr nicht recht, wenn ich hier im Glashaus herumspuke.«

»Vielleicht nicht, aber es ist unwahrscheinlich, dass sie es mitbekommt. Sie bleibt vorläufig da, wo sie ist.«

Die Frage, die sie während der vergangenen achtundvierzig Stunden unablässig beschäftigt hatte, war also endlich beantwortet. »So, das war es also«, sagte sie unwillkürlich.

»Was war was?«

»Worüber Sie gestritten haben. Ich meine, Sie *müssen* sich gestritten haben. Sonst wären Sie niemals so spontan mit nach Frankreich gefahren. Sie sind nicht so gut mit Geoffrey Conway befreundet, dass Sie ihm zuliebe einfach ein Wochenende opfern würden.«

»Ah ja?« Er klang plötzlich sehr kühl und distanziert.

»Ich glaube nicht, dass sonst irgendwer Verdacht geschöpft hat«, sagte Althea beschwichtigend. »Aber weil ich Ihnen so nah war, sozusagen, konnte ich nicht anders als mich zu fragen ...«

Ihre Kinder behaupteten, Althea sei neugierig. Althea wandte jedes Mal ein, sie sei lediglich an Menschen interessiert. Patrick sah so aus, als neige er eher dazu, sich der Meinung der Kinder anzuschließen. Er stieß einen ziemlich lang angehaltenen Atemzug aus.

»... und ehe Sie wieder einen Streit riskieren«, fuhr Althea hastig fort, »sollten Sie nicht lieber reingehen und essen?«

Ein trotziger Ausdruck erschien auf seinem Gesicht, der Althea lebhaft an die frühpubertäre Phase ihrer Söhne erinnerte.

»Ich meine nur, wenn Topaz sich die ganze Mühe gemacht hat um Ihnen ein tolles Essen zu kochen, müssen Sie auch da sein, wenn es auf den Tisch kommt.«

»Sie klingen wie meine Mutter.«

»Tatsächlich? Tut mir Leid. Das passiert mir andauernd. Dabei versuche ich immer es mir abzugewöhnen.«

»Das sollten Sie wirklich. Es geht einem schnell auf die Nerven, wissen Sie. Zumal ich ein paar Jahre älter bin als Sie.«

»Das wissen Sie doch gar nicht.« Althea hoffte, dass er Recht hatte, aber heutzutage war das manchmal schwer zu schätzen.

»Doch, glauben Sie mir. Ich bin zweiundvierzig.«

»Du meine Güte. Steinalt.«

»Und Sie müssen älter sein, als Sie aussehen, wenn Sie schon so große Kinder haben.«

»Glauben Sie?« Sie hatte prinzipiell nichts dagegen, ihr Alter preiszugeben, aber ein paar kleine Geheimnisse mussten einer Frau doch vergönnt sein, oder?

Offenbar nicht. »Also, wie alt sind Sie?«

Sie spielte nur für einen Augenblick mit dem Gedanken die Aussage zu verweigern. Aber sein Gesichtsausdruck war sehr entschlossen und schließlich war sie gut beraten ihn bei Laune zu halten. »Achtunddreißig.«

»Topaz ist achtundzwanzig.«

Glückwunsch, Topaz. Jung, schön und ein Mann wie Patrick. »Tja, auch auf die Gefahr hin, dass ich schon wieder wie Ihre Mutter klinge, aber wenn Sie nicht wollen, dass der Altersunterschied zwischen Ihnen noch größer erscheint, als er ohnehin schon ist, schlage ich vor, Sie entfernen die Spinnwebe aus Ihren Haaren.«

»Wo?« Er fuhr sich mit der Hand über die Haare, aber er verfehlte sie.

Althea stellte sich auf die Zehenspitzen und zupfte die Spinnwebe heraus. Plötzlich fuhr seine Hand hoch, umfasste ihr Handgelenk und verharrte dann, als sei er plötzlich unsicher.

»Ich glaube, Sie gehen besser rein und essen.«
»Ja.« Er ließ ihre Hand los. »Ich glaube auch.«

KAPITEL 7 Merry machte am Küchentisch ihre Hausaufgaben. Althea stand unentschlossen dabei. »Mir fällt einfach nichts ein für diesen Gartenwettbewerb«, klagte sie.

Merry leckte ihren Buntstift an und malte eine Gruppe von Kindern, die zur Schule gefahren wurden, leuchtend rot an. Althea sah ihr über die Schulter zu. Die Kinder, die mit dem Auto gebracht wurden, waren zahlreicher als die, die zu Fuß gingen oder den Bus nahmen, fiel ihr auf.

»Wann musst du die Pläne einschicken?«

»Bis zum ersten September.«

»Also hast du noch fast drei Monate.«

»Das ist nicht viel Zeit für einen Garten. Ich muss bald anfangen. Wenn ich doch nur zeichnen könnte, dann müsste ich den Garten hier nicht anlegen. Aber ich kann's einfach nicht.«

»Dann wird dir nichts anderes übrig bleiben als nach draußen zu gehen und anzufangen«, sagte Merry. »Wenn du einmal dabei bist, fällt dir bestimmt was ein.«

»Aber es hat Jahre gedauert, bis der Garten so war, wie ich ihn wollte. Ich kann doch jetzt nicht einfach einen vier Meter breiten Krater hineingraben.«

»Irgendwo muss doch ein Eckchen sein, auf das du verzichten kannst. Wie wär's hinten am Komposthaufen?«

»Aber da ist der Abhang so steil und von Unkraut

überwuchert. Im Juli ist es ein einziges rosa Meer aus Ackerwinde. Ich werd nie im Leben all die Wurzeln rauskriegen.«

»Du sagst uns immer, wir sollen uns Herausforderungen stellen.« Merry wollte endlich in Ruhe ihre Hausaufgaben machen. »Nichts wirklich Wertvolles im Leben fällt einem in den Schoß.«

Althea nickte zögernd. Sie wusste, dass das ihre eigenen Worte waren, und sie glaubte wirklich daran. »Aber es regnet.«

»Ich dachte, du arbeitest gern bei Regen im Garten. Du hast immer gesagt, die Rosen duften dann noch intensiver.« Merry klang skeptisch.

»Ja, so ist es. Und meine *Gloria Dei* sieht einfach herrlich aus. Du hast Recht, Liebling. Ich sollte den Stier bei den Hörnern packen. Oder in diesem Fall wohl eher die Harke und den Spaten. Ich geh nach draußen.«

»Aber es ist fast Mittag!« Etwas verspätet fiel Merry ein, dass ihre Mutter immer stundenlang verschwunden blieb, wenn sie einmal in ihren Garten gegangen war. »Ich sterbe vor Hunger!«

»Dann solltest du dir besser etwas zu essen machen, Liebes. Wir haben jede Menge Pasta, aber versuch, wenn's geht nicht überall auf der Arbeitsplatte geriebenen Käse zu verteilen.«

Merry seufzte. Diese Rollentauschgeschichte hatte ihre Schattenseiten.

Mitte Juni konnte jeder Garten wie ein Stück vom Paradies aussehen, das war keine Kunst. Alle Rosen standen in Blüte und alle anderen Blumen machten sich bereit und wirkten verheißungsvoll. Altheas Garten war tatsächlich ein kleines Paradies, denn seit Frederick gegangen war, hatte sie unermüdlich und hingebungsvoll daran gearbeitet. Nach der Trennung hatte sie sich nach einer Beziehung gesehnt, bei der ihre Mühen belohnt wurden.

Und Althea fand, der Regen gab dem verschwenderischen Rosa, Apricot und Cremeweiß der Rosen eine weiche, melancholische Note. An Baumstämmen, Zaunpfählen und der Hauswand kletterten sie hinauf. Jeder Blüte war nur ein so kurzes Dasein beschieden, aber vom ersten Farbhauch der Knospe bis zu dem Moment, da ihre Blätter lautlos zu Boden fielen, zeigte sie der Welt großmütig ihre Schönheit, ganz gleich, ob irgendwer da war sie zu sehen.

Althea wanderte von Pflanze zu Pflanze, inspizierte ihre Lilien um festzustellen, ob auch keine Schnecken über sie hergefallen waren, und begutachtete die Blätter der Geranie, die sich hier ohne ihr Zutun angesiedelt hatte. Althea war noch nicht sicher, ob es eine richtige Gartengeranie werden wollte oder eine dieser zartrosa, oft als Unkraut verschrienen Sorte, die auf Feldern und Wiesen wuchs. Sie pflückte eine welke Blüte von einer späten Pfingstrose und überlegte wieder einmal, ob sie ein ganzes Bett mit Pfingstrosen anlegen sollte oder ob ihre Blütezeit einfach zu kurz dafür war. Sie kam wie immer zu der Erkenntnis, dass sie in dieser Frage wohl nie eine Entscheidung treffen würde, und schlenderte weiter zu ihrem Teich, der, wie sie erfreut feststellte, ausnahmsweise einmal gut gefüllt war, und auch das Feuchtbeet dahinter war schön nass. Sie warf einen kritischen Blick auf die unlängst gepflanzten Färbernesseln und fragte sich, ob sie je wie versprochen zweieinhalb Meter hoch werden würden oder ob der Boden dafür einfach zu trocken war. Erst als sie all ihre Pflanzen besucht und sich von ihrem Wohlergehen überzeugt hatte, wandte sie ihre Gedanken dem Wettbewerb zu.

Es war vermutlich wirklich ein Handikap, dass das einzige Stück Garten, das sie für diesen Zweck zu opfern bereit war, sie vor so schwierige Anfangsbedingungen stellte: Es war ein steil abfallender Hang, voller Unkraut und die Mutterbodenschicht war dünn.

Andererseits ist kein Gartengrundstück je perfekt, überlegte sie, als sie das Ende ihres Maßbandes mit einem Stein beschwerte. Wenn sie einen Gestaltungsentwurf zustande brachte, der häufig auftretende Probleme überwand, schuf sie wenigstens etwas Sinnvolles. Schließlich hatte nicht jeder ein Grundstück mit Südlage und fettem Boden, einer schützenden Steinmauer zur Obstzucht und ein paar antiken Statuen, die zufällig herumlagen.

Vielleicht könnte sie ihren fertigen Entwurf fotokopieren und auf Flohmärkten verkaufen, so wie ihre Bartnelken, Fingerhut und Malven. Aber das wollte sie lieber doch nicht, beschloss sie. Die Vorstellung, dass sie für zehn Pence etwas verkaufen sollte, in das sie so viel Arbeit investieren musste, ganz zu schweigen davon, wie mühevoll es werden würde, die Pläne zu zeichnen, nein, die Vorstellung war niederschmetternd. Was sie tun musste, war, diesen Garten als Teil ihres eigenen zu betrachten. Es musste etwas daraus werden, für das sie den Platz gerne hergab.

Mit einigen Schwierigkeiten und unter anhaltendem Fluchen steckte Althea ihr vier mal vier Meter großes Quadrat ab und betrachtete es nachdenklich, während der Regen sanft auf ihre Kapuze trommelte. Jetzt musste sie sich ein Konzept einfallen lassen, das den Juroren gefallen würde. Da sowohl der Platz als auch der finanzielle Rahmen begrenzt waren, erwartete wohl niemand die Hängenden Gärten der Semiramis, aber sicher wollten sie eine wirklich interessante Zusammenstellung verschiedener Pflanzen, die das ganze Jahr über etwas boten, und den Einsatz unterschiedlicher Gestaltungselemente wie Mauern und Zäune. Und all das musste auch noch schön aussehen.

Ein wie auch immer geartetes Gewässer musste her, sonst hatte ihr Garten in Chelsea von vornherein keine Chance. In Anbetracht des abfallenden Geländes stellte diese Bedingung sie vor ein paar Probleme.

Wenn sie doch nur die zweihundert Pfund für den Garten hätte. Dann hätte sie zumindest erwägen können den ganzen Betrag für eine Pumpe und einen Brunnen auszugeben. Den Brunnen hätte sie von innen mit Jogurt bestrichen um die Algenbildung zu beschleunigen. Dieses Element wäre dann das Herzstück ihres gesamten Entwurfs geworden, kombiniert mit ein paar ausgefallenen, aber auch ganz gängigen Pflanzen. Leinkraut, Sauerklee und ganz gewöhnlicher Efeu hätten auf dem beschränkten Raum ein stilles, verträumtes Eckchen Garten entstehen lassen, das an die prachtvollen Landsitze vergangener Zeiten erinnerte.

Aber der versprochene Scheck war noch nicht einmal eingetroffen und davon abgesehen, war er schon ausgegeben. Sie hatte ihren Überziehungskredit über das zulässige Limit hinaus beanspruchen müssen um Dicky für die Beseitigung des Hausschwamms zu bezahlen. Eine Finanzspritze auf ihrem Konto war dringend angezeigt, damit der Bankdirektor kein chronisches Nervenleiden davontrug und sie selbst wieder einmal eine Nacht durchschlafen konnte.

Der Gedanke an Dicky brachte Althea auf eine Idee.

Vor ein paar Jahren hatte er einmal im Badezimmer ein Waschbecken erneuert, weil das alte einen Besorgnis erregenden Riss aufwies. Sie hatte nicht zugelassen, dass er es auf den Müll brachte, denn sie hatte so ein Gefühl, als könne sie es irgendwann noch mal gebrauchen. Und das war heute! Erfüllt von neuem Eifer machte sie sich in dreckverschmierten Stiefeln auf den Weg zur Garage. Sie war zu klein für einen Wagen, aber genau richtig für Fahrräder und Gartengeräte. Und dort war auch das alte Waschbecken, das über die Jahre zur Heimstätte zahlloser Insekten geworden war. William hätte vermutlich verlangt, dass sie sie zufrieden ließ und sich eine andere Lösung für ihren Garten ausdachte.

Aber Altheas Aktivitätsschub war nicht zu bremsen. »Ich muss nur ein Stück Folie hineinlegen und schon habe ich einen kleinen Teich«, erklärte sie den jetzt obdachlosen Kreaturen. Die Inspiration beflügelte sie und machte sie verwegen. »Ich könnte sogar einen Wasserfall machen, wenn ich noch zwei Waschbecken hätte!«

Bis Althea das Waschbecken in die Schubkarre gehievt, zu ihrem kleinen Gartenquadrat gebracht und genug Steine gefunden hatte um es in aufrechter Stellung abzustützen, stand ihr Konzept fest. Sie würden einen Garten kreieren, der für ein Butterbrot zu haben war. Einen Garten, den auch junge Paare sich nach Abzug der Kosten für die Hochzeit und der Hypothekenrate noch leisten konnten.

Sie ging ins Haus; plötzlich sehnte sie sich nach einer Dusche und einem Sandwich. Vielleicht würde einem der Kinder ein passender Name für ihren Entwurf einfallen, etwa wie »Vom Sperrmüll auf den Rasen« oder »Der Zehn-Pfund-Garten«, wenn es ihr gelang, wirklich nur so wenig dafür ausgeben zu müssen.

Sie stand in ihren lehmverschmierten Stiefeln in der Küche, als das Telefon klingelte. Ihre Hände waren noch ungewaschen, aber sie nahm trotzdem ab. »Hallo?«
»Hallo, Althea.«
Es war Frederick. Althea dachte oft, sie sollte Frederick wegen dieser oder jener Angelegenheit anrufen, aber noch öfter fand sie gute Gründe um es nicht zu tun. Der beste war, dass sie nie wusste, wie spät es gerade in Hongkong war, und unter keinen Umständen wollte sie Fredericks Freundin mitten in der Nacht aus dem Schlaf reißen. Aber er hatte die Zeitverschiebung natürlich genau berechnet und sein Timing war perfekt.
»Oh. Hallo.« Altheas schlechtes Gewissen meldete sich sozusagen prophylaktisch, aber dann fiel ihr ein, dass sie die Zeugnisse der Kinder noch gar nicht bekommen hatte, ihm also auch noch nicht hätte schicken können. Und sie hatte ihn auch nicht um Geld für den Hausschwamm gebeten, denn sie hoffte immer noch, dass der Scheck bald kommen würde. Natürlich gab es da noch das kleine Problem mit ihrer Arbeitslosigkeit, aber da das Schuljahr noch nicht zu Ende war, konnte sie das Thema noch ein Weilchen aufschieben. »Frederick. Wie geht es dir?«
»Gut. Mit den Kindern alles in Ordnung?«
»Ja«, sagte sie zögernd und fragte sich, ob sie vielleicht einstreuen sollte, dass es den Kindern besser ginge, wenn sie ein bisschen mehr Taschengeld hätten.
»Ich rufe an um dir zu sagen, dass ich rüberkomme.«
Panik spülte wie eine Springflut über Althea hinweg, ebbte aber gleich wieder ab, als ihr aufging, dass er vermutlich in London bleiben würde. War er einmal dort, brachte ihn so leicht nichts aus der Stadt heraus.
»Ah ja? Geschäftlich? Oder zum Einkaufen?« Claudia, die

erfolgreiche Geschäftsfrau, mit der er sein geschmackvolles Heim teilte, litt vermutlich an Beauchamp-Place-Entzugserscheinungen.

»Rein geschäftlich. Claudia wird nicht mitkommen.«

»Oh. Willst du die Kinder besuchen?«

»Selbstverständlich«, sagte er gereizt, als sei er ein Anwärter für die Auszeichnung zum ›Vater des Jahres‹. »Und ich dachte mir, bei der Gelegenheit könnte ich dich auch besuchen.«

Althea spürte plötzlich Kälte am ganzen Körper und musste sich setzen. Da kein Stuhl in Reichweite war, setzte sie sich auf den Fußboden. »Wirklich? Wie kommst du auf die Idee?«

»Wir haben uns zwölf Jahre lang nicht gesehen, Althea. Ich denke, es wird Zeit, dass wir uns wie zivilisierte Menschen benehmen. Ich würde gerne kommen und ein paar Tage bleiben.«

»Frederick, ich hab furchtbar viel zu tun im Moment ...«

»Oh, ich weiß von deinem Gartenarchitektur-Wettbewerb. Merry hat mir davon erzählt.«

Althea hatte angefangen zu schwitzen. Was sonst hatte Merry ihm erzählt? Sie hatte den Kindern gegenüber angedeutet, es sei nicht unbedingt nötig, dass ihr Vater jetzt schon von ihrer Arbeitslosigkeit erfuhr, aber sie wusste, dass die Telefonate mit ihm für die Kinder auch so schon kompliziert genug waren, ohne dass sie ihnen eine Liste mit Tabuthemen an die Hand gab.

»Althea! Bist du noch dran?«

»Natürlich. Ich hab nur nachgedacht. Wann wolltest du denn kommen? Eigentlich passt es überhaupt nicht ...«

»Wie willst du wissen, ob es passt oder nicht, wenn

du noch gar nicht weißt, wann ich komme?«, fragte er mit seiner schrecklichen, unwiderlegbaren Logik.

»Na ja, über die Ferien habe ich französische Kinder hier ...«

»Das weiß ich. Ich wollte kommen, bevor die Ferien anfangen.«

Das bedeutete, dass ihr nicht viel Zeit blieb um Ordnung zu schaffen. Juno war schon pingelig und kritisch, was Altheas Haushaltsführung betraf, aber wenigstens meinte sie es gut. Frederick war einfach nur pingelig. Und er wäre vermutlich hingerissen, wenn Althea ihm schließlich ein Glas Marmelade an den Kopf warf, weil ihre Kritikfähigkeit sich erschöpft hatte.

»Ich freue mich wirklich darauf, dich wiederzusehen, weißt du.«

»Tatsächlich? Wieso?«

»Also, man könnte glauben, du hast vergessen, dass wir einmal verheiratet waren, Althea.«

»Na ja, man könnte glauben, du hast vergessen, dass wir geschieden sind.«

»Keineswegs. Ich versuche, wie gesagt, lediglich zivilisiert damit umzugehen. Ich fliege am Montag rüber, also morgen. Ich würde gerne das Wochenende mit dir verbringen. Ich steige im Dog and Fox ab. Du brauchst mich nicht zu beherbergen.«

Immerhin, das war ein kleiner Trost. Aber er musste doch wissen, was für ein Chaos sein Besuch auslösen würde. »Ich seh mal im Kalender nach.« Althea stand auf und ging zum Wandkalender. Das nächste Wochenende war leider noch frei.

»Die Kinder haben gesagt, es sei noch nichts eingetragen.«

Verflucht sollen sie sein! »Tja ich denke, nächstes Wochenende geht. Aber erst ab Samstag. Freitag nach der Schule muss ich noch zu einer Versammlung.« Es war weniger eine Lüge als vielmehr Schadensbegrenzung. Sie brauchte wenigstens den Freitag um sich selbst und das Haus für seinen Besuch herzurichten.

»Also Samstag. Ich werde so gegen sieben Uhr abends kommen. Oh, und ich würde dich gern zum Essen einladen.«

Altheas betroffenes Schweigen trat die Reise durch zehntausend Meilen Telefonleitung und acht Zeitzonen an.

»Auf Wiedersehen, Althea. Ich freue mich darauf, dich zu sehen.«

»Ähm, auf Wiedersehen, Frederick.«

Zum Essen einladen? Du meine Güte. Nach den ersten beiden Jahren ihrer Ehe hatte er solche Höflichkeiten nicht einmal mehr zum Geburts- oder Hochzeitstag zu bieten gehabt. Claudia hatte ihn offenbar völlig umprogrammiert.

Althea stellte fest, dass sie zitterte. Und sie hatte keinen Hunger mehr. Das sah Frederick doch wirklich ähnlich. Er kündigte an, er wolle sie mit einem Besuch beglücken, und sie durfte den Rest des Sonntages putzen statt an ihrem Gartenentwurf zu werkeln. Aber das würde sie *nicht* tun. Ein schneller Rundumschlag mit dem Staubsauger, hier und da ein Spritzer von der Möbelpolitur auf Silikonbasis, die er immer so verabscheut hatte, mehr würde sie ihm zu Ehren nicht tun. Wenn er nach all den Jahren plötzlich kommen wollte um sie zu sehen, dann sollte er sie gefälligst so sehen, wie sie war. Jedenfalls fast. Schlimm genug, dass er ihr das nächste Wochenende verdarb, aber von diesem würde sie ihm nichts opfern.

Sie spülte die Gartenerde von ihren Händen und fragte sich, wem sie eigentlich etwas vormachen wollte. Natürlich würde sie das Haus in Ordnung bringen, wie sie es für jeden Besucher tat, der seine Ankunft rechtzeitig ankündigte. Aber wenigstens wollte sie sich daran hindern, auf der Stelle mit dem Hausputz anzufangen, und beschloss zum Glashaus zu gehen und nachzusehen, was ihre Prunkwinden machten.

Sie drehte den Wasserhahn zu, trocknete sich die Hände an der Jeans ab; nicht nötig ein Handtuch schmutzig zu machen. Warum in aller Welt wollte Frederick sie nach all den Jahren wieder sehen? Und warum wollte er sie zum Essen ausführen? Was konnte er nur von ihr wollen? Es gab ein, zwei Möbelstücke im Haus, die seiner Mutter gehört hatten. Wenn er die wollte, brauchte er nur ihren Transport nach Hongkong zu arrangieren, an ihr sollte es nicht scheitern. Und das wusste er vermutlich.

Es musste etwas Wichtigeres, Größeres sein. Wie etwa das Haus. Aber das würde er nicht kriegen, keine Sekunde eher als unbedingt nötig. Das Haus würde sie erst hergeben, wenn ein Gerichtsurteil sie zwang es zu verkaufen und ihm seinen Anteil auszuzahlen. Und wenn es irgendeinen Weg gab, es zu behalten, wie ein Lottogewinn etwa, dann würde er es niemals bekommen. Sie rief nach Bozo, nahm sie an die Leine und ließ die Kinder wissen, wohin sie ging. Obwohl sie scheinbar unbeirrt mit ihrem Sonntagsprogramm fortfuhr, fühlte sie sich innerlich doch bereits angespannt. Und als sie den Hügel hinaufgegangen war und durch das Loch im Zaun auf das Grundstück kam, das inzwischen deutliche Anzeichen reger Bautätigkeit aufwies, hatte die Anspannung sich zu einer handfesten Nervenkrise gesteigert.

Aber was immer Frederick auch sonst an ihr zu bemängeln haben würde, sie wollte um jeden Preis vermeiden, dass er den Eindruck gewann, sie ließe sich gehen. Wenn er ankam, sollte er eine selbstbewusste, attraktive Frau vorfinden, nicht das ausgelaugte, überforderte Wrack, das er damals verlassen hatte – auch wenn sie sich hin und wieder genau so fühlte.

Vor Jahren hatte sie mal irgendwo gelesen, nichts motiviere einen so gut für eine Diät wie ein bevorstehendes Wiedersehen nach vielen Jahren mit einer alten Liebe. Vorausgesetzt, dass das stimmte, kam aber das Wiedersehen mit einem Exmann, der jetzt mit Superwoman zusammenlebte, direkt auf Platz zwei. Natürlich blieb ihr keine Zeit so viel Gewicht zu verlieren, wie Juno für nötig hielt, aber wenn es nur ein, zwei Pfund waren, würde sie sich schon wohler fühlen. Augenblicklich meldete sich ihr Hunger zurück. Wie kam es nur, dass sie immer sofort nach Kartoffelchips und Schokolade gierte, sobald sie eine Diät auch nur in Erwägung zog? Normalerweise kam sie wunderbar ohne solche Kalorienbomben aus. Zur Hölle mit Frederick! Es war ein Glück, dass es im Gewächshaus nichts zu essen gab, denn sie wäre schon aus Trotz darüber hergefallen.

Es war nicht mehr so einfach, nach ihren Pflanzen zu sehen, seit Patrick sein Haus bezogen hatte oder, genauer gesagt, ein Eckchen seines Hauses. Sie konnte nur noch zu bestimmten Zeiten herkommen, denn sie hatte beschlossen ihm aus dem Wege zu gehen. Nicht weil sie ihn nicht mochte oder weil ihr nicht gefiel, dass ihre Unterhaltung immer so schnell zum Flirt hintendierte, sondern weil er in festen Händen war und damit für sie nicht infrage kam. Zum Leidwesen ihrer Pflanzen reichte diese Tatsache allein jedoch nicht aus ihn für sie unattraktiv zu machen. Eigentlich hätte das der Fall sein sollen, früher war es immer so gewesen. Aber dieses Mal war es anders. Also beschränkte sie ihre Besuche auf die Zeiten, da sie davon ausgehen konnte, dass er nicht zu Hause war. Und wenn sein Wagen dann doch vor der Tür stand, machte sie kehrt und ging wieder. Doch an einem regnerischen Sonntag würde Patrick sich wohl lieber mit Topaz in ihrer Wohnung verschanzen, statt auf seiner Baustelle im Schlamm zu baden. Dafür sorgte Topaz bestimmt.

Trotzdem war sie enttäuscht, dass sein Wagen nicht da war, keine Chance bestand, dass er zum Gewächshaus kommen und Hallo sagen würde.

Doch wenigstens ihren Pflanzen ging es prächtig, eine Feststellung, die sie zwar nicht völlig dafür entschädigte, Patrick nicht zu Gesicht zu bekommen, sie aber dennoch aufheiterte. Sie topfte ein paar der größeren Setzlinge um, goss und zog die Sonnenschutzplane zurück. Sie beabsichtigte die Pflanzen für ihren Garten selbst zu ziehen, wie arme, junge Paare es auch tun mussten. Sie wollte so wenig wie möglich auf Quellen aus ihrem über Jahre gewachsenen Garten zurückgreifen. Natürlich konnte man Pflanzen auch im Gartencenter oder auf Flohmärkten kaufen, aber sie musste die Kosten im Auge behalten. Und für Leute, die in der Stadt wohnten, war es schwieriger. Ihr Gartenkonzept musste auch ohne die Hilfe potenzieller freundlicher Nachbarn funktionieren, die ganze Plastiktüten voller Pflanzen zu verschenken hatten.

Die Gartenteichfolie stellte ein Kostenproblem dar, dachte sie, bis sie auf der Baustelle einen großen Steinhaufen entdeckte, der mit einer dicken Plastikplane bedeckt war. Vorsichtig schlich sie näher. Die Plastikfolie war befestigt und mit Brettern beschwert, aber eine Ecke hatte sich befreit und flatterte im Wind. Sie flatterte eigentlich ziemlich heftig, fand sie. Wirklich, ein kräftiger Windstoß und die ganze Plane würde heruntergerissen. Möglicherweise sogar davonfliegen ...

Althea wandte den Kopf ab, damit sie sich bei dieser frevlerischen Tat nicht zusehen musste, und schob die Bretter beiseite. Die Folie flatterte erwartungsgemäß heftiger und glitt dann zu Boden. Na bitte, sagte sie sich und hob sie auf. Der Wind hat sie einfach weggeweht. Ein Glück, dass die Bauarbeiter schwarze Folie genommen hatte, nicht die leuchtend blaue, die sie sonst meistens bevorzugten.

Sie rollte sie ein und stopfte sie unter ihre Jacke. Dann rief sie nach Bozo und schlich nach Hause, überzeugt, dass irgendjemand sie beobachtet hatte und ihren Diebstahl anzeigen würde. Ein solches Benehmen entsprach einfach nicht ihrer Persönlichkeit. Wenn sie gelegentlich der unbezähmbare Drang überkam in einem fremden Vorgarten oder entlang des Kanals einen Ableger zu stibitzen, dann brachte sie immer Merry dazu, die eigentliche Tat zu begehen. Und selbst dann plagte sie ihr Gewissen.

Als sie zu Hause ankam, setzten ihre Schuldgefühle ihr so zu, dass sie in Patricks Büro anrief – es war die einzige Nummer, die sie hatte, und der Privatanschluss stand bestimmt nicht im Telefonbuch. Sie hinterließ eine Nachricht auf dem Anrufbeantworter: »Ich habe Ihnen ein Stück Plastikfolie geklaut, ich hoffe, es macht Ihnen nichts aus.«

Danach fühlte sie sich auch nicht viel besser. Topaz würde das Band zuerst abhören und vermutlich allerhand zu sagen haben über ungebetene Gäste, die die

Freundlichkeit derer, die sie aus Barmherzigkeit in ihr Gewächshaus aufnahmen, damit belohnten, dass sie sie bestahlen. Aber wenigstens konnte Patrick jetzt sagen, dass es ihm allerdings etwas ausmache und sie die Plane gefälligst zurückgeben solle. Um für ihre Sünde zu büßen ging sie nach draußen und grub den Aushub für das Waschbecken. Es war echte Knochenarbeit. Sie hoffte inständig, dass das fiktive junge Paar, das in ihrer Vorstellung mehr und mehr zu realen Personen wurde, keine Rückenprobleme hatte und kein Baby erwartete.

Obwohl sie sich immer darüber beschwerte, dass man einen ganzen Tag pro Woche damit verschwendet, zu putzen und zu kochen und sich so zurechtzumachen, dass man respektabel wirkt, wenn man die Zeiten mal zusammenrechnet, begann sie trotzdem noch mit den Vorbereitungen für Fredericks anstehenden Besuch. Sie wusch die Tagesdecken, die sie immer über die fadenscheinigen Sofas breitete, und kramte die uralte Blechdose mit dem Möbelwachs hervor. Bozo fand es ganz prima, sich auf frisch gewaschene Sofadecken betten zu können, aber den Staubsauger bellte sie misstrauisch an.

»Wer dich hört, könnte meinen, ich sauge sonst nie«, brummte Althea verstimmt. »Dabei tu ich das andauernd. Aber nach fünf Minuten sieht man irgendwie nichts mehr davon.«

Am darauf folgenden Samstag brachten Althea und Merry zusammen das Haus auf Vordermann. Althea hatte eingewilligt Merry für ihren Einsatz reichlich zu belohnen, das war schließlich nur fair, da ihre Brüder sich um die Arbeit drückten.

Merry war Anhängerin der Alles-in-die-Schränkestopfen-und-dann-schnell-die-Tür-zu-Methode des Aufräumens. Der Vorteil war, dass man innerhalb kürzester Zeit optimale Ergebnisse erzielte, der Nachteil war das heillose Chaos und ewige Suchen hinterher. Althea neigte dazu, überall Stapel von Papieren anzuhäufen, sodass sie nicht in Vergessenheit gerieten. Manche dieser Stapel konnten auf eine mehrjährige Geschichte zurückblicken und so folgte Althea Merry auf ihrer radikalen Aufräumtour durchs Haus und sortierte die Stapel in »erhaltenswert« und »Altpapier«.

Die Rechnungen, die ganz oben auf der Dringlichkeitsliste standen, heftete sie an die Pinwand. Es war immerhin möglich, dass Frederick in einem Anfall von Großmut anbot sie zu bezahlen.

Sie waren ein recht gutes Team. Als Merry schließlich mit ihrem Lohn in die Stadt gezogen war um alles für billigen Modeschmuck und Make-up zu verjubeln, das sie noch nicht tragen durfte, sah das Haus so gut aus, wie man erwarten konnte.

Als Nächstes mussten große Blumensträuße her. Nicht weil Frederick sie zu schätzen wüsste oder auch nur wahrnehmen würde, sondern weil sie die Schwachstellen verstecken sollten, die jedes Haus ab einem gewissen Alter hat, wenn es nicht ständig repariert und renoviert wird. Frederick war der Meinung, Althea sei verpflichtet das Haus in einwandfreiem Zustand zu erhalten, damit der Wert seines Anteil von immerhin einem Viertel nicht gemindert wurde. Wenn möglich wollte sie sich die Vorträge ersparen, dass sie regelmäßig Geld für die Instandhaltung beiseite legen müsse, damit sie neu auftretende Probleme gleich beheben könne und nicht erst, wenn es so schlimm geworden war, dass ihr nichts anderes mehr übrig blieb.

Sie stellte ein Bonbonglas mit einem üppigen Rosenstrauß, der noch vor morgen früh anfangen würde zu rieseln, in eine Ecke, wo ein Unheil verheißender Riss im Putz aufgetreten war. Plötzlich hatte sie einen Einfall. Wie wäre es, wenn sie Frederick um das Geld für die Schwammbeseitigung bat? Hausschwamm konnte schließlich jeden treffen, daraus konnte ihr wirklich niemand einen Vorwurf machen. Wenn er irgendetwas von ihr wollte, und zwar so dringend, dass er sie zum Essen ausführte, wäre er nicht vielleicht geneigt mal eben zweihundert Pfund herauszurücken?

Stolz hatte Althea veranlasst auf ihre eigene Erscheinung ebenso viel Mühe zu verwenden wie auf das Haus. Sie war zum Frisör gegangen und hatte sich Strähnchen machen lassen – das war notwendig um die grauen Haare abzudecken, die ihr unfairerweise schon wuchsen. Für gewöhnlich färbte sie sich die Haare selbst und das klappte meistens ganz gut, nur manchmal nahmen sie einen schwachen Rosaschimmer an. Aber für Frederick hatte sie bereitwillig die Folter auf sich genommen sich eine gelöcherte Gummihaube überstülpen zu lassen, aus der vermittels einer Häkelnadel Haarsträhnen herausgezerrt wurden. Es dauerte Stunden und war so schmerzhaft, dass sie einfach nur erleichtert war, als es vorbei war. So erleichtert, dass es im Grunde ganz gleich war, welche Farbe dabei herausgekommen war. Aber der Frisör hatte sie nicht vergeblich gequält. Ihr Haar leuchtete golden statt gräulich und die Kur, zu der sie sich hatte überreden lassen, ließ es voller und seidiger erscheinen als gewöhnlich.

Zum ersten Mal seit Monaten hatte sie ihre Augenbrauen gezupft. Tapfer hatte sie allen Angeboten ihrer Schwester widerstanden. Juno wollte ihr schon wieder irgendwelche dunkelblauen Kostüme und Jacken mit Rundausschnitt aufschwatzen, in denen sie fett aussah. Stattdessen hatte sie Sylvias schwarzes Kleid geborgt, das, so hatte Sylvia versichert, niemals versagte. Althea vertraute ihrem Urteil. Für eine Kindergärtnerin, fand sie immer, hatte Sylvia beachtlichen Erfolg bei Männern.

Das Kleid war vielleicht einen Hauch zu tief ausgeschnitten, aber das war ihr nur recht. Frederick hatte immer behauptet, das Stillen werde ihre Brüste vorzeitig altern lassen – und auf ihre Brüste hatte er immer einen gewissen Besitzanspruch erhoben. Mit diesem Dekolletee konnte sie beweisen, dass er sich geirrt hatte.

Mit größter Sorgfalt trug sie ihr Make-up auf, spitzte ihren Kajalstift an und wärmte ihn mit der Hand, bevor sie ihn auftrug. Sie borgte sich Junos Wimpernzange und die Wimpern, die ihr neues Mascara zusammenklebte, trennte sie mit einer Nadel. Sie hatte sich sogar die Nägel rot lackiert, aber hauptsächlich weil das einfacher war als die Blumenerde darunter zu entfernen.

Juno, die zu Altheas Verärgerung darauf bestanden hatte, »mal eben vorbeizuschauen und Frederick hallo zu sagen«, war beinah zufrieden mit ihr.

»Da siehst du's. Du kannst es, wenn du dich nur bemühst. Wenn du dir nur angewöhnen könntest es beizubehalten, könntest du immer so aussehen. Na ja, und natürlich müsstest du regelmäßig Aerobic machen, damit du endlich mal zehn, zwölf Pfund abnimmst ...«

Hätte es Althea nicht so unendlich viel Mühe gekostet, sich zurechtzumachen, hätte sie alles wieder abgewischt und sich ihre Schlabberhose angezogen. Stattdessen sprühte sie wortlos ein bisschen Parfüm auf.

KAPITEL 8 Frederick war immer ein gut aussehender Mann gewesen, und das galt heute mehr denn je. Er war sonnengebräunt, athletisch und äußerst geschmackvoll gekleidet und die Jahre hatten seiner Erscheinung die gelackte Affektiertheit eines Operettentenors genommen, die, so hatte Althea rückblickend erkannt, die Ursache für die frappierende Ähnlichkeit zwischen ihm und dem Gipsbräutigam auf der Hochzeitstorte gewesen war. Jetzt fand sie ihn beinah makellos, wenn man über die Myriaden von Fehlern hinwegsehen konnte, die seine Persönlichkeit ausmachten.

Althea war sich keineswegs sicher, ob sie das konnte, aber sie sah ein, dass sie es wenigstens versuchen musste. Doch sollte Juno wirklich, wie Althea argwöhnte, seit jeher eine latente Schwäche für Frederick gehabt haben, würde sie zweifellos augenblicklich in eine sehr akute ausbrechen, sobald sie ihn zu Gesicht bekam.

»Möchtest du die Kinder sehen?«, fragte Althea. Von dem Moment an, da sie die Tür geöffnet hatte, musste sie ein nervöses Zittern unterdrücken.

»Ich bin gekommen um *dich* zu sehen.« Er lächelte warm und sah ihr in die Augen. »Ich habe mich für morgen mit den Kindern verabredet.«

Althea war völlig durcheinander. Frederick war so viele Jahre lang ein verhasstes Phantom gewesen und jetzt stand er plötzlich leibhaftig vor ihr in der Diele und lächelte genauso, wie er damals gelächelt hatte, als er sie von dieser grässlichen Party errettete. Plötzlich hatte Althea Mühe ihn zu hassen. Vermutlich lag es daran, dass sie mit einem Buddhisten unter einem Dach lebte.

Sie lächelte und fühlte sich wie ein Schulmädchen bei seiner ersten richtigen Verabredung. »Komm rein. Juno ist hier.«

»Um die Kinder zu hüten? Nett von ihr.«

»Nein, nein. Seit Williams sechzehntem Geburtstag haben wir keinen Babysitter mehr bemüht. Sie ist hier um dich zu begrüßen.«

Wie aufs Stichwort kam Juno mit ausgestreckten Armen aus dem Wohnzimmer. »Hallo, Frederick. Lass dich ansehen. Du siehst großartig aus. Wie wär's mit einem Glas Sherry, während Althea sich fertig macht? Ich erinnere mich, dass du ganz gern einen gut gekühlten Tio Pepe trinkst.«

»Juno!« Frederick umarmte sie herzlich. »Du siehst wundervoll aus. Nicht einen Tag älter ...« Er ließ sie nicht wieder los.

Juno erwiderte die Umarmung und gestattete ihm sie hochzuheben und einmal herumzuwirbeln. Lachend sahen sie sich in die Augen und sie schienen Althea beide untypisch überschwänglich für zwei sonst eher ernste Menschen.

Sie sah zu und spürte förmlich, dass sich unter dem Druck ihrer widersprüchlichen Empfindungen eine Übersäuerung in ihrem Magen zusammenbraute. Sowohl Juno als auch Frederick waren ihr immer als betont kühl erschienen, doch plötzlich hatten sie offenbar keine Bedenken ihren Gefühlen Luft zu machen. Und sie wollten sich wohl gar nicht mehr loslassen. Althea war dankbar, als Bozo verschlafen hereintapste um festzustellen, was vorging.

»Und hier ist Bozo«, sagte sie vernehmlich.

Frederick und Juno ließen endlich voneinander ab und Frederick betrachtete die kleine Hündin. »Ähm ... hallo.«

Bozo beschloss offenbar nicht zu antworten und trat den Rückzug zu ihrem gemütlichen Sofa an. Althea war erleichtert. Bozo bellte grundsätzlich immer die Leute an, bei denen es Althea unangenehm war. Gegen Postboten oder Leute vom Wasserwerk hatte sie dagegen nicht das Geringste.

»Also dann«, sagte Juno, ihr Gesicht vor Freude leicht gerötet. »Ich sollte mich lieber auf den Weg machen. Ich habe Kenneth gesagt, ich bleibe nur ein paar Minuten. Er ist so besorgt um mich.«

»Besorgt?«, fragte Frederick verständnislos.

Juno winkte ab, eine Geste, die ihre perfekt gepflegten Hände wunderbar zur Geltung brachte. »Althea wird's dir erzählen.«

»Ich sag den Kindern Bescheid«, murmelte Althea und versuchte nicht verstimmt zu klingen.

»Nein, stör sie nicht. Wie gesagt, ich seh sie ja morgen. Heute Abend will ich nur mit dir zusammen sein«, verkündete Frederick.

»Und wenn dein Programm mit den Kindern zu Ende ist, kommst du dann bei uns vorbei?«, fragte Juno. »Oder komm mit den Kindern zum Tee zu uns. Kenneth wäre so enttäuscht, wenn er dich nicht sieht.«

»Die Gefahr besteht nicht. Ich werde ein paar Wochen hier bleiben.«

Althea war erschüttert.

Juno holte ihre Handtasche und strich Frederick leicht über den Arm. »Oh, gut. Ich hatte schon überlegt eine Party zu Altheas Geburtstag zu geben, weißt du. Und das würde heißen, du könntest hinkommen.«

Für die selbstbewussteste Frau seit Germaine Greer konnte Juno manchmal richtig Ekel erregend schmeichlerisch sein, fand Althea. Und an die Party wollte sie lieber gar nicht denken ...

»Bist du fertig?«, unterbrach Frederick ihr gedankliches Wehklagen. »Gehen wir?«

Althea hatte sich wirklich bemüht sich innerlich für diesen Abend zu wappnen, aber sie merkte schon, ihre Toleranzschwelle für Frederick hatte ihre einstige Höchstmarke noch lange nicht wieder erreicht. Wütend begab sie sich auf die Suche nach ihrer Tasche, die sich mal wieder versteckt hielt, wie immer in entscheidenden Momenten. Doch als sie schließlich in Fredericks elegantem Mietwagen saß und über kleine Nebensträßchen zu einem der erlesensten Restaurants hier auf dem Land fuhr, entspannte sie sich ein wenig.

Als sie Frederick begegnete, war er ein junger, ehrgeiziger Geschäftsmann auf dem Weg nach oben. Da war er inzwischen angekommen, kein Zweifel, und er riss sich förmlich in Stücke in seinem Bemühen charmant zu sein. Jetzt, da seine Aufmerksamkeiten wieder ihr und nicht ihrer jüngeren Schwester galt, fand sie es leichter, damit umzugehen.

»Wohin fahren wir?«, fragte sie.

»Jeremy's. Es war immer das einzige vernünftige Restaurant in dieser Gegend und ich nehme an, daran hat sich nichts geändert.«

Althea hätte ihm liebend gern gesagt, dass in letzter Zeit diverse Restaurants eröffnet hätten, wo fantasievol-

le, innovative Gerichte nach Raymond-Blanc-Manier serviert wurden, aber sie kannte leider kein einziges.
»Wir hätten im Dog and Fox essen können.«
»Stimmt, aber ich dachte mir, Jeremy's ist besser.«
Auf jeden Fall teurer. Aber das sagte sie nicht, es hätte allzu sehr nach nörgelnder Gattin geklungen. »Hast du einen Tisch bestellt?«, fragte sie stattdessen. »Es ist immer brechend voll.«
»Natürlich. Meine Sekretärin hat angerufen, als feststand, dass ich herüberkommen würde.«
»So viel Aufwand für mich?« Sie hätte die Male, die er sie nach ihrer Hochzeit zum Essen ausgeführt hatte, an einer Hand abzählen können.
»Selbstverständlich für dich. Wie ich schon sagte, es ist lange her, seit wir uns zuletzt gesehen haben. Ich wollte, dass es ein denkwürdiger Abend wird.«
Na ja, bisher versprach es das zu werden. Althea sah bis zu ihrer Ankunft schweigend aus dem Fenster und hätte sich an der malerischen Landschaft erfreuen können, wäre sie nicht so rasend schnell an ihr vorbeigeflogen. Frederick war früher für ihren Geschmack schon immer ein bisschen zu schnell gefahren. Also wenigstens das war ihr vertraut.
Er stellte den Wagen ab und nahm ihren Ellenbogen, als sie zum Restaurant hinübergingen. Früher war es einmal ein Pfarrhaus gewesen. Da es ziemlich weit draußen auf dem Land lag, gab es ein paar Zimmer für Gäste, die nach dem Essen nicht mehr fahren wollten. Und irgendetwas an der Art und Weise, wie er die Innenseite ihre Oberarms liebkoste, brachte Althea auf den Gedanken, ob er seine Sekretärin vielleicht auch angewiesen hatte eins dieser Zimmer zu bestellen, nicht nur den Tisch. Wenn er früher nur ein klein wenig öfter

so gewesen wäre, wären wir vielleicht immer noch verheiratet, dachte sie.

»Du siehst ... verändert aus«, bemerkte er, als sie sich schließlich gegenüber saßen, zwischen ihnen ein Teller mit heißen Kanapees und eine Flasche Champagner.

»Das Wort, nach dem du suchst, ist ›älter‹.« Der Säurespiegel in ihrem Magen hatte sich wieder normalisiert, der auf ihrer Zunge war hingegen immer noch höher als gewöhnlich.

»Es ist mehr als nur das. Du bist selbstbewusster, sicherer. Würde es dich beleidigen, wenn ich sage, dass du dich von einem hübschen Mädchen in eine schöne Frau verwandelt hast?«

»Wieso sollte mich das beleidigen? In meinem Alter sind solche Worte Musik in den Ohren.«

»Sei nicht sarkastisch, Ally. Ich meine es ernst. Was ich damals verlassen habe, war ein übernervöses Wrack. Und jetzt hast du Stil, Eleganz ...«

»Es ist das beste Kleid meiner Freundin«, murmelte sie.

»Wie bitte?«

»Egal. Nur weiter.«

»Ich frage mich, ob es wohl einen Mann in deinem Leben gibt.«

»Nein.« Sie lächelte strahlend und dachte insgeheim, Pech gehabt, mein Lieber. Es gibt niemanden, der will, dass ich zu ihm ziehe, sodass du mich zwingen könntest das Haus zu verkaufen und dich auszubezahlen.

Doch Frederick schien ehrlich erfreut. »Oh. Gut.«

»Warum ›gut‹?« Sie war auf der Stelle argwöhnisch.

»Weil es bedeutet, dass du frei bist, das ist alles.« Und seine Wie-umgarne-ich-meine-Exfrau-Strategie schlug in fast jungenhafte Schüchternheit um. »Ich würde gern einen Toast auf dich ausbringen, Ally.«

Immer noch misstrauisch hob Althea ihr Glas und sie stießen an, doch sie hatte ihres noch nicht wieder ganz abgestellt, als sie bemerkte, dass sein Blick magisch in eine andere Richtung gezogen wurde. Nein, er hatte sich wirklich nicht besonders verändert.

»Wer sind diese Leute?« fragte er. »Sie sehen zu uns herüber. Offenbar kennen sie dich.«

Althea wandte sich um und entdeckte Patrick und Topaz. Topaz war halb nackt in einem schulterfreien Kleid, das sie wie Diana die Jagdgöttin aussehen ließ. Die freizügig zur Schau gestellte Haut war tiefbraun, darunter zeichneten sich wohlgeformte Muskeln ab. Patrick wirkte ein bisschen zerknittert und schlampig in seinem cremeweißen Leinenanzug und einem dunkelblauen Seidenhemd. Er lächelte nicht und erweckte den Eindruck, als sei er nicht aus freiem Willen hier.

Althea deutete ein Lächeln an und war verblüfft, als Topaz sich erhob und hüftschwingend herüberschlenderte. Es dauerte ein Weilchen, bis sie bei ihnen ankam, und so hatte Althea Zeit sich zu fragen, ob es sich hier vielleicht um einen Fall von »Gleich und Gleich gesellt sich gern« handelte.

»Hallo, Althea. Wie schön, dass wir uns hier treffen.« Topaz sah erwartungsvoll zu Frederick.

»Darf ich vorstellen?« Langsam wurde dieser Abend eine harte Geduldsprobe. »Dies ist Frederick Faraday – Topaz ... Ich fürchte, ich kenne Ihren Nachnamen nicht.«

»Oh, Parker. Ms Parker. Und Sie heißen Faraday. Also sind Sie ...«

»Althea und ich waren verheiratet«, klärte Frederick sie auf.

Topaz warf Althea einen sekundenschnellen Blick zu, als frage sie sich, ob das wirklich wahr sein konnte. Wie hatte die mollige, hausbackene Althea jemals diesen Adonis einfangen können?

»Tja, ich will nicht stören«, säuselte sie. »Sie haben sich sicher viel zu erzählen.«

»Nein, eigentlich nicht«, erwiderte die mollige, hausbackene Althea, um ganz deutlich zu machen, dass sie keinerlei Besitzansprüche auf den Adonis mehr erhob. »Wollen Sie und Patrick sich vielleicht zu uns setzen?«

»Ausgeschlossen.« Topaz kehliges Lachen klang, als übe sie es regelmäßig. »Das hier sieht mir doch sehr nach einer romantischen Versöhnung aus.«

Althea saß in der Falle. Frederick schien ausnahmsweise einmal zu bemerken, dass sie sich unwohl fühlte, und traf eine Entscheidung. »Wie wär's, wenn wir zusammen Kaffee und Brandy trinken? Nach dem Essen.« Seine Augen verengten sich zu einem charmanten Zwinkern.

»Ein wundervoller Kompromiss«, meinte Topaz. »Also dann, bis später.« Sie entschwand mit einem Kleinmädchenwinken.

Frederick sah Altheas fragenden Blick. »Ich möchte deine Freunde kennen lernen, Ally«, erklärte er beschwichtigend. »Du hast doch nichts dagegen, oder?«

»Vermutlich nicht, aber Patrick und Topaz sind nicht meine Freunde. Ich meine, ich kenne sie kaum.« Sie hatte für sich beschlossen das Wochenende in Frankreich als etwas anzusehen, das während einer früheren Inkarnation stattgefunden hatte. »Jetzt werden wir Smalltalk machen müssen.«

»Ich bin überzeugt, das ist kein Problem. Topaz scheint mir sehr charmant.«

Althea seufzte und erinnerte sich, dass die Fähigkeit ihres Exmannes Namen zu behalten und anregend über absolut gar nichts zu plaudern einer der Gründe seines Erfolgs war. Er und Topaz hatten wahrscheinlich wirklich allerhand gemeinsam.

»Lass uns sehen, was wir essen wollen.« Sie nahm die Speisekarte und studierte sie missmutig.

Die Karte war kurz und esoterisch und die Schwerpunkte lagen auf Ziegenkäse und Innereien. Althea hatte für beides nicht viel übrig und ihr Blick glitt über die albernen Beschreibungen, die mehr verschleierten als enthüllten und von modischen Fachausdrücken der Haute Cuisine nur so strotzten. Sie suchte nach etwas, das sie identifizieren konnte, und fand schließlich eine Pastavorspeise, die eine frappierende Ähnlichkeit mit dem aufwies, was die Kinder gerade zu Hause aßen, nur einen exotischeren Namen hatte und vermutlich mehr kostete, als sie zu Hause in einer ganzen Woche für Lebensmittel ausgab. Als Hauptgericht wählte sie Lammkoteletts. Jedenfalls hoffte sie, es handele sich um Lammkoteletts.

Frederick hätte sich vermutlich gewünscht, sie würde ihm die Karte reichen und sagen: »Such du aus«. Er gehörte zu dieser Kategorie Männer. Aber selbst wenn sie hätte hoffen können, dass er etwas auswählte, das sie mochte, hätte sie ihm den Gefallen trotzdem nicht getan. Sie fand, mit knapp vierzig war sie doch irgendwie langsam alt genug sich ihr Essen selber auszusuchen.

»Also, ich hab was gefunden. Was ist mit dir?«

Frederick zog fragend eine Braue hoch. Das hatte er früher schon getan, aber über die Jahre hatte er es perfektioniert. »Das klingt sehr entschlossen. Früher hast du immer stundenlang die Karte studiert und konntest dich nie entscheiden.«

»Wirklich? Na ja, es ist ja auch *sehr* lange her, dass du mich zum Essen eingeladen hast.«

»Na, so lange ja nun auch wieder nicht.«

»Ungefähr fünfzehn Jahre.«

»Hör schon auf. So lange sind wir noch nicht geschieden.«

»Nein, aber nachdem Rupert auf die Welt gekommen war, sind wir nicht mehr ausgegangen. Hin und wieder ein Mittagessen im Pub, das waren die einzigen Gelegenheiten, zu denen ich mal aus der Küche herauskam.«

Frederick wirkte verletzt und ungläubig. »Das kann doch wohl nicht wahr sein?«

Althea nickte. »Oh ja. Ich war so furchtbar wählerisch bei den Babysittern und du ...« Sie brach ab. Es war kindisch, an alte Wunden zu rühren. »Na ja. Es war eben ziemlich schwierig damals.«

»Wir haben wirklich furchtbar jung geheiratet.« Frederick gab sich die größte Mühe einsichtig und bedauernd zu klingen, aber es klappte nicht so richtig.

»*Ich* war sehr jung. Du warst siebenundzwanzig.«

»Wie auch immer. Du hast dich jedenfalls sehr verändert. Ich sagte es ja schon, du bist schön.«

Und das sollte jetzt irgendeinen Unterschied machen? Nur die Ankunft der Kellnerin hinderte Althea daran, ihm zu raten sie mit diesem Mist zu verschonen. Aber trotz ihrer Wut wollte ein winziger Teil von ihr doch zu gerne wissen, ob er sie wirklich schön fand oder ob er das alles nur ins Feld führte, weil er irgendetwas von ihr wollte.

Die Kellnerin war jung, langbeinig und trug ein Namensschildchen, auf dem »Fenella, Menüberaterin« stand.

»Ich hätte gerne die Pasta als Vorspeise und dann das Lamm«, sagte Althea bestimmt.

Frederick lächelte gewinnend und bestellte dann gebratene Wildleber mit Salbei und Tomatensalat, gefolgt von einem Zikkurat aus Lammzunge mit weißen Bohnen. Fenellas Bleistift flog nur so über ihr Blöckchen, dann eilte sie davon.

Althea konnte kaum erwarten herauszufinden, was in aller Welt ein Zikkurat war. Dennoch war sie ausnahmsweise mal ganz froh, dass Frederick es nicht ausstehen konnte, sein Gegenüber mal ein Gäbelchen voll probieren zu lassen oder einen Nachtisch zu teilen, wie Althea es so gern tat. Bei all den Innereien bestand jedenfalls keine Gefahr, dass er je an Eisenmangel leiden würde, dachte sie. Während Frederick die Weinkarte studierte, konzentrierte Althea sich auf den Champagner.

Die Kellnerin kam mit einer Karaffe Eiswasser, nahm seine Weinbestellung entgegen und erkundigte sich nach der gewünschten Weintemperatur. Als sie ging, sah Frederick ihr versonnen nach. »Mit den Beinen sollte sie als Model arbeiten«, bemerkte er.

»Vielleicht hat sie ja ein *cum-laude*-Examen in Sozialwissenschaften in der Tasche und jobbt hier nur, bis sie eine richtige Stelle findet«, erwiderte Althea schnippisch. Sie sah, wie seine Lippen den Anfang irgendeiner chauvinistischen Bemerkung über die Verschwendung öffentlicher Gelder für die akademische Bildung von Frauen formten, aber er verwandelte ihn schleunigst in ein Hüsteln.

»Und was wirst du tun, bis du wieder eine richtige Stelle findest?« Frederick richtete seinen durchdringenden Inquisitorenblick auf Althea. Ihr Herz setzte einen Schlag aus und hämmerte dann rasend schnell in ihrer Brust.

›Was meinst du?‹

›Die Kinder haben mir erzählt, du seiest entlassen worden.‹

›Ach, wirklich?‹ Sie hatte sie ausdrücklich gebeten ihm nichts davon zu sagen und sie waren absolut loyal.

›Na ja, sagen wir, es ist so herausgerutscht.‹

›Oh.‹ Hatte er sie gefoltert? Es schien durchaus denkbar.

›Also? Wie willst du zurechtkommen? Sie sind in einem sehr kostspieligen Alter.‹

›Erzähl mir doch mal etwas, das ich noch nicht weiß. Willst du uns vielleicht deine Hilfe anbieten?‹

›Das kommt darauf an. Möglicherweise. Ich finde, wir sollten in Zukunft im Umgang miteinander etwas unverkrampfter sein. Wir haben damals beide Fehler gemacht.‹

›Ah ja?‹

›Natürlich. Hätte ich mich nicht so eingeengt gefühlt durch die Kinder, die Hypothek ...‹

›Und mich?‹

›Na ja, du konntest an nichts anderes mehr denken als die Kinder. Du liefst immer in Sachen voller Spuckflecken herum und hattest nie Zeit dir die Haare machen zu lassen oder sonst irgendwas zu tun um attraktiv zu wirken.‹

›Also die Begegnung mit Claudia auf deiner Geschäftsreise hatte nicht das Geringste damit zu tun?‹

›Eigentlich nicht, nein.‹

Althea spülte diese erschütternde Wahrheit mit einem Schluck Champagner herunter und erstickte ein Aufstoßen diskret in ihrer Serviette. Es blieb ihr erspart, eine passende Antwort zu ersinnen, denn Fenella kam mit dem Wein.

Frederick kostete, erklärte den Wein für akzeptabel und wandte seine Aufmerksamkeit wieder Althea zu.

»Na ja, das ist alles Schnee von gestern, nicht wahr?«

Offenbar wollte er sie durch die Blume fragen, ob sie ihm etwas nachtrug. Und die Antwort war nein. Wirklich nicht. Er hatte ihnen beiden einen großen Gefallen getan, als er damals ging, auch wenn die ersten Jahre danach wirklich schwierig gewesen waren. Von dem Moment an, da die Kinder alt genug waren zur Schule zu gehen und Althea theoretisch in der Lage war einen Job anzunehmen, hatte er ihr keinen Unterhalt mehr bezahlt. Für die Kinder hatte er aufgehört zu zahlen, als die Frage der weiterführenden Schulen zwischen ihm und ihr zum Streitpunkt wurde. Wäre die Hypothekenrate nicht so klein gewesen und hätten ihre Eltern ihr nicht hin und wieder ausgeholfen und Schuhe oder Ähnliches für die Kinder bezahlt, wäre Althea niemals über die Runden gekommen.

»Ja, vermutlich ist es das«, sagte sie. Der Kummer und die ewige Sorge von damals waren mit der Zeit verblasst und der Alkohol stimmte sie milde. »Lass uns einfach unser Essen genießen, was meinst du?«

Altheas Pasta war ein Gedicht, beinah gut genug um sie vergessen zu lassen, mit wem sie aß. Aber nicht ganz. Sein Teller enthielt etwas, das wie eine große Blutlache aussah. Es war, als müsse sie beim Anblick einer rituellen Opferzeremonie essen.

Doch Frederick aß mit großen Appetit. »Ich erwäge nach England zurückzukommen«, sagte er zwischen zwei Happen.

»Wirklich? Wieso?«

»In dem Moment da Hongkong an die Chinesen geht, werde ich dort verschwinden. Natürlich gibt es andere Länder im Osten, mit denen ich es versuchen könnte, aber irgendwie sehne ich mich nach England.«

»Und was ist mit Claudia?«

»Ich weiß es noch nicht. Wir werden sehen. Wir haben beschlossen uns für ein Weilchen zu trennen.« Er sah verletzt aus und hatte plötzlich große Ähnlichkeit mit seinem zweitältesten Sohn.

Diese Ähnlichkeit und zu viel Champagner erweichten ihr Herz und stimmten sie mitfühlend. Sie legte ihre Hand auf Fredericks. »Oh, das tut mir Leid.«

Es war ein Fehler. Fredericks freie Hand legte sich augenblicklich auf ihre. »Nicht nötig. Ich dachte, es sei eine gute Gelegenheit ...«

»Was für eine Gelegenheit?« Die Wirkung des Champagners war augenblicklich verflogen, ebenso ihr Mitgefühl. Althea war misstrauisch.

»Eine Gelegenheit für uns ... unsere Beziehung neu zu überdenken.«

Althea verschränkte ihre Hände demonstrativ in ihrem Schoß. »Ich glaube, das ist überhaupt keine gute Idee.«

»Du hast noch gar nicht darüber nachgedacht. Aber Tatsache ist, du bist arbeitslos und die Kinder brauchen einen Vater. Wer könnte diese Lücke besser ausfüllen als ich, ihr wirklicher Vater?«

So ungefähr jeder, dachte Althea. »Du hast sie als Babys im Stich gelassen, ich glaube kaum, dass sie deine Autorität jetzt anerkennen würden. Und außerdem bin ich nicht ›arbeitslos‹, sondern im Begriff mich beruflich neu zu orientieren und Karriere zu machen.«

»Was? Mit Gärtnerei? Tut mir Leid, meine Liebe, ich möchte nicht überheblich klingen, aber das ist wohl kaum eine Karriere ...«

»Ich beabsichtige Gartenarchitektin zu werden. Ich habe bereits ein Angebot einen Garten für Chelsea zu entwerfen«, erklärte Althea freundlich, auch wenn es nicht ganz der Wahrheit entsprach. »Und da kommt der Hauptgang.«

Frederick hatte sich auf nur ein Glas Champagner und ein Glas Wein beschränkt und hatte nicht vergessen, worüber sie gesprochen hatten, nachdem die Kellnerin wieder gegangen war. »Was meinst du damit, für Chelsea?«

»Dort findet jedes Jahr eine große Gartenausstellung statt. Du musst davon gehört haben.«

»Meinst du etwa die Chelsea Flower Show?«

»Natürlich. Tausende von Menschen werden meinen Garten sehen und sollte ich einen Preis gewinnen, kann ich das in meinem Werbeprospekt erwähnen.«

»Allmächtiger!«

»Du sollst nicht den Namen des Herrn eitel führen, Frederick, sondern dein Zikkurat essen.«

Frederick füllte ihr Glas nicht wieder auf. Althea verspeiste ihre Lammkoteletts und entschuldigte sich kurz. Auf dem Rückweg von der Damentoilette kam sie bei Topaz und Patrick vorbei. Patrick kämpfte sich durch eine Portion Vanillemousse, die etwa die Größe eines gut aufgeschüttelten Kopfkissens hatte. Topaz spielte mit einem hauchdünnen Schokoladentäfelchen auf ihrem Teller.

Althea beschloss auf den Nachtisch zu verzichten, obwohl das nach ihrem Geschmack immer das Beste an einem guten Essen war. Aber wenn die Portionen alle so groß waren wie Patricks, dann würden sie morgen früh noch hier sitzen. Topaz und Patrick würden es irgendwann satt haben zu warten und nach Hause fahren und Althea müsste den Rest des Abends zwangsläufig in trauter Zweisamkeit mit Frederick verbringen.

Sie teilte Frederick ihren Entschluss mit, als sie wieder Platz nahm. Er nickte zustimmend, den Mund voll weißer Bohnen. »Gute Idee. Du hast hier und da ein überflüssiges Pfund und Desserts sind vermeidbare Kalorien.«

Althea fragte sich, ob sie den Abend hinter sich bringen konnte ohne mit dem guten Porzellan nach ihm zu werfen. »Eben hast du noch gesagt, ich sei schön.«

»Das bist du auch. Nur ein bisschen pummelig.«

In diesem Moment erschien Topaz, zweifellos rechtzeitig um Fredericks letzte Bemerkung zu hören, da war Althea sicher.

»Hallo, ihr beiden. Wir haben uns gedacht, es wäre nett, Kaffee und Brandy im Kaminzimmer zu trinken. Wollen Sie sich uns anschließen, wenn Sie fertig sind?«

»Ich habe noch eine bessere Idee.« Frederick legte Messer und Gabel beiseite. »Lasst uns nach Hause fahren und unseren Kaffee da trinken. Ich habe eine wirklich gute Flasche Brandy mitgebracht. Wenn wir hier etwas Vergleichbares bestellen, kostet es ein Vermögen.«

»Was meinst du damit, ›nach Hause‹?«, erkundigte sich Althea.

»Na ja, du weißt schon. Unser ehemaliges gemeinsames Zuhause. Deins und das der Kinder. Du hast doch sicher nichts dagegen?«

Patrick trat zu ihnen, offenbar immer noch gelangweilt und missmutig.

»Liebling?« Topaz wandte sich zu ihm um. »Frederick hat gerade vorgeschlagen auf einen Kaffee zu Althea zu fahren. Ich finde, das ist eine wunderbare Idee, was meinst du?«

»Was meint Althea?«

»Ich bin nicht sicher, ob ich vernünftigen Kaffee da habe.«

»Ich trinke sowieso nur Kräutertee«, erklärte Topaz. »Haben Sie den?«

»Ja«, zischte sie.

»Dann ist ja alles geregelt.« Frederick strahlte. »Die Rechnung bitte!«

Althea wartete im Foyer, während Topaz im Waschraum war. Sie hatte keineswegs die Absicht den Spiegel mit einem Fleisch gewordenen Schönheitsideal zu teilen. Ganz sicher nicht, nachdem dieses Schönheitsideal gehört hatte, dass Frederick sie zu dick fand.

»Du hattest überhaupt kein Recht irgendwelche Leute in mein Haus einzuladen!«, warf sie ihm vor, als sie vom Parkplatz fuhren, gefolgt von Patrick und Topaz.

»Ach, komm schon. Es schien das Naheliegendste. Warum sollen wir überhöhte Restaurantpreise für etwas bezahlen, was wir zu Hause billiger haben können? Und sie scheinen ein nettes Paar zu sein.«

»Reizend. Vor allem Topaz«, brummte sie und sah aus dem Fenster.

»Wie bitte?«

»Nichts. Ich hoffe nur, die Kinder sind ins Bett gegangen.«

»Warum? Es sind nette Kinder. Ich bin stolz auf sie.«

Um des lieben Friedens willen verbiss Althea sich die Bemerkung, dass er wohl kaum ein Recht hatte stolz zu sein, wo er doch so gut wie nichts zu ihrem Gelingen beigetragen hatte.

Die Kinder waren natürlich nicht ins Bett gegangen. Sie sahen ein Video, vermutlich irgendetwas pädagogisch Bedenkliches. Das Wohnzimmer, das frisch gesaugt und makellos aufgeräumt gewesen war, als Althea das Haus verließ, war jetzt ein Friedhof für Pizzakartons, Chipstüten und Colaflaschen. Popcorn und Tortillachips bedeckten den Teppichboden wie Herbstlaub. Bozo hatte eine Papierserviette zerfetzt und verspeiste gerade ein Stück Ananas-Pepperoni-Pizza auf dem Sofa, wobei sie Unmengen von Tomatensoße auf der frisch gewaschene Decke verschmierte.

Alle außer Bozo standen auf, als die Erwachsenen eintraten. Der Hund knurrte.

»Entschuldige«, sagte Merry. »Wir wollten noch aufräumen. Ihr kommt ziemlich früh.«

»Stimmt«, erwiderte Althea und schob ihre Besucher energisch Richtung Wintergarten, der glücklicherweise noch genauso aussah, wie sie ihn verlassen hatte. »Hier sitzt man ohnehin viel schöner.« Sie schaltete die Tischlampen ein, die große, exotische Schatten gegen die Decke warfen. »Bitte, nehmt Platz. Ich geh und mach Kaffee.« Sie ging eilig hinaus, ehe irgendwer widersprechen konnte.

Die Kinder waren viel beschämter als sie. Merry fuhr ihre Brüder an, die betreten die Pizzakartons einsammelten und in den Kamin stellten.

»Nein, nicht dahin«, sagte Althea wie ungezählte Male zuvor. »Im Winter, wenn wir Feuer machen, dann ja, aber bitte nicht im Sommer. Werft sie in den Mülleimer.«

»In Ordnung, Mum, machen wir«, sagte William, der

offenbar das Gefühl hatte, sie hätten ihre Mutter im Stich gelassen und eigentlich sei es trotzdem in erster Linie ihre Schuld.

»Schon gut«, sagte Althea versöhnlich. Sie war völlig seiner Meinung. »Und geht anschließend rüber und sagt Guten Abend. Euer Daddy möchte euch vorstellen.« Ihr Stöhnen folgte ihr bis in die Küche.

Althea zerrte ihre Emaillekanne ganz hinten aus dem Schrank. Sie war seit Jahren nicht benutzt worden und völlig eingestaubt. Wütend dachte sie an die silberne Kaffeekanne, die Frederick mitgenommen hatte. Damals war es ihr egal, sie hatte sie auch seither nie vermisst. Und selbst wenn sie sie jetzt hätte, überlegte sie, eine Silberkanne konnte man nicht einfach unter heißes Wasser halten um sie zu säubern, sondern sie machte richtig Arbeit.

Hinter ihr erklangen Schritte. Vermutlich William mit den Pizzakartons, der eine Erklärung für ihre frühe Heimkehr wollte.

»Das sieht Daddy wirklich ähnlich«, schimpfte sie und stellte ein Tablett auf die Anrichte. »Er lädt einfach diese Leute ein, in *mein Haus*, ohne ein einziges Wort wie »wenn's dir recht ist«. Ich hasse diese Kaffeedinger. Mach du den Kaffee, sei ein Schatz, ja?«

»Einverstanden«, sagte Patrick. »Wenn du mir sagst, wo alles ist.«

KAPITEL 9 Althea fuhr entsetzt herum. »Oh, mein Gott. Es tut mir so Leid, ich dachte, Sie sind William.«

Patrick lächelte. »Macht doch nichts. Ich bin überzeugt, ich kann ebenso gut Kaffee kochen wie er.«

Althea hätte ihn küssen können und das nicht nur, weil er so unwiderstehlich verknittert aussah. Sein Lächeln war so ruhig und unkompliziert. Anscheinend hatte er seine schlechte Laune abgeschüttelt und war wirklich gekommen um ihr zu helfen.

»Würden Sie das tun? Ich wär ja so dankbar. Ich muss ein bisschen Ordnung im Wohnzimmer schaffen und verhindern, dass William irgendwas Unverschämtes sagt.«

»Er wird schon nichts Unverzeihliches von sich geben, oder?«

»Fredericks Definition von ›unverschämt‹ deckt sich nicht mit meiner und er könnte auf die Idee verfallen seine Autorität unter Beweis stellen zu müssen.«

»Weil er befürchtet, der junge Hirsch wolle den alten herausfordern?«

»Irgendwas in der Art. Nur in diesem Fall ist es eher der junge Buddhist, der den alten Kapitalisten herausfordert. Aber das kann genauso blutig werden.« Althea lehnte an der Küchenanrichte, sie hatte keine Lust schon zu gehen.

»Offenbar kennen William und Topaz sich schon«, sagte er.

»Ach ja? Oh, natürlich.« Die Erinnerung an das Wochenende in Frankreich brach ohne Vorwarnung über sie herein und sie errötete. Das machte sie verlegen und sie errötete noch ein bisschen heftiger. »Sie haben uns am Bus abgeholt, wissen Sie nicht mehr?«

Altheas Verlegenheit schien Patrick auf seltsame Weise zu amüsieren, sie sah, dass er sich auf die Lippen biss. »Topaz schien jedenfalls hingerissen«, erklärte er.

»Tatsächlich?« Sie ärgerte sich über sich selbst, weil sie rot geworden war, und über Patrick, weil er sie belächelte und ihr Ton wurde plötzlich sehr geschäftsmäßig. »Tja, aber das wird sie voraussichtlich nicht lange bleiben. Er ist ein wunderbarer Junge, aber vollkommen unberechenbar. Da sind die Bohnen, da die Kaffeemühle und die Kanne. Die Kaffeepresse ist zu klein. Verdammt, ich muss die guten Kaffeetassen hervorkramen.«

»Machen Sie sich wegen mir keine Umstände ...«

»Darum geht's nicht. Ich habe keine anderen, die auch nur halbwegs präsentabel wären, aber Frederick weiß nichts davon, dass ich sie behalten habe.«

Sie hatte es nicht einmal mit Absicht getan. Sie waren einfach in ihrem Kistchen an einem sicheren Ort verstaut worden und da waren sie während der ganzen schmerzhaften Prozedur geblieben, in der sie ihre Leben auseinander sezierten, beide so sehr damit beschäftigt, einen metaphorischen Scherbenhaufen anzurichten, dass sie das gute Porzellan völlig vergaßen. Jetzt stellte Althea sie aufs Tablett und wappnete sich innerlich dafür, dass sie darum würde kämpfen müssen, wenn sie sie behalten wollte. Sie waren ein Hochzeitsgeschenk von Fredericks Tante gewesen.

Das Wohnzimmer sah schon viel besser aus. Pizzakartons und Chipstüten waren verschwunden und nur ein paar Popcornkrümel und Papierfetzen verunzierten hier und da noch den Teppichboden. Doch der Wintergarten war jetzt der Schauplatz der drohenden Katastrophe.

Von ihrem Vater herbeizitiert, standen die Kinder ganz in der Nähe der Tür, offenbar nicht gewillt diese für einen schnellen Rückzug günstige Position aufzugeben. Bozo hatte eine tiefe Abneigung gegen Topaz gefasst und bellte sie an. Immer wenn Topaz ihr versöhnlich die Hand entgegenstreckte, zog sie den Kopf weg. Frederick hatte wohl die Absicht gehabt mit seinen Kindern anzugeben, doch ihr Mangel an Kooperation und Bozos durchdringendes Kläffen durchkreuzten seine Pläne und er ärgerte sich.

Althea erfasste die Situation auf einen Blick. Merry hatte Angst, weil sie fürchtete, ihr Vater werde ihren Hund treten. Die Jungen beherrschten sich nur, weil sie wussten, dass sie Althea beschämen würden, wenn sie sich schlecht benahmen, aber sie waren drauf und dran die Flucht zu ergreifen.

›Ihr solltet eigentlich längst im Bett sein‹, sagte sie bestimmt. ›Vor allem du, Merry.‹ Althea hatte nicht jahrelang in einer Grundschule gearbeitet ohne ein paar Tricks zu lernen. ›Also, raus mit euch und nicht das Zähneputzen vergessen. Nehmt Bozo mit.‹

Merry hob den Hund hoch und rannte hinaus. Ihre Brüder wollten ihr folgen. Sie nahmen Altheas diktatorischen Ton widerspruchslos hin, weil er sie aus einer misslichen Lage erlöste.

›Bevor du gehst‹, sagte Frederick zu William. ›Fang auf!‹ Er warf seinem ältesten Sohn seinen Wagenschlüssel zu, der ihn im Reflex auffing. »In meinem Wagen ist eine Flasche Brandy. Hol sie, ja?«

William warf seinem Vater einen Blick zu, der ihn ganz sicher in Stein verwandelt hätte, wenn Frederick sensibel genug gewesen wäre ihn wahrzunehmen. Aber wie immer entgingen ihm die Gefühle seiner Mitmenschen. »Bitte«, sagte William. »Wenn du unbedingt einen Dieb in deinen Mund lassen willst, der dir dein Gehirn stiehlt ...« Und damit wandte er sich ab.

Im Küchenschrank stand noch eine Schachtel mit Schokostäbchen, fiel Althea ein. Sie musste eine Gelegenheit finden sie nach oben zu bringen, wo die Kinder zweifellos in Williams Zimmer saßen, ihre Pizza aufaßen und die letzten Meter ihres Videos ansahen. Auf Williams Fußboden würden sie allerdings keine Krümel und Papierchen verstreuen, denn William war viel strenger als Althea.

»William ist Buddhist«, erklärte sie. »Er lehnt Alkohol ab.« Und außerdem lehnte er es ab, wie ein Hotelpage herumkommandiert zu werden, aber das war ein anderes Thema. »Wir können jetzt ins Wohnzimmer«, fügte sie hinzu, in dem gleichen, bestimmten Tonfall, mit dem sie die Kinder nach oben geschickt hatte. »Oder wollen wir hier bleiben?«

»Hier ist es doch wunderbar«, meinte Topaz. Jetzt, da sie ihre Knöchel außer Gefahr wusste, hatte sie es sich auf dem Sofa gemütlich gemacht. Sie streifte ihre Sandalen ab und schlug die Füße mit den perfekt lackierten Nägeln unter.

Althea war halbwegs besänftigt und stellte ihr Tablett ab. »Freut mich, dass es Ihnen gefällt.«

Frederick erkannte seine Chance, setzte sich neben Topaz und streckte seinen Arm entlang der Sofalehne aus, bereit sie bei nächster Gelegenheit auf Topaz' nackte Schulter gleiten zu lassen. Ob Topaz merkt, was diese Hand im Schilde führt? überlegte Althea. Und wenn ja, ob es sie stört? Ihrem Gesichtsausdruck nach zu urteilen offenbar nicht. Schließlich war Frederick ein ausgesprochen attraktiver Mann, äußerlich jedenfalls, der es verstand, einer Frau zu schmeicheln.

»Ich hole den Kaffee.« Niedergeschlagen ging Althea in die Küche zurück, wo Patrick auf der Suche nach Kaffeelöffeln jede Schublade öffnete, deren Inhalt sie lieber geheim gehalten hätte. Sie ärgerte sich wieder aufs Neue über Frederick, weil er Gäste in ihr Haus eingeladen hatte, weil er ihre Kinder wie Dienstboten behandelte, weil er mit Patricks Freundin flirtete.

»Also wohin?«, fragte Patrick. »Wohnzimmer oder Wintergarten?«

»Wintergarten, zum Glück. Ich war wirklich nicht versessen darauf, mitten in der Nacht den Staubsauger hervorzuholen.«

»Über ein paar Krümel hätten wir doch wohl hinwegsehen können, oder?«

»Normalerweise kann ich das ganz gut, ja. Aber nicht, wenn das Haus voll fremder Leute ist ... Oh, mein Gott. War das sehr taktlos?«

Er nickte. »Keine Sorge, ich gewöhn mich langsam dran. So, der Kaffee ist fertig. Jetzt brauchen wir nur noch Milch und Zucker und ein zweites Tablett. Oh, und Topaz' Tee. Haben Sie Kräutertee?«

»Ja, William trinkt immerzu Kräutertee.« Althea förderte ein Tablett zu Tage, wischte kurz mit einem feuchten Tuch darüber und stellte es auf den Küchentisch. Patrick setzte die Kaffeekanne darauf ab und sah sie erwartungsvoll an.

»Ich fürchte, wir müssen mit gewöhnlichem, weißem Zucker vorlieb nehmen«, fuhr sie fort. »Würfelzucker habe ich keinen, auch keinen Kandis und meinen braunen Zucker müsste man mit einem Eispickel aus dem Glas kratzen.«

»Macht nichts. Ich nehm sowieso keinen Zucker.«

»Aber Frederick.«

»Ich dachte, Sie seien geschieden. Warum beunruhigt er Sie so?«

Althea goss Milch in ein Kännchen und beschloss sie nicht anzuwärmen. »Er dringt in mein Territorium ein. Er will mein Haus. Er behandelt meine Kinder, als seien es seine. Das sind sie natürlich, aber nicht *so*. Und jetzt, da er hier ist, kommen all die Erinnerungen wieder. Daran, wie es war, mit ihm zusammenzuleben.«

Warum in aller Welt erzählte sie Patrick all diese Dinge, fragte sie sich. Sie kannte ihn doch kaum. Sie öffnete eine Schranktür und sprach mit dem Rücken zu ihm weiter. »Mal sehen, was wir für Topaz haben. Teezweige, die sind fast koffeinfrei. Waldfrucht, Sommerliebe oder Himbeerstrauch.«

»Am liebsten hat sie Kamillentee.«

»Muss hier auch irgendwo sein ... Ah, hier. Ein bisschen alt, fürchte ich.«

»Hauptsache, er schmeckt wie Katzenpipi, dann ist alles in Ordnung.«

»Er soll sehr beruhigend sein, hab ich mir sagen lassen«, bemerkte Althea, die ihren Tee am liebsten sehr stark und koffeinverseucht trank.

»Hab ich mir auch sagen lassen. Aber ich glaub's nicht.«

Als ihre Blicke sich trafen, schien für einen Moment

eine Art elektrischer Spannung zu herrschen und Althea spürte, dass sie schon wieder errötete, erst vor Freunde, dann aus Scham. Eilig stellte sie Milch und Zucker auf das Tablett. Er war mit einer anderen Frau zusammen. Er war tabu.

»Bringen Sie schon mal den Kaffee rüber?«, bat sie. »Ich mache Topaz' Tee.«

»Einverstanden.« Er rührte sich nicht.

Althea fand einen brauchbaren Becher, goss kochendes Wasser hinein und tauchte den Teebeutel mit dem Löffel unter. »Nimmt sie Honig oder so was?«

»Nein.«

»Also. Gehen wir.« Althea seufzte. Sie hatte überhaupt keine Lust. Sie wollte in ihrer Küche bleiben, ihrem sicheren Hafen, zusammen mit Patrick. »Verdammt, ich hab gar nicht mehr an den Brandy gedacht. Ich sollte besser ein paar Gläser zusammensuchen.« Sie stellte den Teebecher aufs Tablett, hob es hoch und drückte es ihm entschlossen in die Hände. »Gehen Sie nur vor. Ich komme gleich.«

Sein Leinenjackett war fürchterlich verknittert. Das war der Grund, warum Althea selten Sachen aus Leinen kaufte, auch wenn Juno ihr erklärt hatte, bei Leinen sei das etwas anderes, die Knitterfalten bewiesen eben, dass es echtes Leinen sei. Doch bis sie Patrick damit sah, hatte Althea Knitterfalten nie so recht als modisches Accessoire ansehen können.

Topaz goss gerade Kaffee in die kleinen Mokkatässchen mit dem Erdbeermuster, die Althea so liebte. Einen paranoiden Moment lang fürchtete sie, Frederick wolle unangenehme Fragen über ihre Herkunft stellen. Doch dann sagte ihr der funktionsfähige Teil ihres Gehirns, dass er kaum vor den Gästen davon anfangen würde, zumal einer der Gäste es ihm offensichtlich so angetan hatte.

»Hast du keine besseren Gläser?«, fragte er stirnrunzelnd, als er die kleinen Whiskygläser entdeckte, die Althea zusammengesucht hatte.

»Nein.« Sie hatte damals angenommen, durchaus zu Recht, dass er mehr Verwendung für Kognakschwenker haben werde als sie und hatte nicht widersprochen, als er sie alle mitnahm. Aber sie sagte nichts davon. Vielleicht hatte er die Tassen ja vergessen, aber wenn sie ihn jetzt an die Aufteilung der Gläser erinnerte, würde ihm todsicher alles wieder einfallen.

»Diese tun's doch auch«, meinte Patrick und sah zu, während Frederick großzügig einschenkte. »Liebling, wärst du bereit zu fahren?«

Topaz lächelte. »Das wollen wir doch hoffen, Schatz. Du bist doch sicher schon über dem Limit. Ich habe zum Essen nur eine Weißweinschorle getrunken und scharfe Sachen trinke ich ja sowieso nicht.«

Althea fuhr leicht zusammen. Das tat Juno auch nicht und beide waren eine ganze Portion dünner als sie. Vielleicht sollte sie ihren Alkoholkonsum einschränken?

»Lieb von dir«, antwortete Patrick. Die angedeutete Kritik nahm er ihr anscheinend nicht übel.

Frederick lachte. »Ich hoffe, Althea kann mich für die Nacht beherbergen. Wenn ich noch mehr trinke, kann ich auch nicht mehr fahren.«

»Du musst doch nur bis zum Dog and Fox. Und sie erwarten dich.«

Frederick setzte eine überlegene Miene auf. »Darum geht es doch gar nicht. Außerdem kann ich anrufen.«

Althea, die überhaupt nichts trank, wenn sie fahren musste, wünschte sehnlich, sie hätte nicht so viel Champagner getrunken. Wäre es ein Glas weniger gewesen, hätte sie erwägen können eine Ausnahme zu machen und für die Nacht zu Sylvia zu fahren. Aber so, wie die Dinge standen, würde sie Frederick wohl noch weitere zwölf Stunden oder so ertragen müssen.

»Wir sind mit dem Zweisitzer unterwegs, sonst hätten wir Sie mitnehmen können«, sagte Topaz.

»Oh, keine Sorge. Ich bin sicher, ich kann die Nacht über hier bleiben, oder nicht?«, sagte Frederick und es war mehr eine rhetorische Frage als eine Bitte.

»Solange du nicht in meinem Bett schlafen willst«, erwiderte Althea zuckersüß. Alle lachten, als habe sie einen Scherz gemacht.

Die Anspannung verknotete ihr schon wieder den Magen, als sie in dem kaputten Korbsessel saß und die anderen beobachtete, die sich offenbar prächtig unterhielten. Zur Hölle mit Frederick! Es war alles seine Schuld. Erst hatte er Topaz und Patrick, jetzt zu allem Überfluss auch noch sich selbst in ihr Haus eingeladen. Die Tatsache, dass es früher einmal seins gewesen war und dass er es zurückwollte, machte alles nur schlimmer. Seine Gegenwart ließ ihre bevorstehende Arbeitslosigkeit und ihre neuen Zukunftspläne plötzlich als etwas Furchterregendes erscheinen, die große Ungewissheit, nicht mehr der hoffnungsvolle Neuanfang, bei dem alles möglich werden konnte.

Und Topaz konnte wohl jeden in die Depression treiben, jedenfalls jede Frau, die älter und dicker war als sie und sie um Patrick beneidete. Wäre sie eine Topaz statt einer geschiedenen Frau mittleren Alters mit drei halbwüchsigen Kindern, dann hätte sie sich vielleicht entschließen können in den Ring zu steigen um ihn zu bekommen. Topaz konnte schließlich problemlos einen anderen finden. Aber sie war keine Topaz. Sie war die gute, alte Althea, beinah vierzig Jahre alt, mit zu viel Speck auf den Hüften und zu vielen moralischen Skrupeln. Sie nippte an ihrem Brandy und versuchte ein liebenswürdiges Gesicht zu machen.

Schließlich stand Patrick auf und verkündete, es sei Zeit zu gehen. Topaz schlängelte sich unter Fredericks Arm hindurch und legte ihren um Patricks Taille. Eine Demonstration ihres Besitzanspruches, die Althea beinah den Rest gab.

»Wollen Sie wirklich schon gehen?«, fragte Althea. Wird auch Zeit, dachte sie. »Möchten Sie nicht vielleicht noch einen Kaffee?«

»Nein, danke«, sagte Patrick. »Ich will lieber nicht riskieren ihn wieder selbst kochen zu müssen.«

Althea fand, es war furchtbar unfair von ihm, sie in aller Öffentlichkeit so herausfordernd anzusehen, wo sie doch nicht entsprechend reagieren konnte. Er sammelte mal wieder Minuspunkte, genau wie der Rest der Gesellschaft.

»Nein, wirklich, wir müssen nach Hause«, sagte Topaz. »Ich habe morgen früh um sechs eine brandheiße Verabredung. Mit dem Swimmingpool in meinem Sportclub. Ach, da fällt mir ein, Althea, haben Sie schon ein neues Gewächshaus für ihre Pflanzen gefunden?«

»Ähm ... nein. Ich arbeite ja noch, verstehen Sie, ich hatte noch keine Zeit, mich wirklich darum zu kümmern.«

»Tja, aber schieben Sie es lieber nicht mehr auf die lange Bank. Wenn die Bauarbeiter so weit sind, werden wir loslegen müssen. Es wäre doch zu schade, wenn Ihre Pflanzen beschädigt würden.«

»Worum geht es?«, erkundigte sich Frederick.

»Nichts Besonderes. Ich erklär's dir später.« Diese blöde Kuh, dachte Althea wütend. Ich hätte ihr Löwenzahntee machen sollen, der hätte ihre Blasentätigkeit ganz vorzüglich angeregt, und sie könnte den Rest der Nacht auf dem Klo verbringen ...

Zu guter Letzt war das Bett im Gästezimmer endlich gemacht. Selbstverständlich hatte sie die Bettwäsche ihres letzten Besuchers darauf gelassen und das bedeutete eine wilde Suche im Wäscheschrank. Ihre Mutter hatte zuletzt im Gästebett geschlafen und jetzt waren all die hübschen, passenden Kissen- und Bettbezüge und Laken natürlich schmutzig. Hätte Frederick nicht gewusst, dass sie ihm kein Bett gemacht hatte, hätte sie ihn einfach darin schlafen lassen und gehofft, er werde das schwache Aroma von Chanel No. 5 und Gesichtspuder nicht bemerken.

Als sie endlich mit Bozo zusammen in ihrem eigenen Bett lag, konnte sie nicht einschlafen. Sie war viel zu aufgewühlt um sich zu entspannen, trotz des Alkohols und eines langen, arbeitsreichen Tages.

Natürlich war auch daran nur Frederick schuld. Er hatte versucht sie zum Abschied zu küssen. Ein Küsschen auf die Wange wäre wohl akzeptabel gewesen, aber er hatte etwas ganz anderes versucht. Selbst das wäre noch erträglich gewesen, hätte Althea sich nicht dabei ertappt, dass ihre Sinne ganz genau so reagieren wollten, wie er es gern gehabt hätte. Es war so erniedrigend. Die Kombination von seinem Aftershave und der Kraft seiner Arme hatten irgendeine primitive, körperliche Reaktion ausgelöst, die sie ganz und gar ablehnte.

Sie hatte es geschafft, ihn wegzuschieben, ehe er

merken und ausnutzen konnte, was mit ihr los war, aber es hatte sie trotzdem zutiefst erschüttert. Wären sie vielleicht doch zusammen in ihrem Bett gelandet, wie Frederick vermutlich beabsichtigt hatte? Die Vorstellung war einfach abstoßend. Also warum war sein Kuss nicht abstoßend gewesen?

Sylvia, ihre Freundin und Eigentümerin des schwarzen Kleides, hätte vermutlich gesagt, es liege daran, dass Althea schon zu lange ohne Mann lebte. Es war der normale Sexualtrieb, weiter nichts, kein Grund sich aufzuregen. Aber Althea war es nicht gewöhnt, sich körperlich zu einem Mann hingezogen zu fühlen, wenn sie ihn nicht auch mochte. Sexuelles Interesse begann im Kopf. Wie konnte sie einen Mann in die Arme schließen oder anfassen wollen, wenn sie wusste, dass er ein erbärmlicher Schweinehund war? Oder wollen, dass er sie anfasste?

Sylvia, die zwar nicht zugegen war, aber trotzdem die Führungsrolle in dieser Debatte übernahm, hätte gesagt, dass sei durchaus nichts Ungewöhnliches. Viele Frauen – und an dieser Stelle würde Sylvia seufzen – fanden erbärmliche Schweinehunde, bei denen von vornherein klar war, dass sie sich ein-, zweimal mit dir vergnügten und dich dann wegschmissen, ausgesprochen attraktiv.

Althea boxte in ihre Kissen und schüttelte sie auf, wie sie sich selbst am liebsten geboxt und geschüttelt hätte. Sie war nicht Sylvia. Sylvia war jung, allein stehend und nicht selten leichtfertig. Sie war Althea, Schulsekretärin, Mutter dreier Teenager. Sie verliebte sich nicht in Schurken, wie ihre Mutter sagen würde. Tatsächlich verliebte sie sich in überhaupt niemanden, schärfte sie sich ein.

Also konnte sie ebenso gut aufhören sich den Kopf

über den Mann zu zerbrechen, in den sie todsicher nicht verliebt war. Sie schaltete das Radio ein und lauschte dem BBC World Service. Sie hörte die Nachrichten dreimal und jedes Mal erschienen sie ihr schrecklicher als beim Mal zuvor. Mitten in einem hochinteressanten Bericht über die Geschichte der Rosen schlief sie ein. Zur Hölle mit Frederick.

»Ich bin erfreut zu sehen, dass du dir endlich einen neuen Morgenmantel zugelegt hast.«

Fredericks Stimme erschreckte sie so sehr, dass sie um ein Haar den Kessel hätte fallen lassen. Warum war er nur so früh aufgestanden? Sie hatte gehofft, ihr wären ein paar Minuten allein in ihrer Küche vergönnt um in Ruhe aufzuräumen.

»Hallo, Frederick«, sagte sie kühl und ging kommentarlos über seine Bemerkung hinweg. »Du bist früh auf. Möchtest du Tee?«

»Ja. Aber bitte mach ihn in der Kanne. Teebeutel sind so eine schlampige Unsitte, findest du nicht?«

Althea antwortete nicht. Sie machte Frederick, der rasiert und komplett angezogen war, seine Kanne Tee und für sich selbst einen Becher mit einem Teebeutel. Es hätte zu sehr nach stillschweigender Zustimmung ausgesehen, wenn sie von seinem Tee mitgetrunken hätte.

»Warum gehst du nicht in den Wintergarten? Ich will ein bisschen Ordnung schaffen.«

»Die Kinder haben ein ganz schönes Chaos angerichtet, wie? Ich hätte gedacht, aus dem Alter sind sie heraus.«

»Sind sie aber nicht. Und ich auch nicht.« Sie klappte die Spülmaschine auf und begann sie auszuräumen.

Frederick sah ihr zu. Sie wollte nicht, dass er ihr half und in ihren Schränken herumschnüffelte, aber sie wünschte, er würde nicht so dastehen und sie anstarren. »Willst du im Dog and Fox frühstücken?«, fragte sie hoffnungsvoll. »Ich hätte dir kaum etwas anzubieten.«

»Ich denke, wo ich schon hier bin, würde ich ganz gern zum Frühstück bleiben, wenn es dir recht ist.«

Althea könnte kaum sagen, dass es ihr keineswegs recht war. »Aber du hast das Frühstück im Dog and Fox doch bezahlt und sie machen dir Eier mit Speck. Ich hab nur Toast und Cornflakes. Es sei denn, du möchtest etwas von Williams zuckerfreiem Müsli.«

»Ich frühstücke normalerweise nur Toast und Kaffee. In meinem Alter muss man an seine Taille denken.«

»Nur eins der vielen Problemchen, wenn man in dein Alter kommt, da bin ich sicher«, erwiderte Althea gehässig.

»Jedenfalls ist mein Bauch straffer als deiner«, gab er ungerührt zurück.

Althea richtete sich kerzengerade auf und zog ihren Gürtel enger. »Ich würde gern duschen, bevor ich das Frühstück mache, wenn's dir recht ist. Kannst du dich allein beschäftigen, bis ich wieder unten bin?«

»Ich denke, ich gehe und hole die Sonntagszeitungen. Es ist so schön, wenn man Muße hat sie zu lesen.«

Was glaubte er eigentlich, wie lange sie brauchte um zu duschen, fragte sich Althea und hoffte wider besseres Wissen, dass er nicht die Absicht hatte den ganzen Tag hier zu verbringen. Er wollte doch irgendetwas mit den Kindern unternehmen, oder? Sie stellte die Boilertemperatur auf Maximum und drehte den Hahn an der Dusche auf. Aber wo wollte er wohl mit ihnen hin? Sie waren siebzehn, fünfzehn und zwölf, der kleine Streichelzoo im Ort würde sie kaum noch begeistern.

Frederick blieb bis zum frühen Abend.

»Ich werde ein paar Tage im Dog and Fox wohnen«, sagte er und küsste sie zum Abschied. »Und danach bin ich in London. Also brauchen wir uns noch gar nicht zu verabschieden.«

Althea schloss die Haustür betont leise und machte sich daran, die Berge von Zeitungspapier einzusammeln, die sich über das ganze Haus verteilt hatten.

»Daddy war richtig nett heute«, erklärte Merry ohne von der Witzseite der *Sunday Times* aufzusehen. »Gar nicht so spießig.«

»Wirklich?« Frederick hatte die Kinder zum Mittagessen in einen Pub ausgeführt. Er hatte Althea ebenfalls mitnehmen wollen, doch sie hatte sich geweigert und behauptet, sie habe zu vieles zu erledigen, was nicht länger warten könne.

»Ja«, stimmte Rupert zu. »Er hat sogar angeboten uns ein Bier auszugeben und so.«

»Und habt ihr Bier getrunken?«

»Nein«, sagte William. »Aber es war nichtsdestotrotz nett von ihm.«

Althea ging in die Küche und knallte sämtliche Schranktüren zu. Sie durfte sich nicht einmal offen über diesen grässlichen Kerl beklagen. Er war ihr Vater, und wenn er sich bemüht hatte freundlich zu ihnen zu sein, durfte sie ihnen keine Vorträge über seine zahllosen schlechten Seiten halten. Sie griff nach einem Porzellanbecher um ihn aus großer Höhe fallen zu lassen und ihn zerspringen zu sehen. Aber William hielt sie davon ab.

»Tu's nicht, Mum. Der Zorn fällt immer auf den Zornigen zurück. Und außerdem ist es dein Lieblingsbecher.«

Althea lächelte schuldbewusst und stellte den Becher wieder ab. »Ich weiß. Ich bin einfach nur ein bisschen durcheinander heute. Das liegt an den Sonntagszeitungen, die wirken immer so auf mich. All das Papier, all die Bäume, es ist so eine sinnlose Verschwendung, wenn ich sie nicht wenigstens alle lese.«

»Mach dir keine Gedanken deswegen. Geh, such dir die Gartenseiten und lies sie. Die Zeitungen werden so oder so gedruckt, ob du sie nun liest oder nicht. Dad hat den Wirtschafts- und Autoteil und den aktuellen Teil von allen gelesen und sie total durcheinander gebracht. Somit bleibt das Feuilleton und der Gartenteil für dich. Ich bring dir eine Tasse Tee.«

Althea seufzte tief und ließ all ihre angestauten Emotionen mit diesem Seufzer entweichen. »Du bist ein guter Junge, William. Und mir ist ganz gleich, was andere über dich sagen ...«

William grinste. »Ich weiß.«

KAPITEL 10 »Aber wie willst du eine Party organisieren, wenn es dir so schlecht geht?« Althea zeichnete eine stilisierte Rose auf ihre Gasrechnung, den Hörer hatte sie zwischen Ohr und Schulter geklemmt. Die Vorstellung, dass die Geburtstagsparty, die Juno angedroht hatte, tatsächlich stattfinden könnte, war entnervend. Bei Juno waren gesellschaftliche Anlässe immer schrecklich förmlich.

»Wenn ich von früh bis spät Pfefferminztee trinke, ist mir nur vormittags schlecht. Danach wird es besser«, sagte Juno. »Natürlich werde ich das Essen kommen lassen. An Kochen darf ich im Moment nicht einmal denken.«

»Aber Juny, das wird doch schrecklich teuer. Das kann ich auf keinen Fall zulassen.«

»Na ja, eigentlich wollte ich ja bis zu deinem Vierzigsten warten. Aber ich kann mir nicht vorstellen, dass ich irgendwas zustande bringe, das auch nur ein Mindestmaß an Organisation erfordert, wenn das Kind erst mal da ist.«

»Du kannst dir doch ein Kindermädchen nehmen, Juno.« Normalerweise hätte Althea so etwas nie im Leben vorgeschlagen, aber die Umstände ließen ihr keine Wahl.

»Das werd ich auch. Aber die Party gebe ich trotzdem dieses Jahr. Partys zum vierzigsten Geburtstag macht schließlich jeder. Kenneth hatte eine Überraschungsparty vorgeschlagen, aber ich finde das ziemlich kindisch, du nicht?«

»Doch, ja.« In Wirklichkeit hatte Althea sich insgeheim schon immer mal eine Überraschungsparty gewünscht, denn es bedeutete viel Spaß und keine Arbeit, aber Juno wäre enttäuscht, wenn sie ihr das sagte. So diktatorisch sie auch sein mochte, war sie doch im Grunde ein herzensguter Mensch und wollte, dass die Menschen um sie herum glücklich waren. Althea beschloss das Thema zu wechseln. Möglicherweise konnte sie Juno ja dauerhaft von dieser leidigen Geburtstagssache ablenken. »Hast du noch mal darüber nachgedacht, wie das Baby nun zur Welt kommen soll?«

»Natürlich habe ich darüber nachgedacht, aber ich habe noch keine Entscheidung getroffen. Es kommt ja erst im Januar.«

Das wusste Althea natürlich, aber Juno gehörte zu den Menschen, die gerne alles weit im Voraus planten. Gut möglich, dass sie ihr Köfferchen schon fertig gepackt im Schrank stehen hatte. »Und wie nimmt Mum es auf?«

Juno lachte leise. »Sie war erschüttert, aber sie freut sich schrecklich. Ich war ziemlich gerührt. Sie hat doch schon Enkelkinder, warum sollte sie über ein weiteres so aus dem Häuschen geraten?«

»Weil es deins ist, Juny. Und es hat seit Ewigkeiten kein Baby in der Familie gegeben.«

»Nein, stimmt. Und sie ist überhaupt nicht so tyrannisch wie sonst. Sie ist offenbar der Ansicht, dass ich das Baby so bekommen sollte, wie *ich* es für richtig halte.«

»Gut. Da bin ich wirklich froh.« Ihre taktvolle Intervention war die Mühe also wert gewesen. Blieb zu hoffen, dass der Frieden von Dauer war. »Und was meinst du, für welche Methode wirst du dich entscheiden?«

»Ich hab dir doch gesagt, ich hab noch nichts endgültig beschlossen, und das ist auch nicht der Grund, warum ich dich angerufen habe, Althea.«

Althea hielt im letzten Moment an sich, ehe sie eine zerknirschte Entschuldigung murmeln konnte.

»Frederick hat mir gesagt, dass er dann noch in England sein wird, also habe ich ihn eingeladen. Und du musst mir eine Liste der Leute geben, die du gern auf deiner Party hättest. Es könnte gleichzeitig deine Abschiedsparty von der Schule sein, wenn du willst.« Es war einen Moment still, während Juno Luft holte. »Und ich hab mit gedacht, Topaz und Patrick würden sicher auch gern kommen.«

»Topaz und Patrick? Ich wusste gar nicht, dass du sie kennst.«

»Topaz und ich gehen ins selbe Fitnesscenter. Sie ist ein nettes Mädchen. Sehr gescheit ...« Althea malte Dornen an ihre Rose, während Juno für ihren nächsten Vorstoß nach passenden Worten suchte. »Willst du dir nicht vielleicht überlegen, mal mit uns ins Fitnessstudio zu gehen? Es wäre doch schön, wenn du vor deiner Party ein bisschen fitter würdest, oder?«

»Warum? Hast du die Absicht auf der Party Gladiatorenspiele abzuhalten oder so was? Wenn ja, muss ich mir noch ein neues Trikot besorgen.«

»Sei nicht albern. Ich dachte nur, du wolltest vielleicht ein paar Pfund abnehmen, einen strafferen Bauch bekommen und so weiter.«

»Ich fürchte, das kommt nicht infrage. Ich hab im Moment wirklich furchtbar viel zu tun. Ich muss diesen Garten entwerfen und die Schule steht Kopf. Die Vorbereitungen für den Umzug in Geoffrey Conways Schule laufen auf Hochtouren. Außerdem bekomme ich vielleicht doch einen Untermieter, eine neue Lehrerin. Es soll in Zukunft zwei erste Klassen geben.«

»Du hast immer eine Ausrede, Ally.«

»Ja, und es ist immer dieselbe. Ich hab keine Zeit. Wirklich nicht.«

»Topaz und ich haben beide Fulltimejobs. Wir haben nicht um halb vier Feierabend.«

»Aber ihr habt auch keine drei Kinder. Und keinen Hund, der einmal täglich ausgeführt wird, oft auch zweimal. Ich muss kein Vermögen ausgeben um mir Bewegung zu verschaffen«, sagte Althea gereizt. Dann tat es ihr plötzlich Leid, dass sie ihre Schwester angefahren hatte, und sie fragte: »Bist du wirklich sicher, dass du Zeit hast diese Party zu organisieren? Deine Reserven müssen doch jetzt in der Schwangerschaft viel schneller aufgezehrt sein als sonst.«

»Sicher«, erwiderte Juno kühl. »Darum ist ›organisieren‹ das Schlüsselwort. Wenn du nur mal mit etwas mehr Logik an die Dinge herangingest, einen Plan machtest und ihn beibehieltest ...«

»Juny, ich muss auflegen. Ich hab was im Ofen, das mir anbrennt.«

Sylvia fuhr mit Althea nach Cheltenham um sie bei der Auswahl eines neuen Kleides für den großen Tag zu beraten. Althea hatte das Geld von ihrer Mutter geschickt bekommen als Geburtstagsgeschenk. Ihre Mutter hatte ihr außerdem angeboten ihr Geld zu leihen, bis sie einen neuen Job gefunden hatte. Althea hatte eingewilligt auf das Angebot zurückzukommen, wenn es wirklich notwendig werden sollte. Sie hatte ihrer Mutter allerdings nicht gestanden, dass sie gar keinen neuen Job suchte, sondern einen neuen Beruf. Nur war es vermutlich nicht das, was ihre Mutter einen »anständigen Beruf« nannte. Althea konnte sich bei ihrer Mutter durchsetzen, wenn Junos Wohlbefinden auf dem Spiel stand, aber was sie selbst betraf, ging sie Konfrontationen lieber aus dem Weg.

»Also, ich finde, du solltest ein rotes Kleid nehmen. Rot ist eine gute Farbe«, sagte Sylvia, während sie den Wagen einparkte. »Selbstbewusst und aussagekräftig.«

»Juno würde sagen, in meinem Alter sollte ich mich lieber an schwarz oder marineblau halten«, wandte Althea ein.

»Unsinn. Es ist deine Party und du solltest auffallen.«

»Es ist wirklich furchtbar lieb von Juno, dass sie die Party für mich gibt, aber ich kann mir nicht helfen, mir wäre viel wohler dabei, den Tag mit meinen Kindern zu verbringen und mich von ihnen verwöhnen zu lassen. Oder wir hätten zusammen irgendwo essen gehen können.«

»Ich meine, die Party ist eine bessere Idee«, sagte Sylvia. »Da sind wir. Das hier ist meine Lieblingsboutique. Und wenn du hier nichts findest, versuchen wir es anderswo. Geschäfte gibt's hier genug.«

Althea kam mit einem atemberaubenden scharlachroten Kleid nach Hause. Juno würde zweifellos sagen, es sei viel zu aufreizend, aber das kümmerte sie nicht. Wenn es wirklich so sein sollte, dass es nun bergab ging, dann sprach nichts dagegen, zuvor mit wehenden Fahnen den Gipfel zu erstürmen.

Sylvia kam mit ihr nach Hause und sie machten es sich auf dem Sofa im Wintergarten gemütlich, streiften die Schuhe ab und öffneten eine Flasche Weißwein.

Sylvia war Ende zwanzig und äußerst attraktiv, hatte das dreckigste Lachen, das Althea je gehört hatte, und war das, was Merry als »rennfreudig« bezeichnete. Es war ein Begriff aus dem Pferdesport, der hervorragend zu Sylvias schwarzer Mähne und ihren großen braunen Augen passte.

Althea war erleichtert, dass ihre Söhne nicht zu Hause waren. In letzter Zeit bedachte Sylvia sie mit allzu lüsternen Blicken. Wenn sie plötzlich hereinschneiten, verschwitzt vom Basketballspielen, mit nacktem Oberkörper und in Shorts, bestand die Gefahr, dass Sylvia vergaß, wessen Söhne sie waren, und sie beiseite nahm um ihnen zu zeigen, wo es lang ging. Theoretisch hatte Althea keine Probleme damit, dass ihre Söhne ein Sexualleben hatten, aber doch bitte nicht mit ihrer besten Freundin.

»Also?« Sylvia nahm einen tiefen Zug aus ihrem Weinglas. »Wie steht's mit deinem Liebesleben?«

»Wie steht's mit deinem?«, entgegnete Althea und lockerte leicht mit einem Finger die Erde um eine ihrer Topfpflanzen herum. »Ein weitaus interessanteres Thema.«

»Verstehe. Keine Fortschritte mit Patrick, nein?«

»Was soll das heißen ›Fortschritte‹? Wir haben ja nicht mal angefangen. Er ist in festen Händen. Topaz ist jünger und sieht besser aus als ich und wird ihn sicher nicht hergeben. Wenn ich ihn auch attraktiv finde, in rein intellektueller Hinsicht, mein ich, ich würde nie versuchen mich dazwischen zu drängen, selbst wenn ich eine Chance hätte.«

»Wenn man die Gerüchte im Lehrerzimmer hört, muss man aber annehmen, dass ihr euch in Frankreich gut verstanden habt. Sehr gut.«

»Du solltest nichts auf Gerüchte geben, Sylvia. Das führt nur zu Enttäuschungen.«

Ihre Freundin seufzte. »Ich hatte gehofft, du würdest mich aufklären, was sich wirklich abgespielt hat, aber ...«

»Nichts hat sich abgespielt. Tut mir Leid, dass ich so öde und berechenbar bin, aber was willst du erwarten von der älteren Generation?«

Normalerweise gestand Althea ihre Schwächen immer ehrlich ein, aber dieses Mal belog sie Sylvia ohne Gewissensbisse. Hätte sie auch nur eine Andeutung bezüglich geteilter Schlafzimmer – von Betten ganz zu schweigen – gemacht, hätte Sylvia sich wie ein Terrier darin verbissen und keine Ruhe gegeben, bis sie die ganze Geschichte bis ins letzte Detail kannte.

»Vielleicht ergibt sich ja auf deiner Geburtstagsparty irgendwas Brauchbares«, sagte Sylvia.

»Das bezweifle ich. Es werden nur Männer da sein, die ich schon kenne.«

»Wirklich? Ach, wie langweilig. Aber wenigstens das Essen wird gut sein. Oder meinst du, es ist alles kalorienarm und gesund?«

»Nein, es kommt von einem Partyservice, ich bin sicher, alles wird köstlich sein. Da fällt mir ein, ich hab mir gedacht, ich lade dieses Mädchen ein, die vielleicht meine Untermieterin wird. Ich hab ihren Namen vergessen, aber du weißt, wen ich meine.«

»Die neue Lehrerin für die erste Klasse bei Dylan's?«

»Whickham and Dylan's Combined Primary School wolltest du wohl sagen.«

»Wie lange, glaubst du, werden sie diesen Bandwurm von einem Namen wohl führen? Sie werden die neue Schule in Dylan's umbenennen, noch bevor der erste

Satz Briefbögen aufgebraucht ist, glaub mir. Hast du gehört, dass sie eine neue Aula bauen? Und wer weiß, was sonst noch. Für so was hat die Regierung Geld und dann kürzen sie den Schulbuchetat ...«

Althea seufzte. »Ich bin froh, dass ich damit nichts mehr zu schaffen haben werde.«

»Ich weiß.« Sylvia leerte ihr Glas und fuhr fort: »Jedenfalls ist es sehr nett von dir, sie einzuladen. Sie könnte nach der Party bei mir übernachten.«

»Das würdest du tun?«

»Natürlich. Geoffrey hat mir erzählt, dass sie bald herkommt, vermutlich, damit sie vor dem neuen Schuljahr genug Zeit hat sich mit allem vertraut zu machen.«

»Du nennst ihn schon Geoffrey, ja? In Frankreich haben wir es auch mit Vornamen versucht, aber wir sind zu Mr und Mrs zurückgekehrt. Irgendwie kommen wir nicht richtig miteinander zurecht.«

»Alles, was es braucht, ist das richtige Lächeln, Althea. Du hast zu strenge moralische Grundsätze, das ist dein Problem.«

»Und hat Geoffrey irgendwas gesagt, wann genau sie ankommen soll?«

»Das kann ich rausfinden. Jedenfalls ist es sehr süß von dir, sie einzuladen.«

»Na ja, da ich keine Abschiedsparty gebe, wäre es eine gute Gelegenheit für sie die anderen Lehrer ganz zwanglos kennen zu lernen. Und ich kann ihr auf den Zahn fühlen, ehe ich ihr mein Gästezimmer anbiete. Ich habe Mr Conway lediglich gesagt, ich könne sie eventuell aufnehmen, ich habe nichts versprochen.«

»Macht es dir nichts aus, eine Fremde im Haus zu haben?«

»Vermutlich ist sie ein reizendes, junges Ding und ich

werd sie ins Herz schließen. Außerdem nehme ich lieber einen Gast in mein Haus auf, als meine Kinder hungern zu lassen.«

»Soweit wird's doch wohl nicht kommen, oder? Warum probierst du nicht einen Job bei Tesco zu kriegen oder so was?«

»Würde ich sicher, wenn wir wirklich schon am Hungertuch nagten. Aber bis September muss ich die Entwürfe für meinen Garten einreichen und in meinem Fall bedeutet das, dass ich den Garten zuerst anlegen muss. Ich fürchte, ich bin viel zu praxisbezogen für eine Gartenarchitektin.«

»Das wird sich ändern. Wenn du deinen geliebten Garten jedes Mal in das verwandeln musst, was deine Kunden gerade wollen, wirst du schon lernen es auf Millimeterpapier zu entwerfen.«

Althea schenkte ihr nach. »Es ist das Zeichnen selbst, das mir so schwer fällt. Merry kann das viel besser als ich.«

»Dann soll sie die Pläne eben zeichnen.«

»Das wär gemogelt.«

Sylvia nippte an ihrem Glas und legte die Füße auf einen nahen Tisch, der immer noch mit den Sonntagszeitungen von Fredericks Besuch übersät war. »Und wie willst du die Hypothek und die Rechnungen und die Steuern und all das bezahlen?«

»Das Arbeitslosengeld wird uns wohl erst mal über Wasser halten und wenn ich die Pläne fertig habe, kann ich mich nach einem neuen Job umsehen. In der Vorweihnachtszeit wird sich bestimmt etwas finden.«

»Zum Beispiel? Willst du vielleicht in einem Pub kellnern?«

»Also, *mir* würde das nichts ausmachen, aber dafür

werden wohl eher jüngere, hübschere Frauen gesucht, die den Leuten auch das richtige Wechselgeld geben.«

»Du musst endlich aufhören dich immer herunterzumachen. Du bist vielleicht nicht mehr taufrisch ...«

»Nein, eher verblüht.«

Sylvia warf mit dem *Innovations*-Katalog nach ihr.

»Hör schon auf. Du bist eine äußerst attraktive Frau.«

»Sieh mal, hier«, sagte Althea, die den Katalog aufgeschlagen hatte. »Hier ist genau das Richtige, was ich unter meinem neuen Kleid tragen sollte. Ein Mieder, das mich zusammenschnürt, sodass nichts schwabbelt, und außerdem hilft es S.S.R. zu vermeiden.«

»Was zur Hölle ist das schon wieder? Andauernd erfinden sie irgendwelche neuen Krankheiten ...«

»Sichtbare Slip-Ränder, du Schaf.«

Sie verbrachten den Rest des Nachmittags mit Spekulationen über das Büfett und mit der Erörterung der Frage, welche Schuhe Althea anziehen solle und ob es albern sei, im Sommer schwarze Nylons zu tragen. Althea war dankbar, dass Sylvia so gern über Mode redete, andernfalls hätte sie sich vielleicht dazu hinreißen lassen, zu erwähnen, dass Patrick auch zu der Party eingeladen war. Und dann wäre Sylvias Fantasie sicher nicht mehr zu zügeln gewesen.

Es stellte sich heraus, dass das »reizende, junge Ding« nicht zur Party kommen konnte, da es an diesem Tag das Schiedsrichteramt bei einem Rugbymatch ausüben musste.

Tatsächlich verbrachte Althea ihren Geburtstag dann doch damit, sich von ihren Kindern verwöhnen zu lassen und den Schokoladenkuchen zu essen, den sie ihr gebacken hatten. Aber um sechs verschwand sie mit den Badeessenzen, die Merry ihr geschenkt hatte, und widmete sich mit großer Hingabe der kosmetischen Vorbereitung für das große Ereignis. Als sie schließlich wieder zum Vorschein kam, verkündeten ihre Kinder, sie sehe wunderschön aus. Nur schade, dass der Mann, für den sie all die Mühen auf sich genommen hatte, vermutlich sehr viel kritischer war.

Wie befohlen erschienen sie pünktlich um halb acht. Junos Mann Kenneth öffnete ihnen. Juno ließ ihm kaum Zeit sie zu begrüßen, sondern lotste die Kinder umgehend in die Küche, zweifellos um ihnen einen langen Katalog mit Verhaltensmaßregeln für den Abend an die Hand zu geben. Althea konnte nur hoffen, dass Juno sie nicht so wütend machte, dass sie ihre guten Vorsätze ihrer Mutter zuliebe durch gutes Benehmen zu glänzen gleich über den Haufen warfen.

»Du siehst wunderbar aus, Ally«, sagte Kenneth und küsste ihre Wange. »Wie es sich für ein Geburtstagskind gehört.«

»Du siehst selber wunderbar aus. Angehende Vaterschaft scheint dir gut zu bekommen.« Althea mochte ihren Schwager sehr gern. Er stand rettungslos unter Junos Fuchtel und liebte sie trotzdem hingebungsvoll.

Kenneth grinste. »Ich muss mich zusammenreißen, dass ich nicht jetzt schon mit stolzgeschwellter Brust herumlaufe. Es dauert ja noch so schrecklich lange.«

»Das hat die Natur so eingerichtet, damit ihr auch wirklich bereit seid, wenn es dann endlich kommt.«

Kenneth tätschelte ihre Schulter. »Komm und trink was, ehe die Massen anrollen.«

Junos Haus war überwältigend. Es stand in einer exklusiven Gegend, wo alte Häuser Seite an Seite mit geschmackvollen Nachbauten und modernen »Designerhäusern« standen. Junos gehörte zu den Letzteren. Die Fenster waren so angelegt, dass man den wundervollen Ausblick nach vorn und zu den ansteigenden Wäldern nach hinten optimal genießen kann. Großzügige Naturholzflächen prägten das Innere und betonten die kräftigen Farben der Vorhänge. Die Möbelstücke waren ausnahmslos handgefertigt. Kunstschreiner der Gegend hatten sie nach den präraffaelitischen Grundsätzen von »Schönheit und Zweckmäßigkeit« gestaltet. An den Wänden hingen ein paar große Gemälde, deren Genre Althea als »schön aber schwierig« bezeichnete. Für die Party waren große Blumenarrangements an strategischen Punkten platziert, nicht um Stockflecken zu verdecken oder ein Stück abgelöster Tapete wie in Altheas Haus, sondern um zerbrechliche Porzellanfiguren dahinter zu verstecken oder empfindliche Möbelstücke davor zu bewahren, dass Gläser darauf abgestellt wurden und Ringe hinterließen. Althea bewunderte Junos Geschmack und ihre Fähigkeit alles so wunderbar in Ordnung zu halten. Natürlich würden die Dinge sich etwas ändern, wenn das Baby da war, aber nicht in dem Maße, dass es für das ungeschulte Auge erkennbar sein würde.

»Juny! Du siehst umwerfend aus! Bist du wirklich schwanger?« Juno trug ein korallfarbenes, wadenlanges Gewand aus Crêpe de Chine mit weitem Ausschnitt und einem gewagten Schlitz, unter dem sich weder S.S.R. noch ein BH abzeichneten.

Juno lachte. »Na ja, irgendwas verursacht mir jedenfalls schreckliche Morgenübelkeit.«

Und irgendwas veranlasst dich dich ziemlich sexy anzuziehen, und das ist sicher nicht der gute Kenneth, dachte Althea beunruhigt. Natürlich war Juno viel zu beherrscht und auch zu vernünftig um sich wegen Frederick zum Narren zu machen, aber normalerweise kleidete sie sich auch zu festlichen Anlässen in mehr als nur zwei Meter Seide.

»Frederick kommt etwas früher«, sagte Juno und steigerte damit das Unbehagen ihrer Schwester. »Damit wir noch ein Glas zusammen trinken können, ehe die Meute einfällt.«

Althea nahm dankend das Glas, das Kenneth ihr reichte. Juno hatte sie sicher nicht verletzen wollen, indem sie ihre Freunde als Meute bezeichnete, aber Althea war sich darüber im Klaren, dass ein paar der Lehrer ganz und gar nicht Junos Fall waren. Ganz bestimmt war sie zum Beispiel der Ansicht, dass Sylvia einen schlechten Einfluss auf Althea ausübe.

Althea hatte schon lange aufgehört nach Patrick und Topaz Ausschau zu halten. Anfangs hatte sie jedes Mal erwartungsvoll aufgesehen, wenn die Türglocke läutete und neue Gäste kamen, doch jetzt war die Party bereits seit eineinhalb Stunden im Gange. Sie sagte sich, dass sie nicht kommen würden, und beschloss sich einfach zu amüsieren.

Viele der Leute waren Freunde von Juno und Kenneth, die Althea kaum kannte. Sie ging von Grüppchen zu Grüppchen, lachte und plauderte und erweckte den Anschein, als habe sie großen Spaß an ihrer Party. Aber in Wahrheit fühlte sie sich nicht so recht wohl in ihrer Haut. Wären dies ihr Haus und ihre Freunde, wäre sie die ganze Zeit beschäftigt und müsste sich darum kümmern, dass alle ausreichend mit Getränken und Gesprächspartnern versorgt waren. Aber hier war sie nicht in ihrer vertrauten Umgebung, sie war halb Gastgeberin, halb Gast und fühlte sich unsicher, sogar ein bisschen allein.

Sie war auf dem Weg zur Bar, als sie plötzlich aus dem Augenwinkel Patrick sah.

»Hallo, Althea. Alles Gute zum Geburtstag«, sagte er und küsste sie auf die Wange.

Althea fuhr zusammen, als habe sie sich verbrannt. Es kam so unerwartet. Sein heißer Atem, das kurze Scheuern seines frisch rasierten Kinns, sein Aftershave, sie alle schlossen sich zusammen um ihre sorgsam kontrollierten Hormone so mächtig in Wallung zu bringen, dass sie sich für einen Moment nicht sicher auf den Beinen fühlte.

»Warum sehen Sie mich so pikiert an?«, fragte er lachend. »Es ist doch wohl absolut üblich und entspricht durchaus der Etikette, ein Mädchen zum Geburtstag zu küssen.«

»Wirklich?« Althea hatte Mühe normal zu atmen. Er trug wieder den zerknitterten Leinenanzug und das dunkle Seidenhemd – erotische Ausstrahlung statt maßgeschneiderter Eleganz. Ganz im Gegensatz zu Frederick, einer der wenigen Gäste im Smoking.

»Aber natürlich. Sagen Sie nicht, hier wäre ein einziger Mann, der Sie nicht geküsst hat?«

»Ähm ... nein.« Sie hatte jede Menge freundschaftliche Wangenküsse eingeheimst. »Aber Sie haben sich irgendwie von hinten angeschlichen. Ich war nicht darauf vorbereitet.«

Er lachte leise. Seine blauen Augen waren unwiderstehlich, wenn er lachte. »Das nächste Mal werde ich Sie vorwarnen.«

Althea schluckte. »Wo ist denn Topaz?«

»Da drüben.«

Sie stand mit Frederick und Juno zusammen. Frederick lachte und hatte jeder der Frauen einen Arm um die Schultern gelegt, gut aussehend, jovial, Mann von Welt. Topaz wirkte schlanker und sportlicher denn je und ihr Kleid war mindestens so sexy wie Junos. Sie waren ein wunderbares Trio, elegant und geschliffen. Althea begann sich zu fragen, ob das scharlachrote Kleid ein Fehler gewesen sei.

»Wollten Sie zur Bar?«, fragte Patrick. »Kann ich Ihnen etwas holen?«

»Ein Glas Rotwein, bitte.«

»Mit Mineralwasser oder ohne?«

»Ohne«, antwortete sie entschlossen.

»Also, ein stilles Wasser, ein Sprudelwasser mit einem Schuss Weißwein und zwei Rotwein.«

»Schaffen Sie das alles oder soll ich mitkommen?«

»Kommen Sie mit.«

Er ging voraus und sie gönnte sich einen schmachtenden Blick auf seine breiten Schultern, seinen Nakken, den kleinen Wirbel am Hinterkopf. Dann senkte sie den Blick und versuchte an etwas anderes zu denken. Sie war zu alt um einen Mann aus der Ferne anzuhimmeln und mochten sie auch zwei Nächte lang ein Schlafzimmer geteilt haben, war er trotzdem unerreichbar für sie. Sie hielt in jeder Hand ein Glas Rotwein und folgte ihm zu Topaz und Juno, als jemand zu ihr trat.

»Kommen Sie schnell. Da ist ein Polizist an der Tür, der nach Ihnen fragt.«

Jemand nahm die Weingläser aus ihren zitternden Händen. In Gedanken ging sie angstvoll die Gründe durch, warum die Polizei sie suchte. Ihre Kinder? Nein, sie waren alle hier, waren zuvorkommend und vermutlich halb zu Tode gelangweilt. Dann war es nicht so schlimm. Es konnte höchstens sein, dass in ihr Haus eingebrochen worden war. Sie war ziemlich ruhig, als sie an die Tür kam.

»Sind Sie Mrs Althea Farraday?«

»Ja.«

Der Polizist schien ihr sehr jung und er trug einen Ohrring. Vermutlich war es ein Beweis, dass man älter wurde, wenn Polizisten einem jung erschienen.

»Tja, ich fürchte, ich muss Sie davon in Kenntnis setzen …«

Irgendwas stimmte nicht – es war ein schöner Sommerabend, viele der Gäste standen auf dem gepflasterten Hof vor Junos Haus. Und viele von ihnen hielten Fotoapparate. Warum standen sie alle vor der Haustür und richteten ihre Kameras auf sie und den Polizisten?

»… dass anlässlich Ihres Geburtstages …«

Ihre erste Reaktion war Erleichterung. Es war eine Geburtstagsüberraschung. Grauenhaft, peinlich, ganz und gar geschmacklos, aber keine Katastrophe: ein Männerstrip. In dem plötzlichen Blitzgewitter erhaschte Althea einen Blick auf Sylvia, die boshaft und triumphierend zugleich lachte. Ihr fast schon pensionierter Chef Mr Edwards stand in der Nähe und lächelte verlegen. Er versuchte gleichzeitig den Spaß mitzumachen und doch nichts damit zu tun zu haben.

Althea blieben nur ein paar Sekunden um eine Entscheidung zu treffen. Sie konnte das Ganze als unter ihrer Würde ablehnen und den Mann höflich aber kühl bitten zu gehen oder sie konnte es über sich ergehen lassen. Im Grunde hatte sie kaum eine Wahl. Ihre Freunde hatten vermutlich ein Vermögen bezahlt um diesen Jungen zu engagieren, und wenn sie nicht mitspielte, würden sie alle denken, sie hätten einen unverzeihlichen Fehler gemacht, indem sie sich auf Sylvias Idee einließen. Das hatten sie natürlich auch, aber sie konnten ja nichts dafür. Althea hatte selbst ein paar schwere Fehler gemacht, indem sie sich auf Sylvias Ideen einließ.

Also machte sie gute Miene zum bösen Spiel. Sie sah zu, während er sich auszog und dachte bei sich, dass ihre Söhne sehr viel besser aussahen. Mit ausgestreckten Armen und spitzen Fingern zog sie ihm die Boxershorts aus und enthüllte einen Tangaslip, an dem ein langer Elefantenrüssel baumelte. Es war so geschmacklos, dass sich im Publikum ein schockiertes Raunen erhob. Klaglos ertrug sie seine Scherze und seinen Kuss und fragte sich, welchem Beruf er wohl tagsüber nachging. Und als es überstanden war, lud sie ihn und seine Begleiterin zu einem Glas Wein ein. Dann ging sie zu den anderen zurück um sich ihre Vorhaltungen anzuhören.

KAPITEL 11 Juno war wütend, lächelte schmallippig und schimpfte zischend in Altheas Ohr. Sie wusste natürlich, dass Althea gar nichts dafür konnte, aber sie war die Einzige, vor der sie ihren Gefühlen Luft machen konnte.

»Es war so entwürdigend! Du hättest ihm sagen sollen, dass du es vorziehst, nicht mitzumachen.«

»Aber Juny, er war bestimmt schrecklich teuer und meine Freunde von der Schule haben alle nicht viel Geld.« Bis vor einer Minute hatte Althea das Gefühl gehabt, sie werde problemlos damit zurechtkommen. Jetzt fühlte sie sich plötzlich besudelt.

»Ich fand es widerlich!« Aus dem Nichts tauchte Topaz plötzlich bei ihnen auf, erpicht darauf, Juno in ihrer Empörung den Rücken zu stärken und sich an Altheas zunehmender Verzweiflung zu weiden. »Wie eine Frau sich heutzutage noch auf etwas so Chauvinistisches einlassen kann, ist mir ein Rätsel. Natürlich war es sehr schwierig für Sie«, fuhr sie mit einem missfälligen Augenaufschlag fort. »Da Ihre Freunde es arrangiert hatten.« Ihr Tonfall sagte, dass, wer solche Freunde hatte, alles verdiente, was sie ihm einbrachten.

»Wirklich, Althea«, warf Frederick ein. »Du hättest dich in deinem Alter etwas würdevoller benehmen sollen. Aber du musstest natürlich mitmachen. Mein Gott, wenn ich daran denke, dass meine Kinder das mit ansehen mussten ...«

»Hi, Mum«, sagte Rupert. »Es hat dir doch nichts ausgemacht, oder? Sylvia hat uns gefragt, wie du so was wohl findest, und wir haben gesagt, das wär bestimmt in Ordnung.«

Althea legte ihm einen Arm um die Schultern und drückte ihn an sich. »Das war's auch, Liebling.« Sie schluckte mühsam.

»Ich würde sagen, was deine Mutter jetzt braucht, ist ein Drink«, sagte Patrick und drückte ihr ein Glas Wein in die Hand. »Und dann müssen Sie mir endlich erzählen, wie es mit Ihrem Garten steht.«

Dankbar ließ Althea sich aus dem Zentrum des Missfallens führen, das Topaz, Juno und Frederick bildeten. Sie fragte sich, ob irgendwer ihnen folgen würde. Wenn sie Glück hatte, waren Juno und Topaz so versessen darauf, mit ihrem Exmann zusammen ihr Benehmen zu kritisieren, dass sie sie vorläufig in Ruhe lassen würden.

Patrick führte sie zu einem Sofa in einem stillen Eckchen des Wohnzimmers. Althea fühlte sich sehr schwach und deprimiert, den Tränen gefährlich nah. Er ließ ihr Zeit ihr Glas zur Hälfte zu leeren, ehe er sprach.

»Ich fand, es war eigentlich urkomisch«, bemerkte er dann. »Ein herrliches Theater. Und Sie haben die Situation bewundernswert gemeistert. Wenn Sie pikiert gewesen wären, hätten all Ihre Freunde geglaubt, sie hätten einen schrecklichen Fehler gemacht, und würden sich jetzt furchtbar fühlen.«

Althea hatte die Ellenbogen auf die Knie gestützt, fühlte sich an ihrer Stelle furchtbar und gönnte Patrick derweil unwissentlich einen Blick auf ihren mit Spitzen besetzten BH und das, was er enthielt. »Zuerst hatte ich überhaupt kein Problem damit. Ich war so erleichtert, dass er kein echter Polizist war, der mir irgendeine Katastrophennachricht brachte. Aber jetzt fühl ich mich irgendwie vergewaltigt.«

Patrick hatte ihr gegenübergesessen. Jetzt rückte er herum, sodass er einen Arm um sie legen konnte. »Dazu besteht kein Grund. Wirklich nicht. Niemand denkt schlecht von Ihnen. Sie haben sich perfekt aus der Affäre gezogen. Sie waren humorvoll und gewandt und haben mitgespielt, sind aber gleichzeitig auf Distanz geblieben.«

»Topaz und Juno denken ziemlich schlecht von mir, würde ich sagen.«

»Sie sind bloß neidisch.«

»Seien Sie nicht albern. Wie könnten sie? Keine Frau bei klarem Verstand kann sich wünschen, dass ihr das passiert.«

»Vielleicht nicht. Aber keine von beiden könnte dieses Kleid tragen.« Er wies auf das scharlachrote Seidenoberteil.

»Blödsinn! Mit ihren Figuren können sie tragen, was immer sie wollen.«

»Aber sie würden todlangweilig darin aussehen.«

Althea war gerade dahinter gekommen, was er meinte, als Sylvia plötzlich auftauchte. Offenbar wollte sie feststellen, ob ihre Freundin ein bleibendes Trauma davongetragen hatte.

»Ich störe doch nicht, oder?«

»Natürlich nicht, Syl. Habt ihr euch schon kennen gelernt? Das ist Patrick Donahugh.«

»Patrick Donahugh? Der Mann, der auf der Frankreichfahrt für mich eingesprungen ist? Dann sagen Sie doch mal, Patrick, ganz unter uns, schnarcht Althea oder nicht?«

»Ich finde es einfach lächerlich, dass du eine Untermieterin aufnehmen willst.« Frederick drehte noch eine Runde durch die Küche, dann setzte er sich hin um seiner Äußerung Nachdruck zu verleihen.

Altheas Geburtstagsparty lag eine Woche zurück und er hatte ihr immer noch nicht vergeben, dass sie ohne erkennbaren Abscheu bei der albernen Strippergeschichte mitgemacht hatte.

Um ihn von diesem leidigen Thema abzulenken hatte Althea ihm von der neuen Lehrerin mit der Schiedsrichterlizenz erzählt. Die junge Frau war ausgesprochen dankbar, dass sie ein Zimmer mieten konnte, bis sie eine Wohnung fand.

Außerdem wollte sie sofort einziehen, obwohl sie ihre neue Stelle erst im September antreten würde. Althea hatte zugestimmt, sie war für die Aufbesserung der Haushaltskasse sehr dankbar. Und sie hatte geglaubt, Frederick werde dieser vernünftigen Idee vorbehaltlos zustimmen.

»Es ist keineswegs lächerlich«, erwiderte sie. Ihre Geduld wurde wieder einmal auf eine harte Probe gestellt. »Es ist ganz und gar praktisch. Es ist ein großes Haus. Es ist albern, Räume leer stehen zu lassen, wo ich das Geld so dringend brauche. Und es ist ja nicht so, als käme sie geradewegs aus Brixton oder Holoway oder sonst irgendeiner miesen Gegend. Sie ist eine frisch examinierte Lehrerin, die in diesen Teil der Welt gekommen ist um ihren ersten Job anzutreten. Für sie ist es sicher auch leichter, wenn sie einen Ort hat, wo sie sich heimisch fühlen kann.«

»Heimisch! Dieses Haus ist das reinste Schlachtfeld.«

Angeblich war Frederick im Begriff in London eine neue Firma zu gründen. Tatsächlich verbrachte er jedoch sehr viele Wochenenden im Dog and Fox und hatte wegen seiner häufigen Anwesenheit jeglichen Sonderstatus verloren. Für ihn wurde nicht mehr aufgeräumt. Schon gar nicht, weil Althea das Gefühl nicht los wurde, dass er immer noch mit dem Gedanken spielte, sie könnten wieder zusammenkommen, ganz gleich, wie tief beeindruckt von Topaz er auf der Party erschienen war.

Er war sehr verschwenderisch mit seinen Küssen und Umarmungen in letzter Zeit. Althea hatte sich von ihrem kleinen hormonellen Aussetzer an dem Abend, nachdem er sie zum Essen ausgeführt hatte, schnell wieder erholt und war entschlossen alles zu tun, was in ihrer Macht stand, um ihn abzuschrecken.

»Das scheint nur dir so, Frederick. Für die Kinder und mich ist es unser Heim und es ist genau so, wie wir es mögen.« Sie war froh, dass keins der Kinder in der Nähe war und das hörte. Andernfalls hätten sie dieses Argument vermutlich demontiert und ungläubig gefragt, warum Althea, wenn das wirklich stimmte, immerzu nörgelte, sie sollten aufräumen?

»Sie wird entsetzt sein.« Er schob ein paar Zeitungen, Einkaufslisten, Werbeblättchen und Sonderangebote beiseite um Platz für seine Ellenbogen zu schaffen. Eine ganze Ladung Papiere geriet ins Rutschen und fiel zu Boden. »Da siehst du's.«

Althea hob sie auf und warf sie in den Papierkorb. »Es wird für sie eine willkommene Gelegenheit sein, ihren Horizont zu erweitern. Und sie wird mir Gesellschaft leisten, wenn die Kinder nicht da sind ... Oh je, ich denke, das sollte ich schleunigst bezahlen«, fügte sie hinzu, als ihr Blick auf eine der Rechnungen fiel.

Das war ein Fehler. Frederick sah seine Chance und

griff zu. »Wenn du Gesellschaft willst und jemanden, der dir hilft die Rechnungen zu bezahlen, dann habe ich eine viel bessere Idee.«

Oh bitte, lass es nicht das sein, was ich vermute. »Und zwar?«

»Dass du und ich es noch mal miteinander versuchen. Du hast selbst gesagt, die Kinder seien in dem Alter, da sie einen stabilisierenden Einfluss bräuchten. Wer könnte besser dazu geeignet sein als ihr Vater?«

»Oh, Frederick, du magst der Richtige für die Kinder sein, aber was ist mit uns? Wir haben uns gegenseitig wahnsinnig gemacht vor all den Jahren, wieso sollte sich daran irgendetwas geändert haben?«

»Weil du inzwischen erwachsen geworden bist, Ally.«

Althea starrte ihn wütend an. Sie war vielleicht erwachsen geworden, aber er war ganz der Alte geblieben: Er sah vielleicht besser aus, aber er war nach wie vor hinter jedem Rock her. Er und Topaz waren unzertrennlich gewesen auf ihrer Party. Hätte Sylvia Patrick nicht abgelenkt, wäre er vermutlich stocksauer geworden. Juno war es jedenfalls. Und auch in jeder anderen Beziehung war Frederick immer schon unerträglich gewesen: Kritisch, anspruchsvoll und er hatte eine Vorliebe für sterbenslangweilige Fernsehprogramme. Und da hatte er die Stirn zu behaupten, ihre Ehe sei an ihrer mangelnden Reife gescheitert!

Althea entdeckte ein Küchenmesser, das unter einem kleinen Hügelchen aus Apfelschalen hervorlugte. Sie wollte ihn nicht damit umbringen, es nur in seine Hand rammen oder so was. Eine kleine Wunde, die ihn von seinem Vorhaben sie wieder zu heiraten abbringen würde. Doch um sich selbst zu beweisen, wie erwachsen sie geworden war, blieb sie die Ruhe selbst.

»Das hast du schon mal gesagt, Frederick, aber das macht es nur unwahrscheinlicher, dass wir miteinander auskommen könnten, nicht wahrscheinlicher.«

»Warum?«

»Weil meine Persönlichkeit sich entwickelt hat. Sie nimmt gewissermaßen mehr Raum ein. Ich könnte mich nicht mehr daran gewöhnen, mein Leben mit einem anderen Erwachsenen zu teilen.« Oder meinen Mann mit einer anderen Frau. Doch das erwähnte sie nicht. Er hätte sich vermutlich eingebildet, sie sei eifersüchtig.

»Aber genau das wirst du müssen, wenn du dir eine Untermieterin ins Haus nimmst.«

»Das ist etwas anderes. Ich kann ihr gewissen Regeln vorgeben und Grenzen setzen. So wie bei den Kindern.« Oder jedenfalls so, wie sie es bei den Kindern täte, wenn sie nicht so nachlässig wäre.

»Und was ist mit den Kindern? Kannst du nicht ihre Bedürfnisse einmal über deine eigenen stellen?«

»Doch, das kann ich. Das tu ich auch, ich hab es immer getan. Aber ich glaube nicht, dass es für die Kinder irgendeinen Nutzen hätte, wenn du und ich hier zusammenlebten und immerzu nur streiten würden. Ich habe meine Beziehung mit ihnen über viele Jahre entwickelt und genau ausgelotet«, fügte sie etwas sanfter hinzu. »Sie ist sehr komplex. Du meinst vielleicht, sie tun, was sie wollen, und tanzen mir auf der Nase herum. Aber das ist nicht wahr. Jedenfalls nicht immer. Wirklich, Teenager zu erziehen ist schwer genug, wenn sie dich mögen. Wenn du sie gegen dich aufbringst, hast du nicht den Hauch einer Chance.«

Frederick nahm sich Williams *Guardian* und begann ihn zu lesen. »Vielleicht hast du Recht.«

»Wieso möchtest du, dass wir es noch mal versuchen? Warum versuchst du es nicht noch mal mit Claudia?«

»Das könnte ich. Sie würde mich mit offenen Arme wilkommen heißen. Aber das hier ist – war – mein Heim. Und du warst meine Frau und bist immer noch die Mutter meiner Kinder. Diese Dinge sind mir kostbar.«

Im ersten Moment war Althea gerührt. Dann ging ihr auf, was genau ihm kostbar war – das Haus. »Würdest du mich ausbezahlen, wenn du könntest, Frederick?«

»Wärst du einverstanden?«

»Nein. Ich werde dieses Haus nicht eine Sekunde eher aufgeben, als ich muss. Es ist das Heim meiner Kinder.«

»Und angenommen, du wolltest eine neue Beziehung eingehen?«

Für einen Augenblick spürte sie die Sehnsucht nach Patrick wie einen schmerzhaften Stich. Sie atmete es weg, wie eine Frau die ersten Wehen wegatmet, und es verschwand.

»Das ist sehr unwahrscheinlich und ich würde nicht mal daran denken, solange die Kinder in diesem Alter sind. Die Jungs würden jeden anderen Mann in ihrem Haus hassen. Und auch Merry würde ihn bestenfalls tolerieren, und das nur, wenn er in der Lage wäre ihr ein Pferd zu kaufen oder irgendwas in der Art.«

Frederick ließ die Zeitung sinken. »Nur dass sich das niemals in diesem Haus abspielen könnte. Ich hoffe, du erinnerst dich: Falls du wieder heiratest oder mit einem anderen Mann zusammenlebst, musst du mir meinen Anteil am Haus bezahlen.« Er versuchte die Befriedigung aus seinem Blick herauszuhalten, aber es klappte nicht ganz. »Und das hieße vermutlich, dass du verkaufen müsstest.«

»Natürlich weiß ich das, Frederick. Wie könnte ich das vergessen? Aber die ganze Frage ist hypothetisch. Ich habe keineswegs die Absicht eine neue Beziehung einzugehen.«

Frederick schien erleichtert. Das hätte ihr geschmeichelt, hätte sie nicht erkannt, dass er nur deshalb erleichtert war, weil sie offenbar nicht auf der Suche nach einem reichen Mann war, der ihn ausbezahlen konnte.

»Nun, ich hoffe, du vergisst nicht, dass ich dich gefragt habe. Ich hätte Claudia für dich aufgegeben.«

Althea seufzte das Seufzen einer seit zwölf Jahren allein erziehenden Mutter. »Es ist ein Jammer, dass du vor zwölf Jahren nicht so gedacht hast.«

Endlich verabschiedete sich Frederick, nicht ohne den Kindern Flugtickets nach Hongkong zu versprechen, die er schicken wolle, sobald er dort wieder Fuß gefasst habe. Als er fort war, machte Althea sich daran, das Haus in Ordnung zu bringen. Frederick hatte Recht, es war ein Schlachtfeld. Und so sehr es das Leben einer jungen Lehrerin bereichern mochte, darin zu leben, würde sie es vielleicht doch als Kulturschock empfinden, selbst nach den Erfahrungen mit Studentenwohnheimen. Sie fand einen Rest cremeweißer Wandfarbe, genug um das ganze Gästezimmer damit zu streichen inklusive ein gutes Stück des Teppichbodens. Dann kramte sie eine funktionierende Nachttischlampe hervor, einen kleinen Läufer, der die Farbkleckse auf dem Teppich abdeckte, und brachte all die alten Kleidungsstücke aus dem Schrank auf den Speicher hinauf. Sie putzte das Waschbecken, bezog das Bett und erklärte das Zimmer für bezugsfertig. Wenn ihre Untermieterin am nächsten Wochenende ankam, wollte sie ihr noch einen großen Blumenstrauß auf die Frisierkommode stellen.

Angesichts des zarten Alters ihrer Söhne hätte Althea vielleicht einen etwas anderen Typ vorgezogen als das Mädchen, das am Sonntag vor der letzten Schulwoche bei ihr einzog.

Jenny war blond, vital und sprühte vor Energie. Ihr australischer Akzent verstärkte ihre selbstbewusste Ausstrahlung nur noch. Sie trug ein sehr weißes T-Shirt mit einem Umweltslogan und schwarze Radlerhosen.

Althea hatte insgeheim immer schon die Meinung vertreten, dass Radlerhosen für Leute über zwölf verboten sein sollten. Und auch wenn es an Jennys Figur nicht das Geringste auszusetzen gab – eine Tatsache, die für alle Welt offensichtlich war –, fand Althea sich in dieser Ansicht nur bestärkt, als sie ihre Mieterin in Augenschein nahm. Doch das Mädchen war nicht nur übermütig, anziehend und hyperaktiv wie ein Golden Retriever, sie hatte zweifellos auch ein freundlichen Wesen. Bozo war vom ersten Moment an hingerissen.

Althea war kaum überrascht, als sie hörte, dass Jenny auf dem College Sport als Hauptfach gehabt hatte. Wenn sie nicht gerade als Schiedsrichter fungierte, verbrachte sie ihre Freizeit beim Frauenrugby und Wasserpolo. Und sie war fest entschlossen innerhalb eines Jahres ein gemischtes Fußballteam an der neuen Schule zu gründen.

»Und wie hat Geoffrey Conway reagiert, als Sie ihm das vorgeschlagen haben?«, fragte Althea, nachdem

Jenny ihren Rucksack auf ihr Bett gefeuert und damit ihr Zimmer bezogen hatte.

»Oh, ich hab ihm nichts davon gesagt. Solche Sachen muss man den Leuten heimlich unterjubeln. Wenn man das offen versucht, erreicht man gar nichts. Sie schalten auf sture Antihaltung und man kann sie nicht mehr umstimmen. Nein, nein, wenn ihm erst mal klar wird, dass er alle möglichen Sportarten als Nachmittagsclubs anbieten kann, jetzt wo er mich hat, dann wird er mir aus der Hand fressen.«

»Du meine Güte ... sind Sie sicher, dass das wirklich Ihre erste Anstellung ist?«

»Ja, aber das wird ein Kinderspiel. Ich stamme aus einer großen Familie. Ich weiß mir immer zu helfen. Ich bin in Australien geboren, wissen Sie, wir sind ein selbstständiger Menschenschlag.«

»Du meine Güte«, sagte Althea schon wieder und kam sich sehr kleinkariert und britisch vor.

»Und welche Hobbys haben Sie so?«

»Ähm ... Gartengestaltung.«

»Echt? Cool. Wir hatten zu Hause keinen großen Garten, aber ich habe immer furchtbar gern im Matsch gespielt ...«

»Na ja, das ist ein Anfang.«

»Ich koche auch furchtbar gern. Vegetarisch natürlich. Ich hoffe, ich werd Ihnen nicht auf die Nerven gehen oder so. Ich werd mir 'ne eigene Wohnung nehmen, sobald ich jemand gefunden hab, mit dem ich zusammenziehen kann.«

Althea nickte benommen.

»Hey, Sie wissen nicht zufällig, wo's hier in der Nähe ein vernünftiges Fitnessstudio gibt? Es ist echt wichtig für mich, dass ich in Form bleibe. Wenn die

Muskeln erst mal schlaff werden«, sie schien Althea eindringlich zu betrachten, »ist es schwierig, sie wieder zu straffen.«

»Ich weiß auf jeden Fall, wen wir fragen können.«

»Oh, cool.«

In diesem Moment kamen William und Rupert verschwitzt vom Tennis, offenbar entschlossen die gesamten Milchvorräte im Kühlschrank in weniger als fünf Minuten wegzutrinken. Als sie Jenny bei ihrer Mutter am Küchentisch entdeckten, zögerten sie.

»Das sind meine Söhne, Jenny«, sagte Althea. »William und Rupert. Jungs, das ist Jenny. Sie wird bei uns wohnen, bis sie eine eigene Wohnung gefunden hat.«

»Super«, sagte William und grinste.

»Hi«, sagte Rupert ohne ihr wirklich in die Augen zu sehen. Für einen Fünfzehnjährigen, der noch nicht viel herumgekommen war, war Jenny vermutlich ein etwas bedrohlicher Anblick.

Jenny betrachtete sie mit dem kritischen Blick eines australischen Schaffarmers, der auf der Suche nach guten Zuchtwiddern ist.

Althea sah hastig auf die Uhr. »Ach, das hätte ich ja beinah vergessen, ich muss Merry abholen.«

»Soll ich fahren, Mum?«, bot William an.

Jenny würde sie vermutlich nicht gleich mit Haut und Haaren verschlingen. Und wenigstens war sie näher an ihrer Altersgruppe als Sylvia. »Nein, bleibt ihr nur hier und unterhaltet euch mit Jenny.«

Als Althea und Merry schließlich zurückkamen, fanden sie die drei um den Küchentisch versammelt. Sie tranken Kräutertee und verstanden sich offenbar prächtig. Merry schloss sich ihnen bald an und Althea hatte den Eindruck, dass Jenny eine Bereicherung ihres

Haushalts sein werde, selbst wenn sie ihre Söhne verführen sollte. Doch schließlich verabschiedeten die Jungen sich, Merry ging nach oben in ihr Zimmer und Jenny suchte nach anderer Unterhaltung. Sie erwähnte, sie würde gerne das Gewächshaus sehen, von dem die Kinder ihr erzählt hatten.

Althea hatte sich danach gesehnt, ein paar Minuten für sich allein zu sein. Auch wenn sie wusste, dass Patrick wahrscheinlich nicht da sein würde, es hätte sie aufgeheitert, nach ihren Pflanzen zu sehen und sich ein bisschen in der Nähe seines Hauses aufzuhalten. Und sollte sie ihn doch treffen, na ja, dagegen hatte sie auch nichts.

Nicht wegen seiner lachenden Augen, versicherte sie sich, oder etwa seiner anziehenden Erscheinung, sondern wegen seiner Freundlichkeit. Er war freundlich zu ihr gewesen auf der Party, als alle anderen über sie hergefallen waren. Sie hatten eine schlimme Situation noch schlimmer gemacht, er hatte versucht ihr zu helfen. Es war also nur, weil seine Gegenwart etwas so Tröstliches hatte, dass sie insgeheim hoffte ihn zu treffen.

Aber sie traute ihren Motiven doch nicht so recht und darum willigte sie ein Jenny mitzunehmen. Jenny fungierte sozusagen als Anstandsdame, die unwissentlich darüber wachen sollte, dass Althea ihren guten Absichten treu blieb.

Und da Patricks Wagen das Erste war, was sie sah, als sie auf das Grundstück kamen, hätte sie eigentlich dankbar sein sollen, dass ihre lebenslustige, junge Australierin hier war um sie vor jedweder Art von ungebührlichem Betragen zu bewahren. William hatte seiner Mutter im Hinausgehen zugeraunt, Jenny erinnere ihn an Tigger aus *Pu der Bär*. Und er hatte völlig Recht. Sie war fröhlich und offenherzig und redete ohne vorher nachzudenken.

Patrick sah sie kommen und kam ihnen entgegen. Sie konnte ihn schlecht fragen, was er denn an einem Sonntag hier tat, aber er wirkte bedrückt.

»Wow«, murmelte Jenny. »Wer ist denn dieser Typ? Alt, aber perfekt gebaut.«

»Ich werde Sie ihm vorstellen«, sagte Althea ergeben. »Sein Name ist Patrick Donahugh. Ihm gehört das Gewächshaus.«

Jenny war ebenso hemmungslos wie lebenslustig. Sie fand Patrick attraktiv und machte keinen Hehl daraus, im Gegenteil, sie ging in aller Offenheit zum Angriff über. Doch er schien heute nicht besonders zugänglich und Althea verschwand nach kurzer Zeit in ihrem Gewächshaus. Jenny hingegen ließ sich so leicht nicht abschütteln.

Als Althea ihre neue Freundin schließlich entschlossen wegführte, machte sie ihr sehr ernste Vorhaltungen, dass es moralisch absolut unvertretbar sei, sich an den Mann einer anderen Frau heranzumachen.

»Aber das ist doch Blödsinn!«, erwiderte Jenny unbeeindruckt. »Da draußen kämpft jede für sich. Und wenn diese Topaz verrückt genug ist einen Typen wie Patrick aus den Augen zu lassen, hat sie's nicht besser verdient, wenn er ihr abhanden kommt.«

»Ist er nicht ein bisschen zu alt für Sie?«

»Ach, ich steh auf den reiferen Typ. Die sind reicher.«

»Aber er sieht eigentlich gar nicht besonders gut aus, oder? Seine Nase ist krumm und sein Mund irgendwie schief, wenn er lächelt.«

»So was spielt keine Rolle. Die Persönlichkeit ist wichtig. Und seine Persönlichkeit ist *süß*.«

Althea wäre am liebsten in Tränen ausgebrochen. Sie war drauf und dran mit dem Fuß aufzustampfen und zu verkünden: »Er gehört mir!« Aber das konnte sie natürlich nicht tun. Aus verschiedenen Gründen und der wichtigste war, dass er keineswegs ihr, sondern Topaz gehörte. Sie konnte keine Ansprüche auf ihn erheben. Ebenso wenig konnte sie ihre Moralvorstellungen über Bord werfen und sich selber an ihn heranmachen, denn sie waren ein Teil von ihr, tief verwurzelt und ganz gleich, wie sehr sie es sich wünschte, sie konnte sie nicht ändern.

Ich hätte Jennys Miete sehr viel höher ansetzen sollen, dachte sie, als sie nach Hause gingen. Ich habe nichts dagegen, meine Küche und mein Bad oder sogar meine Kleider für ein Butterbrot mit einer anderen zu teilen, aber meine Träume? Wenn ich sie schon teilen muss, sollten sie wenigstens teuer sein.

Die Mitarbeiter der Schule hatten heimlich eine Abschiedsfeier für den scheidenden Direktor, Mr Edwards, geplant. Im Anschluss an den offiziellen Festakt sollte es einen kleinen Umtrunk geben. Althea hatte auch das in aller Heimlichkeit organisiert, alte und neue Lehrer, ehemalige Schüler, Mitglieder des Schulrates und alle anderen, die ihr einfielen, eingeladen.

Althea ging nicht zum Festakt. Die Kinder hatten sich am Vortag schon von ihr verabschiedet. Die heutige Feier sollte nur Mr Edwards zum Mittelpunkt haben und außerdem hatte sie noch allerhand zu tun.

Sie hörte die Kinder in der Aula singen, während sie Tellerstapel auf den Tisch stellte und Papierservietten faltete. Heute war wohl das letzte Mal, dass sie das verstimmte Klavier hörte, den inbrünstigen, etwas unsauberen Gesang, den ländlichen Dialekt der Gegend verstärkt durch die große Anzahl der Stimmen. Sie gestattete sich eine verstohlene Träne zu vergießen. Sie würde die Kinder schrecklich vermissen.

Aber wen oder was würde sie sonst vermissen? Die Lehrer, sicher, aber sie konnte sie ja weiterhin treffen. Doch wenn Mr Edwards nicht mehr da war und die Schule in die neuen Gebäude umzog, würden die Arbeitstage sicher ganz anders aussehen. Und mit Mr Conway als Schuldirektor würden sie sicher nicht besonders viel zu lachen haben. Nein, im Großen und Ganzen war sie froh, dass sie ging. Jenny, die jetzt beim Festakt war und auch anschließend zu der kleinen Party kommen würde, mochte in der Lage sein mit Mr Conway und seinen radikalen Vorstellungen fertig zu werden, aber sie war jung und voller Enthusiasmus. Althea war älter, und wenn sie auch großen Enthusiasmus für die Dinge entwickeln konnte, die sie interessierten, das *National Curriculum* gehörte einfach nicht mehr dazu.

Sie hörte den tosenden Applaus und das Abschiedsgebrüll der Kinder, dann folgte eine kurze Stille, während Mr Edwards ihnen vermutlich sagte, sie sollten gut auf sich aufpassen während der Sommerferien und ihren Eltern nach Möglichkeit die Mühe ersparen sie ins Unfallkrankenhaus bringen zu müssen. Bald würden die Lehrer herüberkommen.

Sylvia kam mit den ersten. Sie war die Einzige der Verschwörer des Stripper-Fiaskos, die Althea nicht heimlich beiseite genommen hatte um ihr zu sagen, dass sie die Idee gar nicht so gut gefunden hatte, aber nicht als Spielverderber hatte dastehen wollen. Althea hatte ihnen allen gesagt, dass es zwar nicht das gewesen wäre, was sie sich selbst ausgesucht hätte, aber sie hätten es ja nur gut gemeint und es hatte die Party zumindest in Schwung gebracht, die andernfalls vielleicht ein bisschen langweilig geworden wäre. Und sie hatte hinzugefügt, sie hoffe inständig, sie hätten nichts Vergleichbares für Mr Edwards ausgeheckt.

Diese Gefahr wusste sie also gebannt und verteilte jetzt frohen Mutes Gläser mit warmem Weißwein und Orangensaft und Holunderblütenextrakt.

Mit einer Saftkaraffe in der Hand trat sie zur Vorsitzenden des Schulrats, einer großen, rundlichen Frau, als sie Patrick zusammen mit ein paar Lehrern und Schulräten der anderen Schule hereinkommen sah, angeführt von Geoffrey Conway. Sie machte auf dem Absatz kehrt und verschwand in die Richtung, aus der sie gekommen war.

Ihr erster Gedanke galt dem Büfett. Sie hatte Geoffrey Conway nur eingeladen, weil alle gesagt hatten, sie müsse es tun, doch er hatte kein Wort davon gesagt, dass er seinen neuen Schulrat mitzubringen gedachte. Und dabei waren sowieso schon mehr Leute hier, als sie eingeplant hatte. Mr Conway und sein Gefolge hatten ihr gerade noch gefehlt.

Dann überkam sie mit einem Mal Verlegenheit. Es hatte wohl damit zu tun, dass Patrick sie hier an ihrem Arbeitsplatz sah, zusammen mit den Leuten, die auch an der Frankreichfahrt teilgenommen hatten. Sie fühlte sich ertappt und sie war überzeugt, sie wirkte verschwitzt und unansehnlich in ihrem ziemlich verwaschenen Baumwollkleid, das zwar sauber und bequem war aber keineswegs elegant.

›Ich hole noch etwas Wasser für den Holunderblütensaft«, sagte sie dem Hausmeister. Es war ein guter Vorwand um zu flüchten.

Durchaus denkbar, dass er sie gar nicht ansprechen würde, sagte sie ihrem Spiegelbild, als sie sich kaltes Wasser ins Gesicht spritzte. Vielleicht würde er sie in dem Gedränge nicht einmal sehen. Aber Sylvia und Jenny würde er sehen, sie würden schon dafür sorgen. Und konnte sie wirklich zulassen, dass diese beiden Harpyien sich auf ihn stürzten, ohne dass sie ihm den Schutz ihrer mütterlichen Person angedeihen ließ?

Sie kam mit einer Karaffe Wasser zurück und mischte es mit dem Extrakt. Dann packte sie den Stier bei den Hörnern und trug ihr Gebräu in die Ecke des Raumes hinüber, wo Geoffrey Conway, Patrick und die Vorsitzende des Schulrates zusammenstanden und plauderten.

»Oh, vielen Dank, ich hätte gerne noch etwas davon«, sagte Mrs Jenkinstown, die nicht nur dem Schulrat, sondern zahllosen weiteren, gemeinnützigen Organisationen vorstand. »Und ich hätte Sie später gern einen Moment gesprochen. Ich möchte Sie um einen Gefallen bitten.«

»Ach?« Ein kurzer Blick in Geoffrey Conways Richtung sagte ihr, dass er mit dieser Idee der Vorsitzenden nicht glücklich war und sein Veto eingelegt hätte, wenn er den Mut dazu aufgebracht hätte.

»Ja. Es geht darum, ob Sie vielleicht weiterhin als Schriftführerin des Schulrats fungieren könnten. Es scheint, die neue Schulsekretärin kann keine Stenografie. Und wir brauchen jemanden, der die Protokolle schreibt.«

Geoffrey Conway hatte wenigstens genug Anstand um ein verlegenes Gesicht zu machen.

»Verstehe«, sagte Althea. Aber sie wollte sich nicht überrumpeln lassen. »Ich werde drüber nachdenken.«

»Natürlich gibt es eine kleine Aufwandsentschädigung für das Amt«, fügte die Vorsitzende hinzu. »Sie haben diese Sachen immer so reibungslos abgewickelt.«

»Tja, vielen Dank. Ich bin natürlich geschmeichelt ...«

»Ich verstehe, dass es lästig für Sie sein muss, wo Sie sich beruflich neu orientieren wollen, aber wir wissen uns keinen anderen Rat.« Mrs Jenkinstown lächelte. Wie so viele dicke Frauen hatte sie ein hübsches Gesicht und sie führte all die wohltätigen Organisationen am Ort mit großer Herzenswärme, aber auch mit Entschlossenheit, die allen Drückebergern ein schlechtes Gewissen machte. Wenn diese Frau so viel für andere tun konnte, konnte dann nicht jeder ein bisschen tun? Es funktionierte immer.

»Nun, wenn das so ist«, murmelte Althea. »Ich schätze ...«

Mrs Jenkinstown strahlte. »Ich wusste, dass ich mich auf Sie verlassen kann, Althea.« Althea erwiderte ihr Lächeln, ehe sie mit ihrer Karaffe weiterzog.

Als sie endlich wagte einen unauffälligen Blick in Patricks Richtung zu werfen, erkannte sie, dass er sehr erschöpft wirkte, ein beinah bitterer Zug lag um seinen Mund. Sie schlängelte sich zu ihm durch und fragte, ob er etwas trinken wolle.

»Nein, danke. Aber genau wie Mrs Jenkinstown hätte ich Sie gern gesprochen. Doch im Gegensatz zu ihr müsste ich Sie unter vier Augen sprechen.«

Altheas Herz begann zu hämmern. Hatte Topaz die Bulldozer geordert ohne irgendwem Bescheid zu geben? Waren all ihre Pflanzen unter zwei Metern Bauschutt begraben?

»Ist irgendwas mit dem Gewächshaus?«

»Nein. Aber ich kann wirklich nicht hier darüber reden.«

»Wo dann?«

»Vielleicht könnten Sie mich auf dem Heimweg ein Stück mitnehmen? Unter anderem ist mir nämlich mein Auto gestohlen worden.«

»Was! Das ist ja furchtbar. Haben Sie es der Polizei gemeldet?«

»Noch nicht. Ich glaube, ich weiß, wer es war.«

»Aber wer würde denn so etwas tun?«

»Topaz. Um zum Flughafen zu kommen. Sie ist weg, verstehen Sie. Nach Hongkong.«

KAPITEL 12 Althea wurde erst heiß, dann kalt. »Oh, mein Gott. Wie schrecklich.«

»Ich dachte, ich sollte es Ihnen lieber so bald wie möglich sagen. Ehe Sie es auf anderem Wege erfahren.«

»Aber wieso sollte irgendwer mir sagen ...«

Patrick warf einen kurzen Blick über die Schulter. Er biss sich auf die Unterlippe und sprach so leise, dass sie ihn kaum verstehen konnte. »Ich sagte, sie will nach Hongkong.«

Es war, als glitte ein Eiswürfel ihre Wirbelsäule hinab. »Sie meinen, zusammen mit Frederick?«

Er nickte. Die Anspannung war deutlich in seinen Augen erkennbar, sie machte ihn älter. Althea spürte einen gewaltigen Zorn, der gleich darauf von einem heftigen Schuldgefühl verdrängt wurde. Frederick hatte sich also nicht damit begnügen können, sich eine aus der großen Schar ungebundener Frauen auszusuchen, die liebend gern mit ihm durchgebrannt wären, es hatte unbedingt Topaz sein müssen. Und wenn sie persönlich sich auch nicht das Geringste aus Topaz machte, Patrick offenbar schon. Sie fühlte sich schuldig, weil sie sich aus irgendeinem obskuren Grund für Frederick und seine Taten verantwortlich machte. Und ohne sie wären Frederick und Topaz sich niemals begegnet. Sie musste tun, was in ihrer Macht stand um die Sache in Ordnung zu bringen.

»Ich muss mich nur von ein paar Leuten verabschieden, dann können wir fahren.«

Sie brauchte fünfzehn Minuten. Sie ließ durchblicken, sie sei zu sehr von ihren Gefühlen übermannt um noch länger zu bleiben und noch mit aufzuräumen – eine Ausrede, die man sich bestimmt nicht oft leisten konnte. Sie bat Sylvia Jenny nach Hause zu fahren und den Kindern zu sagen, sie habe unerwartet weggemusst und werde anrufen, sobald sie Genaueres wisse. Sylvia willigte ein unter der Bedingung, dass sie nach Altheas Rückkehr einen detaillierten Bericht bekam.

»Wir können nicht zusammen weggehen«, sagte Althea zu Patrick. »Ich gehe zuerst. Lassen Sie mir eine Minute Vorsprung.«

»Aber ich bin mit Geoffrey Conway gekommen. Ich muss ihm sagen, dass ich gehe, sonst wird er sich fragen, was aus mir geworden ist.«

»Verdammt ...«

»Ich sag ihm, Sie wollten noch zur Bank, bevor sie schließt, und hätten angeboten mich ein Stück mitzunehmen.«

»Na schön«, stimmte Althea zögernd zu. Sie hatte Zweifel, dass er mit so einer simplen Entschuldigung davonkam. Geoffrey Conway war der Einzige, von dem sie sich nicht verabschiedet hatte. »Ich gehe trotzdem vor. Ich will nicht, dass all meine Freunde uns zusammen weggehen sehen und sich wer weiß was denken.«

Patrick runzelte kurz die Stirn. »Wie Sie wollen.«

Althea brauchte nicht lange zu warten. Nach wenigen Minuten kam er zum Wagen. »Mir war nicht klar, dass dies hier Ihre Abschiedsparty war, von der ich sie wegschleife.«

»Das macht nichts. Es ist auch gar nicht meine

Abschiedsparty, sondern Mr Edwards. Und ich würde doch nur furchtbar sentimental, wenn ich noch länger bliebe. Ganz davon abgesehen, dass der Abwasch an mir hängen bleiben würde. Alle Leute, an denen mir liegt, werde ich auch weiterhin sehen.« Althea stieg ein und öffnete die Beifahrertür. »Nachher hätte ich noch vor lauter Rührung meine Adresse an alle verteilt, die ich gar nicht leiden kann.«

»Außerdem sind Sie ja nach wie vor Schriftführerin des Schulrats«, erinnerte er sie, als er einstieg.

»Ich fürchte, das bin ich, ja.« Althea beobachtete, wie er den Sitz ganz nach hinten schob und sich dann hineinzwängte. Er musste sich praktisch zusammenklappen. »Tut mir Leid. Für große Leute ist er ein bisschen eng.«

»Kein Problem. Ich bin dankbar, dass Sie mich mitnehmen.«

Althea startete den Wagen und fuhr vom Schulhof auf die Straße hinaus. »Es war sehr nett von Ihnen, zu dieser Abschiedsfeier zu kommen. Ich hab früher immer die Schulräte zu allen möglichen Anlässen eingeladen, die meisten sind nie gekommen.«

»Ich wollte auch nicht. Ich hatte es komplett vergessen, die ein oder andere kleine Katastrophe muss es aus meinem Kopf gedrängt haben. Aber dann rief Geoffrey an um per Telefon die Daumenschrauben anzusetzen und da ging mir auf, dass Sie da sein würden. Es war die ideale Gelegenheit, Sie zu treffen.«

Althea musste ein Seufzen unterdrücken, als sie sich klar machte, dass das nicht das Kompliment war, wonach es sich anhörte. »Natürlich.«

»Wohin fahren Sie?«, fragte Patrick nach etwa fünf Minuten, als sie am Stadtpark entlangkamen.

Althea nahm den Fuß vom Gas. »Entschuldigung. Wie gedankenlos von mir. Wollten Sie noch irgendetwas holen, bevor wir fahren?«

»Nein ...«

»Und ich habe zu Hause alles geregelt, also nichts wie los.« Sie gab wieder Gas und überholte zwei Radfahrer.

»Wohin?«

»Nach Heathrow, natürlich. Vielleicht erwischen wir sie noch.«

»Althea ... halten Sie mal, ja? Ich glaube, wir müssen reden.«

»Wir können unterwegs reden.«

»Nein. Und vielleicht fahren wir ja in die falsche Richtung.«

»Aber wieso ...?«

»Halten Sie hier. Bitte.«

Althea fuhr in eine der Einbuchtungen, die man aus dem Stadtpark herausgeschnitten hatte um Parkplätze zu schaffen. »Tut mir Leid. Ich überstürze mal wieder alles.«

Patrick löste seinen Gurt. »Macht es Ihnen was aus, wenn wir ein paar Schritte gehen, während wir reden?«

»Nein, natürlich nicht. Es muss furchtbar unbequem sein für Sie hier drin.«

Sie machten sich auf den Weg in den Park, mieden jedoch den Spazierweg, der sich langsam mit Eltern und Kindern und Hunden füllte.

»Ist das ein sehr großer Schock für Sie, Althea?«

»Na ja, schon. Ich habe bemerkt, dass sie sich gut verstanden auf meiner Party, aber ich hätte doch nie gedacht ... Sie etwa?«

Er schüttelte den Kopf. »Nein. Obwohl ich wusste ...« Er unterbrach sich und fing noch einmal neu an. »Ich gäbe viel darum, wenn ich es ungeschehen machen könnte.«

»Gott, ja, ich auch. Ich fühle mich verantwortlich.«

»Sie dürfen sich keine Vorwürfe machen.«

»Aber das tu ich. Topaz und Frederick wären sich nie begegnet, wenn ich nicht gewesen wäre.«

»Sie sind beide erwachsen. Es ist nicht Ihre Schuld, dass sie keine höheren Moralbegriffe als streunende Katzen haben.«

»Ich fühl mich trotzdem schuldig. Das tu ich immer, Schuldgefühle werden durch Östrogen ausgelöst, wissen Sie.«

Er brummte. »Tatsächlich? Vielleicht leidet Topaz an Östrogenmangel.«

Althea kam es vor, als könne sie seinen Schmerz beinah selbst spüren. »Oh, Patrick. Ich kann mir vorstellen, wie furchtbar es für Sie ist. Würden Sie vielleicht lieber meinen Wagen nehmen und allein nach Heathrow fahren?«

Patrick antwortete nicht sofort. Stattdessen legte er plötzlich den Arm um ihre Schultern. Sie spürte die Wärme dieser Hand durch den dünnen Baumwollstoff ihres Kleides hindurch. »Was?«

»Sie sagten, Ihr Wagen sei gestohlen. Ich dachte eigentlich, Topaz hätte ein eigenes Auto.«

»Ich hab es verkauft. Es schluckte viel zu viel Benzin und die Versicherung kostete ein Vermögen. Es musste ja um jeden Preis das teuerste in der ganzen Nachbarschaft sein ...«

»Oh.« In einem klitzekleinen Winkel ihres Herzens bedauerte Althea Topaz, weil er einfach ihr Auto verkauft hatte.

»Sie hätte sich wirklich gut selbst ein Auto leisten können«, fügte er hinzu, als spüre er, welche Richtung ihre Gedanken nahmen.

»Oh.« Wenn Topaz sich hatte aushalten lassen, musste sie auf Altheas Mitgefühl verzichten.

Patrick drückte ihre Schulter auf eine seltsam abwesende Weise, als sei ihm gar nicht bewusst, dass er es tat. »Ich weiß nicht so recht, wie ich Ihnen das sagen soll, aber Sie müssen einsehen, dass es wirklich keinen Sinn hat, ihnen zu folgen. Ihr Flug ist längst weg.«

»Aber Ihr Wagen ...« Althea ging langsam, damit sein Arm ja nicht von ihrer Schulter rutschte. Sie spürte sein Gewicht und es war ein unglaublich angenehmes Gefühl. Sie wünschte nur, er läge aus einem anderen Grund da.

»Darum kann ich mich morgen kümmern. Aber ich mach mir Sorgen um Sie.«

»Um mich? Warum?«

»Haben Sie jemanden, mit dem Sie darüber reden können? Ihre Schwester vielleicht?«

Diesmal brummte Althea. »Meine Schwester wird fuchsteufelswild sein und mir die ganze Schuld geben.«

»Aber wie käme sie dazu?«

»Sie hatte selber seit jeher ein Auge auf Frederick geworfen, verstehen Sie.« Sie fuhr sich nervös mit der Zunge über die Lippen. »Er ist ein unverbesserlicher Frauenheld. Es ist so furchtbar, dass er sich ausgerechnet Topaz aussuchen musste.«

Er hielt an und zwang sie ebenfalls stehen zu bleiben, indem er die freie Hand auf ihre andere Schulter legte. »Ist es schlimmer, weil es Topaz ist?«

Der müde, verletzte Ausdruck war einem mitfühlenden, verständnisvollen Blick gewichen. Sie sah ihm in die Augen, sie konnte nicht anders. Ihr Bedauern vermischte sich mit ihren weniger selbstlosen Empfindungen zu einem einzigen Durcheinander.

»Nun, für Sie muss es sehr viel schlimmer sein«, sagte sie und hätte gern hinzugefügt, aber sei nicht traurig, ich küsse deinen ganzen Kummer weg, bis alles wieder gut ist.

»Na ja, eigentlich nicht. Wenn sie weg ist, ist sie eben weg. Mir tut nur Leid, dass sie ausgerechnet Frederick haben musste. Es muss so schmerzlich für Sie sein.«

Althea hatte plötzlich den Verdacht, dass sie komplett aneinander vorbeiredeten. »Warum sollte es?«

»Weil er Ihr Mann war. Und Sie wollten es noch einmal miteinander versuchen.«

»Ach ja?«

Er nickte. »Jedenfalls hat Juno so was angedeutet.«

»Was fällt ihr ein!« Sie unterdrückte mit Mühe ein paar wüste Beschimpfungen wie etwa »eingebildete Zicke« oder »herrschsüchtiges Miststück« und begnügte sich mit einem wütenden Knurren.

»Es tut mir Leid. Vermutlich wollten Sie gar nicht, dass irgendwer davon erfährt.«

»Weil es nicht stimmt! Gerade Juno sollte das wissen. Wie kann sie es wagen, solche Geschichten zu verbreiten, wo sie genau weiß, dass ich Frederick nicht mal vergoldet zurücknehmen würde!« Sie schüttelte Patricks Arm ab und stampfte wütend drauflos.

»Wirklich nicht?«, fragte er, holte auf und ging mit langen Schritten neben ihr her. »Worüber regen Sie sich dann so auf?«

Sie hielt plötzlich an und fuhr zu ihm herum. »Ich reg mich nicht auf, ich versuche *Sie* zu trösten, weil *Sie* sich wegen Topaz aufregen.«

»Topaz? Warum in aller Welt sollte ich mich wegen

dieser fitnessbesessenen, kaufsüchtigen Gesundheitsfanatikerin aufregen? Soweit es mich angeht, würde ich sagen, Frederick hat mir einen Gefallen getan. Ich hoffe nur, er kann sie sich auch leisten. Hätte sie nicht mein Auto geklaut, wäre ich längst unterwegs um zu feiern.«

»Warum laufen wir dann hier durch den Wald?«, fragte Althea. Sie war ärgerlich und kam sich ziemlich albern vor.

Er hob die Schultern. »Keine Ahnung. Ich dachte, ich müsste Sie wegen Frederick trösten.«

»Also sind Sie gar nicht todunglücklich wegen Topaz?«

»Nein, eigentlich nicht. Natürlich hab ich ein schlechtes Gewissen. Aber sie hat darauf bestanden, mit hierher zu kommen. Ich wusste, sie würde nicht in einem halb fertigen Haus leben wollen. Und vermutlich hat sie genau wie ich ziemlich bald nach der ersten heißen Nacht gemerkt, dass wir überhaupt nicht zusammen passten.«

»Wenn Sie das wussten, warum haben Sie nicht Schluss gemacht? Sie konnten doch schließlich nicht wissen, dass sie mit jemand anderem auf- und davonlaufen würde.« Sie gingen immer noch Richtung Wald, keiner von beiden schien Lust zu haben schon umzukehren.

»Oh doch, damit war zu rechnen. Mit mir ist sie ja auch auf und davon. Und wenn Topaz einen einmal anvisiert hat, hat man irgendwie kaum eine Chance Nein zu sagen.«

»Ich bin überzeugt, Sie haben sich redlich bemüht«, sagte sie und versuchte nicht allzu sarkastisch zu klingen.

Er hob die Schultern. »Wenigstens leidet niemand unter der ganzen Sache.«

Altheas Wut war plötzlich verraucht und sie fragte sich, ob das stimmte. Er musste doch verletzt sein, selbst wenn er es nicht eingestehen wollte. Sie konnte nicht glauben, dass es ihm wirklich gar nichts ausmachte, dass seine Freundin mit einem älteren Mann durchgebrannt war.

»Zumindest hoffe ich das«, fuhr er fort. »Ich bedaure nur, dass es Frederick war.«

»Tja, wegen mir brauchen Sie das wirklich nicht zu bedauern. Für mich spielt es keine Rolle, mit wem er verschwindet. Wenn es Ihnen wegen Topaz nichts ausmacht, mir wegen Frederick ganz sicher nicht.« Sie gingen ein Stück schweigend. »Vielleicht sollten wir umkehren. Ich meine, wenn wir beide überhaupt kein Problem mit der Geschichte haben und keiner von uns Trost braucht, können wir ebenso gut nach Hause fahren«, sagte sie um ihm Gelegenheit zu geben über Topaz zu sprechen und sich seinen uneingestandenen Kummer von der Seele zu reden.

Aber er ließ sie verstreichen. »Wenn Sie mich mitnehmen.«

Für Männer ist es immer schwierig, über ihre Gefühle zu reden, dachte Althea. Vielleicht würden ihre Söhne anders. Sie hatte sie jedenfalls immer ermutigt sich auszudrücken und zu weinen, wenn sie traurig oder verletzt waren. Sie fragte sich gerade, wie sie jemals erfahren sollte, ob es Früchte getragen hatte, als Patrick ihre Hand nahm und ihren Gedankengang damit unterbrach.

Sie machten kehrt und gingen zusammen zum Wagen zurück.

Er muss doch sehr traurig sein, überlegte sie, sonst würde er niemals einfach so meine Hand nehmen. Er sucht Trost. Er sagt, es macht ihm nichts aus, weil sein Stolz verletzt ist, aber natürlich macht es ihm doch etwas aus. Eigentlich hätte sie hingerissen sein sollen. Hier ging sie Hand in Hand mit dem großen, attraktiven Mann, der in letzter Zeit so oft der Gegenstand ihrer Tagträume gewesen war, aber ihr Mitgefühl verdrängte die prickelnde Freude. Dann stolperte sie plötzlich und er stützte sie und als die Innenseiten ihrer Arme sich dabei berührten, verdrängte wiederum eine beinah übermächtige Sehnsucht ihr Mitgefühl. Als sie auf den gepflegten Spazierweg zurückkamen und sich dem Wagen näherten, war sie vollkommen durcheinander.

»Also, was möchten Sie, das ich tun soll?«, fragte sie und überließ damit ihm allein die Initiative.

Patrick seufzte. »Oh Althea, Sie können wirklich manchmal die seltsamsten Fragen stellen.«

»Wirklich?«

»Entschuldigung. Ich war in Gedanken. Am liebsten würde ich in die Wohnung fahren, ein paar Sachen abholen und zum Haus bringen. Ich werde die Wohnung jetzt so schnell wie möglich aufgeben. Aber ich will Sie nicht den ganzen Nachmittag beanspruchen.«

»Kein Problem. Ich dachte schließlich, Sie wollten nach Heathrow.«

»Und Sie hätten mich hingefahren?«

»Natürlich. Wenn Sie Topaz hätten folgen wollen«, fügte sie hinzu, weil sie fürchtete, sie könne sich verdächtig machen, wenn sie allzu entgegenkommend klang.

»Sie sind wirklich sehr freundlich.«

»Ja, das bin ich.« Sie wühlte in ihrer Handtasche nach dem Autoschlüssel. »Wo genau ist diese Wohnung?«

Sie fuhren los und er wies ihr den Weg. Althea versuchte nicht niedergeschlagen zu sein. Trotz all der buddhistischen Vorträge ihres Sohnes über Rücksichtnahme und Mitgefühl wollte sie nicht freundlich genannt werden, nicht von ihm. Sie wollte, dass er sie schön und anziehend nannte. Dieser verfluchte Frederick hatte es getan, der letzte Mensch, von dem sie es hören wollte. Und Patrick, nach dem sie sich verzehrte, fand sie *freundlich*. Sie warf ihm einen Blick zu, der alles andere war, aber er sah leider aus dem Fenster und merkte es nicht.

Sie bog in die asphaltierte Einfahrt und bremste ziemlich abrupt.

Patrick wandte sich ihr zu. »Es tut mir furchtbar Leid, dass ich Sie so ausnutze. Ich habe Sie unter Vorspiegelung falscher Tatsachen von Ihrer Abschiedsparty weggelockt. Lassen Sie es mich mit einem Drink wieder gutmachen.«

»Ich trinke niemals, wenn`ich fahre.«

»Topaz hatte immer eine große Auswahl alkoholfreier Gesundheitsdrinks im Haus. Ein paar sind beinah genießbar.« Er legte ihr leicht die Hand auf die Schulter und sie schmolz augenblicklich. »Bitte.«

»Na ja, ich hätte nichts gegen eine Tasse Tee.«

»Dann kommen Sie.«

Die Wohnung war ordentlich, geschmackvoll und langweilig – eine Übergangslösung. Dezenter grauer Teppichboden, Pastelltöne an den Wänden, ein gemauerter Kamin. Keine Persönlichkeit hatte hier bislang Spuren hinterlassen.

»Kann ich mal ins Bad?«, fragte Althea. Sie fühlte sich plötzlich verschwitzt und klebrig. Außerdem brauchte sie ein paar Minuten für sich um ihre Gedanken zu ordnen. Solange Patrick in der Nähe war, schien sie dazu nicht in der Lage.

»Die Tür da drüben.«

Das Badezimmer war ein Traum Bis zur Decke gekachelt, es gab ein Bidet, zwei Waschbecken, eine separate Dusche und eine Eckbadewanne. Die Spiegeltüren der Schränke standen alle offen, vermutlich ein Beweis für Topaz' fieberhafte Eile beim Packen. Aber ein beachtliches Sortiment an Kosmetika war zurückgeblieben. War all dieses Aloe Vera das geheime Rezept für Topaz' blendende Erscheinung? Oder verdankte sie sie einfach ihrer Jugend und einem sorgenfreien Leben? Was immer es sein mochte, mit ihr zu konkurrieren schien jedenfalls völlig hoffnungslos.

»Ein Glück, dass du diesbezüglich keinerlei Ambitionen hast«, sagte Althea zu ihrem Spiegelbild. Sie sprach sehr bestimmt wie um sich selbst zu überzeugen.

»Und warum?«, wollte die Althea wissen, die eine gute Freundin von Sylvia war und manchmal ein bisschen außer Rand und Band geraten konnte.

»Weil er nicht interessiert wäre«, dozierte die Mutter von drei Teenagern. »Und selbst wenn. Du bist überhaupt nicht der Typ für flüchtige Affären. Und nichts anderes könnte es je sein, weil die Kinder das nicht verkraften würden. Also halt all diese tückischen, körperlichen Triebe im Zaum, die drohen dein Leben auf den Kopf zu stellen, und konzentrier dich lieber darauf, ›freundlich‹ zu sein. Es ist vielleicht langweilig, aber es ist sicher. Und es ist das, was du zum Wohle deiner Kinder sein musst. Abgesehen davon, jetzt, da du arbeitslos bist, solltest du deine Energien lieber darauf konzentrieren, euren Lebensunterhalt zu verdienen, nicht auf unerreichbare Männer.«

Keusch wie eine Nonne kam sie aus dem Badezimmer und all ihre guten Vorsätze wurden in dem Moment hinfällig, als sie Patrick in einem Sessel vor dem kleinen Balkon ausgestreckt sah. Er hatte das Jackett ausgezogen und die Hände im Nacken verschränkt. Sein Hals und der Ansatz seines Schlüsselbeins wirkten fein gemeißelt wie die einer Statue. Sie hatte schon Recht gehabt, als sie zu Jenny sagte, er sehe eigentlich nicht besonders gut aus. Aber er hatte einen wunderbaren Körper und ein sehr interessantes Gesicht, er strahlte eine eigentümliche Mischung von Trägheit und Vitalität aus, die ihn unwiderstehlich machte. Althea seufzte tief.

»Tee?«, fragte sie.

»Ich warte nur, dass der Kessel endlich anfängt zu kochen. Den elektrischen Wasserkocher habe ich zum Haus mitgenommen.«

»Kein Wunder, dass Topaz ausgezogen ist.« Althea setzte sich ihm gegenüber in einen Streifen aus Sonnenlicht und fragte sich, ob es vielleicht noch zu früh war für ironische Bemerkungen.

Er lachte. Sie beobachtete, wie sein Adamsapfel sich dabei bewegte, und wandte dann den Blick ab.

»Sie hat nie zu Hause gefrühstückt. Sie ging morgens immer als Erstes ins Hallenbad, schwamm ihre vierzig Bahnen und trank einen Kräutertee, wenn sie ins Büro kam.«

»Um Gottes willen.« Plötzlich kam ihr ein Gedanke. »Das hatte ich ganz vergessen. Frederick ist ja nicht nur mit Ihrer Freundin durchgebrannt, sondern auch mit Ihrer Sekretärin. Wie werden Sie zurechtkommen?«

»Wunderbar. Am Empfang sitzt ein reizendes Mädchen. Sie ist sehr tüchtig und wartet auf eine Chance ihre Fähigkeiten zu beweisen.«

»Oh. Na dann ...« Sie würde also nicht vom Schulbüro in ein Architektenbüro übersiedeln. Vielleicht besser so. »Ich denke, das Wasser im Kessel ist inzwischen verkocht.«

Er stand auf, langsam wie ein Tiger und ging in die winzige Küche. »Was für Tee möchten Sie?«

»Irgendeinen mit viel Koffein.«

»Teebeutel in Ordnung?«

»Sicher.«

Nach einem Augenblick kam er mit einem Becher in jeder Hand und einer Kekstüte zwischen den Zähnen zurück. »Haben Sie die schon mal probiert?«, fragte er, als er die Becher abgestellt hatte und wieder sprechen konnte. »Sie sind vom Bäcker hier aus dem Ort.«

Althea nahm ein Plätzchen. Helft mir auf mit Kalorien, denn ich bin krank vor Liebe ... Als ihr bewusst wurde, was sie gedacht hatte, jagte ihr das leicht entstellte Zitat einen Schreck ein. So verrückt konnte sie nicht sein, dass sie sich einbildete in Patrick verliebt zu sein? Sie wollte ihn, sicher, aber verliebt?

»Der Tee ist wirklich gut«, sagte sie um sich in die banale Welt zurückzubefördern.

»Ja? Gut.« Er nahm einen kleinen Schluck aus seinem Becher, lehnte sich zurück und schloss die Augen.

Althea nutzte die Gelegenheit um ihn noch einmal eingehend zu betrachten und drängte das Wort »Liebe« mit einiger Willensstärke aus ihrem Bewusstsein. Dass sie mit ihm ins Bett wollte, war in Ordnung, eine normale Reaktion einer gesunden Frau beim Anblick eines attraktiven Mannes. Aber für eine Frau von neununddreißig mit drei Kindern in einem schwierigen Alter, die keine Arbeit hatte, dafür aber eine Hypothek, kam Liebe einfach nicht infrage. Sie trank ihren Tee.

»Ich will Sie nicht drängen, aber ich müsste in absehbarer Zeit wirklich nach Hause.«

Patrick war offensichtlich eingeschlafen. »Gott, natürlich. Wie rücksichtslos von mir. Ich muss eingenickt sein.«

»Sie waren wohl müde.«

Er nickte. »Ich habe gestern Abend angefangen am Haus zu arbeiten, nachdem ich heimgekommen war.«

»Also sind Sie nicht hier gewesen?«

Er schüttelte den Kopf. »Wir hatten uns am Abend zuvor gestritten.« Er nahm einen großen Schluck von seinem kalten Tee. »Manchmal finde ich es schwierig, nachzuvollziehen, was ich eigentlich in Topaz gesehen habe.«

»Wirklich? Vielleicht kann ich Ihnen auf die Sprünge helfen«, sagte sie spitz. »Sie ist ein sehr attraktives Mädchen mit einer Figur wie eine Bodybuilding-Queen.«

Ein Hauch von Verlegenheit ließ seinen Mundwinkel zucken. »Tja. Wissen Sie, irgendwann verliert es seinen Reiz, mit einer Athletin zu schlafen.«

»Wirklich? Da kann ich nicht mitreden.«

»Hm. Diese eisernen Schenkel und ein Bauch wie ein Waschbrett sind auf die Dauer doch irgendwie ermüdend.«

»Sie meinen, sie hatte mehr Ausdauer als Sie?«

Er stand auf und zog Althea auf die Füße. »Nein, das meine ich todsicher nicht! Ich meinte lediglich, dass ein Mann sich manchmal nach etwas ... Nachgiebigerem sehnt.«

Er hatte ihre Oberarme umfasst und schob die Hände in die Ärmel ihres Kleides. Altheas Sinne verloren den Bodenkontakt. Sie hatte keine Mühe seine Botschaft zu entschlüsseln. Er wollte sie.

Aber trotz ihres eigenen Verlangens trat sie einen Schritt zurück. Wenn sie sich jetzt liebten, selbst wenn sie sich nur küssten, dann aus dem falschen Grund. Es würde passieren, weil ihr Mann ihm seine Freundin weggenommen hatte und er wollte sie als Wiedergutmachung für seine verletzte Eitelkeit.

»Entschuldigung«, sagte er nach einem Augenblick. »Ich bin furchtbar unsensibel. Ich geh und pack mein Zeug zusammen.«

Althea blinzelte die Tränen weg, die plötzlich aufstiegen. Sie nahm sich immer alles viel zu sehr zu Herzen, das war das Problem mit ihr. Wenn er sie wollte – und er hatte sie gewollt – warum konnte sie es nicht einfach tun ohne sich den Kopf über seine Motive oder die möglichen Folgen für sich selbst zu zerbrechen? Weil ich Althea bin, nicht Sylvia oder Jenny oder sonst irgendeine vernünftige Frau. Zur Hölle damit.

»Woher kriegen Sie ein Abendessen?«, hörte Althea, Mutter-der-ganzen-Welt, sich fragen, als sie auf das alte Haus zufuhren, das jetzt beinah vollständig eingerüstet war.

»Ich werd mir irgendwo bei einem Schnellimbiss etwas holen.«

»Sie könnten mit zu uns kommen«, schlug sie vor und das Ausmaß dieser masochistischen Anwandlung überraschte sogar sie selbst. Jenny würde da sein. Und Sylvia. »Aber vielleicht wären Sie lieber allein«, fügte sie eilig hinzu und eröffnete damit für sie beide einen Fluchtweg.

»Nein, nein. Ich hätte nichts dagegen, Ihre Kinder ein bisschen besser kennen zu lernen. Wir sind uns natürlich auf Ihrer Party begegnet, aber wir hatten kaum Gelegenheit zu reden.«

Ihre Kinder. Noch ein guter Grund ihn nicht mit nach Hause zu nehmen.

»Es wird aber nur Spagetti Bolognese geben. Oder sonst irgendwas, das man aus einem Pfund Hackfleisch und ein paar überreifen Tomaten zaubern kann.«

»Ich könnte eine Flasche Wein beisteuern«, bot er an, offensichtlich nicht abgeschreckt. »Oder würde das bedeuten, dass Sie mich anschließend nicht mehr nach Hause fahren?«

Lieber tu ich das, ehe ich riskiere, dass du die Nacht mit Jenny zusammen im Gästezimmer verbringst ...
»Nein, ich bin sicher, William wird Sie heimfahren. Er ist Buddhist, er trinkt keinen Alkohol. Oder Sie könnten zu Fuß gehen. Es ist nicht weit.«

Patrick schien sich wirklich zu freuen. Althea wünschte hingegen, sie hätte nur dieses eine Mal den Impuls unterdrücken können jeden zum Essen einzuladen, der andernfalls hungern könnte. Sie kochte überhaupt nicht gern und sie hätte gerade heute gut darauf verzichten können, den ganzen Abend die höfliche Gastgeberin zu mimen.

»Einverstanden. Also, wie machen wir's? Kommen Sie mich abholen? Oder ich könnte natürlich laufen, wie Sie so scharfsinnig angemerkt haben.«

»Das hängt davon ab, wie lange Sie brauchen. Ich hab ungefähr eine halbe Stunde bei meinen Pflanzen zu tun. Wenn Sie bis dahin fertig sind, könnten Sie gleich mitkommen.«

Alle außer Althea genossen den Abend in vollen Zügen. Jenny und Sylvia waren ganz aus dem Häuschen über

Patricks Besuch und versüßten ihm die Wartezeit im Wintergarten, während Althea kochte. Er bot ihr seine Hilfe an, aber Jenny und Sylvia versicherten ihm, dass er ihr ja doch nur in der Küche im Wege wäre. Sogar ihre Kinder fanden ihn in Ordnung. Im Gegensatz zu Jenny und Sylvia wusste er genug über Buddhismus, Filme und Pferde um mit jedem von ihnen ein interessantes Gespräch zu führen.

Und als Althea schließlich auf nackten Füßen und mit geröteten Wangen das Essen auf den Tisch brachte, versammelten sie sich zu einer fröhlichen, vertrauten Runde und unterhielten sich prächtig. Wäre ihr Herz nicht so schwer gewesen, wäre es sicher vor Stolz über all die strahlenden Gesichter am Küchentisch in ihrer Brust geschwollen.

Rupert folgte ihr in die Küche, als Althea dort das Chaos beseitigte. William brachte Patrick nach Hause, alle anderen waren schon weg oder schlafen gegangen.

»Er ist doch nicht dein Freund, oder, Mum?«

»Nein. Wie kommst du denn darauf?«

»Weiß nicht. Es war nur, Sylvia hat so komische Bemerkungen gemacht, da hab ich mich gefragt ...«

»Du brauchst dir keine Sorgen zu machen.«

»Gut. Das heißt, Jenny hat freie Bahn.«

»Wie meinst du das?«

»Sie hat ein Auge auf ihn geworfen. Wenn du ihn nicht willst, kann sie ihn ja haben.«

Althea war gerührt. »Hätte es dir etwas ausgemacht, wenn er mein Freund wäre?«

Rupert ging auf Nummer sicher. »Na ja, schon. Ein bisschen. Ich meine, er ist ganz nett und so. Aber ich bin nicht scharf drauf, dass er hier einzieht. Niemand soll hier einziehen. Dad ist schon schlimm genug, aber der verschwindet früher oder später wenigstens wieder nach Hongkong.«

Althea fand, Rupert war alt genug um die genaueren Umstände zu erfahren, unter denen Dad nach Hongkong verschwunden war. »Er hat Topaz mitgenommen. Patricks Freundin. Darum hab ich ihn eingeladen.«

»Dad? Er ist mit ihr durchgebrannt?« Er schien eher beeindruckt als schockiert.

»Das hätte er nicht tun dürfen, weißt du. Er hätte zu Claudia zurückgehen sollen.«

»Sie sind schon lange nicht mehr zusammen. Er wollte nur nicht, dass du es erfährst. Aber Dad und Topaz! Ich meine, er ist *Jahre* älter als Patrick.«

»Stimmt, aber vermutlich ist er auch viel reicher. Und für Frauen wie Topaz ist das weitaus wichtiger als ein paar Falten.« Das war möglicherweise eine unzutreffende, gemeine Unterstellung, aber Althea hatte die Nase voll davon, immer nett und freundlich zu sein. Also verschaffte sie sich ein bisschen Erleichterung. Es mochte gehässig sein, aber es half.

»Du bist doch nicht traurig wegen Dad, oder?« Für einen Jungen seines Alters war Rupert ungewöhnlich mitfühlend.

»Oh nein. Sie haben einander verdient.«

»Oder wegen Jenny und Patrick?«, fragte er vorsichtig. Sie konnte sehen, dass er hoffte, sie werde Nein sagen.

»Nein.«

»Cool!«

Seine Schritte auf der Treppe klangen wie eine Elefantenherde und weckten mit Sicherheit alle auf, die schon geschlafen hatten. Hätte sie auch nur die geringsten Zweifel gehabt, und das hatte sie nicht, jedenfalls nicht wirklich, dann wären sie jetzt endgültig ausgeräumt. Rupert hatte ihr bestätigt, dass im Moment wirklich nicht der geeignete Zeitpunkt für eine neue Beziehung war. Sie würde ihr Verlangen, ihre Sehnsucht nach Liebe noch ein Weilchen auf Eis legen müssen.

KAPITEL 13 Am Montag begannen die Sommerferien, und als es elf Uhr wurde, hatte Althea sich daran erinnert, dass diese sechswöchige Pause auch ihre Schattenseiten hatte. Eine war beispielsweise der ständige Nachschub an schmutzigem Geschirr. Es stapelte sich auf dem Tisch, der Anrichte und der Spüle. Und ganz gleich, wie oft sie spülte, durch irgendeinen Prozess, dessen Geheimnis nur Sciencefictionautoren und Teenagern bekannt war, entstand immer wieder neues.

Das derzeitige Tohuwabohu bestand nicht nur aus den Überresten vom Frühstück der Kinder – Honig, Hefeextrakt, zwei angebrochene Margarinepakete und ein leerer Jogurtbecher, der vom Gewicht des Löffels, der darin steckte, umgefallen war, sondern hinzu kam Jennys Müslischale. Würde eine junge Lehrerin auf Probeanstellung sich vielleicht als viertes Kind im Haus erweisen?

Althea liebte Kinder, rief sie sich ins Gedächtnis. Und in Kürze würde noch ein französisches hinzukommen um ihre eigene Brut bei der Verwüstung des Hauses zu unterstützen. Der kleine Gast und seine Nachfolger würden wenigsten die Woche über den ganzen Tag unterwegs sein. Nur an den Wochenenden war sie für ihre Unterhaltung und vor allem ihre ununterbrochene Beköstigung zuständig.

Ihre eigenen Kinder hatten es gern, wenn Ferienkinder kamen, denn – so hatte Rupert ihr erklärt, als sie ihm schonend beibrachte, dass er zu diesem Zweck sein Zimmer räumen und für den Sommer zu William übersiedeln müsse – es bedeutete, dass sie wenigsten hin und wieder eine warme Mahlzeit kochte. Diese Aussicht war ihm ebenso willkommen wie das zusätzliche Taschengeld, das sie ihm für die Einschränkung seiner Privatsphäre zahlte. Sie bekam nicht besonders viel Geld für die Unterbringung der ausländischen Ferienkinder, aber sie gab ihren Kindern immer ein bisschen davon ab. Sie fand, da sie in den Sommerferien ohnehin immer mehr Geld brauchten als sonst, konnten sie auch ruhig etwas tun um es zu verdienen.

Sie war durchaus daran gewöhnt, dass sie im Sommer entweder kinderlos war oder aber gleich neun hungrige Esser um ihren Tisch versammelt fand. Aber langsam beschlich sie der Verdacht, dass Frederick unter Umständen Recht gehabt hatte, als er sagte, es sei keine gute Idee, eine Untermieterin aufzunehmen. Vor allem weil sie die Sommerferien so dringend brauchte um ihren Garten zu vervollständigen. Sollte es sich herausstellen, dass Jenny so unordentlich war wie ihre eigenen Kinder, dann würde sie tatsächlich eine Last werden. Aber es war ausgeschlossen, dass Frederick Recht hatte. Ganz gleich in welcher Frage. Sie würde mit Jenny reden, höflich, aber deutlich, und Jenny würde sich bessern, ganz bestimmt. Althea seufzte und starrte aus dem Fenster, als warte sie darauf, dass ein ufo dort lande.

»Hi, Mum, wie geht's?« Merry kam herein. »Ich hab mein Zimmer aufgeräumt. Krieg ich was dafür?«

»Nein.« Dann kam Althea ein Einfall. »Aber du könntest die Küche in Ordnung bringen. Juno kommt heute Nachmittag.«

Merry überdachte den Vorschlag. Wenn sie in der richtigen Stimmung war, machte ihr Hausarbeit Spaß – genau wie Althea. Aber leider war Althea immer nur etwa alle achtzehn Monate in der Stimmung.

»Wie viel?«, fragte Merry.

»Ein Pfund.«

Merry schüttelte den Kopf. »Einen Zehner.«

»Auf keinen Fall.«

»Acht?«

»Zwei fünfzig.«

Merry seufzte. »Drei Pfund. Ich will morgen mit Ronnie ins Kino.«

»Na schön. Aber dafür will ich sie perfekt. Alle Töpfe gespült, abgetrocknet und weggeräumt. Und ein frisches Tuch am Haken.«

»Mum, bezahlst du das Kind etwa dafür, dass sie die Hausarbeit für dich macht?«, fragte William vorwurfsvoll. »Merry, immer ziehst du Mum das Geld aus der Tasche. Du solltest es aus Liebe tun. Umsonst.«

»Oh, klar doch.« Merry war die Einzige in der Familie, die vollkommen immun gegen Buddhismus war. »Als würdest du hier je einen Schlag tun.«

»Tu ich wohl, oder nicht, Mum? Und wenn ich es tue, nehme ich kein Geld dafür.«

»Nein, aber du lässt dir deine Hausaufgaben bezahlen«, gab seine Schwester zurück.

So ein Mist, dachte Althea. Merry hatte irgendwie von den gesponsorten Schulaufsätzen gehört. Sie als Einzige erledigte ihre Hausaufgaben unaufgefordert. Und sie machte sie freitagnachmittags, weil, so erklärte sie regelmäßig, sie auf diese Weise das ganze Wochenende frei hatte. Althea fragte sich oft, wie es kam, dass Merry diese einfache Wahrheit in der zweiten Schulwoche erkannt hatte, ihre Brüder sie aber voraussichtlich bis zum Ende ihrer Schullaufbahn nicht begreifen würden.

»Ich habe Wichtigeres zu tun als Schulaufgaben zu machen ...«

»Und ich habe Wichtigeres zu tun als mir eure ewige Zankerei anzuhören.«

Althea floh in den Garten, wo die Probleme praktischer Natur waren und kein Taktgefühl notwendig war um sie zu lösen. Ihr Modellgarten war beinah fertig. Obwohl die Fläche sehr klein war, war er mit niedrigen Zaunelementen, die eine ihrer Kundinnen ausrangiert hatte, in separate Abschnitte unterteilt. Auf diese Weise war ein Zickzackpfad bis zum Ende entstanden, wo der Waschbeckenbrunnen stand, gleichzeitig Blickfang und Sitzecke.

Hinter jedem der kleinen Zäune lag ein Beet mit unterschiedlichen Pflanzen. Eines der Beete lag auf einer von Erde bedeckten Plastikplane, dort wuchsen Pflanzen, die es gerne sehr feucht hatten, Primeln, Astilben und Iris. Funkien hätten sich auch angeboten, aber sie wurden allzu leicht von Schnecken befallen. Darum hatte sie sich lieber für Zungenfarn entschieden. Der wuchs wild in ihrem Garten und konnte sicher auch aus anderer Quelle kostenlos beschafft werden. Obwohl er keine sichtbaren Blüten trug, hatten die Blätter doch eine große Ähnlichkeit mit Funkien – und das den ganzen Sommer über.

Sie hatte einen winzigen Steingarten angelegt, wo efeublättriges Leinkraut, Steinbrech und wilder Thymian wuchsen. Das Leinkraut nahm sie von ihrer eigenen Gartenmauer, Steinbrech und Thymian kaufte sie an einem Stand des Frauenhilfswerks. Auch in der Stadt gab es sicher ein paar Möglichkeiten, günstig an Pflanzen zu kommen, dachte sie, als sie in ihr Notizbuch schrieb, wie viel sie dafür ausgegeben hatte.

Ein weiteres Beet war für die einjährigen Blumen reserviert, deren Samen man einfach ausstreut und dann das Beste hofft. Wucherblumen, Kornblumen, Schmuckkörbchen und Schwarzkümmel. An diesem Beet hätten sicher auch Kinder ihren Spaß, vor allem, wenn man noch Ringelblumen, Weidenröschen und Klatschmohn säte. Sie würde sie in der Beschreibung mit aufführen, aber sie konnte Ringelblumen nicht ausstehen, auch wenn sie dankbar und anspruchslos waren, darum ließ sie sie in ihrem Garten weg.

Ihr weißer Garten, mit dem sie Finesse und Geschmack demonstrieren wollte, bestand großteils aus einjährigen Blumen, doch sie hatte auch all ihre weißen Fingerhutpflanzen dafür geopfert. Steinkraut, Malven, Levkojen und weiße Bechermalven. Sie alle konnte man in einem einzigen, farbsortierten Samentütchen kaufen. Hochwachsende Blumen und Ranken wie Wicken, Klematis, Rittersporn und die Stockmalven, *Althea*, denen sie ihren Namen verdankte, verdeckten die Zaunelemente, sodass man den nächsten Abschnitt nie einsehen konnte und so die Illusion geschaffen wurde, als sei der Garten riesengroß.

Die Kletterrose *Morgentau*, die sie von einem Ableger gezogen, aber trotzdem in die Kostenaufstellung mit aufgenommen hatte, rundete das Gesamtbild ab. Ihre zartrosa Blüten und ihr Apfelduft erweckten einen Eindruck von Reife und Beständigkeit zwischen den kleinen Beeten. Sie hatte noch einige Ableger übrig, aber sie sparte sie lieber auf, falls sie sie für Chelsea brauchen sollte. Darunter war auch ein Setzling der *Rosa Glauca*, deren bläuliche Blätter, rosafarbenen Blüten und später dann die orangefarbenen Hagebutten sie zu einer ihrer Lieblingspflanzen machten.

Als sie ihren Garten betrachtete, war sie zu Recht stolz auf ihr Werk, aber sie durfte nicht vergessen zu erwähnen, dass sie niemanden dazu ermuntern wolle, seltene, wild wachsende Pflanzen aus der freien Natur zu holen, dass sie Froschbiss statt Wasserlilien, Wasserminze, Vergissmeinnicht und Hahnenfuß nur gewählt hatte um zu demonstrieren, dass auch diese gewöhnlichen, wild wachsenden Blumen sehr reizvoll waren, wenn man sie in ausreichender Anzahl pflanzte.

Zu den einzureichenden Unterlagen für den Wettbewerb sollte auch eine schriftliche Abhandlung gehören, aus der hervorging, welche Pflanzen und andere Materialien verwendet werden sollten. Ihre musste genial formuliert sein, wenn sie die Preisrichter davon überzeugen wollte, dass man mit ein bisschen Fantasie und Geschick einen Garten für wenig Geld entwerfen konnte ohne irgendetwas zu stehlen.

Jeder, der es sich leisten konnte, größere Mengen an Pflanzen in einer Gärtnerei zu kaufen, konnte einen wundervollen Garten anlegen, das war keine Kunst. Zucht und Pflege konnte man lernen, das kam mit der Erfahrung. Doch auf einem kleinen Gartengrundstück mit einer dünnen Schicht Mutterboden in weniger als drei Jahren einen Garten anzulegen, der nicht mehrere hundert Pfund verschlang, das war eine echte Herausforderung. Andere Gärten mochten japanisch, impressionistisch oder gar buddhistisch sein, ihrer war billig.

Schließlich ging sie hinein, denn sie war völlig ausgehungert und wollte sich außerdem die Hände waschen. Mit einiger Verspätung erinnerte sie sich an Merrys Bemühungen in der Küche. Vermutlich wäre sie nicht sehr erbaut, wenn die blitzblanke Spüle mit Gartenerde verschmiert wäre und Brot- und Käsekrümel auf der Anrichte verstreut lägen. Also wusch Althea sich die Hände auf der Gästetoilette und überlegte, dass Juno sicher niemals solche Rollentauschprobleme haben würde. Juno würde das Kommando haben und ihr Kind würde sich die Hände waschen, wenn sie es sagte. Irgendwo musste Althea einen schrecklichen Fehler gemacht haben.

Es gelang ihr, ihr Sandwich zu machen und zu verspeisen ohne ein Chaos in der Küche zu hinterlassen. Als Merry sie an den versprochenen Lohn erinnerte, bezahlte Althea sie willig, aber sie fragte sich, wie lange sie sich diesen Luxus der bezahlten Haushaltshilfe noch würde leisten können. Wenn sie endgültig abgebrannt war, musste sie einfach aufhören Juno zum Tee einzuladen.

Sie putzte die Gästetoilette, denn eine der auffälligsten Begleiterscheinungen von Junos Schwangerschaft war ihr häufiger Harndrang. Althea erinnerte sich an Merrys verständnisloses Gesicht, als dieser Ausdruck fiel, und sie hatte ihr erklärt, es bedeute, Juno müsse besonders oft zur Toilette. Warum in aller Welt sagt sie das dann nicht, fragte Merrys Blick. Da Althea auf diese Frage wirklich keine Antwort wusste, war sie dankbar, dass sie rhetorischer Natur und außerdem unausgesprochen war. Sie polierte das Waschbecken mit dem Gästehandtuch und hoffte, sie werde später nicht vergessen ein frisches aufzuhängen.

Die Schwangerschaft stand Juno gut. Sie zeigte sich vor allem in den etwas sanfteren Zügen und der blühenden Frische ihrer Haut, weniger in ihrem Umfang. Sie trug eine Seidenbluse, in die Althea auch ohne schwanger zu sein nur mit Mühe hineingepasst hätte, und darunter zeichnete sich eine leichte Rundung ab, nicht größer als eine kleine Melone.

Doch Juno schien seltsam verlegen und das wurde auch nicht besser, nachdem Althea ihr den besten Korbsessel angeboten hatte, Bozo sich auf ihrem fast unmerklich geschrumpften Schoß zusammengerollt hatte und eine Tasse Holundertee neben ihr stand. Althea stellte fest, dass sie das Gespräch beginnen musste, normalerweise war dies Junos Vorrecht.

»Wie geht es Kenneth? Ich hab ihn seit der Party nicht gesehen.«

»Oh, ihm geht's gut. Er ist ein wunderbarer werdender Vater, sehr aufmerksam und liebevoll.«

»Das war er immer, oder?«

»Oh ja, aber ... na ja, vielleicht weiß ich es jetzt einfach besser zu schätzen.«

»Weil du schwanger bist?«

»Ja. Und weil ...«

Althea sagte nichts und versuchte den Eindruck zu erwecken, dass sie für alles Verständnis aufbringen könne, ganz gleich, was Juno auf dem Herzen hatte.

Juno trank an ihrem Tee und verrückte die Blumentöpfe zu ihren Füßen ein wenig, damit die vorwitzigen Blätter sie nicht länger am Arm kitzelten. »Ich hab mich wohl ziemlich albern benommen wegen Frederick.«

»Ja?«

»Ich war so ... beeindruckt von ihm, als ihr damals

anfangs zusammen wart. Ich habe immer geglaubt, Kenneth sei die zweite Wahl. Als er wieder auftauchte und ich war schwanger und so weiter, da hatte ich wohl so was wie einen kleinen Rückfall. Wirklich lächerlich, es liegt an den Hormonen.«

»Wahrscheinlich. Und mit Kenneth bist du tausendmal besser dran.«

»Oh, ich weiß«, sagte Juno spitz. »Er sieht vielleicht nicht so gut aus wie Frederick, aber wenigstens wird er mich nicht im Stich lassen, ganz egal wie viel das Baby schreit.«

»Darauf kommt es an.«

»Und jetzt hat Frederick *das* getan!«

Althea biss sich auf die Zunge, ehe die Frage heraus war, woher Juno das wisse. Vielleicht wusste sie ja gar nicht alles. »Was denn? Er hat mir gesagt, er gehe zurück nach Hongkong. Ich war erleichtert ihn wieder los zu sein.«

»Aber hat er dir gesagt, mit *wem* er nach Hongkong gegangen ist?«

»Ähm ... nein.«

»Diana Sanders hat's mir erzählt. Es ist so peinlich. Und so schrecklich für dich.«

»Ah ja?«

»Es ist dieses kleine Biest Topaz! Der arme Patrick, wie erschüttert er sein muss. Und für dich ist es auch scheußlich.«

Althea seufzte. »Juny, es ist lieb von dir, dass du so besorgt bist, aber offen gestanden ist es mir furchtbar egal, mit wem Frederick auf und davon geht.«

»Aber Topaz! Claudia war schlimm genug. Aber Topaz ist so viel *jünger* als Frederick! Sogar viel jünger als Patrick.« Sie unterbrach sich, plötzlich fiel ihr auf, dass etwas nicht stimmte. »Du bist kein bisschen überrascht. Hast du es *gewusst*?«

Althea errötete, sie hatte ein schlechtes Gewissen. Nicht weil sie es wusste, sondern wegen der Umstände, unter denen sie es erfahren hatte. »Na ja, schon. Patrick hat's mir gesagt. Er dachte, *ich* sei vielleicht erschüttert.«

Diesmal errötete Juno. »Weil ich ihm gesagt habe, du und Frederick, ihr wolltet einen neuen Anfang machen.«

»Das hat er mir auch erzählt. Aber wie kamst du nur darauf? Frederick und ich passen heute noch weniger zusammen als damals.«

Juno hob die Hände zu einer Geste der Verwirrung. »Ich vermute, es war Wunschdenken. Und weil ... ich ihn so attraktiv fand ... konnte ich nicht glauben, du würdest nicht dasselbe empfinden. Und ich weiß genau, dass er wieder mit dir zusammenkommen wollte.«

Althea wartete auf das »weiß der Himmel, warum«, aber es blieb aus.

»Er hat mir gesagt, er wolle mehr Zeit mit den Kindern verbringen«, fuhr Juno fort. »Und er fand, dass du ...«

»Dass ich erwachsen geworden sei, ja, ja. Das hat er mir auch erzählt.«

Juno zog ein frisch gebügeltes Taschentuch hervor und schnäuzte sich auf eine Art und Weise, als wolle sie vermeiden es zu beschmutzen. »Es tut mir Leid, Ally. Ich war eine Gans. Aber wenn Frederick wieder zu dir gezogen wäre, wäre es die Lösung all deiner Probleme gewesen.«

»Glaubst du wirklich?«

»Aber natürlich! Er hätte die Hypothek bezahlt und dich unterhalten und du wärst nicht dauerhaft pleite.«

»Juny, ich bin lieber pleite als mit einem Mann zusammen, den ich nicht liebe.«

»Ist das wahr? Ich würde es nicht aushalten, arm zu sein. Und Frederick sieht so *gut* aus ... aber vermutlich bin ich schon wieder eine Gans.«

Althea spürte eine Welle warmer Zuneigung für ihre Schwester. Juno die Gans war sehr viel leichter zu lieben als Juno die tyrannische Perfektionistin. »Die Schwangerschaft hat manchmal komische Begleiterscheinungen.« Sie legte ihr den Arm um die Schultern. »Komm und sieh dir meinen Garten an. Er ist fast fertig.«

Juno wanderte den Pfad entlang, den Althea angelegt hatte, setzte sich auf die Bank am Teich und schlenderte wieder zurück. »Ich muss wirklich sagen, Althea, es ist ungeheuer beeindruckend. Ich dachte, du wolltest mich nur provozieren, als du sagtest, du willst Gartenarchitektin werden. Aber das war offensichtlich nicht der Fall.«

»Ganz bestimmt nicht. Es war mir schon ernst, als ich gesagt habe, dass meine Entlassung die Chance ist mir eine neue, echte Herausforderung zu suchen.«

»Aber wirst du kein Diplom oder Ähnliches brauchen?«

»Vermutlich schon, aber das hier wäre immerhin ein Anfang. Es sollte mir zu jedem Lehrgang, den ich machen muss, Tür und Tor öffnen. Vielleicht könnte ich sogar ein Stipendium dafür bekommen.«

»Tatsächlich? Ich dachte, Stipendien seien heutzutage rar geworden.«

»Bestimmt.« Althea zupfte die Samenkapsel eines Islandmohns ab und streute die Körner über dem Beet aus. »Aber ich bin sicher, ich könnte es auch ohne Lehrgänge schaffen, wenn ich nur zeichnen könnte.«

»Merry kann doch zeichnen.«

»Ich weiß. Das muss sie von Frederick haben. Von mir hat sie's jedenfalls nicht.«

Juno befasste sich mit diesem Problem, während Althea ein paar Löwenzahnblätter für die Meerschweinchen pflückte. Während sie sich zu dem Zweck vornüberbeugte, sprang eine der Siamkatzen auf ihre Schulter und schlug ihre Krallen durch den dünnen Stoff ihres T-Shirts. Sie fuhr zusammen und stöhnte, verscheuchte die Katze aber nicht.

»Du verziehst deine Katzen schlimmer als deine Kinder«, sagte Juno. »Und wenn es irgendetwas gibt, das Kenneth und ich tun können, dir Geld für einen Lehrgang leihen oder so ...«

Althea legte einen Arm um ihre Schwester und drückte sie an sich. »Danke, Juny, das ist sehr lieb. Aber ich bin fest entschlossen es allein zu schaffen. Nicht nur wegen des Geldes. Bisher hab ich immer nur fürs Geld gearbeitet. Jetzt will ich mir etwas aufbauen, was mich ausfüllt, wenn die Kinder einmal aus dem Haus sind.«

»Es ist seltsam, dass deine Kinder beinah erwachsen sein werden, ehe meins in die Schule kommt.«

»Sie freuen sich auf das Baby, Juno. Alle, nicht nur Merry.«

Juno seufzte. »Ich freu mich auch, denke ich. Wenn ich es zulassen kann, mich zu freuen.«

Juno war selten in der Stimmung sich von Althea gut zureden zu lassen und darum packte Althea die Gelegenheit beim Schopf. »Es wird dein Leben verändern, das ist nicht zu leugnen. Aber es ist so ein Gewinn. Du wirst dich fragen, wie du je zurechtgekommen bist, ehe du das Baby hattest, das du lieben konntest und das dich liebt.«

»Tja, ich hoffe, du hast Recht.«

Als sie die Stufen zum Haus hinaufstiegen, erschien Merry. Sie saugte an einer durchsichtigen Plastikverpackung mit einer gefrorenen Stange aus Wasser und Lebensmittelfarbe, die angeblich nach Cola schmeckte. »Patrick hat angerufen. Er hat gesagt, danke für den schönen Abend und du möchtest ihn doch mal zurückrufen.«

Althea gab sich alle Mühe den Anschein zu erwecken, als ließe diese Nachricht sie völlig kalt. »Ja, in Ordnung.«

Merry verschwand und Juno traktierte ihre Schwester mit ihrem gefürchteten Inquisitorenblick. Althea fühlte sich, als werde ihr Innenleben seziert, eine Form von Entblößung, die sie nicht mehr durchlitten hatte, seit Frederick sie verlassen hatte.

»Er war lediglich zum Abendessen hier. Sylvia und Jenny und die Kinder waren dabei.« Es klang, als habe sie ein schlechtes Gewissen, obwohl es doch die Wahrheit war.

»Verstehe. Also da ist nichts zwischen euch?«
»Absolut nichts.«
»Schade.«

Diesmal war Althea an der Reihe ihre Schwester anzustarren.

Sie rief Patrick nicht an. Sie spielte mit dem Gedanken, sie wollte es tun, aber die Vernunft siegte. Außerdem hatte sie so furchtbar viel zu tun. Sie musste ihren Garten fertig bekommen, ihre Wettbewerbsunterlagen zusammenstellen und französische Ferienkinder bewirten und unterhalten. Zwischendurch hatte sie sich auch noch um die Gärten ihrer Kunden zu kümmern, seit Ostern hatte sie sie vernachlässigt. Sie hatte wirklich keine Zeit sich Träumereien hinzugeben.

Das erste französische Ferienkind kam um ein Uhr nachts an, zusammen mit fünfzig weiteren und zwei abgekämpften Lehrern. William begleitet Althea, als sie ihres abholte, ein zehnjähriges, zierliches Mädchen namens Véronique. Es dauerte ein Weilchen, bis sie sie ausfindig gemacht hatten und in den Wagen verfrachten konnten. Morgen früh um neun sollten sie sie angezogen und abgefüttert am Freizeitzentrum abliefern, sagte man ihnen.

»Das arme Würmchen sollte besser ausschlafen«, raunte Althea William zu. »Und sie ist so *jung*. Sie wird bestimmt Heimweh kriegen und nach ihrer Mama jammern.«

»Sei unbesorgt«, sagte William, der das Gepäck brachte. »Nach dem Gewicht dieses Koffers zu urteilen, hat sie ihre Mama mitgebracht.«

Doch wenn es ihr auch gelang, dem Patrick der wirklichen Welt aus dem Wege zu gehen und ihre Pflanzen im Gewächshaus immer nur dann zu besuchen, wenn sie absolut sicher sein konnte, dass er nicht da war, war es doch sehr viel schwieriger, ihn auch aus ihren Gedanken zu verbannen. Die Erinnerung an seine lachenden Augen und seinen Mund stahl sich fortwährend in ihr Gedächtnis, wenn sie die Plastikfolie, die von seiner Baustelle stammte, mit Erde bedeckte, wenn sie Spagetti kochte, wenn sie die Kaffeewerbung mit dem Mann und der Frau sah, die sich so prüde anstellten, weil sie ein Bett teilen sollten. Tut's einfach, drängte sie sie im Stillen. Ihr habt keine Kinder, keine Verantwortung, also tut es einfach und habt ein bisschen Spaß.

Sie war dabei, in der Küche Ordnung zu schaffen.

Sobald sie fertig war, wollte sie einen weiteren Versuch unternehmen die Zeichnungen für ihr Meisterstück aufs Papier zu bringen. Es blieben ihr noch etwa zwei Stunden, ehe sie irgendetwas auf den Tisch bringen musste, das Véronique, die sich auf einem Tagesausflug nach London befand, essen konnte.

Jenny kam in die Küche wie ein Wirbelwind. »Hey, Ally. Hast du was dagegen, wenn ich jetzt koche? Ich geh nachher Tennis spielen und es ist nicht gut, unmittelbar vorher zu essen.«

»Wenn du versprichst, dass du nachher alles wieder wegräumst und abwäschst.« Althea ließ ihre guten Vorsätze unter leichten Gewissensbissen fahren. Véronique würde sich wieder mit Pizza begnügen müssen.

»Tu ich das denn nicht immer?«

»Nein.«

Jenny kochte immer ganze Kessel voll Hülsenfrüchte, frittierte Berge von jungem Gemüse im Wok und dünstete gläserweise Sojakeimlinge und war genauso blind für das Durcheinander, das sie hinterließ, wie Altheas Kinder.

»Oh, sorry. Ich werd versuchen mich zu bessern, ehrlich. Ich hatte nur so viel um die Ohren.«

Althea tat es schon Leid, dass sie mit Jenny gesprochen hatte, als sei sie wirklich eins ihrer Kinder. Sie setzte sich an den Küchentisch und fragte: »Du planst dein Unterrichtskonzept? Für einen neuen Job gibt es sicher immer furchtbar viel vorzubereiten.«

Jenny lachte. »Ach was. Ich hab meine Rückhand trainiert. Es hat mich solche Mühe gekostet, Patrick zu überreden mit mir Tennis zu spielen. Jetzt hab ich's endlich geschafft und jetzt muss ich richtig gut sein, damit er's nicht bereut.«

»Patrick? Patrick Donahugh?«

»Kein anderer.« Jenny öffnete eine Dose Tomaten und gab den Inhalt in einen Topf, wo sie die Früchte mit der Hand zerdrückte.

»Oh. Ich wusste gar nicht, dass ihr euch kennt.«

»Aber natürlich. Er war mal zum Essen hier, weißt du noch?«

»Ach, richtig ...«

»Natürlich sind Männer Frauen immer überlegen, was Sport angeht, aber ich habe nichts dagegen, von einem starken Mann geschlagen zu werden.« Jenny lachte. Althea stimmte mühsam mit ein.

Jenny unternahm immerhin den Versuch nach dem Kochen wieder Ordnung zu schaffen. Sie ließ den Rest ihrer Mahlzeit im Topf, aber das verhinderte wenigstens, dass irgendjemand anderer ihn benutzte und schmutzig machte. Sie spülte ihr Geschirr ab und stapelte es zum Abtropfen auf die Spüle, ein etwas instabiles Türmchen, das mit Sicherheit einstürzen und ins Spülbecken poltern würde, wenn man nur ein weiteres Teil hinzufügte. Zu guter Letzt wischte sie mit einem feuchten Tuch den Tisch ab.

Althea sah ihr durchs Fenster nach. Die Radlerhosen spannten sich wie Hochglanzlack über ihrem wohlgeformten Hinterteil. Seufzend wischte Althea den Tisch trocken, räumte das Geschirr in die Spülmaschine und kramte ihren karierten A3-Block hervor. Dann besorgte sie sich eine Auswahl von Merrys Bleistiften, einen Radiergummi, ein Lineal und ein Paket Schokokekse. Es war Zeit, dass sie diese Aufgabe ernsthaft in Angriff nahm.

Sie widmete sich mit großem Ernst der Vernichtung

der Kekse. Bald war der Tisch von Krümeln und Gummiabrieb übersät, hier und da lagen ein Häufchen Holzspäne aus dem Spitzer und ein zerknülltes Blatt Papier. Ansonsten waren die Ergebnisse eher mager. Althea hatte die Ellbogen auf einen frischen Bogen Papier gestützt, den Kopf auf die Hände und betrachtete die wenigen Striche, die keine erkennbare Form ergaben, als Jenny zurückkam.

»Ich lauf schnell nach oben und dusche«, rief sie fröhlich.

»Vermutlich ist kein heißes Wasser mehr da«, sagte Althea, aber sie sah nicht auf. Ihr war es gleich, ob Jenny kalt duschte oder warm.

»Warum haben Sie mich nicht angerufen?«, fragte Patrick von der Tür.

Althea fuhr auf wie eine Zeichentrickfigur. »Ähm ... ich hatte so furchtbar viel zu tun.«

»Zu viel um den Hörer in die Hand zu nehmen?«

»Ja.« Die Muskeln in ihrem Hals schienen sich zusammenzuziehen und ließen ihre Stimme schrill und gepresst klingen.

Er wirkte ungeheuer vital in seinen weißen Tennissachen, hatte die Hände in die Seiten gestemmt und sein Gesichtsausdruck war ausgesprochen finster.

Althea räusperte sich. »War's ein gutes Spiel?«

»Nicht besonders.«

Vermutlich waren es wieder mal ihre Mutterinstinkte, die sie drängten ihm etwas zu trinken anzubieten, aber sie durfte ihm keinen Blick auf ihren angefangenen Plan gewähren. »Jenny kommt bestimmt gleich wieder nach unten und wird Ihnen etwas zu trinken holen.«

»Da bin ich sicher.«

»Sie dürfen trotzdem schon mal reinkommen, wissen

Sie. Kein Grund, warum Sie da in der Tür stehen müssten.«

»Wirklich? Ich dachte, ich sei hier vielleicht nicht mehr willkommen, nachdem Sie nicht zurückgerufen haben.«

Althea fuhr sich mit der Zunge über die Lippen. »Oh nein. Ich war nur so furchtbar beschäftigt, sonst nichts.«

Er machte zwei lange Schritte in die Küche hinein, blieb hinter ihr stehen und sah ihr über die Schulter. »Was machen Sie da?«

»Ich ... zeichne einen Plan für einen Garten.« Sie hatte die Hände flach auf das Papier gelegt und spreizte die Finger um möglichst viel zu verdecken.

Finger für Finger schob er ihre Hände beiseite, dann ihre Arme und hielt sie auseinander, sodass er das ganze Blatt sehen konnte.

»Ich dachte, Sie sagten, Sie seien Gartenarchitektin, wenn Sie nicht gerade Schulsekretärin sind.«

»Stimmt.«

»Aber Sie können nicht zeichnen.«

»Nicht besonders gut, nein.«

»Überhaupt nicht.«

Sie räusperte sich wieder. »Ja.«

»Wann müssen Sie die Pläne einschicken?«

»Vor dem ersten September.«

»Dann haben Sie einen Monat Zeit um es zu lernen. Das sollte reichen.«

»Wirklich?«

»Natürlich. Wenn Sie mir erlauben es Ihnen beizubringen.«

KAPITEL 14 Althea löste ihre trockene Zunge von ihrem trockenen Gaumen. Ihre Stimme war ihr offenbar endgültig abhanden gekommen und sie versuchte sie wieder dienstbar zu machen. »Es ... es ist ein sehr großzügiges Angebot, aber ich glaube, ich sollte es lieber nicht annehmen.«

»Warum nicht?«

»Na ja, es wäre gemogelt.«

»Ich habe ja nicht vorgeschlagen die Pläne für Sie zu zeichnen, sondern Ihnen ein paar Grundbegriffe der Zeichenlehre beizubringen, damit es kein komplettes Desaster wird. Jenny sagt, Sie haben sehr hart an Ihrem Garten gearbeitet. Es wäre ein Jammer, wenn Ihre Pläne aussähen wie eine Horde Pfadfinder, die am Grund des Grand Canyon Würstchen über einem Lagerfeuer grillen.«

»Was!«

»Das ist es jedenfalls, was ich in all diesen eiernden Kreisen erkenne.«

William, der derzeit etwa alle siebzehneinhalb Minuten eine Mahlzeit zu sich nehmen musste, wählte diesen Moment um in die Küche zu kommen.

»Er hat Recht, weißt du. Entweder Pfadfinder am Lagerfeuer oder Gnome, die in einen Teich pinkeln.«

Rupert und Merry, die vergeblich hofften, es könne etwas Warmes geben, waren ihrem Bruder gefolgt. Sie lachten.

»Ja, ihr habt alle gut lachen! Ihr müsst ja auch nicht irgendwas tun, was ihr absolut nicht könnt, um zu beweisen, was ihr könnt!«

»Wirklich nicht?«, fragte Rupert. »Und ich dachte, genau darum ginge es bei den Abschlussprüfungen zur Mittleren Reife.«

»Ja«, stimmte William zu. »Als ich sechs war, hast du zu mir gesagt, es nütze nichts, ein Genie zu sein, wenn niemand die Ergebnisse meiner Genialität lesen kann.«

»Ich bin sicher, das hab ich niemals ...«

»Oh doch!« William nickte heftig. »Es war ziemlich gerissen. Ich hab mir wirklich mehr Mühe mit meiner Handschrift gegeben.«

»Und jetzt weigerst du dich Zeichenunterricht zu nehmen«, sagte Merry missbilligend. Sie hatte ja auch keinen Zeichenunterricht nötig.

»Warum zeigen Sie mir Ihren Garten nicht einfach?«, schlug Patrick vor. Möglicherweise fühlte er sich von all der Unterstützung ein bisschen belagert. »Dann bekomme ich eine Vorstellung davon, wie die Zeichnungen aussehen sollten.«

»Aber Sie interessieren sich doch nicht für Gärten.«

»Nein, nicht im Geringsten. Aber ich habe ein Interesse daran, ein klares Bild von Ihrem Garten zu bekommen.«

Althea stand auf. »Einverstanden, aber erst sollten Sie was Kühles trinken. Sie schwitzen.«

Jenny schloss sich ihnen im Garten an. Sie hatte geduscht und die schwarzen Radlerhosen gegen ein knallrosa Paar eingetauscht. Sie tollte um sie herum und hechelte nach Patricks Aufmerksamkeit. Wenigstens zerkaut sie keine Schuhe und haart nicht, dachte Althea. Sie versuchte eben immer die Dinge von ihrer positiven

Seite zu sehen. Aber sie wünschte, sie könne Jenny in ihr Körbchen schicken.

»Das ist die Frontseite«, erklärte Althea Patrick und widerstand mit Mühe dem Impuls »Aus, Jenny« zu sagen. »Stellen Sie sich vor, es sei der Garten eines kleinen Reihenhauses mit Hanglage.«

»Warum Hanglage?«

»Weil ich es nicht übers Herz bringen konnte, einen anderen Flecken meines eigenen Gartens zu opfern. Und dieser Teil hier ist abschüssig, wie Sie sehen.«

»Verstehe. Also, Reihenhaus mit Hanglage.«

»Ich muss noch ein paar Bäume setzen um einen Eindruck von Höhe zu schaffen, aber ich weiß noch nicht, was ich mir leisten kann. Und ich hab einen *Rosa-Glauca*-Setzling, den ich mit in den Plan aufnehmen will, aber ich habe ihn hier nicht gepflanzt, weil ich ihn brauche, falls ich gewinne.«

»Und was ist das da?«

»Ein Feuchtbeet. Die Erde ist mit einer Plastikfolie unterlegt und mit Mulch bedeckt, damit die Feuchtigkeit nicht entweicht.«

»Meine Plastikfolie?«

»Nein«, erwiderte Althea bestimmt. »Nur für den Teich hab ich Ihre Folie genommen. Es tut mir Leid. Ich hätte sie Ihnen ersetzen müssen.«

»Das ist schon in Ordnung. Die Bauarbeiter haben neue besorgt. Und die können es sich wirklich leisten, bei den Preisen, die ich ihnen zahlen muss.«

»Es verschlingt Unsummen, ja?«

»Natürlich. Und es scheint überhaupt keinen Unterschied zu machen, wie sorgfältig man plant und die Einzelposten zusammenrechnet. Selbst wenn man für jedes Gewerk ein Polster einkalkuliert, scheint es trotzdem immer mehr zu kosten, als die pessimistischste Schätzung ahnen lässt. Vielleicht kann ich erst mal nur die Hälfte renovieren und die andere Hälfte muss warten, bis ich wieder Geld habe.«

»Nun, auf jeden Fall wird es wunderbar, ganz gleich, wie lange es dauert. Und der Garten könnte das reinste Paradies werden.«

»Das könnte er bestimmt. Wenn ich den richtigen Gartenarchitekten finde.«

Althea entdeckte plötzlich eine Ackerwinde, die sowohl ihrer Harke als auch ihrem Unkrautvernichter entronnen war. Sie kniete sich hin und machte ihr den Garaus.

»Ich überlege, ob ich das Haus nicht in zwei Wohnungen aufteilen soll«, fuhr Patrick fort. Offenbar hatte er Altheas Ausweichmanöver nicht bemerkt. »Man könnte zwei separate Eingänge machen, einen Teil des Gartens gemeinsam nutzen und den Rest aufteilen. Das könnte wunderbar funktionieren. Topaz wollte nichts davon hören. Aber jetzt, wo sie weg ist, kann ich machen, was ich will.«

»Natürlich.« Althea konnte nicht ewig in der Hocke bleiben, ohne dass ihr irgendwann schummrig wurde.

»Und es ist ja nicht nur, dass sie im Unterhalt so kostspielig war. Ich muss mich auch endlich nicht mehr von diesem verdammten Gesundheitsfraß ernähren.«

Althea betrachtete ihn verstohlen von der Seite. Noch wölbte sich jedenfalls kein Bauchansatz über den Bund seiner Tennisshorts. Und da sie seine Beine vorher nie gesehen hatte, konnte sie nicht beurteilen, ob sie sich verändert hatten. In ihren Augen waren sie jedenfalls perfekt.

»Wie wär's mit einer Gemüsepfanne?«, lud Jenny ihn

ein, froh, dass sich eine Gelegenheit bot die Unterhaltung an sich zu reißen. »Ich habe Mungobohnen, Bambussprossen und Babymaiskolben. Wenn Sie sich in letzter Zeit nur von Fastfood ernährt haben, wird es Zeit, dass Sie mal wieder was Vernünftiges zu sich nehmen.«

»Nein, vielen Dank«, sagte Patrick. »Ein verlockendes Angebot, aber ich habe Althea versprochen, dass wir im Pub eine Kleinigkeit essen gehen. Wir hätten Sie gern mitgenommen, aber sie haben keine vegetarischen Gerichte auf der Karte.«

»Na ja, ich könnte eine Folienkartoffel nehmen. Meine Gemüsepfanne hält sich auch noch bis morgen.«

»Das würde ich an Ihrer Stelle wirklich nicht tun. Wissen Sie denn nicht, dass Gemüse mit jedem Tag, nachdem es abgeerntet wurde, siebzig Prozent seiner Nährwerte verliert?«

Jenny war entsetzt. »Wirklich?«

»Woher wissen Sie das«, fragte Althea ungläubig und argwöhnisch.

»Topaz hat es mir gesagt. Und wenn wir uns nicht bald auf den Weg machen, Althea, ist unser Tisch anderweitig vergeben.«

»Im Pub kann man keinen Tisch vorbestellen«, wandte Jenny empört ein.

»Ich weiß«, antwortete Patrick. »Aber wenn man nicht zeitig da ist, sind die besten Sachen von der Karte schon weg.« Er wandte sich an Althea. »Ich fahr kurz nach Hause, spring unter die Dusche und hol Sie in einer halben Stunde ab.« Er drückte kurz ihre Hand, ging mit langen, federnden Schritten zum Haus zurück und wenige Augenblicke später hörten Althea und Jenny seinen Wagen starten und davonfahren.

»Er hat gar nicht erwähnt, dass Sie essen gehen wollten«, sagte Jenny, immer noch empört.

»Wirklich nicht?« Althea verzichtete darauf, ihr zu sagen, dass sie vorher auch nichts davon gewusst hatte. »Na ja. Ich sollte mich lieber umziehen gehen.«

Jennys Rache folgte auf dem Fuße. Sie hatte fast das gesamte heiße Wasser verbraucht und Altheas Dusche war kaum mehr als lauwarm. Und hätte Jenny geahnt, welch eine Panik Patricks so beiläufig ausgesprochene *Fait-accompli*-Einladung in Althea auslöste, wäre sie voll und ganz besänftigt gewesen.

Althea stand in ihren Bademantel gewickelt vor dem Kleiderschrank. Nur etwa ein Drittel seines Inhalts war im günstigsten Fall überhaupt tragbar und im Augenblick enthielt er so gut wie gar nichts, das sie hätte anziehen können. Sie musste sich schnell etwas einfallen lassen, andernfalls blieb ihr keine Zeit fürs Makeup. Althea hatte sich inzwischen daran gewöhnt, dass Patrick sie in ihrer Gartenmontur sah, aber sie wollte ihm nicht ohne Wimperntusche am Tisch gegenüber sitzen.

Ich hätte mich weigern sollen, überlegte sie, während sie hastig ein schwarzes Baumwoll-T-Shirt bügelte. Schließlich hatte er sie überhaupt nicht richtig eingeladen. Es war anmaßend und eigenmächtig von ihm, Jenny einfach zu sagen, sie seien verabredet.

Aber was war seine Alternative, fragte sie sich und ließ das Bügeleisen ebenso hastig über einen Rock gleiten. Sie wären Jenny anders niemals losgeworden. Sie hätte ihn weiter mit ihren zweifelhaften kulinarischen Angeboten bedrängt, bis er schließlich hätte annehmen müssen und Althea, da bestand kein Zweifel, hätte sich anschließend mit dem Abwasch vergnügen können. Nein, diese Lösung war wirklich viel besser. Sie lief nach unten und trug vor dem Spiegel im Gäste-WC ihr Make-up auf, denn dort war der einzige Spiegel mit vernünftigem Licht im ganzen Haus.

»Kommst du mit dem Spachtel zurecht, Mum«, fragte William, als er sie dort entdeckte.

»Ja, vielen Dank, Liebling.« Althea ging mühelos über diesen alten Witz hinweg und verteilte den Puder mit dem Finger auf ihrer Nase, denn sie hatte ihren Puderquast verloren.

»Deine Mum geht mit Patrick aus«, petzte Jenny, als sei William in der Position es zu verbieten.

»Nur im Pub eine Kleinigkeit essen«, sagte Althea mit weit geöffnetem Mund, während sie Lippenstift auftrug.

»Aber was ist mit uns?«, fragte Merry ängstlich.

Althea biss sich auf die Unterlippe. Schuldgefühle schwemmten plötzlich all ihre mädchenhafte Vorfreude hinweg. »Oh, so ein Mist! Ich habe Véronique vergessen. Sie muss um halb zehn abgeholt werden.«

»Ich mach das schon, Mum, und um dich kümmere ich mich auch, Merry«, sagte William und bohrte seiner Schwester einen Finger zwischen die Rippen. »Lass Mum nur ausgehen und sich im Pub amüsieren, während ihre bedauernswerten Kinder daheim hungern und das kleine französische Ferienkind stundenlang vor dem Freizeitzentrum vergeblich darauf wartet, dass sie jemand aufliest. Wir werden schon einen harten Kanten Brot und einen Schluck Wasser für uns finden ...«

»Ich geb dir das Benzingeld und ihr braucht nicht zu darben«, sagte Althea. Sie war erleichtert über Williams großmütiges Angebot. »Der Gefrierschrank ist zum Bersten voll.«

»Aber das ist alles vegetarisches Zeug«, jammerte Merry.

»Ich bin sicher, irgendwo finden wir schon ein Stück Aas für dich«, meinte William. »Ich mache Pommes frites. Und wir könnten Popcorn machen.«

»Pommes frites!«, schrie Jenny. »So was Ungesundes! Krieg ich auch welche?«

»Popcorn?« Althea seufzte. »Na schön. Aber *bitte* nicht überall auf dem Teppichboden. Und die Pommes frites werden im Ofen gemacht und esst auch was Vernünftiges.«

»Ja, Mutter.«

»Seh ich halbwegs präsentabel aus?«, fragte Althea, nachdem sie ihr Make-up in Rekordzeit aufgetragen hatte.

»Du siehst wunderbar aus«, meinte Rupert, der in die Diele kam, nachdem er *Zurück in die Zukunft* auf Video geschaut hatte. Er umarmte seine Mutter kurz. »Amüsier dich gut. Ich geh mit dem Hund.«

Althea wartete vor dem Haus auf Patrick, zupfte im Vorgarten ein bisschen Unkraut aus, untersuchte Samenkapseln nach ihrem Reifezustand und bemühte sich ihre Hände dabei nicht allzu schmutzig zu machen. Wäre sie drinnen geblieben, hätte ihr Gewissen sie zu dem Entschluss gebracht, dass sie Véronique selbst abholen, die Kinder bekochen, den Hund ausführen, die Blumen gießen und die tausend anderen häuslichen Aufgaben erledigen musste, die eine täglich wiederkehrende Verpflichtung waren. Hätte Patrick auch nur eine Minute länger als die angekündigte halbe Stunde auf sich warten lassen, hätte sie vermutlich auch so vor ihrem Gewissen kapituliert.

»Sie sind schnell fertig«, sagte Patrick, als er aus dem Wagen stieg.

»Ich weiß. Hätte ich mir Zeit zum Nachdenken gelassen, wäre ich nicht mitgekommen. Das französische Ferienkind muss abgeholt werden, die Kinder hatten noch kein Abendessen, Jenny ist eingeschnappt und normalerweise wird der Hund um diese Zeit ausgeführt.«

»Hm. Möchten Sie vielleicht, dass ich mich allein amüsiere, während Sie kochen und den Hund ausführen? Vielleicht schaffe ich es sogar, Ihnen Jenny ein Weilchen vom Hals zu halten.«

»Oh nein«, sagte Althea eilig. »Lassen Sie uns fahren.« Sie stieg ein und er schloss die Beifahrertür. »Auch wenn Sie mich nicht eingeladen haben.«

Sie sagte das, während er um den Wagen herumging, aber er schien sie trotzdem gehört zu haben. »Hätte ich Sie eingeladen, hätten Sie eine Ausrede erfunden und abgelehnt.«

Althea zupfte ihren Rock zurecht und stellte fest, dass einer der Knöpfe fehlte und er ihr daher ständig über die Knie rutschen würde, wenn sie ihn nicht fortwährend im Auge behielt. Es waren recht hübsche Knie, aber sie hatten Grübchen und würden dem Vergleich mit Jennys oder Topaz' niemals standhalten.

»So ist es doch«, fuhr er fort. »Andernfalls hätten Sie mich zurückgerufen.«

Althea sah aus dem Fenster.

»Mir blieb nichts anderes übrig als Sie zu kidnappen.«

Sie seufzte. »Vermutlich haben Sie Recht. Also? Wo ist dieser Pub, wo es kein vegetarisches Essen gibt und die besten Gerichte auf der Karte ausverkauft sind, wenn man nicht zeitig hinkommt?«

»Keine Ahnung. Ich hatte gehofft, Sie wüssten, wo er ist.«

Altheas Mundwinkel zuckte, ein sicheres Zeichen, hätten ihre Kinder ihm sagen können, dass sie nicht mehr böse war und bei nächster Gelegenheit anfangen würde zu lachen. »Dann lassen Sie uns zum Dun Cow fahren. Ich weiß nicht, wie das Essen ist, aber der Ausblick vom Garten ist herrlich.«

Das Essen im Dun Cow war schlicht aber reichlich. Patrick verkündete, sein Hungertod stehe unmittelbar bevor und er studierte die Tafel mit gierigen Blicken. Dann bestellte er eine Vorspeise, gefolgt von einer Fleischpastete mit Pommes frites und Erbsen. Es war schwer, ihn davon zu überzeugen, dass Althea wirklich nur Pâté und Salat wollte.

Nachdem sie ihre Bestellung aufgegeben hatten, trugen sie ihre Gläser nach draußen und fanden einen Tisch unter einem Baum, von wo aus sie einen freien Blick über das Tal und die Hügel hatten. Ein Kirchturm ragte zwischen den Bäumen auf, Pferde grasten auf einer nahen Weide, Schwalben segelten durch den blauen Abendhimmel auf der Jagd nach unsichtbaren Insekten. Es war eine so pittoreske, beinah pastorale Szene und so schön, dass Althea ganz wehmütig ums Herz wurde. Beinah wünschte sie, sie säßen drinnen zwischen den Spielautomaten.

»Und wie war's beim Tennis mit Jenny?«, fragte sie fröhlich, bemüht sehr amüsant und unterhaltsam zu sein.

Patrick nickte und trank an seinem Limonensaft. »Sie hat eine wirklich starke Rückhand und ihre Vorhand ist auch nicht übel.«

»Ich spiele kein Tennis. Also hab ich vermutlich überhaupt keine Hand.«

Patrick nahm die, die sie unvorsichtigerweise auf dem Tisch liegen hatte. »Oh doch«, widersprach er. »Klein, tatkräftig, rau, hier und da ein bisschen Gartenerde.«

»Und sie kann nicht zeichnen«, sagte sie verlegen.

»Sie hat bisher nicht gelernt zu zeichnen.« Er ließ ihre Hand los. »Ich verstehe, warum Sie zögern. Sie glauben, wenn ich Ihnen Zeichenunterricht gebe, bedeutet es zwangsläufig, dass wir viel Zeit zusammen auf relativ engem Raum ohne Zeugen verbringen. Na ja, so wäre es wohl auch, aber wenn ich verspreche nicht über Sie herzufallen, würden Sie dann einwilligen?«

»Patrick, ich habe niemals ...«

»Der Grund, warum Sie mich nicht angerufen haben, war, weil ich Ihnen damals in meiner Wohnung zu nahe getreten bin, oder nicht?«

»Es ist nicht so, als ob ...«

»Ich dachte, da ist irgendwas zwischen uns. Das denk ich immer noch. Aber vielleicht ging alles ein bisschen zu schnell für Ihren Geschmack. Und wenn Sie die ganze Zeit befürchten, dass ich mich plötzlich zu irgendwas hinreißen lasse, werden Sie nicht in der Lage sein eine gerade Linie zu zeichnen, geschweige denn eine Luftansicht eines Dahlienbeets.«

Althea musste lachen. »Ich hab keine Dahlien in meinem Garten. Sie sind zu anfällig für Anfänger.«

»Oh, gut, denn vermutlich sind sie auch höllisch schwer zu zeichnen.« Er sah sie eindringlich an, hielt ihren Blick mit seinen fesselnden Augen. »Ich verspreche Ihnen, Althea, solange ich Ihnen Zeichenunterricht gebe, werde ich Sie nicht ein einziges Mal auf irgendeine Art und Weise berühren, die Sie beunruhigen oder nervös machen könnte. Und wenn wir zusammen essen oder ein Bier trinken gehen, dann nur als Freunde. Einverstanden?«

Althea fuhr sich mit der Zunge die Lippen entlang, rückte ihr Glas zurecht, zupfte ihren Rock über die Knie und sah sich schließlich doch gezwungen ihm zu antworten. »Tja, also, wenn Sie sicher sind, dass es Ihnen wirklich nichts ausmacht ...«

»Herrgott noch mal, hätte ich die letzten fünf Minuten damit zugebracht, zu versuchen Sie davon zu überzeugen, dass ich keine fragwürdigen Absichten habe und Ihnen wirklich nur beibringen will zu zeichnen, wenn es mir etwas ausmachte? Natürlich macht es mir nichts aus!«

»Oh, na ja, dann bin ich einverstanden.«

Als das geregelt war, machte Patrick sich daran, sie zu unterhalten, wobei er jedoch die ganze Zeit darauf bedacht schien, dass die Unterhaltung nicht in Flirt umschlug. Er sprach über Bücher, Fernsehen, die neuesten Kinofilme, nichts, was man nicht auch in Gegenwart einer jungfräulichen Tante hätte sagen können, abgesehen davon vielleicht, dass sein Geschmack in all diesen Dingen leicht avantgardistisch war. Sie genoss seine Gesellschaft ebenso wie seinen Humor, nur dass er sich so sehr bemühte die Unterhaltung auf neutralem Territorium zu halten, war ein kleiner Wermutstropfen.

»Manchen Leuten kann man's eben nie recht machen«, murmelte sie, als sie das Haus betrat. Er hatte sie äußerst gesittet zur Tür begleitet und den angebotenen Kaffee abgelehnt. Sie nahm Bozo auf den Arm, die ihr bei ihrer freudigen Begrüßung ihre Krallen in die nackten Waden hieb. »Ich geh ihm aus dem Weg, weil ich fürchte, dass er mir auf die Pelle rückt, und wenn er verspricht genau das nicht zu tun, vermisse ich das prickelnde Gefühl nie zu wissen, wann eine gewöhnliche Unterhaltung plötzlich in etwas anderes umschlagen kann.«

Sie ging in die Küche um sich etwas Heißes zu trinken zu machen. Anders als erwartet war die Küche kein Schlachtfeld, sondern perfekt aufgeräumt. Alles war abgewaschen und weggeräumt. Nur eine hauchdünne Popcornschicht bedeckte den Küchenboden. Merry hatte all ihre Pläne auf die Anrichte geräumt, damit sie keinen Schaden nahmen.

Ihr Herz schwoll vor Liebe in ihrer Brust. Es waren wirklich gute Kinder, hilfsbereit, freundlich, liebevoll. Vielleicht würden sie niemals die akademischen Erfolge vorzuweisen haben, die die Kinder aller anderen Leuten einzuheimsen schienen, aber in menschlicher Hinsicht hätte sie nicht stolzer auf sie sein können, selbst wenn sie mit zehn Jahren schon Stipendien für Oxford oder Cambridge bekommen hätten. Und gerade weil sie so gute Freunde waren, würde sie niemals irgendetwas tun, das sie verletzen oder verstören könnte, wie etwa eine Stiefvaterfigur in ihr Leben zu bringen. Wenn sie aus dem Haus waren, hatte sie immer noch Zeit über eine neue Beziehung nachzudenken.

Ob Patrick dann noch ungebunden wäre? Nein, das war ausgesprochen unwahrscheinlich. Er war ein Mann, der nicht lange ohne eine Frau in seinem Bett auskam, ganz sicher würde er keine zwei Jahre auf eine warten. Nein, entweder sie nahm Patrick jetzt und zur Hölle damit, dass ihre Kinder in einem schwierigen Alter waren oder sie wartete, bis sie aus dem Haus waren, und hoffte darauf, dann einen zweiten Patrick zu finden. Im Grunde stellte die Frage sich überhaupt nicht. Sie würde das tun, was für ihre Kinder das Beste war.

Sie seufzte tief und fischte den Teebeutel aus dem Becher. Natürlich war es auch möglich, dass es Jenny war, die die Küche in Ordnung gebracht hatte. Und in dem Fall müsste sie ihr verzeihen, dass sie mit Patrick Tennis gespielt und das ganze heiße Wasser aufgebraucht hatte. Und darüber hinaus sollte sie lieber lernen mit dem Gedanken zu leben, dass Jenny hinter Patrick her war und dass er – schließlich auch nur ein Mensch – sich früher oder später einfangen lassen würde. Sie wusste, er fühlte sich zu jungen, athletischen Frauen hingezogen, siehe Topaz. Und Jenny war sehr viel fröhlichere Gesellschaft.

Sie nahm sowohl Bozo als auch den Tee mit nach oben ins Bett. Es schien, als bräuchte sie die tröstliche Gegenwart ihrer kleinen Hündin in letzter Zeit immer häufiger.

Patrick hielt Wort. Er lehrte sie zeichnen, mit einer Hartnäckigkeit, dass auch beim untalentiertesten Schüler irgendwann der Groschen fallen musste. Althea hatte sich selbst nur eine Stufe über dieser Kategorie eingeordnet und musste sich furchtbar schinden.

So verbrachte sie endlose Stunden eingesperrt in dem Raum, den Patrick großspurig als sein Arbeitszimmer bezeichnete, immerhin eins der wenigen Zimmer in seinem Haus, das verputzte Wände und Holzdielen auf dem Boden vorzuweisen hatte. Der Raum hatte sehr gutes natürliches und auch künstliches Licht. Eines Tages, da war Althea sicher, würde es mal ein Arbeitszimmer werden. Aber solange es nicht mehr als ein Zeichenbrett und einen altmodischen Schreibtischstuhl aufzuweisen hatte, war es das ganz gewiss nicht.

»Als Nächstes wirst du verlangen, dass ich mir einen Gummibaum zulege«, brummte er, als sie einen Papierkorb von zu Hause mitbrachte, damit nicht immer all ihre Fehlversuche am Boden verstreut lagen.

»Gummibäume sind nicht funktional«, erwiderte sie energisch. »Und darf ich dich daran erinnern, dass heute der zwanzigste August ist.«

»Dann hör auf zu quatschen und mach dich an die Arbeit. Hast du heute ausnahmsweise mal einen Bleistift mit einer vernünftigen Spitze dabei?«

An dem Tag, als sie die Pläne zur Post brachte, lud sie Patrick zum Essen ein. Sie hätte ihn gerne ausgeführt, aber das konnte sie sich nicht leisten. Auch so sah sie sich schon gezwungen zwei zusätzliche Stunden in der prallen Sonne zu arbeiten und bei der Nichte einer ihrer Kundinnen ein Stück Hof zu pflastern, damit sie vernünftige Steaks und Wein und zur Beruhigung ihres Gewissens kleine Leckerbissen für ihre Kinder kaufen konnte.

Merry beschloss Althea bei den Vorbereitungen zu helfen. Dann beschloss Merry, dass es doch nett wäre, wenn Althea und Patrick im Wintergarten speisten.

»Auf dem Tisch im Esszimmer stapelt sich irgendwelcher Krimskrams und außerdem riecht der Teppich komisch«, argumentierte Merry. »In der Küche könnt ihr nicht in Ruhe essen, weil wir alle da sind. Es wäre viel schöner im Wintergarten. Ich deck die guten Gläser und so weiter.«

»Aber, Liebling, nicht dass er auf falsche Gedanken kommt, wenn es zu romantisch wird.«

»Und Ronnie und ich werden servieren, sodass du überhaupt nichts machen musst.«

»Außer kochen«, warf Rupert ein.

»Ja, und Steaks muss man genau im Auge behalten. Sie sind im Handumdrehen zu durchgebraten«, erklärte Althea. »Es wäre viel besser, wenn ihr zuerst und wir anschließend in der Küche essen.«

»Zwischen Ketschupflaschen und Sojasoße?«, fragte William. »Ein wirklich festliches Dinner. Kommt nicht infrage. Außerdem, wann soll Jenny kochen und essen?«

»Gott, ich wünschte, ich hätte Patrick einfach eine Flasche Champagner gekauft. Das wäre billiger und viel weniger Aufwand gewesen.«

»Aber jetzt hast du ihn schon eingeladen«, sagte Rupert. »Das kannst du schlecht rückgängig machen.«

»Ich könnte sagen, ich hätte meine Meinung geändert. Oder dass es mir heute doch nicht passt.«

»Aber du hast schon eine halbe tote Kuh gekauft. Sie nicht zu essen würde dein Vergehen nur noch schlimmer machen«, gab William zu bedenken.

Da hatte er allerdings Recht. Sie hatte zwei große Steaks gekauft, die sie sich nicht leisten konnte. William war Vegetarier, Rupert hatte für Steaks nichts übrig und Merry war nach zwei Bissen immer schon satt. Sie würde tagelang Steak essen müssen und es würde ihr nicht schmecken. Nicht unter den Umständen.

Sie erwog mit den Steaks zu ihm zu fahren und sie dort zu braten, aber sie verwarf den Gedanken schnell wieder. Als sie das letzte Mal in seiner Küche war, bestand sie aus einem kleinen Gaskocher und einem wackeligen Campingtisch.

»Also gut. Wenn du und Ronnie den Tisch im Wintergarten decken wollt ...«

»Super! Ich ruf Ronnie an und sag ihr Bescheid. Kann sie hier schlafen?«

»Ich denke schon.«

»Und was zahlst du uns?«

Althea zog ihre Tochter an sich und umarmte sie ganz fest.

»Schon gut, schon gut, war nur ein Scherz.«

KAPITEL 15 Althea beschloss sich nicht darüber zu sorgen, Patrick könne irrtümlicherweise den Eindruck gewinnen, sie habe ein romantisches Tête-à-Tête im Sinn. Selbst er musste einsehen, dass in einem Haus voller Teenager kein Platz für Romantik war, ganz gleich wie viele Kerzen und Blumenvasen herumstanden.

Außerdem hatte sie sich entschlossen ihm zu sagen, dass ihre Beziehung keine Zukunft habe – wenn es nötig wurde. Sie hegte die Hoffnung, er werde das selbst erkennen, wenn er sah, wie sie lebte, ständig umgeben von Menschen, die sie nicht nur permanent beanspruchten, sondern denen sie von sich aus ein Großteil ihrer Aufmerksamkeit schenkte.

Trotzdem hätte sie sich beinah für das allgemeine Chaos entschuldigt, als sie ihm die Tür öffnete. Keith Jarrett drang in voller Lautstärke aus den Boxen des Kassettenrekorders in der Küche, irgendetwas, das William herablassend als »Popmusik« bezeichnen würde, scholl von oben herunter und Jenny spielte die Mondscheinsonate auf dem Klavier im Esszimmer, recht gut, aber zum wiederholten Male.

Althea nahm seinen Begrüßungskuss mit aller Gelassenheit hin, die sie aufbringen konnte, und bat ihn herein. Es war bedauerlich, dass Patrick auf dem Weg zum Wintergarten den Spießrutenlauf an der Küche vorbei absolvieren musste, derzeit das Territorium von Merry und ihrer Freundin Ronnie.

Die Mädchen hatten sich dem Anlass entsprechend aufgedonnert. Sie trugen beide kurze Kittelkleider über kurzärmeligen T-Shirts und hatten sich große Leinenservietten als Schürzen umgebunden. Sie hatten ihre Haare aufgesteckt und mit Haarspray zementiert und trugen so viel Make-up, wie sie aufzulegen gewagt hatten, braunen Lippenstift und farblose Wimperntusche. Althea hatte sie nur beide großzügig mit dem Parfüm eingesprüht, das Frederick ihr zum Geburtstag geschenkt hatte, um zu verhindern, dass das ganze Haus nach billigem Mädchenparfüm roch. Beide brachen unter Anfällen von hysterischem Gekicher in sich zusammen, als sie Patrick zu Gesicht bekamen.

Die Jungen, niemals weit von der Futterkrippe, begrüßten ihn mit einem lässigen Hallo und stellten ihm ihren Freund vor, einen Riesen mit wirren Locken, einem gewinnenden Lächeln und einer herzlichen Art. Er schüttelte Patrick enthusiastisch die Hand. Bozo, die Patrick ins Herz geschlossen hatte, sprang an seinen Beinen hoch um seine Aufmerksamkeit zu erringen. Wenigstens Jean-Claude, Véroniques Nachfolger, übernachtete bei seinem besten Freund, der in der Nachbarschaft untergebracht war. Schließlich hatte Althea es geschafft, Patrick in den Wintergarten zu lotsen, und bot ihm einen der Sessel an.

»So. Und jetzt, was würdest du gern trinken?«

»Was hast du denn?«

»Wein oder Gin. Keine besonders große Auswahl, fürchte ich.«

»Was denn, überhaupt kein Tonicwasser?«

»Doch, natürlich. Und Eis und Zitrone, ich meinte nur ...«

»Ein Gin Tonic wäre wunderbar.«

Das wäre er allerdings, dachte Althea, während sie Eiswürfel in die Gläser fallen ließ. Ich hoffe nur, mir bleibt eine Minute um mich hinzusetzen und in Ruhe einen Schluck davon zu trinken.

Das Essen war schlicht und so weit vorbereitet, wie die Umstände es zuließen. Nicht dass ein Essen mit so vielen Köchen je völlig reibungslos über die Bühne gehen konnte. Althea hatte sicherheitshalber eine Checkliste angelegt, wo alle Aufgaben für jeden Einzelnen aufgeführt waren. Ihre waren beinah alle abgehakt. Nur »Bluse bügeln«, »Gäste-WC putzen« und »Steaks braten« waren noch offen. Sie trug jetzt eine bügelfreie Bluse und hatte irgendein Giftzeug ins Klo gesprüht.

Abgesehen von den Steaks, die mit Olivenöl eingestrichen und vor Hund und Katzen sicher untergebracht ihres Schicksals harrten, war das Essen praktisch fertig. Als Vorspeise sollte es eine Pastete aus Räucherhering geben. Das war ebenso einfach wie preiswert und konnte im Gegensatz zu den Steaks schon Stunden vor dem Essen zubereitet werden. Merry und Ronnie hatten den ganzen Nachmittag und ein Paket Toastbrot darauf verwendet, Melba-Toast und Butterröllchen herzustellen.

Merry war außerdem dafür zuständig, die Fritteuse auszupacken und gebrauchsfertig zu machen. Althea hatte sie bei einem Preisausschreiben gewonnen, aber bislang nie benutzt. Sie eignete sich zweifellos hervorragend zum Sautieren von Kartoffeln, aber es hatte eine ganze Flasche Öl gebraucht um sie zu füllen. Beim nächsten Mal, hatte Rupert angemerkt, solle sie versuchen ein Öl sparendes Modell zu gewinnen. Althea, ungerecht und ein rücksichtsloser Ausbeuter wie alle Mütter, nahm diese Kritik zum Anlass Rupert die Verantwortung für das Gelingen der Kartoffeln aufzubürden. Sie lagen vorgekocht und in Scheiben geschnitten in einem unordentlichen, grauen Häuflein im Geschirrschrank – der Kühlschrank war wegen Überfüllung geschlossen.

Der Salat, mit Rücksicht auf die Vegetarier mit Avocados und Schimmelkäse verfeinert, war fertig, Ruperts Vinaigrette musste nur noch darüber gegeben werden. Dem Nachtisch – zwei einzelnen Schälchen mit Mousse au Chocolat und eine große Schüssel voll für die Kinder – fehlten nur noch Schlagsahne und Schokostreusel. Es war kein Gourmetmenü und wäre Althea allein gewesen, hätte sie etwas Ausgefalleneres gekocht, aber sie wusste, solange es schmeckte, würde Patrick zufrieden sein.

Sie kam mit zwei Gläsern und einer Schüssel mit Pistazien in den Wintergarten zurück. Während sie die erste Pistazie knackte, überlegte sie, dass der Küchenboden in Windeseile mit Schalen übersät sein würde, wenn die Kinder sich auf das angebrochene Paket stürzten.

»Auf den Wettbewerb«, sagte Patrick und hob sein Glas.

Althea nahm ihres ebenfalls. »Und auf meinen Zeichenlehrer.«

»Auf unseren gemeinsamen Erfolg.«

Sie stießen an.

»Das ist ein herrlicher Ausblick«, bemerkte Patrick. »Das ganze Haus ist wunderbar.«

Althea trank noch einen Schluck und nickte. »Ja, ich liebe das Haus. Es wäre das schönste in der ganzen Gegend, wenn nicht ausgerechnet ich darin wohnen würde.«

»Warum sagst du das?«

»Weil ich es mir nicht leisten kann, es in dem Zustand zu erhalten, den es verdient hätte. Und selbst wenn ich das könnte, wäre es trotzdem immer noch ein ewiges Chaos. Ich bin so schrecklich unordentlich.«

»Ich finde, es sieht eigentlich immer ganz passabel aus.«

»Vermutlich hatte ich jedes Mal zufällig gerade aufgeräumt.«

Patrick zuckte die Schultern. »Möglich. Ich achte irgendwie nie auf solche Dinge.«

Althea lehnte sich entspannter in ihrem Sessel zurück. »Und wie geht es mit deinem Haus voran? Das wird traumhaft sein, wenn es einmal fertig ist.«

»*Wenn* es einmal fertig wird, ja.« Er nahm eine Hand voll Nüsse und begann sie mit unnötiger Kraft zu knacken. »Mir geht das Geld aus.«

»Vielleicht könntest du einen Teil vermieten.«

»Nur wenn dieser Teil bewohnbar ist. Aber dann könnte ich es tun, das stimmt. Für einen allein ist es sowieso viel zu groß.«

»Würdest du es verkaufen?«

Er schüttelte den Kopf, hob die Schultern und machte eine kleine, fragende Geste mit beiden Händen. »Ich weiß nicht. Sicher nicht freiwillig. Aber wer weiß? Vielleicht werd ich es irgendwann tun müssen.«

»Genauso geht es mir mit diesem Haus. Ich muss es verkaufen, sobald Merry mit der Schule fertig ist, um Frederick seinen Anteil auszuzahlen. Aber irgendwie hoffe ich immer noch, dass ich bis dahin das Geld habe ihn auch so auszuzahlen.«

»Hast du viel gespart?«

Althea lachte. »Fünf Pfund und fünfundzwanzig Pence.«

Patrick lehnte sich vor, als wolle er ihre Hand nehmen, hielt aber inne, als Merry, gefolgt von Ronnie, eintrat. In der Kiste mit den Sachen zum Verkleiden hatten sie offenbar ein paar alte Haarnetze gefunden, die sie sich übergestülpt hatten.

»Würden Sir und Madam jetzt gerne speisen?«

»Ähm, ja«, sagte Patrick. »Ich glaube schon. Wie denkt Madam darüber?«

»Hättest du nicht gerne erst noch was zu trinken?«

»Oh nein. Dein Gin Tonic hat es ganz schön in sich.« Althea leerte ihren ein bisschen zu hastig.

Merry räumte ihre Gläser und die Pistazien vom Tisch und breitete ein Tischtuch aus. Ronnie brachte Messer und Gabeln und deckte ein. Althea und Patrick saßen untätig dabei und beobachteten das Schauspiel. Als sie fertig waren, Blumen, Kerzen und die Weinflasche auf dem Tisch standen, war kaum mehr Platz für die Teller. Aber irgendwie gelang es ihnen, alles unterzubringen, und nach ein paar tiefen Verbeugungen und vielen Sirs und Madams ließen sie sie allein.

»Ich hab versucht sie alle zu überreden den Abend irgendwo anders zu verbringen«, erklärte Althea. »Aber sie wollten nicht. Sie haben versprochen keine Plage zu sein.«

»Warum sollten sie weggehen? Es ist ihr Heim, sie wohnen hier.«

»Stimmt, aber wäre die Situation umgekehrt, würde ich das Feld räumen oder mich wenigstens in mein Schlafzimmer verziehen.«

»Also, mich stört es überhaupt nicht, dass sie hier sind. Im Gegenteil.« Er sah auf, ein Butterröllchen auf seinem Messer drohte abzugleiten. »Wenn ich dich zu mir zum Essen einlade, werden wir allein sein.«

Althea schluckte, plötzlich einer Panik nah. Sie hatte beschlossen, fast sofort nachdem sie ihn eingeladen hatte, ihm zu sagen, dass dies eine Art Abschiedsessen sei, dass sie im Augenblick keine Beziehung eingehen könne. Was sie sagen würde, wenn er den Einwand erhob, dass er überhaupt keine Beziehung wolle, sondern nur ihre Freundschaft, wusste sie nicht. Und das linderte ihre Nervosität nicht gerade, zumal sie sicher war, dass er genau das erwidern würde.

Andererseits war das Haus so voller Lärm, so voller Kinder, dass er vielleicht von selbst einsehen würde, wie unmöglich die ganze Sache war, und von sich aus auf Distanz ging. Darum lächelte sie einfach nur statt ihm zu sagen, dass sie nicht zu ihm zum Essen kommen konnte.

Der Abend nahm seinen Lauf von einer Panne zur nächsten: Rupert vergaß die Kartoffeln und eine Ladung kam ganz entschieden zu braun aus der Fritteuse. Ronnie schnitt sich mit einem scharfen Küchenmesser in den Finger und während Althea ihre Hand unter kaltes Wasser hielt, spritzte ein bisschen Blut auf den Salat. Die Steaks waren zu durchgebraten. Althea bot Patrick eine zweite Portion Mousse au Chocolat an, nur um dann in der Küche festzustellen, dass die Kinder bereits alles vertilgt hatten, sie hatten sogar die letzten Reste mit den Fingern aus der Schüssel gekratzt. So kehrte sie mit einem hastig zurechtgemachten Käsebrett in den Wintergarten zurück, bestehend aus einem leicht vergammelten Cheddar, einem Stück Stilton und ein paar Crackern, die größtenteils zerbrochen waren.

Patrick erduldete all diese Rückschläge mit großer Gelassenheit und aß mit Hingabe alles, was ihm vorgesetzt wurde. Er war der perfekte Gast. Das heillose Durcheinander, das den ganzen Abend kennzeichnete, schien ihm nicht das Geringste auszumachen. Alle kamen zum Kaffee in den Wintergarten – Pulverkaffee, den Williams Freund Henry gemacht hatte. Patrick schien sich prächtig zu amüsieren.

»Also dann«, sagte er schließlich, als habe er eine Ankündigung zu machen. »Jetzt zeigt Althea mir den Garten.«

»Aber den haben Sie schon hundertmal gesehen«, protestierte Merry.

»Ich würde ihn trotzdem gern noch mal sehen«, erwiderte er entschlossen. Er zog Althea auf die Füße, führte sie in den Garten hinaus und zu der rustikalen Holzbank. Ein Schreiner aus der Gegend hatte sie gemacht und Althea hatte sie so aufgestellt, dass sie sich dort hinsetzen und ihren Teich bewundern konnte, wenn sie müde von der Gartenarbeit war.

»Vermutlich ist sie von Pilz überwuchert«, warnte sie, als Patrick einladend darauf wies. »Ich komme nie dazu, sie mal mit Holzschutzmittel zu streichen.«

Er zog seine Jacke aus und breitete sie über die Bank. »Setz dich«, befahl er und sie folgte gehorsam.

»Endlich allein.« Er legte seinen Arm um ihre Schultern.

Althea befreite sich und wandte sich ihm zu. »Patrick, ich weiß nicht, wie ich es ausdrücken soll, aber ich glaube, wir sollten uns nicht mehr treffen.«

Er versteifte sich. »Was meinst du mit ›treffen‹?«

»Das weißt du ganz genau. Der heutige Abend sollte ein Dankeschön für den Zeichenunterricht sein. Aber eigentlich …«

»Eigentlich was?« Er klang furchtbar distanziert.

»Eigentlich hatte ich gehofft, dass der Abend dir ein paar Dinge vor Augen führt.«

»Zum Beispiel?«

»Dass ich keine allein stehende Frau bin. Dass in meinem Leben im Moment einfach kein Platz für eine Beziehung ist.«

Seine Augen, die so warm und freundlich sein konnten, wirkten plötzlich eher, als spiegelten sie einen Sturm auf dem Eismeer wider.

Althea biss sich auf die Lippen und knetete ihren Rock zwischen den Händen. Offenbar bestand er darauf, dass sie noch deutlicher wurde. »Hör zu, Patrick, du hast gesagt, du glaubst, zwischen uns entwickelt sich irgendwas.«

»Und?«, fragte er eisig und sein Blick schien zu leugnen, dass er jemals so etwas gesagt haben könnte.

»Na ja ... das ist nicht der Fall.«

»Warum nicht?«

»Wegen meiner Kinder.«

»Aber sie haben mich gern. Sogar dein verfluchter Hund hat mich gern.«

»Ich weiß. Aber dass sie dich jetzt mögen, wo sie dich nur gelegentlich sehen, heißt noch lange nicht, dass sie damit zurechtkämen, dich ... öfter zu sehen.«

»Das haben sie dir gesagt, ja? Sie haben dir klargemacht, dass sie mich gelegentlich erträglich finden, aber dass sie nicht wollen, dass ich mich tagein, tagaus bei euch rumtreibe?«

»Nein ... So hab ich's nicht gemeint ...« log Althea hilflos.

»Was zum Teufel meinst du dann?«

Althea schloss die Augen, aber sie sah Ruperts ängstliches Gesicht immer noch vor sich. *Niemand soll hier einzieben* ... »Ich meinte, ich kann keine oberflächlichen Gelegenheitsbeziehungen eingehen. Dazu bin ich emotional nicht in der Lage. Aber solange die Kinder noch zu Hause sind, kann ich ebenso wenig eine ernsthafte Beziehung eingehen.«

»Verstehe. Und was, glaubst du, schwebte mir vor? Eine Nummer auf die Schnelle? Oder bis dass der Tod uns scheidet?«

»Ich weiß nicht.« Althea war zum Heulen, aber sie wusste, das musste sie aufschieben. »Vermutlich weder noch. Aber was immer du wolltest, du kannst es nicht haben.«

»Ich kann mich nicht entsinnen, dir je irgendeine Art von Beziehung angetragen zu haben, aber vielen Dank, dass du mich davor bewahrt hast, mir eine Abfuhr zu holen. Jetzt weiß ich wenigstens, wo ich stehe, sollte ich in einem Anfall geistiger Umnachtung je auf den Gedanken verfallen dich zum Essen einzuladen oder sonst irgendetwas zu tun, das die labile Psyche deiner Kinder gefährdet.«

»Du brauchst gar nicht so sarkastisch zu werden! So ist es nicht, und das weißt du ganz genau.«

»Althea, ich glaube nicht, dass du auch nur eine Ahnung hast, wie es denn eigentlich ist. Du weißt nicht, was du willst, und selbst wenn du es wüsstest, würdest du es dir nicht gestatten, für den Fall, dass deine Kinder Einwände haben könnten. Du bist so verflucht widersprüchlich.« Er stand auf und legte die Hände auf die Armlehnen der kleinen Bank, sodass sie gezwungen war sitzen zu bleiben. »Auf Wiedersehen, Althea, und vielen Dank für einen wirklich schönen Abend. Denn das war er bis gerade eben. Aber da du mir deutlich zu verstehen gegeben hast, dass du nichts mehr mit mir zu tun haben willst, werde ich die Einladung nicht erwidern. Gute Nacht.«

Althea sah ihm nach. Mit langen, wütenden Schritten durchquerte er den Garten. Als das Tor hinter ihm zuschlug, brach sie in Tränen aus.

Es war unvermeidbar, dass die Kinder schließlich herausfanden, dass Althea Patrick »abgesägt« hatte, wie sie es ausdrückten und sie waren wütend.

»Aber er ist doch in Ordnung. Spielt Tennis. Guter Musikgeschmack«, protestierte William.

»Ja, ich find ihn auch nett«, sagte Merry. »Er hat irre Klamotten. Er ist cool.«

Wenigstens Rupert erhob keine Einwände. Er fragte lediglich: »Habt ihr euch gestritten?«

»Eigentlich nicht.« Althea wischte mit mehr Elan als gewöhnlich über die Arbeitsplatte. »Ich habe einfach beschlossen, dass es besser ist, wenn wir uns nicht mehr sehen.«

Jenny hingegen war ausgesprochen verständnisvoll. »Seid nicht so hart zu eurer Mum, Leute. Ein Mädchen muss tun, was es eben tun muss.«

Kurz darauf verließ sie ziemlich überstürzt das Haus und Althea war ziemlich sicher, das sie wusste, was dieses Mädchen im Speziellen glaubte tun zu müssen: Patrick einen Besuch abstatten.

Zum ersten Mal seit Jahren erlebte Althea das Ende der langen Ferien ohne selbst betroffen zu sein. Meistens hatte sie zwar schon ein paar Tage vor Schulbeginn wieder angefangen zu arbeiten, doch das Schuljahresbeginn-Syndrom hatte sie trotzdem immer mit ihren Kindern zusammen durchlitten.

Das Schlimmste war immer der Abend vor dem ersten Schultag, wenn die Uniformen in Ordnung gebracht werden mussten. Irgendetwas fehlte grundsätzlich und der erste Geländelauf des neuen Schuljahres musste mit einer Uniformsocke und einer gewöhnlichen absolviert werden, weil das passende Gegenstück sich einfach in Luft aufgelöst hatte. Dies oder jenes war neu angeschafft worden, ein Sweatshirt, ein Paar Schuhe oder Strümpfe, und sie mussten mit einem Filzschreiber gekennzeichnet werden. Altheas Nähkorb enthielt mehrere Meter mit Namensschildchen, aber die durften auf keinen Fall benutzt werden. Namensschildchen waren ungefähr so wie Fäustlinge, die man an einem langen Gummiband um den Hals trug – schrecklich peinlich.

Dann gab es das alljährliche Problem, dass einzelne Kleidungsstücke der Schuluniform über die Ferien klammheimlich zu klein geworden waren und sie mussten schnellstmöglich ersetzt werden. Merry kam jetzt auf die weiterführende Schule, und das hatte zur Folge, dass die Uniformröcke immer die falsche Länge hatten, weil die Mode sich über die Ferien plötzlich und unerklärlich geändert hatte. Letztes Jahr reichten sie fast bis an die Knöchel, dieses Jahr war Mini angesagt. Althea weigerte sich die Röcke abzuschneiden, da zu befürchten stand, dass im nächsten Frühjahr schon wieder alles ganz anders sein würde. Also blieb ihr nichts übrig, als riesige Säume zu nähen und ihrer Tochter beizubringen, wie man Röcke in der Taille aufrollt.

Das Schlimmste waren jedoch die Kleidungsstücke, die man in achtlos verstauten Plastiktüten fand, wo sie seit Ende des letzten Schuljahres vor sich hin gegammelt hatten. Irgendwie mussten sie noch gewaschen und getrocknet werden, all die Flecken, die die Zeit und Mikroorganismen darauf hinterlassen hatten, mussten verschwunden sein, ehe die Schule anfing.

Am Ende eines jeden Halbjahres führte Althea eine Razzia in den Zimmern ihrer Kinder durch und schüttelte jeden Plastikbeutel im Haus aus um zu verhindern, dass es passierte. Und trotzdem stellte sich das Problem zu Schulbeginn ein.

»Weißt du, was ich an Schuluniformen am meisten verabscheue?«, sagte sie zu Jenny, dem einzigen Mitglied des Haushaltes, mit dem sie noch sprach. »Dass sie mich immer zwingen am Wochenende zu waschen.«

»Aber es heißt, es sei besser für die Kinder, wenn sie alle die gleichen Sachen tragen. Es verhindert, dass Kinder reicher Eltern immer besser gekleidet zur Schule kommen als die aus ärmeren Familien.«

»Blödsinn«, widersprach Althea. »Glaub bloß nicht, die Kinder wüssten nicht ganz genau, wessen Schuluniform teuer war und wessen billig.«

»Ich hab nur wiederholt, was ich gelesen hab.«

»Ja, ich weiß. Entschuldige, dass ich Vorträge halte. Dabei hast du sicher ganz andere Dinge im Kopf und bist aufgeregt wegen morgen.«

»Na ja, ein paar Schmetterlinge hab ich schon im Bauch. Aber ich bin gut vorbereitet und das Klassenzimmer sieht einfach super aus. Ich habe jede Menge Poster aufgehängt und die Namensschilder der Kinder stehen auf ihren Schulbänken. Sieht richtig niedlich aus.«

»Ich muss unbedingt vorbeikommen und es mir ansehen. Nächste Woche muss ich sowieso zur neuen Schule. Diese blöde Schulratssitzung. Ich weiß nicht, wie ich mich von Mrs Jenkinstown überreden lassen konnte die Schriftführung zu übernehmen.«

»Vielleicht weil du so gutmütig bist?«

»Oder so dämlich.«

Merry kam herein. »Kann ich jetzt was zu essen machen oder bist du immer noch sauer?«

»Ich bin immer noch sauer«, grollte Althea und stapfte wütend hinaus um im Wintergarten die Zeitung zu lesen.

Jenny folgte ihr wenig später und reichte ihr ein Glas Wein. Es war Altheas Wein, aber es war trotzdem lieb von ihr.

»Du bist ziemlich hart zu den Kindern in letzter Zeit. Setzt die Sache mit Patrick dir so zu?«

»Nein, natürlich nicht! Ich mach mir Sorgen, weil ich keinen Job und kein Geld habe!«

Patrick hatte sich beim Vorsitzenden entschuldigt und nahm an der Sitzung nicht teil. Althea fragte sich, ob es damit zu tun hatte, dass er wusste, dass sie da sein würde, oder ob es wirklich »anderweitige Verpflichtungen« waren, wie er behauptete, die ihn fernhielten. Während sie die Anwesenheitsliste herumgehen ließ, befand sie, dass es ziemlich eingebildet war, zu glauben, sie habe etwas damit zu tun.

Es war eine andere Umgebung und die Ratsmitglieder waren ihr fremd, aber ebenso wie bei den meisten Sitzungen des alten Schulrates, die Althea protokolliert hatte, ging es auch hier vornehmlich um Geld und darum, dass es allzu knapp war. Aber Geoffrey Conway hatte auch gute Neuigkeiten: die Mittel zum Bau der neuen Schulgebäude waren endlich bewilligt worden.

»Die Finanzierung ist gesichert«, verkündete er. »Alles, was wir jetzt noch tun müssen, ist entscheiden, welche Pläne die besten sind.«

»Ja, aber wir haben keine Zeit, jeden Plan während der Sitzung eingehend anzusehen«, sagte Mrs Jenkinstown. »Vielleicht können alle Ratskollegen, die interessiert sind, die Pläne hier in der Schule im Verlauf der nächsten zwei Wochen einsehen? Dann werde ich anschließend eine Sondersitzung einberufen, wo wir uns damit befassen können.«

Nachdem alle diesem Vorschlag zugestimmt hatten, machte Althea sich entsprechende Notizen und kochte anschließend den Tee.

»Ach, Althea, Liebes.« Mrs Jenkinstown holte sie auf dem Parkplatz ein, als Althea gerade den Schlüssel ins Türschloss steckte. »Wo ich Sie gerade noch erwische, ich muss Sie um einen *großen* Gefallen bitten. Aber ich hoffe, Sie werden Ja sagen.«

Althea nahm diese Eröffnung mit unverhohlenem Argwohn auf.

»Es ist eine furchtbare Zumutung, ich weiß, aber ...« Kaum eine Zumutung konnte so furchtbar sein, dass sie Mrs Jenkinstown nachhaltig abschreckte. »Sie wissen, dass die französische Schule unseren Besuch bald erwidern wird, nicht wahr?«

»Ja«, antwortete Althea vorsichtig und überlegte, wie in alle Welt sie davon betroffen sein könnte.

»Nun, es ist wegen Patrick Donahugh ...«

»Was ist mit ihm?«

»Er hat versprochen den Bürgermeister und seine Frau aufzunehmen.«

»Und?«

»Nun, meine Liebe, das ist unmöglich. Niemand außer ihm und den Mäusen kann in diesem Haus wohnen. Und jetzt hat er nicht einmal mehr seine Freundin.«

»Dann muss jemand anders sie eben aufnehmen.«

»Aber das ist es ja! Alle, die ich gefragt habe, nehmen entweder schon jemanden auf oder haben einfach keinen Platz. Ich weiß mir keinen Rat. Patrick wäre der Einzige.«

»Dann reden Sie mit Patrick darüber.«

»Ach, Althea, Liebes, seien Sie doch nicht so abweisend. Wenn er sie nicht beherbergen kann, dann weiß ich nur einen Ausweg ...«

»Mrs Jenkinstown, das ist ausgeschlossen! Meine Kinder haben gerade erst wieder ihre eigenen Zimmer zurückbekommen, nachdem sie den ganzen Sommer für die Ferienkinder zusammengerückt sind. Ich kann unmöglich von ihnen verlangen sich schon wieder einzuschränken. Außerdem hat die Schule angefangen und auch wenn sie es nicht oft tun, aber immerhin hin und wieder haben sie Hausaufgaben zu machen.«

»Aber, meine Liebe, Patricks Firma hat Pläne für die neuen Schulgebäude eingereicht – es sind mit Abstand die besten und beinah die billigsten – und Geoffrey Conway wird gar nichts anderes tun können, als diese Pläne zu nehmen, wenn Patrick sich in dieser Sache so entgegenkommend zeigt.«

»Aber *er* wäre doch gar nicht entgegenkommend, sondern *ich*. Wie könnte das Patrick helfen?«

»Geoffrey würde glauben, Patrick habe Sie überredet den Bürgermeister aufzunehmen. Er hat ein furchtbar schlechtes Gewissen, weil er selbst gerade die Handwerker im Haus hat und niemanden nehmen kann.«

»Und was, glaubt Geoffrey, sollte ich davon haben?

Patricks ewige Dankbarkeit, ja? Tut mir Leid, das ist nicht genug. Und außerdem ist Patrick doch sicher in der Lage dem Schulrat die Pläne seiner Firma selber schmackhaft zu machen.«

»Eben nicht, er wird nicht einmal an der Sitzung teilnehmen. Aber Geoffrey Conway hat eine Stimme. Die meisten Ratsmitglieder werden die Pläne nicht einmal ansehen, sondern sich blind für die billigste Lösung entscheiden, wenn Geoffrey sie nicht anderweitig überredet.«

»Und was spricht dagegen? Die Schule kann schließlich jeden Penny für Bücher und so weiter gebrauchen.«

»Ach, seien Sie doch nicht so, Liebes. Die billigsten Pläne sind grässlich, alles nur Beton und Glas. Die Schule wäre ein Schandfleck in unserer schönen Landschaft.«

»Ich pfeif auf die Landschaft.«

»Das tun Sie nicht, das weiß ich genau.«

»Ich soll also zwei wildfremde, französische Herrschaften in meinen chaotischen Haushalt aufnehmen um Patrick aus der Klemme zu helfen und um sicherzustellen, dass die Schule, die mich arbeitslos gemacht hat, einen künstlerisch wertvollen Neubau bekommt? Nein, ich glaube nicht.«

Mrs Jenkinstown schien besiegt. »Ich muss zugeben, so formuliert klingt es vollkommen unzumutbar. Vermutlich könnte ich meine gebrechliche Mutter aus ihrem Haus ausquartieren und für ein Wochenende ins Hotel schicken ... ich müsste ein Paar finden, das die Gastgeber mimt. Aber Mutter wird sich so aufregen ...«

Althea stieß einen tiefen Seufzer aus, der beinah wie ein Fluch klang. »Also schön. Meinetwegen. Sie können zu mir kommen. Aber Sie sind ein Tyrann und ein Erpresser!«

Mrs Jenkinstown drückte ihr freundschaftlich den Arm. »Ich weiß, Liebes. Aber Sie müssten erst mal meine Mutter kennen lernen ...«

KAPITEL 16 Althea kochte vor Wut. Unglücklicherweise musste sie einkaufen, und das hinderte sie Patrick auf der Stelle anzurufen und ihm klarzumachen, wie wütend sie war. Aber sie wollte auf keinen Fall zulassen, dass ihre Weißglut zu einem bloßen Glimmen abkühlte, und so nährte sie ganz bewusst ihren Zorn, während sie überlegte, wie sie ihre Familie zu beköstigen gedachte. Mit langen Schritten lief sie die Gänge des Supermarktes entlang und feuerte Pakete und Konserven in ihren Einkaufswagen und die Strafpredigt, die sie sich im Kopf zurechtlegte, wurde mit jeder Dose Erbsen und Bohnen einfallsreicher. Lichterlohe Flammen würden aus seinem Telefonhörer schlagen, ehe sie mit ihm fertig war, und sollte er es wagen, nicht zu Hause zu sein, würde sie das gesamte Band seines Anrufbeantworters damit füllen, ihm darzulegen, was sie von ihm hielt.

Mit einem Satz schoss sie rückwärts aus der Parklücke, verfehlte um wenige Millimeter ein Behindertenparkplatzschild und fuhr in einer dicken Wolke schwarzblauer Abgase nach Hause. Doch das Telefon blieb verschont. Patrick war nicht in seinem Büro, wo sie ihn fernmündlich hatte heimsuchen wollen, sondern saß von ihren Kindern umgeben an ihrem Küchentisch und tunkte Plätzchen in seinen Tee. Die Hände in die Hüften gestemmt trat sie auf ihn zu, ihre halb zugekniffenen Augen schleuderten Blitze.

»Oh Gott, Mum hat einen ballistischen Anfall«, murmelte Rupert. »Wer hat was, wo und wie verbrochen?«

Patrick sprang auf und streckte beide Arme aus, eine kapitulierende und gleichzeitig beschwichtigende Geste. »Ich weiß, ich weiß. Mrs Jenkinstown hat es mir gesagt. Ich bin hier um mich zu entschuldigen und dir zu sagen, dass du auf keinen Fall auf sie hören darfst. Ich regle das Problem mit dem Bürgermeister schon irgendwie. Du brauchst sie nicht zu beherbergen.«

Altheas Wut hatte meistens eine kurze Halbwertzeit und sie hatte sich im Supermarkt schon weitgehend abreagiert. Sie stellte fest, dass sie schon drauf und dran war, sich zu entspannen, aber das sollte er um keinen Preis merken. »Raus!«, sagte sie mit übertriebenem Pathos zu ihren Kindern, sodass sie wussten, dass es nichts mit ihnen zu tun hatte. »Ich werde diesen Mann in Stücke reißen und ich will keine Zeugen.«

Die Kinder verschwanden lachend und lieferten Patrick bedenkenlos ihrer Gnade aus.

»Ich schwöre, ich hatte überhaupt nichts damit zu tun«, begann er. »Als sie mir gesagt hat, was sie angezettelt hat, war ich genauso wütend wie du. Es ist eine unglaubliche Frechheit. Du darfst es auf keinen Fall tun. Ich lass mir was einfallen.«

»Unglaubliche Frechheit« gehörte zu der langen Liste von Dingen, die sie hatte sagen wollen, und jetzt fühlte sie sich ausmanövriert. Es war, als habe er ihr den Wind nicht nur aus den Segeln genommen, sondern geradewegs auf den Bug gerichtet. Ihr Gehirn arbeitete auf Hochtouren, während sie den Kessel füllte und einschaltete. Sie sann auf eine andere, niederschmetternde Formulierung. Alles, was ihr einfiel, war: »Aber was willst du denn machen?«

Patrick hob die Schultern. »Ich weiß es noch nicht. Ein Hotel oder sonst was.«

Diese blödsinnige Idee brachte sie wieder in Fahrt. »Du kannst sie nicht ins Hotel stecken! Nicht nachdem sie uns mit solcher Gastfreundschaft aufgenommen haben. Es würde die ganze Austauschidee ad absurdum führen. Diese Leute haben uns in ihre Häuser aufgenommen und wie Könige bewirtet. Es wäre schrecklich undankbar, sie im Gegenzug im Dog and Fox absteigen zu lassen.«

»Na ja, vielleicht könnte ich ihnen mein Schlafzimmer überlassen ...«

»Und was ist mit dem Bad?«

»Ich habe ein hervorragend ausgestattetes Badezimmer. Sogar mit einem Bidet.«

»Aber ohne einen einzigen Wasseranschluss! Und die einzige funktionierende Toilette ist draußen.«

»Die Franzosen sind nicht so pingelig in Bezug auf Badezimmer wie wir ...«

»Aber sie brauchen trotzdem Wasser zum Waschen. Und worauf willst du kochen?«

»Ich habe einen absolut funktionsfähigen Herd ...«

»Mit nur zwei funktionsfähigen Gasflammen!«

»Warum machst du alles so kompliziert?«

»Ich mache nichts kompliziert. Du bist derjenige, der darauf besteht, auf einer Baustelle zu leben!«

»Auf einer historischen Baustelle«, brummte er beleidigt.

»Ich betrachte das Problem lediglich realistisch«, fuhr Althea fort. »Mrs Jenkinstown hat völlig Recht, wenn sie sagt, dass niemand außer dir und den Mäusen in diesem Haus wohnen kann.«

»Das hat sie gesagt? Was fällt ihr ein? Eins der schönsten Häuser in Gloucestershire und sie sagt so was darüber?«

»Schönheit allein reicht nicht. Man braucht ein Dach, Fenster, Wände ...«

»Tja, das ist Ansichtssache.«

Althea goss kochendes Wasser auf ihren Teebeutel und war froh, dass sie diesen Vorwand hatte um ihm den Rücken zuzudrehen und das verräterische Zucken ihrer Mundwinkel zu verbergen. »Vielleicht. Aber wirklich, Patrick, du musst zugeben, dass du den Bürgermeister und seine Madame nicht in dieses Haus einladen kannst.«

»Na ja, dann muss ich mir eben eine Alternative ausdenken. Warum kann sie nicht jemand anderer nehmen?«

»Alle sind ausgebucht oder haben keinen Platz. Mrs Jenkinstown hätte mich nicht gefragt, wenn sie nicht völlig verzweifelt gewesen wäre. Sie hat es mir erklärt.«

»Mrs Jenkinstown ist eine fette, alte Kröte, die sich immer in alles einmischen muss!«

»Das ist sie nicht! Sie ist sehr großzügig und immer auf das Allgemeinwohl bedacht. Weißt du, warum sie mich gebeten hat? Damit Geoffrey Conway die Pläne deiner Firma für die neue Schule befürwortet!«

»Warum sollte, was du tust, irgendeinen Einfluss auf Geoffreys Entscheidung haben? Wir sind nicht verheiratet.«

»Nein, aber sie scheint zu glauben, dass Geoffrey denken würde, du hättest mich überredet sie aufzunehmen, und dann aus Dankbarkeit für die Pläne deiner Firma stimmt.«

»Verstehe. Und warum ist Mrs Jenkinstown so wild darauf, dass meine Pläne das Rennen machen?«

»Weil sie ihr gefallen! Wirklich, du bist so was von undankbar! Sie ist eine aufrechte, engagierte Frau, die wer weiß was für die Allgemeinheit tut und sich ein Bein ausreißt um zu erreichen, dass deine blöde Firma Tausende von Pfund verdient, und alles, was dir einfällt, ist über sie herzuziehen!«

»Aber siehst du das denn nicht ein? Nicht sie reißt sich ein Bein aus, sondern du! Warum nimmt sie den Bürgermeister nicht?«

»Weil der Schuldirektor und seine Frau bei ihr wohnen. Geoffrey hat die Handwerker im Haus und musste passen.« Sie lachte plötzlich. »Es ist witzig, wenn man drüber nachdenkt. Vermutlich lässt er den Patio umbauen oder Ähnliches. Während du ... gibt es irgendwas, das du *nicht* umbaust?«

Patrick brummte verstimmt. Er war nicht gewillt die Sache von ihrer komischen Seite zu sehen. Er schob das runde Dutzend Kaffee- und Teebecher, die auf dem Tisch verteilt waren, zu einer ordentlichen Reihe zusammen, als arbeite er eine Schlachtaufstellung aus. Er schien viel wütender, als Althea es gewesen war. Sie brachte ihren Tee zum Tisch herüber und setzte sich.

»Hör mal, ich sage nicht, dass es mir besonders gut in den Kram passt. Ich werde die Kinder und Jenny wieder bitten müssen zusammenzurücken, damit das Gästezimmer frei wird, und dabei haben wir gerade erst wieder normale Verhältnisse nach den ganzen französischen Ferienkindern, aber es ist nicht unmöglich. Und es ist wirklich kein Grund, sich dermaßen darüber aufzuregen.«

»Ach nein? Du sahst mir aber so aus, als hättest du dich ziemlich aufgeregt, als du eben reinkamst.«

»Na ja, hab ich auch zuerst. Aber trotzdem. Es ist wesentlich leichter für mich, sie zu nehmen, als für dich, eine Alternative zu finden.«

»Davon bin ich nicht überzeugt. Ich hatte nur noch keine Gelegenheit richtig darüber nachzudenken.«

»Zerbrich dir nicht den Kopf. Schließlich schulde ich dir einen Gefallen.«

»Wirklich?« Er schien ehrlich verblüfft.

»Du hast mir das Zeichnen beigebracht, weißt du noch?«

»Was hat das mit dieser Sache zu tun?«

Althea wünschte, sie hätte ihn nicht daran erinnert. Sie spürte, dass sein Ärger sich jetzt mehr gegen sie als gegen Mrs Jenkinstown richtete. »Ich meine, es wäre eine Art Gegenleistung ...«

»Ich hab dir das Zeichnen beigebracht, weil ich es wollte.«

»Und ich biete dir an diese französischen Gäste aufzunehmen, weil ich es will.«

»Ach, hör doch auf! Eben hast du fast Feuer gespuckt deswegen!«

Althea räusperte sich. »Ja, ich weiß. Aber inzwischen habe ich mich beruhigt und ich sehe ein, dass es keine andere Möglichkeit gibt. Es gibt wirklich keine«, fügte sie hinzu um seinem Protest zuvorzukommen.

»Vermutlich nicht.«

»Also bist du einverstanden, dass ich sie aufnehme?«, fragte sie sanft. »Ehrlich, es macht mir im Grunde nichts aus.«

Er holte tief Luft und stieß sie langsam wieder aus. »Also schön. Unter gewissen Bedingungen.«

»Und zwar?«

»Erstens, dass es dich keinen Penny kostet. Ich werde

bezahlen, was sie und du und die Kinder verzehren, während sie hier sind.«

Seine Augen glitzerten gefährlich, der trotzige, entschlossene Zug lag wieder um seinen Mund. Althea fand, es war an der Zeit nachzugeben. »Meinetwegen. Aber ich hab auch eine Bedingung.« Er sollte ja nicht glauben, dass er immer seinen Kopf durchsetzen konnte.

»Welche?«

»Dass du Französisch sprichst. Und nicht so tust, als könntest du es nicht.«

Nachdem er sich in dem für ihn wichtigsten Punkt durchgesetzt hatte, entspannte er sich jetzt und fand seinen Humor wieder. »Aber auf dem Empfang hab ich kein Wort Französisch gesprochen.«

»Das ist mir völlig gleich.« Jetzt funkelten Altheas Augen. »Ich bin nicht bereit zu kochen und zu putzen ...«

»Ich werde eine Putzhilfe bezahlen.«

»Sei nicht albern. Aber ich werde jedenfalls nicht obendrein auch noch die ganze Bürde der Konversation allein tragen.«

Patrick lachte leise. »Aber denk doch nur, wie gut das deinem Französisch tun wird.«

»Du, wenn du mich damit im Stich lässt, dann lasse ich den ganzen Schwindel auffliegen, darauf kannst du deinen ... was auch immer verwetten.«

Er lachte immer noch, aber er gab sich geschlagen. »Also gut, also gut. Ich werde eingestehen, dass ich Französisch kann, aber, ich flehe dich an, nicht in Geoffreys Beisein.«

»Und wir werden auch niemandem vorgaukeln, wir wären verheiratet oder so was. Es muss völlig klar sein, dass du abends nach Hause fährst.«

»Meinst du nicht, dass das einen ziemlich seltsamen Eindruck machen wird?«

»Das ist mir gleich.«

»Aber warum solltest du meine Gäste aufnehmen, wenn wir nicht zusammen sind?«

»Weil ich ein ausgesprochen großzügiger und freundlicher Mensch bin«, brummte sie.

»Wenn du meinst, dass sie das wirklich glauben werden ...«

»Selbstverständlich werden sie das glauben! Sie werden einsehen, dass es für einen allein stehenden Mann äußerst schwierig ist, Gäste zu bewirten.«

»Nein, nein, das mein ich nicht. Aber es wird ihnen höchst seltsam vorkommen, wenn ich abends verschwinde.«

»Blödsinn«, widersprach Althea. »Die Franzosen sind in diesen Dingen viel unkonventioneller.«

»Eben.« Patrick hob schützend die Hände vor sein Gesicht. »Schon gut, schon gut. Was immer du für das Beste hältst.« Er sah sie an, mit hochgezogenen Brauen und einem kleinen, provokanten Lächeln. »Wenn du wirklich glaubst, sie werden uns das abkaufen.«

Sie sah ihn finster an. »Also wirklich, man könnte meinen, ich wollte etwas Unmoralisches.«

Patrick betrachtete sie nachdenklich; er sah aus, als wolle er noch etwas sagen, aber stattdessen sammelte er die Becher ein, trug sie zur Spüle hinüber und fing an sie abzuwaschen.

Althea nahm seine Hilfe wohlwollend zur Kenntnis. »Vielleicht sollte ich ihnen mein Zimmer überlassen und bei Merry schlafen. Dann müsste Jenny nicht schon wieder das Gästezimmer räumen.«

Er fuhr herum. »Das schlag dir mal gleich wieder aus

dem Kopf! Und ich werde Jennys Miete bezahlen. Wenn sie das Feld räumt um Platz für meine Gäste zu machen, ist das wohl das Mindeste. Und ich bin sicher, sie könnte das Geld gut gebrauchen.«

»Oh, meinetwegen.« Althea hatte Jennys Miete reduziert, solange sie mit Merrys Zimmer vorlieb nehmen musste, aber nur für ein Wochenende hätte sie es nicht für nötig befunden. »Ihre Miete ist nicht sehr hoch, weißt du.«

»Ja, ich weiß. Aber sie spart jeden Penny um die Anzahlung für eine Wohnung zusammenzukriegen.«

»Hm.« Das wusste Althea natürlich. Aber Patrick und Jenny standen sich offenbar näher, als ihr klar gewesen war, wenn er diese Dinge auch wusste.

»Und die Kinder. Sie sollten auch entschädigt werden.«

»Patrick, das alles wird dich ein Vermögen kosten.«

»Nein, das ist kein Problem.«

»Wirklich nicht? Was ist mit all den Kosten für den Umbau?«

»Wenn ich sage, es ist kein Problem, ist es kein Problem, verstehst du. Und es war mir ernst damit, dass ich eine Putzhilfe bezahlen werde. Es besteht kein Grund, dass du die ganze Arbeit allein machen solltest.«

»Kann ich reinkommen und mir was zu trinken holen?«, fragte Merry und linste vorsichtig durch den Türspalt. »Oder werft ihr Kaffeebecher?«

»Nein, nein, wir sind ganz friedlich«, versicherte Althea.

»Es sei denn, du weigerst dich weiterhin mich für eine Putzfrau bezahlen zu lassen«, brummte Patrick.

Althea begann zu erklären, dass man nicht einfach eine Putzfrau für ein Haus wie ihres engagieren konnte, dass sie erst aufräumen müsste, dass sie nicht wollte, dass eine Fremde den Staub auf ihren Bilderrahmen sah und die Nase darüber rümpfte. Sie hatte etwa die Hälfte ihrer Argumente vorgebracht, als Merry sie unterbrach.

»Ich werde sauber machen, wenn ich Geld dafür kriege. Ich kann das gut und ich weiß ja schon, wie verlottert hier alles ist.«

»Stimmt«, bestätigte Althea.

»Aber bist du auch wirklich gut?«, fragte Patrick Merry. »Für Althea will ich nur das Beste.«

Althea lachte. »Glaub mir, Merry ist das Beste für mich. Ich möchte niemand Fremden hier herumschnüffeln haben.«

»Okay. Wir handeln einen Stundenlohn aus und du sagst mir dann, wie lange du gebraucht hast«, sagte er zu Merry.

»Das wäre also geregelt«, meinte Althea. »Und jetzt sag mir, was ich zu essen machen soll.«

Jenny kochte für sie alle eines ihrer nahrhaften, preiswerten vegetarischen Gerichte, und als Patrick schließlich ging, hatte er mit allen außer Althea eine Abmachung getroffen, die ihnen einen finanziellen Gewinn in Aussicht stellte. Er hätte auch mit Althea ein Honorar vereinbart, aber sie hatte sich kategorisch geweigert. Sie war inzwischen zu dem Schluss gekommen, dass es eine gute Möglichkeit war, ihre Schuld zu begleichen. Er hatte ihr das Zeichnen beigebracht, sie würde seine französischen Gäste bewirten und danach waren sie quitt.

Es stellte sich heraus, dass sie nur ein Abendessen, zweimal Frühstück und zwei Mittagessen für die Gäste auf den Tisch bringen musste. Für den Samstagabend war eine Scheunenparty im Nachbardorf geplant, mit Folkloretänzen und -musik und jeder sollte etwas zum Büfett beisteuern. Ehe irgendwer ihr mit der Idee zuvorkommen konnte, ließ Althea Mrs Jenkinstown wissen, sie werde Trifle mitbringen, ein typisch englisches Dessert aus dünnen Teigböden, Früchten und dicker Vanillesoße – nicht billig, aber schnell gemacht.

Für die übrigen Mahlzeiten hatten sie den Grundsatz gefasst, dass nur die besten englischen Erzeugnisse auf den Tisch kommen sollten. Zusammen hatten sie ein Menü entworfen, das die Gäste hinreichend beeindrucken würde, Altheas Kochkünste aber nicht überforderte. Früher war sie einmal eine hervorragende Köchin gewesen und hatte Gerichte gekocht, die Frederick mit Stolz erfüllten, aber in letzter Zeit langweilte das Kochen sie mehr und mehr und sie hatte sich stattdessen auf den Garten konzentriert. Doch als sie ihre alten Kochbücher hervorholte, kehrte auch ihr einstiger Enthusiasmus zurück.

Patrick gab ihr einhundert Pfund, frisch und glatt direkt aus dem Geldautomaten. Althea schloss die Faust darum und zog aus für Englands Ehre einzukaufen.

Sie kaufte ein gewaltiges Stück Rindfleisch aus ökologischer Zucht. Englischen Käse, reifen Cheddar mit Rinde, geräucherten Double Gloucester und Stilton vom Markt. Obst und Gemüse, von ihr persönlich handverlesen und mit großer Sorgfalt von ihrem Gemüsehändler eingepackt. Im Reformhaus erstand sie doppelrahmige Sahne, extra dick, extra teuer. Sie hörte erst auf, als ihr Kofferraum voll war und über die Hälfte ihres Budgets ausgegeben. Der gesamte Supermarkteinkauf stand noch bevor.

Patrick war für den Wein zuständig, doch sie hatten

beschlossen, dass sie es mit dem Patriotismus nicht zu weit treiben wollten. Fleisch, Käse und Gemüse waren unproblematisch, aber sie wussten beide nicht genug über englischen Wein um das zu riskieren.

Als der Samstagabend kam und Henri, Paulette, Patrick und Althea zum Scheunenfest fuhren, hatten sie Roast Beef mit Yorkshire Pudding, Röstkartoffeln und einer reichhaltigen Gemüseauswahl, ein Gericht aus Hühnerbrustfilets in Pilzen und Cider, eine Herbstversion von Summer Pudding sowie Gooseberry Fool bereits hinter sich gebracht.

Alle Mahlzeiten waren ohne Pannen über die Bühne gegangen, die Tatsache, dass Althea tiefgefrorenen Yorkshire Pudding verwendet hatte, war unentdeckt geblieben, doch sie konnte sich kaum mehr auf den Beinen halten und wollte lieber verhungern als jemals wieder zu kochen. Aber, sagte sie sich zum wiederholten Male, sie musste nur morgen früh noch ein klassisches English Breakfast zusammenzaubern. Zum Mittagessen wollten sie sie in einen traditionellen englischen Pub ausführen um Henri Gelegenheit zu geben das hiesige Bier zu probieren und um zwei fuhr der Bus ab.

Sie waren wunderbare Gäste. Keiner von beiden sprach auch nur ein Wort Englisch, aber selbst wenn Patrick nicht da war, gelang es ihnen immer, ihre Begeisterung und Dankbarkeit zum Ausdruck zu bringen. Jetzt, da der Kochmarathon hinter ihr lag, freute Althea sich auf einen Abend, da das Essen nicht ihre alleinige Verantwortung war, obwohl sie natürlich ihren Trifle mitgebracht hatte, verziert mit gerösteten Mandelsplittern und transportsicher mit Klarsichtfolie bedeckt.

Althea hatte den Abend als eine Unterbrechung ihrer Gastgeberpflichten willkommen geheißen. Womit sie allerdings nicht gerechnet hatte, war das Aufsehen, das ihre gemeinsame Ankunft mit Patrick erregte.

Alle freuten sich sie zu sehen. Sie war sehr beliebt an der Schule gewesen, niemand hatte gewollt, dass sie ging. Doch als sie mit Patrick zusammen eintrat, erhob sich ein Raunen und Spekulationen machten sich breit wie ein Mückenschwarm an einem Sommerabend, obwohl sie doch von einem stattlichen französischen Paar begleitet wurden.

»Du Miststück!«, sagte Sylvia. »Du hast kategorisch erklärt, dass zwischen euch nichts läuft.«

»So ist es auch. Sprich leiser!«

»Oh, sei nicht albern, niemand kann uns bei diesem Getöse hören. Schläfst du mit ihm?«

Das »Getöse« wurde von einer Gruppe sehr junger Musiker verursacht, die einen alten, englischen Folksong spielten und plötzlich mitten in der Darbietung abbrachen, weil der zweiten Violine – einem Mädchen von höchstens neun Jahren – eine Saite gerissen war.

Althea war überzeugt, dass jeder Einzelne in der Scheune Sylvias Frage gehört hatte, und ihr Gesicht nahm die Farbe der Brombeergrütze an, neben der sie stand.

»Ach, Althea!« Mrs Jenkinstown steuerte zielsicher auf sie und Sylvia zu. »Es war ja so reizend von Ihnen, uns aus dieser Klemme zu helfen. Und nein, Liebes«, sagte sie zu Sylvia, die plötzlich wie ein schüchternes Schulmädchen wirkte. »Da spielt sich rein gar nichts ab.«

Aber trotz dieser glaubwürdigen Zeugin der Verteidigung hielt das neugierige Gemurmel an, sodass Althea sich in die Küche flüchtete und den nie versiegenden Strom schmutziger Gläser spülte. Patrick schleifte sie schließlich nach draußen und zwang sie bei einem der folkloristische Tänze mitzumachen, der vornehmlich aus Klatschen und Küssen zu bestehen schien. Doch sie mied seinen Blick, wann immer sie konnte.

Glücklicherweise nahmen ihre Gäste an, Altheas Aufenthalt in der Küche sei nur ein weiterer Beweis ihres aufopferungsvollen Wesens, und auf dem Heimweg lobten sie ihr Engagement.

Aber Patrick ließ sich keinen Sand in die Augen streuen. Als er nach Fredericks Brandyflasche suchte, murmelte er: »Ich kann nicht verstehen, worüber du dich so aufgeregt hast.« Ihre Gäste waren nebenan und konnten ihn nicht hören. »Nur weil Sylvias Fantasie mit ihr durchgeht. Und selbst wenn die Leute denken, wir seien zusammen, was ist denn dabei? Es ist schließlich nicht so furchtbar abwegig, oder?«

Althea war damit beschäftigt, die Gläser zu polieren. »Das haben wir doch alles schon besprochen. Ich habe eine Familie, an die ich denken muss.«

»Ich auch. Ich habe zwei beinah erwachsene Töchter. Aber sie schränken meine Handlungsfreiheit in keiner Weise ein.«

Althea war hin und her gerissen zwischen ihrer brennenden Neugier, alles über seine Familie zu erfahren, und der Notwendigkeit ihn auf Distanz zu halten, darum zischte sie wütend: »Und wo leben sie?«

»Zugegeben, sie studieren nicht hier, sondern in Kanada. Aber selbst wenn sie ...«

»Meine Kinder leben bei mir. Du hast doch selbst gesehen, was hier los ist. Ich habe keine Zeit für Beziehungen! Jetzt lass uns den Brandy rüberbringen. Ich hol die After Eights.«

»Wenn das dein letztes Wort ist, werde ich dich nicht weiter behelligen.«

Patrick nahm das Tablett auf und trug es aus der Küche. Althea fürchtete plötzlich, sie werde in Tränen ausbrechen. »Reiß dich zusammen«, befahl sie sich. »Du bist schrecklich müde und das macht dich übersensibel. Wenn du dich ein bisschen von diesem Wochenende erholt hast, wirst du froh sein, dass du ihn los bist.«

Sie war wirklich müde. Als sie die Gläser und die Schokoladentäfelchen ins Wohnzimmer brachte, wirkte ihr Lächeln gezwungen. Sie wusste genau, dass Patrick ihr fehlen würde. Hätte sie ihn doch nur getroffen, als die Kinder noch klein und anpassungsfähig waren. Oder hätte sie ihn fünf Jahre später getroffen, wenn die Kinder aus dem Haus sein würden.

Sie ließ sich in einen Sessel sinken und ersparte sich die Mühe der französischen Unterhaltung der anderen zu folgen. Wie werde ich wohl aussehen in fünf Jahren? Werde ich für irgendeinen Mann noch attraktiv sein? Für einen Mann wie Patrick? Natürlich, viele Frauen brachten das fertig. Aber nicht gerade die Frauen, die »sich hatten gehen lassen«. Niedergeschlagen nahm sie sich ein Schokotäfelchen.

Am nächsten Morgen fühlte sie sich viel besser und grillte gut gelaunt den Schinken fürs Frühstück, als Patrick erschien, jeder Zoll der perfekte Gastgeber in dunkelblauen Leinenhosen und einem dunklen Baumwollhemd. Sie mussten immer noch dieses Frühstück und das Essen im Pub hinter sich bringen, sie durfte also nicht allzu distanziert und schroff sein und darum lächelte sie ihm entgegen. »Kaffee oder Tee?«

»Kaffee, bitte. Sind sie schon auf?«

»Nein. Ich hab mir gedacht, ich lasse sie schlafen, bis das Frühstück fertig ist. Sie müssen völlig erledigt sein. Sie haben keine ruhige Minute gehabt, seit sie hier angekommen sind.«

»So wie wir.«

Sie lachte und wischte sich die fettigen Finger an der Schürze ab. »Na ja, fast. Nur ein Glück, dass Madame de Villeneuve nicht kommen konnte. Dann hätten wir ein echtes Problem gehabt. Wer weiß, vielleicht haben wir das auch so, wenn sie und Paulette Freundinnen sind.«

»Nein. Ich hab sie gefragt und sie sagte, sie kennen sich kaum.«

»Gott sei Dank. Wir haben wirklich Glück gehabt. Die meisten haben die Leute zu Besuch, bei denen sie selbst übernachtet haben. Natürlich ist es schade, dass Madame nicht mitkommen konnte, aber es wäre ziemlich peinlich geworden.«

»Immerhin wäre sie allein gekommen. Nur die halbe Arbeit.«

»Aber ich hätte es nicht noch mal fertig gebracht, vorzugeben, wir seien verheiratet. Wir hätten uns was einfallen lassen müssen. Die schnellste Scheidung der britischen Rechtsgeschichte oder so.«

»Für dich war die Sache doch nur halb so wild. Immerhin hast du wenigstens schlafen können.«

»Du auch! Ich hab dich gehört. Du hast beinah geschnarcht.«

»Ich hab nur so getan.«

»Oh, natürlich. Darin bist du ja unübertroffen, so zu

tun, als ob, nicht wahr? Vermutlich hast du viel Übung darin.« Althea bemühte sich scherzhaft zu klingen, aber ihr Herz hatte plötzlich begonnen zu hämmern.

»Ein bisschen«, gestand Patrick. Er stand mit dem Rücken zu ihr vor dem Grill und wendete den Schinken mit den Fingern. »Aber ich tu es nur, wenn es sich nicht vermeiden lässt. Und niemals bei Dingen, die wirklich wichtig sind.«

Althea schnitt Pilze in Scheiben. »Also warum hast du dann vorgegeben zu schlafen?«

Er zuckte mit den Schultern und zögerte einen Moment, ehe er antwortete. »Um dir zu ersparen Konversation machen zu müssen, als du nicht schlafen konntest.«

»Kannst du mir mal die Butter rüberreichen? Sie ist im Kühlschrank. Und warum konntest du nicht schlafen? Zu hart und unbequem?«

Er drückte ihr das Paket in die Finger. »Irgendwas in der Art.«

Althea war nicht so recht zufrieden mit dieser Erklärung. Sie hatte den Verdacht, dass sie die Zwischentöne nicht richtig wahrgenommen hatte. Aber es wurde spät und sie hatte außerdem den Verdacht, dass er ihr keine genauere Antwort geben würde, selbst wenn sie nachhakte.

»Das war herrlich«, sagte Althea, als der Bus endlich hinter der Kurve verschwunden war und sie aufhören konnte zu winken. »Aber ich bin froh, dass es vorbei ist. Ich bin fix und fertig.« Außerdem hatte sie zu viel Cider getrunken, und das, in Kombination mit der Spätsommerhitze, machte sie furchtbar schläfrig.

»Ich fahr dich nach Hause«, sagte Patrick. »Und dann kannst du dich hinlegen.«

»Ach, ich hab so schrecklich viel zu tun.«

»Es wird dir besser von der Hand gehen, wenn du ausgeruht bist.«

Trotz ihrer guten Vorsätze lud sie ihn auf eine Tasse Tee ein. »Ich kriege immer furchtbaren Durst, wenn ich mittags Alkohol trinke.«

Er folgte ihr ins Haus und wartete, weil sie darauf bestand, im Wintergarten auf den Tee. Als sie die Becher hereinbrachte, schien er fest zu schlafen, und obwohl sie argwöhnte, dass er nur so tat, als ob, ließ sie die Sache auf sich beruhen und schloss selbst die Augen. Im Haus war es ausnahmsweise einmal still. Sowohl die Kinder als auch Jenny waren unterwegs, bei Freunden oder Kollegen um sich die Zeit zu vertreiben oder zu arbeiten, je nachdem.

Es war ein herrlicher Tag, am Übergang vom Sommer zum Herbst, als könne er sich nicht entscheiden, welche Jahreszeit die schönere sei. Althea spürte das Sonnenlicht auf den Lidern, genoss die Stille, die nur unterbrochen wurde von den Bewegungen des Hundes auf ihrem Schoß, Patricks Atemzügen und dem Schnarchen der Katze. Das ist Frieden, sagte sie sich. Das ist Glück. Koste es aus. Denk nicht an die Zukunft oder die Vergangenheit, nur dieser Moment zählt. Dann schlief sie ein.

Patrick wachte auf, regte sich und weckte auch sie damit. Alles schien noch wie eben, aber der Moment war dahin, Altheas Unruhe und Traurigkeit lauerten im Hinterhalt um sich wieder auf sie zu stürzen, sobald sie es zuließ.

»Das hat gut getan«, murmelte Patrick. »Was ist mit dem Tee passiert?«

»Er ist kalt geworden. Ich mache frischen.«

»Nein, nicht nötig. Lass uns einfach hier sitzen.«

Althea nahm wieder Platz, aber sie konnte sich nicht entspannen, wie sie es getan hatte, als er schlief.

»Das haben Topaz und ich selten getan.«

»Tja. Vermutlich ist es eher eine Beschäftigung für ältere Leute.«

»Frechheit ... Und außerdem stimmt das nicht. Einfach so zusammenzusitzen ist wichtig für eine Beziehung.«

»Ich kann mir vorstellen, du und Topaz hattet immer andere Dinge zu tun. Tennis, Squash und so weiter.«

»Einkaufen war Topaz' Lieblingsbeschäftigung. Mein Geld ausgeben. Ich hoffe, Fredericks Reserven reichen aus.«

»Oh, ganz bestimmt.«

»Aber sie hätte jeden Penny ausgeben können, den ich besaß, und trotzdem hätte sie immer noch nicht gehabt, was sie von mir wollte.«

»Und das war was?«

»Tja. Emotionales Engagement. Liebe, vielleicht.«

»Mum?«, rief eine Stimme und die Haustür fiel krachend zu. »Ich hab ein paar der Jungs zum Basketballspielen mitgebracht, okay?«

»In Ordnung, Liebling«, rief sie zurück. Dann fragte sie Patrick. »Möchtest du jetzt vielleicht Tee?«

Er sah sie aufmerksam an, studierte ihr Gesicht, das Blau seiner Augen intensiviert durch den blauen Himmel, über den jetzt die ersten, kleinen Herbstwolken jagten. »Wenn das alles ist, was du zu bieten hast.«

Althea stand auf. »Ich fürchte, das ist es.« Sie sagte nicht, dass emotionales Engagement und Liebe genau die Dinge waren, nach denen auch sie sich sehnte. Sie wollte nicht hören, wie er sagte, dass sie sie ebenso wenig bekommen konnte, auch wenn sie wusste, dass es so war.

»Also auch nach allem, was inzwischen passiert ist, gilt immer noch, was du neulich gesagt hast?«

Sie nickte. Sie konnte nicht wagen zu sprechen, er hätte vielleicht gehört, wie nah sie den Tränen war.

KAPITEL 17 Es war der letzte Sommertag. Über Nacht schlug das Wetter um und der Herbst brach ohne Vorwarnung über sie herein, riss die Blätter von den Bäumen und schlug die Schwalben Hals über Kopf in die Flucht. Und mit dem Herbst kam eine Melancholie, die Althea einhüllte wie eine Baumwolldecke: Sie spürte ihr Gewicht auf den Schultern, aber sie brachte ihr keine Wärme.

Sie vermisste Patrick schrecklich. Er hingegen vermisste sie überhaupt nicht; er hatte es mit größter Gelassenheit aufgenommen, als sie ihre Beziehung abbrach. Und sie bekam laufend Berichte über seinen gleich bleibend heiteren Gemütszustand von Jenny, die auf ihre unnachahmliche Weise zu seinem Wohlbefinden beizutragen schien. Althea konnte schlecht fragen, ob sie mit Patrick ins Bett ging, aber sie war sicher, dass es so war. Was sonst konnte der Grund dafür sein, dass Jenny noch fröhlicher und energiegeladener war als gewöhnlich? Sicher nicht ihre ersten Erfahrungen im Schuldienst, der doch selbst die Stärksten und Erfahrensten völlig auslaugte. Auf ihrem Diplom hingegen war die Tinte kaum getrocknet und trotzdem sprudelte Jenny nur so vor Freude und Ideen für die Schultheateraufführung, die sie offenbar ganz allein mal eben so nebenbei organisierte. Sylvia hatte keineswegs die Absicht ihre Freundin noch weiter zu deprimieren, aber als sie eines Freitagnachmittags vorbeikam, stellte sich heraus, dass sie dieselbe Schlussfolgerung gezogen hatte.

»Sie hat einen Mann. Es gibt keine andere Erklärung.«

»Na ja, sie ist jung und fit. Und die Lehrtätigkeit liegt ihr offenbar«, sagte Althea um sich selbst zu überzeugen.

»Nein, das allein kann es nicht sein. Hat sie denn nichts gesagt?«

Althea zuckte die Schultern. »Nein, eigentlich nicht.«

Im Grunde war Jenny ausgesprochen vertrauensselig und mitteilsam und sie hätte Althea sicher alles erzählt, wenn sie Interesse bekundet hätte. Aber Althea hatte sie nicht ermutigt. Es bestand die Gefahr, dass Jenny sich nicht darauf beschränken würde, Althea anzuvertrauen, wie interessant oder wie liebevoll Patrick doch war, sondern es war damit zu rechnen, dass sie eine detailfreudige Beschreibung seiner Liebhaberqualitäten abgeben würde, und darüber wollte Althea nun wirklich nichts wissen. Nicht aus zweiter Hand.

»Und was ist mit dir und Patrick?«, fragte Sylvia. »Ihr trefft euch nicht mehr?«

Althea war erleichtert, dass Jenny ihre Eroberung im Lehrerzimmer offenbar noch nicht publik gemacht hatte. Sie schüttelte den Kopf. »Nein.«

»Du hättest also nichts dagegen, wenn ich meine Fühler mal ausstrecke?«

Eine vulgäre Bemerkung lag Althea auf der Zunge, dass Sylvia mit anderen Körperteilen vielleicht eher Erfolg beschieden sein würde, aber sie schluckte sie hinunter. Der Teufel sollte sie holen, wenn sie Sylvia auch noch auf Erfolg versprechende Ideen brachte. »Nein, überhaupt nicht.«

Es war nie schwierig, Sylvia zu überzeugen. Sie wechselte das Thema. »Und wie kommst du finanziell zurecht?«

Althea probierte ein strahlendes, optimistisches Lächeln an, stellte fest, dass es ihr nicht stand, und nahm es wieder ab. »Wenn ich nichts für Weihnachten ausgebe, komme ich bis Januar zurecht. Danach muss ich entweder einen gut bezahlten Job finden oder das Haus verkaufen.«

»Das kannst du nicht tun!«

»Das höre ich andauernd, aber die Wahrheit ist, dass ich das durchaus tun kann. Es wird höllisch wehtun und das Aussortieren wird ein Albtraum. Aber wenn wir mal ganz ehrlich sind, im Grunde war es immer zu teuer und zu groß für meine Verhältnisse. Und nach ein paar Monaten Arbeitslosigkeit kommt man dahin, die Dinge realistischer zu sehen.«

»Dann such dir Arbeit.«

»Ich hab's versucht, glaub mir. Aber hier im Ort ist im Augenblick kein Job zu kriegen. Und wenn ich Fahrtkosten aufwenden muss um zur Arbeit zu kommen, wenn ich elegante Sachen tragen muss und laufend Fertiggerichte kaufe, weil ich zu müde zum Kochen bin, müsste ich schon verdammt gut verdienen, damit es sich überhaupt noch lohnt. Natürlich suche ich trotzdem weiter, aber es war nie mein Herzenswunsch, für eine Versicherung zu arbeiten.«

»Die bieten aber jede Menge Sonderleistungen.«

»Ich weiß. Aber glaubst du wirklich, dass ich da irgendwo hinpasse? Ich muss etwas finden, wo ich nach meiner Fasson schalten und walten kann. Wenn ich mich irgendwo einem festgelegten Procedere anpassen muss, wird es nicht gut gehen.« Sie holte tief Luft, aber dann befand sie, dass sie in letzter Zeit zu viel Zeit mit

Seufzen verschwendete und atmete leise wieder aus.
»Demnächst fang ich zumindest einen Nebenjob an. Ich werd dies und jenes für eine alte Dame erledigen, die aus dem Krankenhaus kommt.«

»Für ein paar Pennys die Stunde? Wenn du angemessene Stundenlöhne für deine Gärtnerjobs verlangen würdest oder für all die Einkäufe, die du für alte Damen erledigtest, dann ...«

»Könnten sie sich meine Dienste nicht leisten und ich würde gar nichts mehr verdienen. Diese kleinen Nebenjobs sind genau richtig für mich, ich kann sie mir zeitlich einteilen, wie es mir passt, mal eine halbe Stunde hier, mal eine halbe Stunde da ...«

Sylvia seufzte. »Und alles für ein Butterbrot.«

Althea nickte. »Darum wäre es wirklich viel vernünftiger das Haus zu verkaufen, Frederick auszubezahlen und irgendwohin zu ziehen, wo die Nebenkosten nicht so astronomisch hoch sind.«

»Vernünftig, ja. Die Frage ist, ob du Freude an deinem neuen Heim hättest.«

»Nein, vielleicht nicht. Ich glaube, ich werde zu alt um auf solche Dinge Rücksicht zu nehmen.«

»Oh, Ally!«

»Ich mache all meine Weihnachtsgeschenke selbst dieses Jahr.« Althea hielt entschlossen an ihrem Lächeln fest. »Ich habe Unmengen von Hyazinthen in hübschen Übertöpfen und sie sollten genau zu Weihnachten blühen.«

»Ich finde, Hyazinthen riechen ein bisschen streng.«

»Wie wär's dann mit einem hübschen Eierwärmer?« Sylvia lachte nicht. »Oh, meinetwegen. Du kriegst selbst gemachtes Karamell.«

»Aber was wird mit den Kindern? Du kannst ihnen doch keine Eierwärmer oder Hyazinthen schenken.«

»Nein, aber wenn ich Glück hab, schickt meine Mutter mir ein bisschen Geld. Davon kauf ich ihnen was.«

»Ach, das ist ja schrecklich.«

»Das ist die raue Wirklichkeit! So haben Frauen wie ich sich immer schon durchgeschlagen. Irgendwer schenkt dir Einkaufsgutscheine vom Gartencenter oder von einer Buchhandlung zum Geburtstag und du hebst sie auf um deine Weihnachtseinkäufe damit zu machen.«

»Aber hattest du nie das Gefühl, dass du selbst viel zu kurz kommst? Macht dich das gar nicht wütend?«

»Doch, manchmal schon. Meistens war ich einfach nur froh und glücklich, wenn ich kein Geld ausgeben musste, das ich gar nicht hatte. Weißt du, im Grunde gab's nur eine Sache, die ich wirklich wollte, als die Kinder klein waren. Und das wär für kein Geld der Welt zu haben gewesen.«

»Was?«

»Genug Schlaf. Arme Juno. Ich darf gar nicht dran denken, was ihr bevorsteht.«

Sylvia war nie besonders gut mit Juno ausgekommen und war auch jetzt nicht in der Stimmung Mitgefühl für sie zu empfinden. »Tja, Neugeborene machen die Leute aggressiv. Hast du die Sache mit John Campbell gehört?«

»Der aus Marys Klasse?«

»Na ja, jetzt ist er in Harrys Klasse, aber wir meinen denselben.«

»Nein. Was ist mit ihm?«

»Seine Mutter hat ein Baby bekommen und er hat eine Woche in der Schule gefehlt. Keine Entschuldigung, kein Anruf, nichts. Es stellte sich heraus, dass er ein blaues Auge hatte.«

»Na und? Damit hätte er doch wohl zur Schule kommen können, oder nicht?«

»Schon. Aber seine Mum hat es nicht erlaubt. Anscheinend«, fuhr sie mit gesenkter Stimme fort, obwohl sie allein im Haus waren, »hat ihr neuer Mann es getan. Zu viele schlaflose Nächte. Das hat ihn kribbelig gemacht und er hat's an John ausgelassen.«

»Oh, wie grauenhaft.«

»Tja. Mit Stiefvätern ist das eben immer so eine Sache. Ich hab da mal einen Fernsehfilm über Löwen gesehen. Und da haben sie gesagt, die männlichen Löwen töten immer die Jungen, die die Löwin aus einer früheren Beziehung hat ...«

»Sylvia, ich weiß nicht, ob ›Beziehung‹ im Zusammenhang mit Tieren das richtige Wort ist. Sie haben doch keine Beziehungen in dem Sinne ...«

»Na ja, aber im Grunde ist der Unterschied nicht so groß, oder? Es hat irgendwas mit einem Selbsterhaltungsgen zu tun. Es löst beim männlichen Geschlecht den Trieb aus die Gene der anderen zu vernichten.«

»Ich wusste gar nicht, dass du so ein Fan von Tierfilmen bist.«

»Bin ich auch nicht. Aber wenn ich meine Mutter besuche, müssen wir sie immer ansehen, denn das ist das Einzige, was meinen Stiefvater interessiert. Da, noch ein Beispiel!«

»Wenn er dich zwingt David Attenborough anzugucken, ist das nicht gerade Kindesmisshandlung, oder? Ich seh ihn eigentlich ganz gern.«

»Darum geht es doch gar nicht! Was ich meinte, war, dass Stiefväter sich nur selten für ihre Stiefkinder erwärmen können.«

»Oh, ich bin sicher, das ist nicht wahr!« Sie suchte in ihrem Gedächtnis nach einem Beispiel, das die These widerlegte, aber ihr fiel einfach keines ein.

»Nach meiner Erfahrung ist es so«, beharrte Sylvia. »Zu allen anderen Leuten ist er sehr nett. Nur mich kann er nicht ausstehen.« Sie lachte. »Aber Fulham liegt so günstig, wenn man zum Einkaufen nach London will, darum ignoriere ich ihn einfach und besuch sie immer noch.«

Althea kicherte. »Komm, lass uns Tee trinken.«

Sylvia konsultierte ihre Uhr. »Es ist nach sechs. Wir könnten eine Flasche aufmachen.«

»Ich hab aber leider keine Flasche. Du hast die Wahl zwischen Tee oder gar nichts.«

»Du lieber Himmel, Ally, mir war nicht klar, wie schlimm es steht.«

»Richtig schlimm steht es erst dann um mich, wenn ich anfange selber Wein anzusetzen. Solange ich darauf verzichten kann, ist alles in Ordnung.«

»Mum! Post!«, rief Merry aufgeregt die Treppe hinauf.

»Was ist es denn?«, nuschelte Althea zurück, den Mund voller Zahnpasta.

»Von diesen Wettbewerbsleuten. Du weißt schon, dieses Garten-Dingsda.«

Althea spülte sich den Mund aus, fuhr mit dem Handtuch darüber und ermahnte sich nur ganz ruhig zu bleiben. Es konnte sich nur um einen Brief handeln, in dem man bedauerte ihr mitteilen zu müssen, dass leider ... Aber so lange sie es nicht mit Sicherheit wusste, durfte sie noch hoffen. Sie galoppierte die Treppe hinunter.

»Gute Neuigkeiten?«, fragte Merry wenig später.

Althea nickte, las noch einmal und versuchte es in ihren Kopf zu bekommen. »Ich bin unter den letzten drei, eine von den drei Leuten, die ihren Garten in Chelsea ausstellen dürfen.«

»Super!«, rief Merry begeistert aus. »Und kriegst du Geld?«

»Ich hoffe es.« Sie überflog den Brief noch einmal. »Ja, sie schicken einen Scheck über tausend Pfund um die Kosten für den Garten zu decken.«

»Meine Güte, das ist ein Vermögen!«

»Nein, eigentlich nicht.« Als sie Merrys niedergeschlagene Miene sah, fügte sie hinzu: »Aber Weihnachten wird trotzdem ein bisschen üppiger ausfallen, als befürchtet.«

Althea wusste, es war Wahnsinn, das Geld für irgendetwas anderes als ihren Garten auszugeben. Aber sie wusste auf der anderen Seite ebenso, dass sie ihren Kindern nicht plausibel machen konnte, dass es zu Weihnachten keine Geschenke geben konnte, während sie tausend Pfund auf ihrem Konto hortete. Sie entschied sich für einen Kompromiss – einen Teil würde sie für Geschenke für die Kinder aufwenden, der Rest sollte seinem eigentlichen Zweck zufließen.

»Nur gut, dass mein ganzes Gartenkonzept Kostenersparnis zum Ziel hat«, sagte sie.

»Hm, du solltest eigentlich keine einzige Pflanze kaufen müssen«, antwortete Merry hoffnungsvoll.

»Es geht nicht um die Pflanzen, sondern um Arbeitskräfte. Ich werde Hilfe brauchen um den Garten anzulegen.«

»Zahlen die Wettbewerbsleute das nicht?«

»Nur bis zu einem gewissen Punkt. Hier steht, jeder von uns bekommt einen Tag lang eine bezahlte Hilfskraft, aber alles, was darüber hinausgeht, müssen wir aus unserem Budget bezahlen. Und ich werd ganz sicher mehr Hilfe brauchen. Mein Garten liegt am Hang.«

»Kannst du den Hang nicht einfach weglassen?«

Althea schüttelte den Kopf. »Leider nicht. Wenn der fertige Garten deutlich von den eingereichten Plänen abweicht, wird man disqualifiziert.«

»Mann, die sind ganz schön hart, was? Na ja, Patrick wird sich jedenfalls mächtig freuen.«

Althea antwortete nicht.

»Du wirst es ihm doch erzählen, oder?«

»Ach, ich hab ja noch nicht gewonnen, weißt du. Ich bin lediglich eine Runde weiter.«

»Du musst es ihm trotzdem sagen. Ich meine, er hat Stunden damit verbracht, dir Zeichenunterricht zu geben. Und du hast dich so furchtbar dumm angestellt.«

»Ich hab mich überhaupt nicht dumm angestellt!«

»Also jedenfalls war's ein hartes Stück Arbeit für ihn.«

Althea schickte ihm eine Postkarte, kurz und sachlich. Er antwortete nicht.

Hätte sie eine Alternative gehabt, hätte sie Patricks Gewächshaus längst aufgegeben. Doch sie brauchte es jetzt dringender denn je. Der Sommer war vorüber, viele Pflanzen mussten zum Schutz vor dem Frost darin untergebracht werden, denn ihr eigener Wintergarten war zum Bersten voll gestopft. Außerdem musste sie Unmengen von Pflanzen für ihren Garten in Chelsea ziehen, ein Vielfaches der Anzahl, die sie nachher wirklich brauchen würde, damit sie nur die gelungensten Exemplare von jeder Art nehmen musste.

Tatsächlich sah sie sich gezwungen auch den beinah ganz verfallenen Teil des Gewächshauses in Gebrauch zu nehmen um all ihre Zöglinge unterzubringen. Ohne Patrick etwas davon zu sagen hatte sie mit einem geborgten Tacker und stabiler Plastikfolie versucht diesen Bereich halbwegs wasserdicht zu machen. Es war alles andere als zufrieden stellend, ein ordentlicher Herbststurm und all ihre Pflanzen konnten von herunterfallendem Glas in Fetzen geschnitten oder zerdrückt werden. Aber sie brauchte den zusätzlichen Platz.

Sie verfolgte die Wettervorhersagen im Fernsehen und wenn starker Wind zu erwarten war, machte sie sich eilig auf den Weg zum Gewächshaus und verstaute sämtliche Pflanzen unter den Stellagen, sodass sie geschützt standen. Es war ein Glück, dass sie keinen Job hatte, sagte sie zu Sylvia und bemühte sich tapfer um einen fröhlichen Tonfall. Hätte sie arbeiten müssen, hätte sie gar keine Zeit für diese ständigen Rettungseinsätze gehabt.

Eines Tages wurde ein handfester Sturm vorhergesagt. Obwohl er erst für den folgenden Morgen angekündigt war, beschloss sie, dass es besser war, die Pflanzen in Sicherheit zu bringen, solange das Wetter noch einigermaßen ruhig war. Sie rief den Hund und machte sich auf den Weg.

Zu ihrer Überraschung stand Patricks Wagen vor dem Haus. Sie zögerte einen Moment und überlegte, wieso er wohl an einem Wochentag zu Hause war und ob er kommen und mit ihr reden würde, wenn sie im Gewächshaus war. Sie hatte sich gerade dazu durchgerungen, ihr Vorhaben trotzdem auszuführen, als die Haustür aufging und einen Moment später scholl Jennys fröhliche Stimme zu ihr herüber.

»Es ist wirklich lieb von dir, dass du mir hilfst«, sagte sie. »Du musst mir sagen, wie ich das wieder gutmachen kann.«

Althea hörte Patricks Lachen, aber seine Antwort ging in einem plötzlichen Windstoß unter. Sie machte kehrt und ergriff die Flucht, zerrte mit ungewohnter Ungeduld an Bozos Leine. Es war eine Sache, zu glauben, ihre Untermieterin und der Mann ihrer Träume hätten eine Affäre. Sie mit eigenen Augen zusammen zu sehen und den Verdacht bestätigt zu finden, das war etwas ganz anderes.

Als sie in der Küche saß und Kartoffeln schälte, schneite Jenny freudestrahlend herein. »Wunderbare Neuigkeiten!«, sagte sie. »Ich hab eine Bleibe gefunden. Patrick hat mir geholfen.«

Altheas Herz setzte einen Schlag aus und begann dann plötzlich zu rasen. »Das ist ja herrlich. Wo?«

»Ganz in der Nähe. Liegt praktisch am Weg zur Schule. Aber jetzt muss ich mich beeilen, Patrick hat mich zum Essen eingeladen.« Jenny war ein durch und durch gutartiges Mädchen, sie hatte nichts von einem Biest an sich, aber trotzdem sah sie Althea ein paar Sekunden zu lang an. Offenbar wollte sie feststellen, wie sie diese Eröffnung aufnahm.

Althea rang um eine ausdruckslose Miene. »Oh, gut. Dann erzähl's mir eben morgen.«

»Klar. Aber es ist doch super, oder? Du bist bestimmt froh, wenn ich hier endlich das Feld räume.«

Althea hob leicht die Schultern. »Vielleicht. Aber ich werd einen neuen Mieter nehmen müssen. Bei dir weiß ich inzwischen wenigstens, worauf ich mich einstellen muss.«

Jenny grinste. »So furchtbar bin ich aber doch eigentlich gar nicht, oder?«

Althea schüttelte den Kopf. »Du bist ein richtig nettes Mädchen und wir werden dich schrecklich vermissen.«

»Oh, dazu kriegt ihr gar keine Gelegenheit! Ich zieh ja gar nicht weit weg und ich werd bestimmt oft bei euch vorbeischauen. Verdammt, jetzt muss ich mich aber beeilen.«

Die Tränen in ihren Augen nahmen Althea die Sicht, aber sie fuhr trotzdem mit ihrer Arbeit fort; Kartoffeln schälen konnte sie auch blind. Es war völlig verrückt, anzunehmen, Jenny werde bei Patrick einziehen, sie hatte sie schließlich nur zusammen aus dem Haus kommen gesehen. Das war nur ein Zufall, bestenfalls ein schwaches Indiz. Aber die Erinnerung an Jennys jugendliche Erscheinung und Patricks Lachen hatte sich in ihr Gedächtnis eingebrannt. Natürlich fand er sie anziehend. Sie war jung, athletisch und mehr als willig.

Sie ging früh zu Bett und löschte die Lampen, die die Kinder überall hatten brennen lassen. Fluchtartig waren sie vor ihr noch oben gerannt um zu verhindern, dass sie sie bat die Spülmaschine anzustellen oder die Haustür abzuschließen. Weil sie wirklich sehr müde war, schlief sie schnell ein. Aber kurz nach Mitternacht wachte sie wieder auf, angespannt, regelrecht erstarrt vor Unruhe. Und einen Augenblick später wusste sie, was sie geweckt und mit solchem Schrecken erfüllt hatte. Der Sturm, der erst für den folgenden Tag angekündigt gewesen war, hatte bereits eingesetzt.

Eine Bö packte das Haus und ließ es erzittern. Althea sprang aus dem Bett und zog an Kleidungsstücken über, was ihr in die Hände fiel. Ihre Pflanzen standen allesamt auf den Stellagen und waren den Elementen ohne den geringsten Schutz ausgeliefert. Einige waren unersetzlich. Schon jetzt prasselte der Regen mit zerstörerischer Kraft.

Sie ließ sich keine Zeit um darüber nachzudenken, dass ihr Vorhaben mehr mit Wahnsinn als Vernunft zu tun hatte. Hastig kritzelte sie eine Nachricht für dir Kinder, falls sie aufwachten und feststellten, dass sie nicht da war, und gestattete dem Hund in ihr warmes, verwaistes Bett zu kriechen. Nach einer endlosen Suche fand sie schließlich eine Taschenlampe. Dann machte sie sich auf den Weg.

Der Wagen sprang nicht an. »Oh, komm schon! Tu mir das nicht an!«

Sie zog den Choke ganz heraus und versuchte es noch einmal, wollte den Motor mit der Kraft ihres Willens zwingen zu zünden. Sie merkte kaum, dass sie schwitzte, sie drehte den Schlüssel wieder und wieder und trat das Gaspedal. Als ihr schließlich aufging, dass der Motor abgesoffen war, gab sie es auf. Dann musste sie eben laufen.

In ihrer verzweifelten Hast verzichtete sie darauf, ins Haus zurückzugehen und sich einen vernünftigen Mantel zu holen. Außerdem könnte der Hund aufwachen und die Kinder wecken, wenn er anfing zu bellen. Der Regen peitschte ihr ins Gesicht, nahm ihr die Sicht und brannte in den Augen. Aber sie ignorierte die Stimme der Vernunft in ihrem Kopf, die ihr zuraunte, keine Pflanze der Welt sei es wert durch diesen Sturm zu laufen und zu riskieren von einem herabstürzenden Dachziegel erschlagen zu werden.

Erst als das Haus außer Sicht war, kam die Furcht vor der undurchdringlichen Dunkelheit. Jeder Schritt des Weges war ihr vertraut, normalerweise hätte es sie niemals beunruhigt, ihn zu Fuß zurückzulegen, ganz gleich zu welcher Tages- oder Nachtzeit. Aber was immer die Ursache sein mochte, der Sturm oder ihr bedenklicher Gemütszustand, jedenfalls war sie jetzt beinah starr vor Angst und rechnete jede Sekunde damit, dass eine finstere Gestalt sie plötzlich überfallen und vergewaltigen könnte.

Aber sie weigerte sich ihrer Angst nachzugeben und umzukehren. Sie hielt ihre Taschenlampe fest umklammert wie einen Knüppel, wild entschlossen notfalls damit für ihre Tugend zu kämpfen. Ihre Pflanzen waren ihre Zukunft, sie musste sie in Sicherheit bringen. Wenn ihnen irgendetwas zustieß, wäre es ihre Schuld. Hätte sie sich heute Nachmittag darum gekümmert statt die Flucht zu ergreifen, müsste sie sich jetzt nicht hier durch Sturm und Regen kämpfen. Aus nichtigem Anlass hatte sie ihre Pflanzen im Stich gelassen und das hier war ihre Buße.

Und wenn ihre Pflanzen jetzt vernichtet würden, dann wären Patrick und Jenny indirekt die Ursache. In ihrem momentanen Zustand der Verwirrung wenigstens erschien es ihr, als würde das bedeuten, dass sie ihr damit ihre neue Berufschance ebenso zerstört hätten wie ihr Glück.

Das Wasser hatte längst den Weg in ihre Halbschuhe gefunden, und als sie durch eine besonders tiefe Pfütze stolperte, waren sie für ein paar Schritte komplett unter Wasser und sogen sich ebenso voll wie der Saum ihrer Hose. Sie beschleunigte ihre Schritte, die Angst um ihre Pflanzen nahm zu, je nasser sie wurde. Zur Hölle mit Patrick, zur Hölle mit Jenny! Und wenn Jenny jetzt auszog, musste sie entweder auf das Geld verzichten oder einen neuen Mieter suchen. Es war alles so ungerecht!

In diesem Moment zuckte ein greller Blitz über den Himmel, unmittelbar gefolgt von einem Donnerschlag. Eines Tages, vielleicht morgen schon, würde sie über das jammervolle Bild lachen, das sie bot. Ganz und gar durchnässt, ihre Haare klebten wie Rattenschwänze an ihrem Kopf, die Hand krampfhaft um ihre Taschenlampe geklammert, die Augen starr vor Entsetzen. Steven Spielberg hätte es nicht überzeugender inszenieren können. Aber jetzt konnte sie nicht lachen. Sie konnte nur weitereilen, so schnell es ging, das letzte Stück rannte sie, unterbrach ihren Sprint nur, als sie durch das Loch im Zaun kroch.

Es war schwierig. Behutsam musste sie sich über die Gräben und Löcher im Boden vortasten, Gerümpel und kleine Hügel aus Blumenerde und Lehm versperrten ihr den Weg und bildeten gefährliche Stolperfallen. Aber wenigstens war sie in ihrem Gewächshaus. Und war sie hier in Wahrheit auch in viel größerer Gefahr als draußen, fühlte sie sich doch viel sicherer.

Im Licht ihrer Taschenlampe stellte sie fest, dass bislang nichts beschädigt worden war. Sie leuchtete das Dach ab um nachzusehen, ob die Glasplatten neue Risse aufwiesen, aber alles war unverändert. Doch es konnte nur eine Frage der Zeit sein, bis der Wind seinen Weg unter die Scheiben fand und sie wie Konfetti durch die Luft schleuderte. Sie musste sämtliche Pflanzen in Sicherheit bringen, sah sie ein, nicht nur die empfindlichsten. Und dafür musste sie zuerst einmal Platz schaffen. Im Augenblick war unter den Stellagen höchstens Platz für ein paar Saatkästen. Schon an einem sonnigen Frühlingsmorgen wäre das Ausmaß dieser Aufgabe niederschmetternd gewesen. Jetzt schien es zu gewaltig um es auch nur zu erwägen.

Am anderen Ende des Gewächshauses fiel irgendetwas scheppernd aufs Dach und prallte ab ohne das Glas zu zerbrechen. Doch das Geräusch veranlasste Althea sich aus ihrer Starre zu lösen und aktiv zu werden. Topaz hatte gewollt, dass das Gewächshaus abgerissen wurde. Dieser Sturm würde ihr vielleicht den Gefallen tun.

Althea begann alles mögliche Gerümpel unter der Stellage hervorzuziehen und verfrachtete es auf den freien Platz weiter hinten. Die Pflanzenreihen oben in den Kästen waren wohlgeordnet, aber hier unten herrschte ein heilloses Durcheinander aus zerbrochenen und intakten Tontöpfen, Säcken mit Blumenerde, uralten Flaschen mit Unkrautvernichter, die sich dort über die Jahre angesammelt hatten.

Als sie glaubte, sie habe ausreichend Platz geschaffen, verfrachtete sie Kasten um Kasten mit ihren Setzlingen und Myriaden kleiner Blumentöpfe von oben nach unten. Sie brauchte lange dafür, aber wenigstens verdrängte die Anstrengung die Tränen, die den ganzen Tag schon im Hinterhalt gelauert hatten. Die Blitze kamen jetzt in so schneller Folge, dass sie meistens ohne die Taschenlampe auskam. Der Donner dröhnte ohrenbetäubend.

Als sie in einem Augenblick völliger Ruhe hinter sich eine Stimme vernahm, schrie sie auf. Noch ehe sie Atem für den Schrei geschöpft hatte, sagte ihr ihr Verstand, dass es Patrick war, aber ihre instinktive Reaktion war schneller als ihr Denken, der Schrei kam heraus und ihr Herz hämmerte.

»Verfluchte Scheiße, was zur Hölle tust du hier?« Er trug Jeans und einen Pullover, sonst nichts. Sein Haar war völlig zerzaust. Sein Gesicht zeigte eine Mischung aus Verwirrung, Wut und Erstaunen.

»Was glaubst du wohl, was ich hier tue?« Sein Fluchen stärkte ihr seltsamerweise den Rücken und sie sah unerschrocken zu ihm auf. »Ich bringe meine Pflanzen vor herunterfallenden Glasscherben in Sicherheit.«

»Du musst doch wirklich total verrückt sein. Völlig übergeschnappt!« Verwirrung und Erstaunen hatten sich verflüchtigt, sein Zorn hingegen schien sich noch gesteigert zu haben. »Vergiss deine Scheißpflanzen! Willst du dich umbringen? Überall fallen Ziegel vom Dach, nur ein einziger müsste hier auf dem Glasdach landen, das würde völlig reichen um dich in kleine Fetzen zu schneiden!«

Ein gewaltiger Donnerschlag übertönte seine letzten Worte. Althea wartete, bis er verklungen war, ehe sie zum Gegenangriff überging.

»Dann steh nicht einfach nur da und spul dein Repertoire an Schimpfworten ab, sondern hilf mir! Und zieh dir Schuhe an. Hier liegt überall schon zerbrochenes Glas herum.«

Für einen Augenblick sah Patrick so aus, als wolle er sie packen und quer durchs Gewächshaus in den Sturm hinaus schleudern. Althea fühlte sich, als hätte sie Streit mit dem Terminator angefangen – es reichte einfach nicht, dass das Recht auf ihrer Seite war. Sie senkte den Blick.

»Es tut mir Leid. Das ist die Mutter in mir«, sagte sie leise ohne ihn wieder anzusehen. Sie wandte sich ab und fuhr damit fort, Kästen und Töpfe umzuräumen.

Sie spürte einen schmerzhaften Stich, als ihr klar wurde, dass er gegangen war. Aber sie hatte jetzt keine Zeit für Gefühle, es war immer noch so furchtbar viel zu tun. Sie versuchte einen riesigen, steinernen Blumentopf voller Werkzeuge und Düngertüten nach vorn zu zerren, als sie plötzlich spürte, wie sein Gewicht ihr aus den Händen genommen wurde. Zwei Gummistiefel standen am Rand ihres Blickfeldes.

Sie arbeiteten Seite an Seite, und als alles umgeräumt

war, nagelte Patrick ein paar Spanplatten über die Plastikfolie, die Althea angetackert hatte, und sicherte so die größten Schwachstellen des Gewächshauses. »Das sollte fürs Erste reichen und Wind und Regen abhalten«, sagte er.

»Das ist jetzt gar nicht mehr so wichtig«, antwortete Althea. »Die Pflanzen sind in Sicherheit.« Plötzlich spürte sie bleierne Müdigkeit und begann zu schlottern. Solange sie gearbeitet hatte, hatte die Anstrengung sie trotz ihrer nassen Kleidung warm gehalten, jetzt klebte sie ihr eisig kalt auf der Haut. Ihre Zähne schlugen klappernd aufeinander.

»Du holst dir den Tod. Komm mit ins Haus«, sagte er.

Althea öffnete den Mund um zu widersprechen, aber er hatte schon die Hand auf ihre Schulter gelegt, und wenn er sie auch nicht gerade vorwärts stieß, manövrierte er sie doch vor sich her ins Freie und quer über die Baustelle.

»Was du brauchst, ist ein heißes Bad. Ja, alles ist angeschlossen«, fügte er hinzu um ihrer Frage zuvorzukommen. »Geh nach oben. Es ist reichlich heißes Wasser da. Du wirst mein Handtuch nehmen müssen, aber es ist ziemlich sauber.«

KAPITEL 18 Die Badewanne war weiß und aus Gusseisen und stand auf Klauenfüßen. Das Waschbecken gehörte zur gleichen Serie. In einer Ecke stand die Duschkabine, offenbar noch nicht angeschlossen. Eine Wand war mit hölzernen Nut-und-Feder-Brettern verkleidet, was wohl entlang der restlichen Wände noch fortgesetzt werden sollte. Das ist doch mal was anderes als immer nur Kacheln, dachte sie. Würde er das Holz farbig oder nur klar lackieren?

Eines Tages würde es mal ein traumhaftes Badezimmer werden. Im Augenblick bedeckten allerdings noch schmutzige Spanplatten den Boden und die Vorhänge waren wohl nur ein Provisorium – ein Gebot der Schicklichkeit, denn sie versperrten der Welt den Blick durch das großzügige Fenster. Eine einzelne, ziemlich grelle Glühbirne erhellten den Raum, aber wie versprochen gab es reichlich heißes Wasser und die Wanne war einigermaßen sauber. Sie sah zu, wie sie sich mit dampfendem Wasser füllte und zog ihre nassen Sachen aus.

Es war kochend heiß, aber Althea fand, es wäre Verschwendung, kaltes Wasser dazulaufen zu lassen. Also ließ sie sich Zentimeter um Zentimeter hineinsinken. Sie war nicht sicher, ob das Wasser wirklich zu heiß war oder ob es ihr nur wegen des Temperaturunterschieds zu ihrer eiskalten Haut so erschien. Schließlich streckte sie sich lang aus und tat einen wahrhaft lüsternen Seufzer.

Nach einiger Zeit wusch sie sich die Haare und seifte sich ein, aber es erforderte einen enormen Willensakt, irgendetwas anderes zu tun als einfach nur dazuliegen. Doch sie fürchtete, sie werde einfach einschlafen, wenn sie noch länger in der Wanne blieb, also kletterte sie schließlich heraus, rot wie ein gekochter Hummer. Ihr war ein bisschen schwindelig vom heißen Wasser. Mit nackten Füßen tapste sie über den staubigen Boden, hinterließ nasse Fußabdrücke und Tropfspuren auf den Spanplatten und wickelte sich in Patricks Handtuch.

Es hing auf einer beheizten Halterung unter dem Badezimmerschränkchen. Es roch nach Mann und nach seinem Aftershave und für ein paar Sekunden vergrub sie ihr Gesicht darin, sog seinen Duft ein, bis sie sich nicht mehr so schwindelig fühlte. Dann öffnete sie mit einer Mischung aus Masochismus und Neugier den Schrank.

Nichts Feminines ließ sich entdecken, kein anderes Shampoo als die Marke vom Supermarkt, die er bevorzugte, kein Damendeodorant oder -parfüm. Sie war nicht sicher, ob sie wirklich damit gerechnet hatte, auf eine von Jennys Tea-Tree-Shampooflaschen, ihr pflanzliches Deo oder ihre Fenchelzahnpasta zu stoßen, aber auf jeden Fall war es eine große Erleichterung, keine Spuren ihrer Untermieterin in Patricks Badezimmer zu finden.

Sie fühlte sich besser, aber doch noch nicht wieder so weit auf der Höhe, dass sie den Mut aufgebracht hätte den beschlagenen Spiegel abzuwischen. Nasse Haare und ein leuchtend rotes Gesicht machten nur die ganz Jungen hinreißend. Ihre Anwandlung von Masochismus war nicht so ausgeprägt, dass es sie drängte, ihr Spiegelbild anzusehen.

Langsam trocknete sie sich ab. Sie hatte so lange unter so enormer Anspannung gestanden, dass es jetzt war, als sei ein Gummiband gerissen. Ihre Glieder waren bleischwer, sie fühlte sich schläfrig und vollkommen gelöst. Ihr Blick fiel auf ihre Sachen, die in einer kleinen Pfütze am Boden lagen, und sie wusste, dass sie sie jetzt nicht anziehen konnte. Sie waren kalt, nass und dreckig und selbst trocken und sauber waren sie nicht besonders vorteilhaft gewesen. Es handelte sich um eine gemusterte, schlabberige, gemütliche Hose und ein weites, flaschengrünes Baumwolloberteil. Einzeln betrachtet, hatte William bekundet, seien sie hübsche Kleidungsstücke. Nur in der Kombination gäben sie ihr das Aussehen eines schwangeren Clowns. Was sie jetzt am liebsten gehabt hätte, war ein weiches, altes, knöchellanges Baumwollnachthemd, in dem sie einfach ins Bett kriechen konnte. Die Vorstellung sich jetzt durch Regen und Sturm zurückzukämpfen war zu grauenvoll um sich auch nur damit zu befassen. Sie sammelte ihr trauriges Kleiderbündel ein und machte sich auf die Suche nach einem geeigneten Platz, wo sie die Sachen trocknen konnte. Patrick würde ihr in der Zwischenzeit irgendetwas leihen können.

Sie verließ das Bad und kam an seiner geöffneten Schlafzimmertür vorbei. Sie brauchte wirklich etwas zum Anziehen. Aber in Wahrheit war es ihre brennende, gefährliche Neugier, die sie dazu trieb, stehen zu bleiben und hindurchzuspähen. Sie fühlte sich wie Blaubarts Frau, als sie auf leisen Sohlen eintrat.

Sie hatte ihn nicht hinaufkommen gehört und so fuhr sie erschrocken zusammen, als sie ihn neben dem ungemachten Bett stehen sah.

»Oh, tut mir Leid«, sagte sie. »Ich war auf der Suche nach irgendetwas, das ich überziehen kann.«

Nur eine kleine Nachttischlampe erhellte den Raum. Gleich daneben lag ein aufgeschlagenes Buch mit den Seiten nach unten. Ein Glas Wasser war umgekippt, der Inhalt hatte sich in einer kleinen Pfütze auf die Holzdielen ergossen. Offensichtlich war er in größter Hast aufgestanden.

»Natürlich. Es sollte sich schon was finden.«

Er ging zu einer riesigen viktorianischen Kommode hinüber, eines der wenigen Möbelstücke in diesem Zimmer, das so geräumig war, dass es ein Dutzend so ausladender Prachtstücke hätte beherbergen können ohne voll gestopft zu wirken. Altheas Schlafzimmer war klein, selbst für einen allein. Der Ausblick aus diesem Fenster hier musste herrlich sein, auch wenn jetzt nur der finstere Nachthimmel zu sehen war. Ein Blitz leuchtete auf und tauchte den Raum für einen Augenblick in blaues Flutlicht. Es war kein Zimmer um darin allein zu sein.

Sie sah zu, während er zwischen ein paar Kleidungsstücken herumwühlte. Offenbar war er doch noch immer wütend auf sie. Als er sie hereinbat, hatte sie geglaubt, er habe ihr die nächtliche Ruhestörung verziehen, aber sie sah an seiner Haltung, dass sie sich getäuscht hatte.

»Woher wusstest du, dass ich im Gewächshaus war?«, fragte sie.

Er hörte auf zu suchen und wandte sich um. »Ich weiß nicht. Der Donner muss mich geweckt haben. Dann hab ich den Strahl deiner Taschenlampe gesehen.«

»Und dachtest, ich wär ein Einbrecher?«

»Nein. Ich dachte, du wärst du.«

»Warum bist du dann nach draußen gestürmt?«

Ein neuerlicher Blitz, kaum mehr als ein Wetterleuchten, zuckte über sein Gesicht, sodass seine große Nase und sein ausgeprägtes Kinn riesige Schlagschatten warfen. »Damit du dich nicht umbringst.« Er sprach sachlich, aber ein angespannter Zug lag um seinen Mund und seine Miene war frostig.

Althea versuchte die Situation ein bisschen zu entschärfen. »Du hättest dich ebenso umbringen können.«

Er winkte ab. »Du wolltest etwas zum Anziehen, richtig?«

»Wenn es dir nichts ausmacht, mir etwas zu borgen. Meine Sachen sind nass.«

»Natürlich. Ich denke, es wird höchste Zeit, dass du dir was überziehst.«

Er drehte sich wieder zur Kommode und hockte sich vor die untere Schublade. Sie kam näher um zu sehen, was er da hervorkramte. Sie wollte vermeiden, dass er ihr eine sechsundzwanziger Jeans anbot, die Topaz zurückgelassen hatte und die sie nicht einmal über die Oberschenkel bekommen würde.

»Würdest du das bitte lassen«, sagte er schroff.

»Was?«

»Mir so auf die Pelle zu rücken.«

Verletzt trat sie einen Schritt zurück. »Entschuldige.«

»Ich bin kein gottverfluchter Heiliger«, knurrte er. »Du bist eine Frau, mit der ich seit Ewigkeiten ins Bett will, du bist nackt und du bist in meinem Schlafzimmer. Also bitte, komm mir nicht zu nah.«

Altheas Körpertemperatur war inzwischen wieder auf Normalwerte abgesunken, aber jetzt verursachten ihre Verlegenheit über seine Worte und ihre Scham über ihre Unbedachtheit eine neue Hitzewelle. Sie war kein Mädchen mehr. Sie war eine erwachsene Frau und ein Teil von ihr hatte genau gewusst, was sie tat, selbst wenn es nicht der denkende Teil mit den unumstößlichen Moralbegriffen war.

»Entschuldige«, sagte sie noch einmal und zog das Handtuch fester um sich.

»Ich möchte nach Möglichkeit wirklich vermeiden, dass du mich einer versuchten Vergewaltigung bezichtigst«, fuhr er wütend fort und zerrte Jeans und Pullover hervor ohne sie anzusehen.

»Das würde ich niemals tun«, versicherte sie, bemüht seinen zunehmenden Zorn zu besänftigen.

Er richtete sich zu seiner beängstigenden Größe auf.
»Wirklich nicht? Nicht einmal, wenn ich das täte?«

Sie war fast bis zur gegenüberliegenden Wand zurückgewichen, aber mit zweien seiner langen Schritte hatte er sie erreicht. Er legte beide Arme um sie und hielt sie fest, quetschte ihr beinah die Rippen und sah ihr in die Augen, als versuche er durch sie hindurch bis zu ihren geheimsten Gedanken vorzudringen oder als fordere er sie heraus ihn zurückzuweisen, zu verlangen, dass er sie loslasse.

Althea fuhr sich mit der Zunge über die Lippen. Das Atmen fiel ihr schwer, nicht nur, weil er ihr die Luft abdrückte. »Vermutlich nicht.«

Er sah sie noch einen Augenblick an, dann glitt sein Blick zu ihrem Mund hinab. Sie schluckte, befeuchtete wieder ihre Lippen und dann schloss sie die Augen.

Der harte, erstickende Druck seiner Lippen auf ihren war eine Erleichterung, trotz des Tumultes, den das Gefühl in ihr auslöste. Sie war nicht sicher gewesen, ob er sie nicht wegstoßen würde, und sie dachte, dass sie die Zurückweisung nicht ertragen hätte.

Sie schlang ihre Arme um ihn, hielt ihn so fest wie er sie. Sie erwiderte jeden seiner wütenden Küsse, ihre Zähne schlugen klirrend gegen seine, sie vergrub die Finger in seinen Haaren, zerrte daran, fühlte hingerissen ihre drahtige Widerspenstigkeit. Sie klammerten sich aneinander wie Schiffbrüchige sich an einen Felsen klammern, als hinge ihr Leben davon ab, sich so nahe wie möglich zu kommen. Und als er sie hochhob und durchs Zimmer trug, sie immer noch küsste und immer noch an sich presste, als sie schließlich auf dem Bett landete, das noch warm von seinem Körper war, fühlte sie sich, als sei sie heimgekommen.

»Bist du sicher?«, fragte er tonlos. Er hatte sich den Pullover über den Kopf gezogen und seine Hände lagen am Knopf seiner Jeans. »Du schienst immer so ...«

»Ja, ja, ich bin sicher«, antwortete Althea eilig, ehe die Millionen von Verteidigungsmechanismen, die sie für gewöhnlich beschützten, sich einschalten konnten.

»Augenblick.« Er wandte sich ab und stöberte zwischen den Gegenständen auf dem Nachttisch herum auf der Suche nach seinem Portemonnaie.

Althea schloss die Augen. Beeil dich, beeil dich doch, dachte sie bei jedem Atemzug, ehe mein Verstand sich wieder einschaltet. Aber auch wenn sie versuchte es abzuwehren, ihr Denken überlagerte zunehmend ihre Lust, es war wie ein kalter Wasserguss auf einen sonnengewärmten Rücken.

»Alles in Ordnung«, sagte er. »Ich hab ein Kondom.«

Althea schluckte. Sie konnte ihm nicht sagen, sie habe ihre Meinung geändert, jetzt nicht mehr. Es wäre die schlimmste Form von Koketterie. Hätte er sie nur nicht losgelassen, hätte er nur das Kondom nicht gesucht. Dann wäre alles gut gewesen. Mehr als das, vermutlich wäre es himmlisch und wunderbar gewesen, selbst wenn es Wahnsinn war. Aber es nützte alles nichts. Jetzt war sie so weit gegangen, jetzt konnte sie nicht mehr umkehren. Sie versuchte zu lächeln, aber es missglückte und sie wandelte es eilig in ein Hüsteln um.

»Nimm das Handtuch ab«, sagte er, immer noch in seinen Jeans. Er ließ sie nicht aus den Augen. »Ich bin nicht sicher, dass die Farbe dir steht.«

»Nein.« Sie konnte nicht. Vor einer Minute hatte sie ihn noch so sehr gewollt, dass sie bereitwillig das Risiko in Kauf genommen hätte sich mit Aids zu infizieren. Jetzt konnte sie den Gedanken nicht ertragen, dass er sie nackt sehen sollte. »Du zuerst«, fügte sie hinzu.

Patrick lächelte, sein Zorn war verflogen; ein Mann, der wusste, dass er die Frau haben konnte, die er wollte, und bereit war noch ein paar Augenblicke länger zu warten. »In Ordnung.« Langsam streifte er seine Jeans ab und Althea sah, dass er nichts darunter trug. Er musste sich in noch größerer Hast angezogen haben als sie.

Sie schluckte und kämpfte gegen die aufsteigende Angst an, die ihr der Anblick eines nackten Mannes nach so vielen einsamen Jahren einflößte. Er sah blendend aus; das häufige Tennis- und Squashspielen hatte seinen Körper schlank und sehnig gemacht, von den Urlauben mit Topaz im fernen Süden war immer noch eine leichte Bräune geblieben. Er wirkte muskulös und athletisch.

Ihr eigener rundlicher, bleicher Körper erschien ihr unwürdig neben dem seinen zu liegen. Sie fühlte sich zu alt, zu deutlich von Schwangerschaften und Geburten gezeichnet um sich seinen Blicken auszusetzen. Er glitt neben ihr aufs Bett und sie rückte beiseite, hielt das Handtuch immer noch fest um sich geschlungen.

»In diesem Bett ist einfach nicht genug Platz für zwei«, sagte er und zog daran.

Sie umklammerte es. »Doch, sicher ist es das. Wir haben schon schmalere Betten als dieses geteilt. Jedenfalls beinah.«

»Schon möglich. Aber für das, was mir vorschwebt, brauchen wir viel Platz.«

»Das Bett ist ja groß genug ...« Jetzt war wirklich nicht der geeignete Zeitpunkt um kalte Füße zu bekommen. Sie konnte jetzt nicht kneifen. Aber die Leidenschaft, die sie in dieses Zimmer und mehr oder minder in seine Arme geführt hatte, war spurlos verschwunden. Stattdessen war sie von einer Art namenlosem Schrecken erfüllt, der eher einer jungfräulichen Braut angestanden hätte. Sie hatte keine Wahl. Es blieb ihr nichts anderes übrig, als die Zähne zusammenzubeißen und es über sich ergehen zu lassen.

»Liebling, was ist denn?« Er stützte den Kopf auf die Hand auf. »Was ist los? Warum bist du plötzlich so scheu?«

»Wenigstens sagst du scheu und nicht prüde.«

»Warum willst du nicht, dass ich dich ansehe?«

Sie vergrub den Kopf im Kissen, damit sie nicht sehen musste, wie er sie betrachtete. »Ich bin fast vierzig. Ich hab drei Kinder geboren ...« Sie schluckte. »Und Juno meint, ich müsste mindestens zehn Kilo abnehmen.«

Er lachte. Als sie ihn hörte, riss sie entsetzt die Augen auf und sah ihn vorwurfsvoll an.

«Tut mir Leid«, sagte er. »Aber das ist einfach lächerlich. Du hast einen herrlich üppigen Körper und du bist viel jünger als ich. Also, worum sorgst du dich?«

»Du hast aber keine Kinder bekommen.« Sie schloss

die Augen wieder und flüsterte unhörbar in die Daunendecke: »Orangenhaut.«

»Hast du deine Meinung geändert?«

Er klang nicht ärgerlich, aber sie hörte deutlich einen Unterton von Anspannung. Sie konnte ihm kaum einen Vorwurf daraus machen. »Nein, natürlich nicht«, sagte sie dünn, ihre Stimme war schrill vor Angst.

»Du brauchst nicht zu lügen«, sagte er leise. »Ich bin kein halbwüchsiger Bengel, es steht nicht zu befürchten, dass ich einen bleibenden psychischen Schaden davontrage, weil du nicht mit mir schlafen willst.«

»Nein.«

»Also hast du deine Meinung geändert?«

Althea hasste sich. Sie fühlte einen so enormen Druck, dass sie glaubte jeden Moment zerspringen zu müssen. »Ein bisschen.«

Ihre Stimme war so leise und heiser, dass sie sicher war, er habe sie nicht gehört. Umso besser. Sie sollte ihn lieber einfach gewähren lassen. Es war nicht so schlimm, wenn sie es nicht genießen konnte, aber sie konnte ihn jetzt wirklich nicht mehr abweisen. In ihrem Herzen wollte sie ihn ja, hatte ihn schon seit so langer Zeit gewollt. Es wäre keine Vergewaltigung, selbst wenn jede Sekunde grauenvoll für sie würde.

Aber sein Gehör war offenbar exzellent. Er atmete hörbar und langsam aus und löschte das Licht. »Ich sag dir was.« Seine Stimme klang sanft und leise in der Dunkelheit. »Wir werden uns nicht lieben. Nur kuscheln.«

Eine verwirrende Mischung aus Erleichterung und Enttäuschung brachte sie dazu, den Klammergriff um das Handtuch zu lockern, und er zog es behutsam beiseite. Sie wollte es wieder packen, aber ehe sie es zu fassen bekam, hatten ihre Körper sich berührt. Das Gefühl von Haut auf Haut war so wunderbar, warm und beruhigend, dass sie sich augenblicklich entkrampfte.

»Dreh dich mit dem Rücken zu mir. Dann fühlst du dich nicht bedroht. Und ich werd dich nur ein bisschen streicheln, so.«

Er zog ihr Kissen zurecht, sodass ihr Kopf darauf gebettet war. Es war so tröstlich, in den Armen eines Mannes zu liegen. Althea hatte das Gefühl, sie hätte die ganze Nacht hier so liegen bleiben können. Ein paar Minuten rührte er sich nicht, seine Knie pressten sich sanft in ihre Kniekehlen, seine Arme hielten ihren Oberkörper, sie spürte seine Brust warm an ihrem Rücken.

Dann bewegten seine Hände sich, bis sie ihre Brüste umschlossen. Das war noch besser. Sie genoss das Gefühl seiner warmen Hände, die ihren Körper liebkosten. Es erschien ihr vollkommen unverfänglich, unschuldig, ganz und gar ungefährlich. Bis er die Daumen bewegte.

Erst als sie die dramatische, heftige Reaktion ihres eigenen Körpers wahrnahm, wurde ihr so recht bewusst, dass die Daumen genau auf ihren Brustwarzen lagen. So schnell ihre sexuelle Erregung sich verflüchtigt hatte, kam sie doch jetzt mit der Geschwindigkeit einer Springflut zurück. Aber sie sagte nichts. Es mochte ein Vorrecht der Frauen sein, ihre Meinung zu ändern, aber nicht einmal der Heilige, der er ja bekanntermaßen nicht war, konnte auf die Dauer eine Libido mit der Unverrückbarkeit einer Drehtür tolerieren.

Seine Daumen streichelten sie weiter, bis ein leises Stöhnen sich völlig ungebeten über ihre Lippen stahl. Seine Hände nahmen den Rhythmus der Daumen auf und fuhren behutsam über ihre Brüste.

Er sprach nicht und rührte sich nicht, gab nicht den leisesten Hinweis darauf, dass er nicht vollauf damit zufrieden wäre, die ganze Nacht damit zuzubringen, ihre Brüste zu streicheln. Althea war es, die sich in seinen Armen herumwarf und sich an ihn presste. All ihre Zweifel und Ängste waren überwunden.

»Endlich«, flüsterte er. »Ich wollte das schon so lange.«
»Ich auch.«

Er war ein geduldiger, rücksichtsvoller Liebhaber und Althea hatte bald völlig vergessen, dass die Vorstellung, er werde sie nackt sehen, sie so beunruhigt hatte. Sie erhob keine Einwände, als er das Licht einschaltete, sondern überließ sich ganz und gar den Gefühlen, die er in ihr auslöste, Geist und Herz wurden eins mit ihrem erregten Körper.

Als sie sich dem Moment näherten, da aus Vorspiel qualvolles Hinauszögern wurde, fragte er sie noch einmal, seine Stimme rau und atemlos, ob sie ihre Meinung womöglich wieder ändern wolle, und Althea drückte seine Schultern in die Kissen nieder und kletterte rittlings auf ihn.

Sie fühlte sich nicht länger dick oder pummelig, sie fühlte sich schön, unwiderstehlich und triumphierend. Irgendwo in den entlegensten Winkeln ihres Denkens erkannte sie, dass Sex noch nie zuvor so gewesen war. Das hier war neu und überwältigend und seltsam. Noch nie hatte sie das Gefühl gehabt, dass sie mit ihrem Körper so extreme Gefühle auslösen konnte, in sich selbst ebenso wie in dem Mann, den sie liebte.

Ineinander verschlungen rollten sie über das breite Bett, bis sie schließlich herunterfielen und auf den nackten Dielen landeten. Die Bettdecke zogen sie mit sich. Und hier kamen sie schließlich zusammen und als sie sich voneinander lösten, lagen sie keuchend, verschwitzt, völlig erschöpft.

Sie blieben eine Weile schweigend so liegen, bis Patrick schließlich vorschlug wieder ins Bett zu klettern. »Sonst sind wir morgen früh völlig steif.«

»Ich kann nicht bis morgen früh bleiben.« Es war, als habe ihr jemand einen Eimer kaltes Wasser über den Kopf gegossen. »Ich muss nach Hause. Jetzt.«

Patrick protestierte, aber ohne Eifer. Er wusste, dass sie entschlossen war nach Hause zu gehen, und er kannte und respektierte die Gründe. Sie konnte nicht zulassen, dass ihre Kinder aufwachten und feststellten, dass ihre Mutter abhanden gekommen war. Ebenso wenig konnte sie sich bei Morgengrauen nach Hause schleichen.

»Ich fahre dich«, schlug er vor. »Ich such dir etwas zum Anziehen heraus und bring dich nach Hause.«

»Danke.« Sie versuchte nicht ihn davon abzubringen. Hätte sie eingewandt, es bestehe doch kein Grund, dass sie beide in die unwirtliche Nacht hinausgingen, und er hätte zugestimmt, wäre sie todunglücklich gewesen. Mit dem Morgen würde die Reue kommen, ein Hagel von Realitäten würde auf sie einprasseln. Sie fürchtete sich davor und dem einsamen Heimweg zu Fuß durch den Regen konnte sie nicht ins Auge sehen.

Sie bat ihn ein Stück vom Haus entfernt anzuhalten, damit niemand den Wagen hörte. Jetzt da der Sturm vorüber war, erschien die Nacht unnatürlich still. Althea schloss die Haustür auf und schlüpfte hinein. Ihr Körper war immer noch warm von dem schnellen Bad, das sie genommen hatte, ehe sie seine Jeans und seinen Pullover anzog, ihre Glieder noch weich und gelöst von ihrem Liebesakt. Aber ihr Gewissen regte sich bereits.

Es war Wahnsinn gewesen, sie hatte sich wie eine Frau ohne Familie, ohne Verantwortung benommen, nicht wie eine Frau mit großer Verantwortung aber ohne Job. Es war beinah so, als sei sie betrunken, nicht betrunken genug um alles zu vergessen, aber betrunken genug um zu wissen, dass einem am nächsten Morgen ein höllischer Kater bevorstand. Der Zustand, der einen veranlasste, literweise Wasser oder Orangensaft in sich hineinzuschütten um das Unvermeidliche abzuwenden. Und manchmal half das sogar. Aber weder Vitamin C noch Flüssigkeit konnten die schmerzhaften Folgen ihrer Entgleisung lindern. Unter Zuhilfenahme von zwei Aspirin, einer Wärmflasche und dem BBC World Service schlief sie endlich ein. Am nächsten Morgen wachte sie viel zu spät auf.

Sie hämmerte an Williams Tür. »Halb acht, höchste Zeit zum Aufstehen!« Sie öffnete die Tür und sah, dass die Bettdecke sich bewegte.

»Mum! Ich muss erst um halb elf da sein!«

Althea trat den Rückzug an und fragte sich, ob sie sich je daran gewöhnen würde, dass William jetzt, da er in der Abschlussklasse war, nur noch gelegentlich zum Unterricht musste. Sie ging die Stufen zum Dachgeschoss hinauf, wo Ruperts Zimmer lag.

»Liebling?« Sie steckte den Kopf durch die Tür. »Es wird Zeit.«

Während ihr Sohn sich stöhnend auf den Rücken wälzte, hob sie ein paar Socken auf, die überall am Boden verstreut lagen. »Jetzt weiß ich, warum bei euch Jungs ständiger Sockenmangel herrscht«, sagte sie. »Sie sind alle hier oben. Du bist doch nicht etwa wieder eingeschlafen?«

Merry zu wecken war viel einfacher. Sie war eine

Frühaufsteherin und ließ sich morgens gern ausreichend Zeit um ihre Tasche zu packen und sich die Haare zu fönen. Eigentlich sollten die Kinder auch ihre Sandwiches selber machen. Sie waren schließlich alt genug, in diesem Punkt hatten sie Althea Recht gegeben. Aber sie hatte nie Ruhe, ehe sie sich nicht vergewissert hatte, dass sie ihre Lunchboxen auch wirklich in ihre Taschen gesteckt hatten, obwohl sie eigentlich genau wusste, dass es sie nicht umbringen würde, wenn sie einmal hungern mussten, weil sie sie vergessen hatten.

Heute Morgen litt sie an Schlafmangel und den Nachwirkungen des Aspirins, ganz zu schweigen von ihrem Gewissen, das ihr zu schaffen machte, als habe sie ein Massaker begangen, und so war sie noch gluckenhafter als gewöhnlich. Alle fünf Minuten rief sie den Kindern die Uhrzeit zu, bis Merry sagte, sie sei schlimmer als das Radio.

»Okay, aber hab bitte ein Auge auf die Uhr, sonst fährt Ronnies Mutter ohne dich.«

»Als ich in Merrys Alter war, bin ich zu Fuß zur Schule gegangen«, bemerkte William, der heute Morgen alle Zeit der Welt hatte. Althea ignorierte ihn.

»Hast du dir die Zähne geputzt?«, fragte sie Rupert, der eine Schüssel Müsli aß, Körnchen für Körnchen.

»Nach dem Frühstück, Mum.«

»Na schön, aber hast du deine Sandwiches gemacht?«

Rupert setzte eine flehende Miene auf, die nie ihre Wirkung verfehlte. »Könntest du ...?«

Althea klaubte Brötchen aus dem Gefrierschrank, fischte Merrys Sportrock aus der Waschmaschine, bügelte kurz darüber um ihn zu trocknen und kam zurück in die Küche, wo sie ihrer Tochter versicherte, sie werde nicht gleich eine Lungenentzündung bekommen, weil sie mal einen feuchten Rock anziehen musste. Irgendwer hatte eine Kassette aufgelegt und Althea musste mal wieder brüllen: »Was wollt ihr auf den Brötchen haben?«, während ihre Kinder eine bedeutungsvolle buddhistische Diskussion über den Tod führten.

Aber schließlich war die Küche leer und still. Sie hatte die Hand am Telefon um Patrick anzurufen, ihm zu sagen, dass die vergangene Nacht eine einmalige Sache gewesen sei, eine Das-darf-nie-wieder-vorkommen-Angelegenheit, die sie lieber aus ihrem Gedächtnis streichen sollten, als es klingelte. Unter ihrer bebenden Hand fühlte es sich an, als stehe es plötzlich unter Strom, und als sie Patricks Stimme hörte, fiel ihr beinah der Hörer aus der Hand.

»Ally? Bist du's?«

Ihr wurde ganz schwach vor Sehnsucht, als sie ihn ihren Kosenamen aussprechen hörte.

»Ja. Patrick?« Sie klang sehr sachlich und knapp. Gut. Sie zog einen Stuhl unter dem Küchentisch hervor und setzte sich, zum ersten Mal an diesem Morgen.

»Ich wollte es dir schon gestern Abend sagen, aber der Moment schien nie richtig ...«

»Was?«

»Ich muss weg. Der Termin steht schon seit langem fest. Ich hätte es erwähnt, aber ...«

»Wann denn?«

»Um zehn fahr ich zum Flughafen. Ich muss nach Madrid.«

»Oh.«

»Ist alles in Ordnung? Mir würde im Traum nicht einfallen jetzt einfach so zu verschwinden, wenn ich es irgendwie ändern könnte.«

»Nein, kein Problem. Mach dir keine Gedanken.«

»Du klingst niedergeschlagen.«

»Ach was. Ich bin immer ein bisschen erledigt, wenn die Kinder sich morgens auf den Weg machen. Es war besser, als ich selbst morgens noch zur Arbeit musste, ich hatte gar keine Zeit mich mit ihnen rumzuplagen.«

»Verstehe.«

Es wäre der geeignete Moment gewesen die Unterhaltung zu beenden, aber trotz ihrer guten Vorsätze konnte sie sich nicht dazu überwinden. »Warum Madrid?«

»Die Firma hat eine Niederlassung dort. Wir bauen ein Bürohaus.«

»Oh, gut.« Sie schluckte. »Tja. Ich muss Schluss machen, ich hab so furchtbar viel zu tun ...«

»Ja, ich muss auch bald los.« Er schwieg einen Moment. »Ally, bist du auch wirklich nicht verletzt, weil ich dich jetzt allein lasse?«

»Natürlich nicht. Ich bin immer allein zurechtgekommen, weißt du.«

Sie hatte nicht schroff oder abweisend klingen wollen, aber an seinem verdrossenen: »Ja, das ist wahr«, erkannte sie, dass er es so aufgefasst hatte.

»Auf Wiedersehen, Althea.«

»Auf Wiedersehen, Patrick.«

Erst als das Haus leer war, nachdem sie den Mülleimer hinausgebracht, die Meerschweinchen gefüttert und die Waschmaschine angestellt hatte, gestattete sie sich zu weinen.

KAPITEL 19 »Ich möchte wirklich, dass sie herkommen«, sagte Juno und schob den Untersetzer unter ihrem Himbeertee zurecht. »Ich kann nicht bis nach Schottland rauffahren in meinem Zustand.«

»Aber du kannst auch nicht die ganze Familie zu Weihnachten einladen in deinem Zustand! Sie sollen zu uns kommen. Jetzt, wo Jenny weg ist, haben wir Platz genug. Du und Kenneth könnt rüberkommen. Das wäre doch herrlich.«

Das glaubte sie zwar nicht wirklich, aber sie fand im fortgeschrittenen Stadium der Schwangerschaft das Weihnachtsfest für ihre Eltern, sie selbst, ihre Kinder und Kenneth auszurichten, war selbst für Juno zu viel.

Doch ihre Schwester, selten geneigt einen Rat anzunehmen, war anderer Ansicht. »Blödsinn. Du weißt, wie kritisch Mummy in allen Dingen ist. Sie würde endlos über dein Haus mäkeln. Außerdem hast du nie genug Teller, die zusammenpassen. Und du kannst es dir überhaupt nicht leisten.«

»Ich wäre durchaus geneigt Almosen anzunehmen, weißt du. Du könntest den Truthahn kaufen.«

Aber Juno ließ sich nicht umstimmen. »Nein, ich will dieses letzte Weihnachten bei mir ausrichten. Du kannst mir ja helfen.«

»Juny!« Es war mehr ein Flehen als ein Protest. »Es ist kein letztes Weihnachten! Lade uns nächstes Jahr ein, wenn das Baby sein erstes Weihnachtsfest erlebt. Es wird wundervoll, du wirst sehen. Wenn es mit seinen kleinen Händen das Weihnachtspapier zerrupft und die Verpackungen viel spannender findet als die Geschenke ..."

Althea war schon allein bei der Vorstellung gerührt, aber Juno offenbar nicht. »Ich habe sie schon eingeladen. Mum und Dad kommen Heiligabend an. Um sechs kommen die Nachbarn auf einen Drink herüber, wie immer. Ich bin so viel systematischer als du, es wird viel reibungsloser über die Bühne gehen, wenn wir bei mir feiern.«

»Aber du musst mich wenigstens helfen lassen. Ich bring den Nachtisch mit.«

»Nicht nötig. Ich hab schon einen beim National Trust bestellt.«

»Oh. Kuchen?«

»Chatsworth. Sie machen ihn wirklich ganz hervorragend. Und ich habe zwei Dutzend Hackfleischpastetchen bei einer Frau hier im Dorf bestellt. Sie macht sie mit Vollkornmehl, Sojamargarine und vegetarischem Hackfleisch. Viel gesünder als Nierenfett. Nicht, dass ich so was essen könnte, aber Daddy hat sie gern.«

Althea wusste ganz genau, dass ihr Vater alles verabscheute, was nach Vollwertkost schmeckte. Er würde ihren selbst gemachten, federleichten Pastetchen ganz sicher den Vorzug geben. Also würde sie ihm welche als Weihnachtsgeschenk machen, beschloss sie.

»Na schön, dann werde ich Trifle mitbringen«, verkündete sie entschlossen, ein wenig verletzt einerseits, erleichtert andererseits. »All das Trockenobst bekommt mir einfach nicht.«

»Das wär lieb von dir«, sagte Juno, der mit einiger Verspätung einfiel, dass sie nicht besonders feinfühlend war. »Und ich wäre natürlich furchtbar dankbar, wenn du mir mit dem Gemüse helfen würdest.«

»Selbstverständlich.« Althea wusste, wenn sie sich nicht vorsah, würde sie am zweiten Feiertag mit einer bösen Sehnenscheidenentzündung vom endlosen Gemüseschälen und -putzen dastehen.

»Mummy wird uns sicher auch helfen.«

»Wir machen das schon. Meine Kinder lassen sich bestimmt zum Kartoffelschälen überreden.«

»Ja, gut.« Juno zögerte. »Möchtest du, dass ich sonst noch jemanden einlade? Patrick vielleicht?«

Althea fühlte regelrecht, wie ihr die Farbe aus dem Gesicht wich. »Oh nein, ich glaub nicht. Er hat sicher schon was vor und wir ... haben uns in letzter Zeit nicht mehr gesehen. Außerdem ist er weg. Vielleicht kommt er gar nicht vor den Feiertagen zurück.«

»Wenn ihr euch nicht gesehen habt, woher weißt du dann, dass er weg ist?«

»Na ja, er hat's mit gesagt. Als wir uns zufällig irgendwo über den Weg gelaufen sind.«

»Aber vielleicht würde er sich über die Einladung freuen. Du weißt doch, wie es für geschiedene Leute ohne neue Familie ist.«

»Trotzdem. Wir werden so schon so schrecklich viele sein.«

»Ich weiß. Darum kommt es auf einen mehr nicht an, oder? Mein Tisch ist lang genug und mein gutes Geschirr reicht für zwölf.«

Hätte sie Juno auf Knien angefleht Patrick einzuladen, hätte Juno abgelehnt, wenn sie keinen passenden Teller mehr für ihn gehabt hätte?, überlegte Althea kurz.

»Mir wäre wirklich lieber, du lädst ihn nicht ein. Es wäre

ihm schrecklich unangenehm und er würde glauben, du willst uns verkuppeln.«

»Es ist eigentlich ein Jammer, dass du keinen Freund hast. Ich meine, du bist doch ganz attraktiv und so weiter.«

»Ich finde nicht, dass das ein Jammer ist. Ich meine ... Ich bin zu dem Entschluss gekommen, dass ich mir keine Beziehung leisten kann, solange die Kinder in diesem Alter sind.«

»Warum das denn nicht? Ich nehme an, sie sind aufgeklärt, oder?«

»Schon. Aber theoretisches Wissen über Sex ist eine Sache. Die Vorstellung, dass ihre Mutter es tut, eine völlig andere.« Althea presste die Lippen zusammen und biss darauf. »Ich bin ihre einzige Vorbildfigur. Und gerade jetzt, wo Frederick einfach so mit Topaz abgehauen ist, muss ich Verantwortungsgefühl zeigen. Außerdem wäre es grauenvoll für die Jungen, wenn ich einen anderen Mann in ihr Leben brächte. Es ist ödipal, sie können nichts dafür.«

Juno war immer schnell mit einer Reaktion, einem Urteil oder einem Rat bei der Hand, aber jetzt schwieg sie. »Ist es das, was es bedeutet, Mutter zu sein? Alles für sie zu opfern?«

Althea dachte einen Moment nach, ehe sie antwortete. »Ich habe nicht das Gefühl, dass ich sehr viel geopfert habe, was ich wirklich wollte. Aber ich denke, die Antwort ist Ja. So ist es.«

Juno schluckte das wie ein widerliches, aber gesundes Vitaminpräparat.

»Möchtest du, dass ich dir einen Kranz für die Haustür mache?«, fragte Althea um die bittere Medizin mit einem Löffel Honig zu versüßen.

Juno wandte ihre Gedanken diesem neuen Problem zu und für einen Moment sah es so als, als wolle sie sagen, nein, danke, ich hab schon einen von Moyses Stevens bestellt, aber sie besann sich. »Das wäre wunderbar. Und da fällt mir ein, ein paar Freundinnen von mir hätten sicher auch gerne einen. Du könntest ein bisschen dran verdienen.«

»Das wäre hilfreich.« Ein bisschen Geld war zwar nicht so hilfreich wie viel Geld, aber sie war auch für kleine Finanzspritzen dankbar.

»Ich hab eine Idee.« Juno lehnte sich so weit vor, wie ihre Schwangerschaft es zuließ. »Diana Sanders hat mir vor ein paar Tagen gesagt, dass es eine Sache an Weihnachten gibt, die sie wirklich hasst, und das ist das Haus zu dekorieren.«

»Wirklich? Das ist doch das Beste an Weihnachten. Mich macht eher das Einkaufen fertig.«

»Also, wie wär's, wenn du ihr anbietest ihr Haus zu dekorieren? Gegen Bezahlung, versteht sich.«

»Meinst du, sie würde eine völlig Fremde in ihr Haus lassen um die Weihnachtsdekoration zu machen?«

»Warum nicht? Sie hat einen Innenarchitekten beauftragt, ihre Badezimmerarmaturen auszusuchen.« Juno warf Althea einen besorgten Blick zu. »Solange es nur neutrales Grünzeug und dezent gemusterte Schleifen sind, nichts zu Auffälliges.«

»Aber ich wüsste überhaupt nicht, was ich dafür verlangen soll.«

»Das überlass nur alles mir. Ich rede mit Di und höre mal, ob sie vielleicht noch ein paar Freundinnen hat, die genauso gestresst sind.« Dann lieferte sie Althea einen ungewohnten Vertrauensbeweis: »Du kannst bei mir anfangen. Du weißt, ich habe überhaupt keine Fantasie.«

Das wusste Althea allerdings. Juno konnte wunderbar mit Farbtafeln und Musterbüchern umgehen, aber wenn sie entscheiden sollte, was sie mit einer halben Stechpalme oder ein paar Metern Efeu anfangen sollte, war sie hilflos. ›Ich sag dir was: Ich werde dein Haus dekorieren, kostenlos, aber frühzeitig. Dann kann Diana es sich ansehen und du kannst sie fragen, ob sie möchte, dass ich ihren Weihnachtsschmuck auch mache. Ich würde natürlich darauf achten, dass jede Dekoration ein Unikat wird.«

›Eine wunderbare Idee. Aber bist du sicher, dass du wirklich kein Geld von mir dafür haben willst. Ich weiß doch, wie knapp du im Moment bei Kasse bist ...«

›Kommt nicht infrage. Ich bin vielleicht arm, aber ich hab immer noch meinen Stolz.« Althea tätschelte Junos Hand um zu signalisieren, dass ihre Gefühle nicht irreparabel verletzt waren. ›Ich muss los. Ich hab versprochen bei Sylvia vorbeizuschauen. Ich hab sie seit Ewigkeiten nicht gesehen und nächste Woche ist eine Schulratssitzung, wo ich Protokoll führe. Vorher muss ich hören, ob es irgendwas gibt, das ich wissen muss.«

Es war immer noch ein seltsames Gefühl, Schriftführerin bei den Ratssitzungen, aber keine Angestellte der Schule mehr zu sein. Sie ließ die Anwesenheitsliste herumgehen und fragte sich, wie viele Schulräte wohl zu dieser Sondersitzung kommen würden. Eigentlich sollten sie sich alle blicken lassen, überlegte sie, als zwei weitere Autos vorfuhren. Neue Gebäude waren schließlich eine wichtige Angelegenheit.

Natürlich war es eine Erleichterung, dass Patrick nicht da sein würde. Er war noch in Spanien, aber er wäre so oder so nicht gekommen, da er ja selbst betroffen war und somit nicht abstimmen konnte. Trotzdem gelang es ihr nicht, das nagende Gefühl der Sehnsucht zu verscheuchen, das sie in letzter Zeit immer häufiger überkam. Sie wusste genau, dass seine Anwesenheit ihr peinlich gewesen wäre, doch gleichzeitig war die Gewissheit, dass er nicht kommen würde, deprimierend.

»Ich denke, wir sollten zügig zur Sache kommen«, sagte Mrs Jenkinstown, die auch im Rat der neuen Schule zur Vorsitzenden gewählt worden war, da sich sonst niemand für das Amt zu interessieren schien. »Fehlt noch irgendwer, der sich nicht entschuldigt hat?«

Eine zufrieden stellend große Runde hatte sich um den Tisch versammelt. Mrs Jenkinstown war hocherfreut. Aber würden all diese eifrigen Schulräte auch die richtige Entscheidung treffen? Althea erkannte, dass sie ihnen sehr böse sein würde, wenn sie es nicht taten.

»Haben alle die Pläne eingehend studiert? Sind noch irgendwelche Fragen offen? Nein? Gut. Dann wollen wir nochmals zusammenfassen ...«

Altheas Hand flog mechanisch übers Papier. Warum konnte Mrs Jenkinstown nicht sofort zur Abstimmung aufrufen und sie aus der bangen Ungewissheit erlösen? Aber die Vorsitzende war ein alter Hase im Komiteegeschäft. Man bekam mehr erledigt, wenn man treu der Tagesordnung folgte, als wenn man versuchte Abkürzungen zu nehmen. Tatsächlich war Althea bereits aufgestanden und hatte den Tee gemacht, ehe sie in die Entscheidungsphase kamen. Und als es so weit war, notierte sie mit größter Zufriedenheit in ihrer säuberlichsten Kurzschrift, dass die Pläne der Firma Greenwich Partnership mehrheitlich befürwortet worden waren.

»Würde es Ihnen etwas ausmachen, es Patrick zu sagen?«, fragte Mrs Jenkinstown, während unter allgemeinem Gemurmel Schokoladenplätzchen herumgereicht wurden. »Ich weiß, dass Sie beide befreundet sind, darum sollten Sie es sein, die ihm die guten Nachrichten mitteilt. Auch weil dieses Ergebnis nicht zuletzt Ihr Verdienst ist.«

»Tatsächlich?«

»Oh ja. Die Ratsmitglieder waren alle sehr davon angetan, wie großartig Sie die französischen Gäste aufgenommen und bewirtet haben. Sie sind der Ansicht, dass Patrick damit demonstriert hat, wie sehr ihm die Schule am Herzen liegt. Und er ist doch erst seit kurzem im Schulrat und im Gegensatz zu den meisten anderen hat er keine Kinder auf der Schule, darum hat es einen besonders guten Eindruck gemacht.«

»Ich könnte mir vorstellen, Patrick würde es vorziehen, wenn seine Pläne um ihretwillen den Zuschlag bekämen«, bemerkte Althea spitz.

»Ach, dieser Haufen hier ist doch gar nicht kompetent um einen Plan für eine gute Schule von einem Betonsilo zu unterscheiden. Und ich bin sicher, Patrick würde sich freuen, wenn Sie es ihm sagen.«

»Schon möglich«, antwortete Althea. Sie gab sich keine Mühe ihren Unwillen zu verbergen. »Aber da er außer Landes ist, wird er es über die Firma erfahren müssen.«

»Oh, schade. Er ist ja so ein reizender Mann, wissen Sie.«

»Ich weiß«, sagte Althea. »Aber ich habe nichts mit ihm zu schaffen!«

Juno hatte bereits Mutterschaftsurlaub und daher langweilte sie sich. Sie verbrachte ihre freie Zeit damit, ihre

Freundinnen zu terrorisieren, bis eine nach der anderen zustimmte ihr Haus von Althea weihnachtlich schmücken zu lassen. Althea hatte Spaß daran. Es kostete nicht viel Zeit, sie ließen ihr alle völlig freie Hand und es gab ihr Gelegenheit, in den Häusern anderer Leute herumzuschnüffeln und nicht selten auch ihre Gärten heimzusuchen um sie nach geeignetem Grünzeug zu durchforsten. Und sie ließ all ihre neuen Kundinnen wissen, dass sie sich vertrauensvoll an sie wenden konnten, wenn sie je ihren Garten umgestalten wollten.

Auf diese Art und Weise und unter Abzweigung eines kleinen Betrags von ihrem kostbaren Preisgeld von eintausend Pfund gelang es Althea, genug Geld zusammenzukratzen um Weihnachtsgeschenke für die Kinder zu kaufen. Alle übrigen Geschenke machte sie selbst. Juno und ihre Mutter sollten üppige Trockengestecke bekommen, die ihre Wohnzimmer zieren konnten, bis sie allzu viel Staub angesetzt hatten. Für ihren Vater hatte sie Lemon Curd gemacht – seinen Lieblingsbrotaufstrich, den sie in hübsche Marmeladengläser gefüllt hatte, mit kleinen Stoffquadraten und Schleifen über den Deckeln und handgeschriebenen Etiketten, und natürlich die Hackfleischpasteten. Sylvia sollte, wie versprochen, hausgemachtes Karamell bekommen. Und das bekamen auch alle anderen, die keine Trockengestecke oder Hyazinthen wollten.

Als der Heilige Abend kam und sie in ihrem scharlachroten Geburtstagskleid auf Junos Stehparty erschien, war sie völlig erschöpft und hatte jeglichen Geschmack an oszillierenden Christbaumlämpchen und Lametta verloren. Außerdem vermisste sie Patrick und wünschte, sie hätte Juno nicht so nachdrücklich gebeten ihn nicht einzuladen.

Dabei wusste sie, ein gemeinsames Weihnachtsfest mit ihm konnte niemals gut gehen. Entweder würde er reden wollen oder er würde nicht reden wollen und beides wäre eine Katastrophe. So begnügte sie sich damit, ein bisschen zu viel Glühwein zu trinken und fleischlose Hackfleischpastetchen zu futtern, die die meisten Gäste zugunsten des Käsegebäcks vernachlässigten. Den Großteil des Abends verbrachte sie damit, mit ihrer Mutter über Junos bevorzugte Geburtsmethode zu debattieren und ihr glaubhaft zu versichern, dass Juno nicht die Absicht habe die Plazenta mit jungen Zwiebeln in Olivenöl zu braten und zu essen. Ihre Mutter hatte einen Bericht darüber im Radio gehört und fürchtete gleich das Schlimmste. Als William Althea nach Hause fuhr, war sie ein bisschen betrunken und überhaupt nicht glücklich.

Und wie gewöhnlich hatte sie vergessen die Strümpfe für die Kinder zu füllen und musste nun warten, bis sie eingeschlafen waren, ehe sie es tun konnte. Da sie mehr Energie und weniger Alkohol als sie im Blut hatten, fand sie das ausgesprochen schwierig. Wenigstens mussten sie erst nach dem Mittagessen bei Juno erscheinen. So konnten sie und die Kinder also ihren traditionellen Weihnachtsspaziergang mit Bozo machen und ihre Geschenke öffnen, ehe sie sich im Sonntagsstaat bei Juno zum Küchendienst meldeten.

Wie kam es nur, dass sie sich überhaupt nicht darauf freute? Letztes Jahr hatte sie das Weihnachtsfest für die Familie ausgerichtet und hatte sich um neun Uhr morgens schon wie gerädert gefühlt. Sie hatte sich gewünscht, sie könne einmal einen Weihnachtsmorgen allein mit ihren Kindern verbringen, ohne dass irgendetwas von irgendwem erwartet wurde außer Fröhlichkeit. Damals gab es keinen Mann in ihrem Leben und sie war vollkommen zufrieden damit gewesen. Warum konnte sie das jetzt nicht auch sein?

Stattdessen fühlte sie eine grauenhafte Leere. Sie beneidete Juno sowohl um ihr Baby als auch um ihren liebevollen Mann. Sogar ihre Eltern, die zwar die meiste Zeit damit zubrachten, sich zu zanken, hatten sich wenigstens gegenseitig zum Zanken. Kein Wunder, dass die Selbstmordrate zu dieser Jahreszeit immer so sprunghaft anstieg. Alle Dinge verschworen sich um den Einsamen ihre Einsamkeit noch deutlicher vor Augen zu führen und sogar die völlig Zufriedenen unglücklich zu machen. Nächstes Jahr würde sie sich die zwei Wochen von Heiligabend bis zum Dreikönigsfest ins Koma versetzen lassen, die Kinder nach Hongkong schicken und Bozo zu Sylvia geben. Zur Hölle mit Patrick! Wie konnte er es wagen, einfach in ihr Leben einzubrechen und sie zu verführen? Er hatte ihr sorgsam gehütetes Gleichgewicht gründlich durcheinander gebracht.

»Hallo, ihr Lieben!« Altheas Mutter umarmte und küsste sie mit Nachdruck ohne ihr Gelegenheit zu geben, vorher ihre Geschenke und die Schüssel mit Nachtisch abzustellen, die ihre Arme füllten. »Ach, du hast den Hund mitgebracht.«

»Hallo, Mummy. Wie geht es dir?« Althea erwiderte den Kuss mit Mühe und ignorierte die Bemerkung über Bozo, die sich an ihre Fersen geheftet hatte.

Juno und ihre Mutter waren selten einer Meinung, aber in ihren Ansichten über Hunde und Möbel waren sie sich absolut einig. Beide wurden es nie müde, Althea für ihre Nachlässigkeit in diesem Punkt zu schelten. Doch sie gaben zu, dass so viele Stunden allein zu Hause viel zu lange für einen kleinen Hund waren, und gestanden darüber hinaus ein, dass Bozo auf einem Seidenkissen zusammengerollt ein extrem dekoratives Bild abgab. Bozo wusste genau, dass sie hier nur geduldet war, und benahm sich ausgesprochen höflich, machte Platz, wann immer irgendwer sich ihr zuwandte, und redete nur, wenn sie gefragt wurde.

Die Kinder traten unter vielstimmigem ›Frohe Weihnachten‹ im Kielwasser ihrer Mutter ein, ebenfalls schwer bepackt. Es war vier Uhr nachmittags und sie hatten ihre Geschenke zu Hause schon ausgepackt. Die hiesige Bescherung würde so über die Bühne gehen, wie Juno angeordnet hatte, nach dem Tee. Die Begeisterung der Kinder hielt sich in Grenzen. Ihre wirklich guten Geschenke lagen zu Hause und hier hatten sie nichts Großartiges mehr zu erwarten, höchstens extra warme Socken und dicke, lehrreiche Bücher.

William, beladen mit einem vegetarischen Truthahngericht der Marke Linda McCartney, einem Glas Brandybutter und diversen Plastiktüten, ließ die Küsse geduldig über sich ergehen. Rupert, der einen großen Pappkarton voller Geschenke trug, den er mit dem Kinn im Gleichgewicht hielt, war weniger willig. Merry trug Bozos Körbchen in der vergeblichen Hoffnung, der Hund werde sich artig hineinlegen. Sie ließ es fallen und warf mit aufrichtiger Freude die Arme um ihre Großmutter. Granny Vanessa kam mit Mädchen besser zurecht als mit Jungen.

Juno war in der Küche. Ihr Gesicht war gerötet und sie wirkte erschöpft. Althea erinnerte sich an die Weihnachtsfeste, zu denen sie schwanger gewesen war. Der Anblick von all dem Truthahnfett war ihr immer so widerlich erschienen, dass sie sich jedes Mal übergeben musste, nachdem sie den Braten begossen hatte. Althea setzte ihre Fracht auf dem Küchentisch ab.

»Liebling.« Sie küsste ihre Schwester. »Du siehst ganz erledigt aus. Geh und setz dich hin.«

»Ja, ich fühle mich wirklich nicht besonders wohl. Kenneth hat den Truthahn gemacht, aber die Kartoffeln sind noch nicht im Ofen und wir müssen doch unsere Geschenke noch auspacken.«

Althea erinnerte sich, dass ihr das auch immer zu viel gewesen war. »Was ist mit dem Tee?«

»Der Tisch ist gedeckt. Du musst nur noch den Kessel aufsetzen und den Tee aufgießen. Wenn du nur vorher die Kartoffeln schälen könntest? Die Hackfleischpasteten stehen warm.«

»Du wirst dich jetzt erst mal setzen«, drängte Althea. »Ich will nur eben Daddy und Kenneth begrüßen, dann mach ich mich ans Werk.«

Ausnahmsweise tat Juno einmal, was ihr gesagt wurde. Aber Erschöpfung, Übelkeit und ein Sessel machten sie nicht nachgiebiger. Sie bestand darauf, dass alles exakt so gemacht wurde, wie sie es selbst getan hätte, wäre sie in der Lage gewesen. Althea machte den Tee, vergaß weder das Teesieb noch die Zuckerzange und danach wurden in festgelegter Reihenfolge die Geschenke ausgepackt. Die Jüngste machte den Anfang, öffnete ein Geschenk, faltete das Weihnachtspapier säuberlich zusammen und schrieb auf einen Zettel, was es war und von wem sie es bekommen hatte. Dann war der Zweitjüngste an der Reihe und so weiter.

Es dauerte Stunden. Ihre Mutter hatte sämtliche Geschenke mitgebracht, die sie und ihr Mann bekommen hatten, und da Mrs Kent mit einer enormen Anzahl von

Leuten Weihnachtsgeschenke austauschte, hatte sie viel mehr zu öffnen als alle anderen. So waren Altheas Kinder gezwungen zuzuschauen, während ihre Großmutter nicht enden wollende Päckchen mit Badetabletten, Duftkräutern und stoffbezogenen Kleiderbügeln auspackte. Rupert und Merry fingen an zu streiten und Althea musste fortwährend aufspringen um Tee nachzuschenken oder um zu sehen, ob die Kartoffeln endlich fertig gekocht waren und in die Röhre konnten. Ihr Vater hielt ein Nickerchen. Als das letzte handbestickte Beutelchen zum Aufbewahren von Plastiktüten gebührend bewundert worden war und der vergnügliche Teil des Tages somit vorüber, saugte Althea auf Junos Bitte hin den Wohnzimmerteppich und fragte sich insgeheim, ob Juno nicht ein bisschen zu viel Aufhebens um ihren Zustand machte.

Als sie fertig war, bot sie an den Tisch zu decken, denn das war immer noch besser als herumzusitzen und höfliche Belanglosigkeiten auszutauschen. Aber ihre Mutter intervenierte.

»Ich mache das, Liebling. Heute ist ein besonderer Anlass.«

»Können wir ins Arbeitszimmer gehen und fernsehen?«, fragte Rupert.

»Da müsst ihr mit Kenneth reden«, erwiderte Althea. »Mutter, ich weiß wirklich, wie man einen Tisch deckt.«

»Davon bin ich überzeugt, Liebes, aber ich werde niemals vergessen, wie du die Messer mit der Schneide nach außen aufgelegt hast. Mrs Higgins kam zum Lunch und es war mir so entsetzlich peinlich.«

»Mummy! Ich war zehn Jahre alt!«

»Also bitte, wenn du darauf bestehst. Ich wollte nur helfen.«

Juno hatte ein bisschen gedöst, aber jetzt wachte sie plötzlich auf und hievte sich aus ihrem Sessel. »Ich mach es am besten selbst. Althea versteht nichts davon und Mummy deckt die Desertlöffel immer falsch.«
»Unsinn! Es ist so schrecklich gewöhnlich, wie du es machst ...«
Althea verzog sich in die Küche und fing mit dem Rosenkohl an. Sie hätte doch irgendwie ganz gern gewusst, was es war, das sie mit Messern und Gabeln anstellte, das so indiskutabel war. Und sie fragte sich, welche der beiden willensstarken Frauen den Sieg in der Löffelfrage davontragen würde. Sie war gerade fertig mit dem Rosenkohl, als Kenneth hereinkam.
»Althea? Ich glaube, Juno braucht dich.«
Kenneth hatte sich bislang durch stoische Gelassenheit hervorgetan, Althea mit Drinks versorgt, den Truthahn begossen, verhindert, dass seine Frau und ihre Mutter sich ernsthaft in die Haare gerieten, und sich vergewissert, dass sein Schwiegervater und seine Neffen wirklich zufrieden damit waren, im Arbeitszimmer fernzusehen. Aber jetzt war es vorbei mit seiner Ruhe.
»Oh Gott. Wo ist sie?«
»Nach oben gegangen um sich hinzulegen. Sie hat Rückenschmerzen. Aber als ich vorgeschlagen hab den Doktor anzurufen, hat sie mir fast den Kopf abgerissen.«
»Oh je, armer Kenneth. Vermutlich ist alles in Ordnung. Sie hat sich nur übernommen. Ich hab versucht ihr auszureden Weihnachten hier zu feiern.«
Kenneth nickte. »Ich auch. Würdest du nach oben gehen und nach ihr sehen?«
Juno lag mitten auf ihrem makellos weißen Seidenbettzeug und hatte eine Hand über die Augen gelegt.
»Es tut weh, Ally.«

»Ich weiß. Es ist noch zu früh, du hast dich vermutlich überanstrengt. Die Fruchtblase ist doch noch nicht geplatzt, oder?«

»Nein.«

»Dann besteht vorerst kein Grund einen Krankenwagen zu rufen.«

»Oh, Althea! Bitte sag nicht, du willst mich ins Krankenhaus verfrachten wie Kenneth. Ich versuche die ganze Zeit ihm zu erklären, dass ich nicht krank bin, sondern nur ein Kind bekomme. Es ist ein absolut natürlicher Prozess.«

»Er sorgt sich um dich. Das tun wir alle. Und das Baby soll erst in einem Monat kommen.«

»Ich weiß, wann ich ausgezählt bin, vielen herzlichen Dank.«

»Bist du sicher, dass es einfach nur Rückenschmerzen sind?«

Juno drehte sich auf die Seite und stöhnte. »Ja.«

»Soll ich dich massieren?«

Juno nickte, und als Althea fertig war, murmelte sie: »Danke, Ally. Ich fühl mich schon viel besser, aber ich glaube, ich bleib noch liegen. Vielleicht steh ich später zum Essen auf.«

Althea verließ das Schlafzimmer, überzeugt, dass ihre Schwester nicht in Gefahr war, und wünschte sich, sie könne sich auch hinlegen, bis das Essen auf dem Tisch stand.

Ihre Mutter war in der Küche. Als Althea sie beruhigt hatte, dass mit Juno alles in Ordnung sei, übertrug sie ihre Sorge auf das Weihnachtsessen. »Ich brauche den Schnellkochtopf für den Pudding. Ich kann ihn nicht finden. Sie hat einen, ich weiß es, ich hab ihn ihr geschenkt.«

Und Althea wusste, Juno hatte ihn weggegeben, weil er aus Aluminium war. »Das geht in der Mikrowelle viel schneller. Wirklich, Mummy.«

»Und wo hat Juno ihr gutes Porzellan? Diese einfachen weißen Teller sind ja ganz nett, aber ein bisschen dürftig für Weihnachten.«

»Warum überlässt du das alles nicht mir? Ich kenn mich in Junos Küche viel besser aus als du.« Ihre Mutter zögerte noch. »Und Merry brennt so darauf, dass du ihr das Stricken beibringst. Ich hab ihr ein Paar Stricknadeln und Wolle in den Strumpf gesteckt, aber weil ich es selbst nicht kann ...«

»Wirklich? Na ja, vielleicht ...«

Nachdem sie ihre Mutter also diplomatisch vor die Tür gesetzt hatte, konzentrierte Althea ihre Gedanken auf das Essen. Sollte sie alles so machen, wie Juno es selbst getan hätte, weil das hier ihr Haus war? Oder sollte sie sich nach ihrer Mutter richten, die völlig andere Vorstellungen hatte, aber ebenso dogmatisch war? Oder – und dieser Gedanke kam ihr in den Sinn wie die Einflüsterung einer bösen Fee – sollte sie es so machen, wie es ihr passte?

Althea nippte an ihrem Drink – inzwischen war sie auf Whisky umgestiegen – und malte sich aus, was passieren würde, wenn sie das Essen in der Küche servierte, auf schlichten weißen Tellern, die Servietten zu Quadraten gefaltet, nicht zu Bischofsmitren, Haushaltskerzen in leere Weinflaschen gesteckt statt silberner Kerzenhalter und nur ein Messer, eine Gabel und einen Löffel pro Nase, nicht ein halbes Dutzend. Die Versuchung war beinah unwiderstehlich. Aber unglücklicherweise war ihre Rolle seit jeher die gewesen, sich dem Willen der beiden so viel entschlosseneren Frauen in ihrer Familie zu fügen. Also fühlte sie sich auch jetzt verpflichtet ihren Wünschen nach bestem Wissen und Gewissen zu folgen, wobei von vornherein klar war, dass sie in den Augen der einen – wenn nicht beider – alles falsch machen würde.

Gerade als Juno eine Nachricht hinuntergeschickt hatte um sicherzustellen, dass die Maronen für den Rosenkohl nicht vergessen wurden und Althea den richtigen Topf für die Breadsauce nahm, ihre Mutter beschlossen hatte, die Gabeln seien nicht sauber genug und sich daran gab, sie zu putzen, eine Aktivität, für die sie Berge von Zeitungspapier und beinah den ganzen Küchentisch benötigte, die Kinder verkündeten, sie seien ausgehungert und Grandpa habe auf ein anderes Programm umgeschaltet, ehe der Film zu Ende war, da klingelte es an der Haustür. Althea fand, es waren genug Leute im Haus, die öffnen konnten, und schenkte ihre volle Aufmerksamkeit den Innereien, die sie auf Betreiben ihrer Mutter kochen musste, sodass die Küche sich mit Dampf und üblen Gerüchen füllte. Es klingelte noch einmal.

»Ist niemand außer mir hier in der Lage irgendetwas zu tun?«, fragte sie die Welt im Allgemeinen und ging zur Haustür.

Sie öffnete und hinter einem Berg von Geschenken und einem gigantischen Weihnachtsstern entdeckte sie Patrick.

KAPITEL 20 »Was zur Hölle hast du hier verloren?«, verlangte Althea zu wissen.

»Ich bin eingeladen!« Patrick trat ein und ließ seine Geschenke zu Boden poltern. Dann breitete er die Arme aus.

Es war ein kompletter Überraschungsangriff und plötzlich fand sie sich wie ein Magnet an ihn gepresst ohne zu wissen, ob sie zu ihm gegangen war oder er sie an sich gezogen hatte. Diese Arme waren wie ein sicherer Hafen, ein Stahlkorsett, das sie stützte, auch wenn es ihr gleichzeitig die Luft abschnürte. Sein Mantel war auf den Schultern mit ein paar Regentropfen benetzt, die in ihre Haare rannen, und sie musste sich auf die Zehenspitzen stellen um ihr Gleichgewicht zu halten.

Sein Mund war kalt, hart, presste sich zärtlich und gierig zugleich auf ihren, während er sie an sich drückte und sein Kragen verfing sich in ihrem Ohrring.

All die separaten, widersprüchlichen Gefühle, die Althea so in Atem gehalten hatten, kanalisierten sich zu purer, körperlicher Gier. Für ewig und alle Zeiten hätte sie ihn weiter küssen können, spüren, wie seine Zunge ihren Mund erforschte und dort eine Serie kleiner Gefühlsexplosionen auslöste. Seine Zähne, seine Lippen, die sich gegen ihre pressten, machten ihre Knie weich und sie nahm vage zur Kenntnis, dass ihr Kinn bebte. Sie hatte nicht gewollt, dass er kam, sie bekam keine Luft und hatte das Gefühl, sie werde jeden Moment unter dem gewaltigen Ansturm ihrer Emotionen zusammenbrechen, aber sie wollte nicht, dass er sie je wieder losließ.

»Was geht hier vor?«, fragte ihre Mutter. »Wer ist das?«

Patrick löste sich von ihr. Althea war außer Atem und nicht sicher auf den Beinen und bemühte sich verzweifelt ihre Gedanken und ihren Körper wieder unter Kontrolle zu bekommen und auf normalen Funktionsmodus zu schalten.

»Ähm ... Patrick Donahugh. Patrick, meine Mutter, Vanessa Kent.«

Patrick streckte ihr die Hand entgegen. »Freut mich, Mrs Kent. Ich wollte Althea nur eben Frohe Weihnachten wünschen.«

Mrs Kent holte tief Luft um einen Kommentar abzugeben, als die Diele sich plötzlich mit Menschen füllte. Die Neugier hatte Kenneth, ihre Kinder und schließlich ihren Vater herbeigelockt.

Althea fuhr sich hastig mit der Hand über die Haare, dankbar, dass sie vorher schon zerzaust ausgesehen hatten und Patrick ihren Zustand unmöglich hatte verschlimmern können. Kenneth übernahm das Vorstellen.

Ihr Vater schüttelte Patrick die Hand, ihre Kinder sagten »Hi!« und ihre Mutter nickte und nahm ihn kritisch in Augenschein. Genau wie Juno hatte sie Frederick immer vergöttert.

Die Kinder blieben vielleicht eine Minute, ehe sie sich wieder zum Fernseher verzogen. Althea wusste, dass sie hofften, Patricks Ankunft bedeute Erwachsenenunterhaltung im Wohnzimmer und damit freie Bahn und ungestörtes Fernsehen im Arbeitszimmer für sie. Bozos Begrüßung, die als Letzte kam, war die überschwänglichste.

Althea stahl sich davon in die Küche. Sie hätte sich nicht schrecklicher fühlen können, wenn sie *in flagranti* ertappt worden wären. Es war nicht die Tatsache, dass sie gesehen wurde, als sie Patrick küsste, die sie so beunruhigte, sondern vielmehr, dass sie es überhaupt getan hatte. Und das nach all ihren Vernunfterwägungen und Entschlüssen ihm ein für alle Mal zu sagen, dass es keine Zukunft für sie gab. Wie überzeugend würden ihre Argumente jetzt wohl noch klingen?

»Verdammter Mist, verdammter Mist, verdammter Mist«, murmelte sie vor sich hin. Sie fuhr sich mit den Fingern durch die Haare und stellte fest, dass sie feucht vor Schweiß waren. Sie wäre am liebsten in Tränen ausgebrochen. Das Leben war so kompliziert, Weihnachten war so kompliziert und jetzt auch noch Patrick! Sie hielt gerade ein Messer in der Hand, als er hereinkam. Er brachte eine Flasche mit. Sie stand vor der geöffneten Ofentür und wendete die Kartoffeln. Als sie ihn sah, wandte sie sich um und schwang drohend, so hoffte sie, ihr Messer.

»Patrick, wieso bist du hier?«

»Ich hab dir doch gesagt, ich bin eingeladen!« Er war entrüstet. »Ich sollte gestern schon kommen, aber ich konnte nicht. Da hat Juno mich zum Weihnachtsessen eingeladen. Ich dachte, du würdest dich vielleicht freuen mich zu sehen. Eben schien es auch so.«

Sie spießte eine Kartoffel auf. »Das war ein Fehler. Wir hatten bisher noch keine Gelegenheit über die Nacht ... die Nacht, als der Sturm war, zu reden. Aber es ist ausgeschlossen, dass wir uns weiterhin sehen.«

»Warum?« Er stellte die Flasche ab und stützte die Hände auf den Tisch.

»Das ist kompliziert. Ich kann dir das jetzt nicht erklären. Juno liegt oben und hat einen falschen Alarm und außerdem muss ich kochen. Ich hatte Juno gebeten dich nicht einzuladen.«

Patrick fuhr sich mit der Hand über den Nacken, ließ sie dort und betrachtete Althea versonnen. »Aber sie hat es trotzdem getan. Und hier bin ich. Und ich werde jetzt nicht wieder verschwinden, also solltest du versuchen aus dieser unangenehmen Situation das Beste zu machen.«

»Ach, verflucht«, murmelte sie und stach auf die Kartoffeln ein. »Kein Grund gleich beleidigt zu sein. Ehrlich gesagt, ich bin froh, dass du da bist ...« Und noch mal verflucht, das hätte sie nicht sagen dürfen, obwohl es stimmte. »Ich meine, ich mag dich gern, ich freu mich dich zu sehen, aber ich will nicht, dass du auf die Idee kommst ... dass du meinst ...« Sie sah zu ihm auf in der Hoffnung, er werde ein Einsehen haben und sie verstehen und ihr Leben nicht noch komplizierter machen, als es ohnehin schon war.

Er seufzte tief und verzog den Mund. »Wir sollten dieses Gespräch lieber vertagen. Was du sagst, ergibt überhaupt keinen Sinn und früher oder später werden wir todsicher unterbrochen. Kenneth hat mich geschickt um festzustellen, ob du Hilfe oder noch einen Drink brauchst.«

Er hatte Recht. Es konnte zu nichts führen, in einem Haus voll schwangerer Frauen, Weihnachten und neugieriger Familienmitglieder zu reden. »Ja und ja.«

»In welcher Reihenfolge?«

»Ein ganze Flasche Whisky zuerst und dann brauche ich jemanden, der mir sagt, welches dieser Bleche das mit den Vegetarierkartoffeln ist.«

»Ich wusste gar nicht, dass es auch Fleisch fressende

Kartoffeln gibt.« Er öffnete die Whiskyflasche, die er mitgebracht hatte, und schenkte zwei Fingerbreit in ihr Glas.

»Jetzt ist nicht der geeignete Zeitpunkt für Witze. Die Kartoffeln auf einem Blech sind nur in Öl gebacken, die anderen mit Truthahnfett. Aber welche?«

»Hm. Vielleicht würde William den Unterschied gar nicht bemerken.«

Sie warf ihm einen vernichtenden Blick zu und schob die Kartoffeln wieder in den Ofen. Nachdem er ihr den Whisky eingeschenkt hatte, hatte er sich sicherheitshalber zur Tür zurückgezogen, lehnte an der Zarge, amüsiert, ein bisschen verwirrt und verströmte Sexappeal. Althea hatte das Gefühl, sie verströmte bestenfalls das Aroma von Truthahnfett, und hätte am liebsten die Flucht ergriffen und ihn mit den Töpfen und Pfannen im Stich gelassen. Und wenigstens vorübergehend tat sie das auch.

»Wenn du mich entschuldigst«, sagte sie würdevoll. »Ich muss gehen und nach Juno sehen. Es wird mir schon wieder einfallen, welche Williams Kartoffeln sind.«

Sie traf Juno am Fuß der Treppe. Sie sah hinreißend aus. Sie trug die Haare hoch aufgesteckt und einen schwarzen, mit Gold abgesetzten Kaftan, der ihre Schwangerschaft zwar nicht verbarg aber mit einer erhabenen Note versah. Ihr Make-up war perfekt und sie duftete nach 1000, das teuerste Parfüm der Welt, wie sie immer wieder gern anmerkte.

»Hallo, Liebling, tausend Dank, dass du die Stellung gehalten hast. Ich hörte Patrick kommen und fühlte mich so viel besser, dass ich mir gedacht habe, ich komme wieder nach unten.«

»Juno!« Zum zweiten Mal innerhalb von zehn Minuten verspürte Althea Lust einen Menschen, den sie liebte, umzubringen. Sie schloss die Augen, öffnete sie wieder und war immer noch genauso wütend. »Solltest du nicht im Bett liegen?«

»Nein, nein. Mir geht's gut. Die Schmerzen sind wie weggeblasen.«

»Ach wirklich? Ich bin sicher, dagegen könnte ich etwas tun …«

»Was redest du da?«

»Ich hatte dich gebeten Patrick *nicht* einzuladen.«

»In mein Haus kann ich einladen, wen ich will.« Junos Hochnäsigkeit verschwand jedoch gleich wieder, als sie erkannte, dass Althea wirklich wütend und gleichzeitig bestürzt war. »Ich muss gehen und ihn begrüßen«, sagte sie eilig und entschwand.

Althea schloss sich auf der Gästetoilette ein. Dort ließ sie Wasser ins Waschbecken laufen und spritzte es in ihr feuerrotes Gesicht. Der Schweiß hatte ihr Make-up schon längst abgespült. Ihr Haar wirkte stumpf und schlaff, sie hatte Mehl auf der Wange. Ihre Schürze war schmutzig. In diesem Moment hasste sie ihre Schwester leidenschaftlicher als sie je zuvor jemanden gehasst hatte. Denn Juno hatte beinah den ganzen Tag im Bett gelegen, wenn auch mit Schmerzen, hatte dann aber ausreichend Zeit gehabt sich schön zu machen, ehe sie zum Vorschein kam und Patrick begrüßte.

Althea hingegen hatte den Nachmittag damit zugebracht, in Junos Küche Junos Weihnachtsessen zu kochen, und hatte sich die größte Mühe gegeben Rücksicht auf Junos zahllose Macken und Schrullen zu nehmen. Und dann, weil Juno nicht einmal den Anstand besessen hatte ihr zu gestehen, dass sie Patrick gegen Altheas ausdrücklichen Wunsch eingeladen hatte, hatte sie ihr auch noch eingebrockt ihm in diesem Aschenbrödelaufzug gegenübertreten zu müssen. Althea wollte schreien und toben und ins Esszimmer stürzen, den liebevoll gedeckten Tisch umstoßen und Junos kostbare, zusammenpassende Teller in tausend Stücke zerspringen sehen.

Aber das konnte sie natürlich nicht tun. Sie war eine erwachsene Frau. Ihre Kinder waren hier, ihre Eltern waren hier, sie musste die Perfekte Mutter und die Perfekte Tochter sein, ganz zu schweigen von der Perfekten Schwester.

Da ihr also versagt war all diese befriedigenden Aggressionsventile zu nutzen, durchwühlte sie den kleinen Spiegelschrank, bis sie schließlich ein Fläschchen Rescue Tropfen fand, ein homöopathisches Allheilmittel, das besonders gegen Schock und Stress half. Sie erwog für einen Moment die ganze Flasche in einem Zug zu leeren. Es war ein rein pflanzliches Mittel, die verschiedenen Pflanzenextrakte minimal dosiert, es konnte keinen Schaden anrichten. Aber dann dachte sie, dass sie es später vielleicht ebenso nötig haben würde und begnügte sich mit einigen wenigen Tropfen, die sie unter die Zunge träufelte. William war der Ansicht, der Effekt von Rescue Tropfen sei rein psychologisch oder es sei höchstens der Alkoholgehalt, der eine gewisse Wirkung verursache. Aber Althea wusste es besser.

Sie bürstete sich die Haare mit langen, bedächtigen Strichen, die ja angeblich beruhigend sein sollten, als jemand an die Tür hämmerte. Es war Juno.

»Althea? Bist du da drin? Du bist seit Ewigkeiten verschwunden und alles kocht über. Du kannst nicht einfach weglaufen, wenn du kochst, weißt du!«

Althea öffnete die Tür und trat ihrer Schwester entgegen. »Du Miststück!«, sagte sie, ließ sie dann stehen und ging zu ihrem Truthahn zurück, den sie im Stich gelassen hatte.

Sie war jetzt ruhiger. Entweder die Rescue Tropfen oder das Dampfablassen bei Juno hatten gewirkt. Sie entsann sich, welche die vegetarischen Kartoffeln waren, und begann mit der Bratensoße. Dann kam ihre Mutter herein.

»Althea, was ist nur in dich gefahren! Du hast Juno aufgeregt! Wie konntest du nur, in ihrem Zustand?«

Althea erlitt einen Rückfall. »Mutter! Wäre ich in Junos Zustand, bräuchte ich niemanden aufzuregen. Denn dann würde ich auf dem Sofa liegen, während andere die Arbeit für mich machen. Juno ist eine verzogene Göre, die wir alle viel zu lange mit Samthandschuhen angefasst haben.«

»Althea, wie kannst du nur? Sie hat uns alle eingeladen ...«

»Ich hab sie gebeten, das nicht zu tun. Ich wusste, es würde ihr zu viel werden, aber, oh nein, es musste mal wieder nach ihrem Kopf gehen. Und es war zu viel für sie und an wem bleibt jetzt alles hängen? An mir. An der guten, reizenden, gutmütigen, dämlichen Althea.«

»Aber wenn alle zu uns gekommen wären, hättest du doch auch kochen müssen.« William war eingetreten und stieg sofort in die Diskussion ein.

»Ja, aber es wäre meine Küche gewesen und ich hätte alles auf meine Art machen können«, erwiderte Althea.

»Ich finde, es besteht überhaupt kein Anlass, so unfreundlich zu sein«, bemerkte ihre Mutter spitz. Doch als sie einsehen musste, dass sie mit dieser Meinung allein stand, entschloss sie sich zum Rückzug. »Ich will gehen und zusehen, ob ich Juno etwas beruhigen kann.«

»Das wäre eine Premiere, wenn ausgerechnet dir das mal gelänge«, brummte Althea ihr nach.

»Alles in Ordnung, Mum?« William kam auf sie zu und legte die Arme um sie. Er war ein guter Junge und sie liebte ihn sehr, aber gerade jetzt wollte sie keinen Jungen, der sie umarmte, sie wollte einen Mann. Doch als sie seine Umarmung erwiderte, fand sie ein bisschen Trost in seinem knochigen Körper und sehr viel mehr in seinem einfühlsamen Wesen.

»Mach dir keine Gedanken. Ich hab nur das Gefühl, das alle auf mir herumhacken. Sehr kindisch von mir.«

»Aber verständlich. Kann ich irgendwas tun?«

»Du könntest deine vegetarische Soße machen. Das Tütchen liegt da drüben.«

William nahm es in die Hand und überflog die Anweisung für die Zubereitung. »Es war nett von Juno, dass sie das hier für mich gekauft hat. Sie meint es immer gut, weißt du. Ihre Motivation ist rein.«

»Ich bin nicht in der Stimmung für deinen buddhistischen Scheiß.« Aber sie lachte.

Patrick erschien. »Juno schickt mich um dir zu sagen, dass du eine halbe Stunde hinter dem Zeitplan zurückliegst.«

»Ach wirklich?« Althea stemmte die Hände in die Seiten.

»Na ja, ich war nicht ihr Wunschkandidat, aber niemand sonst schien den Mut zu haben die Botschaft zu übermitteln.«

»Und hast du dich nicht gefragt, woran das wohl liegen könnte?«

»Oh-oh«, murmelte William.

»Das brauchte ich mich nicht zu fragen«, antwortete Patrick. »Das war mir völlig klar. Aber ich dachte mir, ich werd schon damit fertig.«

»Ah ja?«

»William, würde es dir was ausmachen zu verschwinden? Ich habe deiner Mutter ein paar Dinge zu sagen und ich kann keine Zeugen gebrauchen.«

William kam der Bitte willig nach und entledigte sich so der lästigen Verantwortung für seine Soße.

Patrick durchquerte den Raum und legte die Arme um Althea. Sie versteifte sich. Sie wollte seinen Trost, aber sie wusste, sie durfte ihn nicht annehmen.

»Hör mal, Juno benimmt sich vollkommen idiotisch«, sagte er. »Sie ist nicht sie selbst. Du bist ein absoluter Engel, dass du dich hier für sie abrackerst. Und im Grunde weiß sie das auch, aber im Moment ist sie so mit sich selbst und ihrer Schwangerschaft beschäftigt, dass sie die Dinge nicht so sehen kann, wie sie wirklich sind.«

»Pah!« Althea befreite sich. Patricks Arme waren zu verführerisch. Hätte sie sie länger um sich geduldet, wäre sie darin geschmolzen und das Essen wäre nie mehr fertig geworden.

»Wirklich. Du bist fantastisch und das weißt du auch.«

»Ah ja?«

»Und da ist noch was, das du vielleicht noch nicht weißt.«

»Was?«

»Du siehst wahnsinnig aufregend aus in dieser Schürze.«

»Patrick, das ist ungefähr so bescheuert, als wenn man gesagt bekommt, man sei schön, wenn man wütend ist.«

»Und ebenso wahr.« Seine Augen leuchteten vor Übermut und Lust und für einen Moment fühlte sie sich wirklich schön und aufregend und fantastisch – trotz ihres roten Gesichts und der glänzenden Nase.

Da ihr nichts Geistreiches zu sagen einfiel, räusperte sie sich.

Patrick hielt ihren Blick noch ein paar Sekunden fest, ehe er den Bann brach. »Möchtest du vielleicht, dass ich nachsehe, ob der Truthahn fertig ist? Ich meine, mir würden sehr viel interessantere Sachen einfallen, die wir tun können, wie etwa uns zwischen all diesem Zeug auf dem Küchentisch zu lieben. Aber mit deinen Eltern und deinen Kindern im Nebenzimmer hättest du vielleicht Schwierigkeiten dich zu konzentrieren.«

»Du nicht?«

»Oh nein. Ich hatte immer schon die Gabe, dass ich meine volle Aufmerksamkeit dem widmen kann, was ich gerade tue.«

Sie erinnerte sich an die Auswirkungen dieser Gabe beim letzten Mal und plötzlich errötete sie und hüstelte verlegen, fühlte sich schwach und überhaupt nicht Herr der Lage.

»Ähm ... ja. Sei so gut und sieh nach dem Truthahn. Ich sollte mich lieber um Williams Soße kümmern.« Sie rief sich ihren eisernen Entschluss ins Gedächtnis, dass sie nie wieder mit ihm schlafen würde, und klammerte sich daran.

Dann sah sie zu, als er den über zehn Kilo schweren, biogefütterten, einstmals auf dem Gut eines lokalen Aristokraten frei laufenden Vogel aus dem Ofen holte. Er stach mit einer großen Gabel hinein und kippte das Bratblech um festzustellen, wie viel Bratenfond da war.

»Er ist so weit. Er kann noch im Ofen bleiben, während wir alles andere fertig machen. Gibt's eine Vorspeise?«

Althea gab sich einen Ruck und bemühte sich nach Kräften ihre Aufmerksamkeit dem zu widmen, was sie gerade tat. »Früchtecocktail. Juno hat ihn gemacht, er steht im Kühlschrank. Ich werde Merry bitten ihn aufzutragen. Ich glaube, der Tisch ist fertig gedeckt, aber ich seh besser noch mal nach.« Und sie sollte auch besser so schnell wie möglich aus seiner überwältigenden, beunruhigenden Aura entkommen.

Sie zupfte an der Tischdekoration herum, als Juno eintrat. »Es tut mir Leid, Ally. Ich wollte wirklich nicht, dass alles an dir hängen bleibt. Ich war eine richtig blöde Kuh. Kannst du mir noch mal verzeihen?« Sie legte einen Arm um Althea.

Althea erwiderte die Umarmung. »Natürlich«, sagte sie, auch wenn sie in ihrem Herzen noch nicht ganz so weit war, dass sie ihr verzeihen konnte. »Aber es wäre wunderbar, wenn du einen Augenblick nach dem Rechten sehen würdest. Dann könnte ich eben mein Make-up in Ordnung bringen.« Juno sah aus, als wolle sie eine Ausrede vorbringen, darum fügte sie schnell hinzu: »Und ich hab den ganzen Tag noch keine Zeit gefunden um aufs Klo zu gehen.«

Diesmal nahm Althea ihre Handtasche mit und ging nach oben in Junos Bad, fest entschlossen ihre Erscheinung gründlich zu restaurieren. Sie borgte sich Junos Mascara, Lippenstift und Lidschatten. Patrick konnte sagen, sie sehe aufregend aus mit ihrer Schürze oder sie sei schön, wenn sie wütend war, aber sie wollte auch ohne die Insignien der Versklavung des weiblichen Geschlechts und ohne Mehl auf der Wange schön sein.

Sie feuchtete ihre Haare an, nahm ein bisschen Schaumfestiger und benutzte Junos Fön. Sie verbrachte eine gute Viertelstunde im Bad und als sie herauskam, fühlte sie sich erfrischt und duftete teuer.

Juno war dabei, die Sitzordnung festzulegen. »Du siehst wunderbar aus, Liebling, aber geh und nimm die Schürze ab. Kenneth holt den Champagner. Trink in Ruhe ein Glas und dann lass uns essen. Ist Patrick nicht sagenhaft? Wer hätte gedacht, dass er so eine Hilfe in der Küche sein könnte?«

Das hörte Althea gern. »Möchtest du auch Champagner?«

Juno schauderte. »Um Gottes willen, nein! Ich hab immer noch leichte Rückenschmerzen. Nicht schlimm. Vermutlich nur verspannt oder so was.«

»Du wirst mir sagen, wenn du glaubst, die Wehen haben wirklich angefangen, oder?«

»Natürlich. Jetzt geh und sag den anderen, sie sollen ihre Gläser mitbringen und sich an den Tisch setzen.«

Junos Wehen machten sich ganz von selbst bemerkbar, als Althea lustlos in ihrem Weihnachtspudding herumrührte. Juno hatte die Soße dazu gemacht und sie war köstlich, aber unglaublich schwer.

»Ally«, sagte sie und es klang gepresst. »Komm mit mir nach oben, ja?«

Augenblicklich sprang Mrs Kent auf. »Alles in Ordnung, Liebes?«

»Oh, mach kein Theater, Vanessa«, sagte ihr Vater. »Althea macht das schon.«

»Sei nicht albern. Ein Mädchen braucht ihre Mutter in Stunden wie dieser.«

»Cool! Juno kriegt ihr Baby«, sagte Merry.

»Nennst du sie nicht Tante Juno?«, fragte ihr Großmutter barsch, offenbar entschlossen ihre Besorgnis an irgendwem auszulassen.

»Nein«, erwiderte Merry unbeeindruckt. »Sie braucht kein Etikett, sie hat eine Persönlichkeit.« Es war ein Juno-Zitat.

Mrs Kent hatte wohl das Gefühl, dass sie an Status verloren hatte, indem sie zuließ, dass man sie »Granny« nannte, und zeigte warnende Anzeichen eines bevorstehenden Ausbruches.

»Möchtest du einen Brandy, Vanessa?«, fragte Kenneth eilig.

Althea stand auf und führte ihre Schwester aus dem Zimmer.

»Ich komme gleich nach, Kind«, rief ihre Mutter.

»Lass dir nur Zeit«, murmelte Juno.

Sie waren oben und saßen auf Junos Bett, als Kenneth eintrat. Althea rief gerade im Krankenhaus an. Sie war sehr erleichtert, dass Juno sich im letzten Moment doch von Hausgeburt und Geburtsbecken und einem Dutzend alternativer Heilkundler hatte abbringen lassen.

»Alles in Ordnung?« Kenneth legte seine Hand auf Junos, wohl mehr um Trost zu bekommen als um ihn zu geben.

»Ja, sicher. Vermutlich sind es nur Vorwehen«, sagte Juno. »Aber Ally hat darauf bestanden, anzurufen und sich zu vergewissern.«

»Aber sie können doch nicht per Telefon bestimmen, was für Wehen du hast.«

»Nein, aber sie können mir sagen, was ich tun soll.« Juno tätschelte seine Hand. »Es ist so aufregend. Ich bin es so satt, schwanger zu sein, ich wäre froh, wenn es zu früh käme.«

Althea legte eine Hand über den Hörer. »Sie sagen, du solltest lieber hinkommen.« Dann sprach sie wieder ins Telefon: »Wir geben Bescheid, wenn Mrs Reeves-Gill entschieden hat, was sie tun will.«

Einerseits wollte sie Juno schnellstmöglich im Krankenhaus haben, wo Profis sich ihrer annehmen würden, aber andererseits musste sie ihrer Schwester reinen Wein einschenken, was es mit Krankenhäusern und ersten Wehen auf sich hatte.

»Hör zu, Juny, selbst wenn es Wehen sind, es könnte noch Stunden dauern, sogar Tage. Beim ersten Kind dauert es immer ewig. Du wirst sehr schnell genug davon haben und vielleicht wünschen, du wärst zu Hause.«

Trotz ihrer unermüdlichen Lektüre von Fachliteratur hatte Juno einen Großteil ihrer Selbstsicherheit eingebüßt. »Ich glaube, ich fahre trotzdem. Ich meine, mir ist schon klar, dass Krankenhäuser grässlich sind, aber du weißt, was passiert, wenn ich hier bleibe. Mummy wird mir keine Sekunde Ruhe lassen. Und im Krankenhaus haben sie meine Unterlagen und wissen, dass ich keine unnötigen chemischen oder mechanischen Hilfsmittel will.«

»Sehr vernünftig. Soll ich deine Tasche packen?«

Juno bedachte sie mit einem mitleidigen Blick. »Die ist seit Wochen fertig. Unten in meinem Schrank.«

Althea war mit einem kleineren Koffer mit zwei Kindern zu einem zweiwöchigen Campingurlaub gefahren.

»Was hast du hier drin? Ist die Krankenkasse so pleite, dass man jetzt sein eigenes Bett mitbringen muss?«

Juno lächelte matt. »Ich bin gern auf alle Eventualitäten vorbereitet.«

»Oh ja, ich weiß.«

Kenneth kam herein. »Bist du so weit, Schatz?«

»Ich glaube, ich will nur noch schnell unter die Dusche.«

»Falls sie im Krankenhaus kein fließendes Wasser haben?«, fragte Althea.

»Genau.«

KAPITEL 2 Unten war eine erregte Debatte darüber im Gange, wer Juno ins Krankenhaus bringen sollte. Althea hatte sie nicht verfolgt, verkündete aber sogleich eine Entscheidung, als sie herunterkam und hörte, worum es ging.

»Kenneth wird sie natürlich hinbringen«, sagte sie und fragte sich, wie sie ihr das wohl als falsche Antwort auslegen wollten.

»Ja, ja«, antwortete ihre Mutter ungeduldig. »Kenneth kann *fahren*, aber ich sollte dabei sein. Jemand muss sich um sie kümmern, um ihre ... weiblichen Bedürfnisse.«

»Ähm, ich glaube, das ist keine gute Idee, Mum. Es wird eine endlos lange Warterei und Kenneth wird schon dafür sorgen, dass sie alles hat, was sie braucht.«

»Ich weiß, Liebes, aber er ist ein Mann. Du kannst mich altmodisch nennen ...«, Althea sah, dass Merry hinter dem Rücken ihrer Großmutter tonlos das Wort »altmodisch« formte, »aber meiner Ansicht nach haben Männer bei einer Geburt nichts verloren. Und Daddy ist meiner Meinung, nicht wahr?«

»Man muss den Braten zwar ansetzen, aber nicht dabei sein, wenn er aus der Röhre kommt«, brummelte er.

»Wie bitte?« Merry war durchaus mit den Fakten über die Entstehung des Lebens vertraut, nicht aber mit den darauf angewandten, chauvinistischen Metaphern.

»Kenneth will dabei sein, Mutter.«

»Unsinn. Das sagt er nur, damit Juno ihm nicht zusetzt. Das ist eine von ihren kleinen Zicken. Ich wette, Frederick war nicht im Kreißsaal, als du deine Kinder bekommen hast.«

»Nein. Aber wir haben uns auch scheiden lassen.«

»Nein, es ist wirklich albern und würdelos, wenn eine Frau zulässt, dass ein Mann sie dabei sieht. Vermutlich wird er in Ohnmacht fallen.«

»Du bestimmt, wenn du mitgingest«, sagte ihr Mann.

»Mach dich nicht lächerlich! Ich will ihr ja nur während der langen ersten Phase beistehen. Beim ersten Kind dauert es doch immer so furchtbar lange.«

»Das sagt Mum auch immer«, sagte Merry.

»Ich such nur eben meine Sachen zusammen. Und hol mir ein Buch. Ob sie hier wohl etwas von Anne Rice im Haus haben?«

Als ihre Mutter das Zimmer verlassen hatte, wandte Althea sich Hilfe suchend an ihren Vater. »Das darfst du nicht zulassen. Sie bringt Juno um den Verstand, gerade jetzt, wo sie so ruhig wie möglich sein sollte.«

Ihr Vater hob die Schultern. »Dann sag du ihr das. Auf mich hört sie doch nie.«

Patrick und William, die das Geschirr in die Spülmaschine geräumt hatten – ohne es vorher abzuspülen – kamen herein.

»Warum fahren Granny und Grandpa nicht mit ihrem Wagen?«, schlug William vor. »Dann sind sie unabhängig, wenn sie ... irgendwann wieder nach Hause möchten«, schloss er taktvoll.

Merry war inzwischen müde und sie seufzte lang und vernehmlich. »Eigentlich kann nur William noch fahren. Er ist der Einzige, der nichts getrunken hat.«

»Oh Gott. Daran hab ich überhaupt nicht gedacht«, sagte Kenneth zerknirscht.

Juno warf verzweifelte Blicke gen Himmel und Mrs Kent, die auf der Suche nach passender Lektüre wieder ins Wohnzimmer gekommen war, schnaufte indigniert.

»Nun, jeder weiß, dass ich nicht trinke. Also werde ich sie hinbringen.«

»Sherry ist Alkohol«, sagte Althea. »Und du hast zwei Gläser getrunken.«

Tatsächlich zählte Mrs Kent möglicherweise zu der kleinen Anzahl von Menschen, deren Fahrstil unter Alkoholeinfluss besser wurde. Ganz sicher gab es nichts, was ihn noch verschlimmern konnte. Aber alle Anwesenden waren erleichtert, dass dieses Argument ins Feld geführt worden war und Juno somit diese zusätzliche Prüfung erspart blieb.

»Warum kann William nicht fahren?«, fragte Merry.

»Es ist viel zu weit«, wandte Althea ein. »Und was soll er machen, wenn er da ist? Er könnte Kenneth nicht einfach dortlassen, es wird so gut wie unmöglich sein, ein Taxi zu kriegen.«

»Also, was tun wir?«, fragte Juno, nachdem jede mögliche Alternative erwogen und verworfen worden war. »Ich werde auf keinen Fall im Krankenwagen hinfahren, selbst wenn sie bereit wären einen zu schicken. Du hast doch gar nicht viel getrunken, Kenneth, oder?«

Patrick, der sich während der Diskussion nicht geäußert hatte, räusperte sich. »Wie wär's, wenn William Kenneth und Mrs Kent zur Polizeiwache fährt? Ihr könntet ihnen das Problem schildern und sie sollen feststellen, wer noch fahrtüchtig ist. Und wenn keiner von beiden fahren kann, wird William es tun müssen.«

»Das ist eine großartige Idee«, sagte Althea. »Los, macht euch auf den Weg.« Und bitte, lieber Gott, fügte sie in Gedanken hinzu, lass nicht zu, dass William Juno, Kenneth und meine Eltern ins Krankenhaus fahren muss. Das ist einfach eine zu große Bürde für einen Siebzehnjährigen.

Juno trommelte mit den Fingern auf die Armlehne ihres Windsorstuhls, den sie in einem sagenhaften, kleinen Antiquitätenladen für eine sagenhafte Stange Geld erworben hatte. Sie wartete zusammen mit Patrick und Althea in der Küche.
»Ich wünschte, sie würden sich beeilen. Hätte ich geahnt, dass das hier passiert, hätte ich nie zugelassen, dass Kenneth auch nur einen Tropfen trinkt. Männer sind so selbstsüchtig.«
Althea überlegte kurz, ob es der Tumult in Junos Hormonhaushalt war, der sie heute so besonders schwierig machte. Aber vermutlich war sie einfach nur angespannt und hatte Angst.
»Juny, es ist Weihnachten und niemand konnte wissen, dass das hier passieren würde. Außerdem hat er doch gesagt, er hat nicht viel getrunken. Vielleicht kann er ja fahren.«
»Ha.«
»Das war eine gute Idee von Patrick, nicht wahr? Dass sie einen Alkoholtest machen sollen?«
Juno seufzte. »Ja.« Sie schenkte ihm ein mattes Lächeln. »Danke, Patrick.«
»Gern geschehn.«
Eine halbe Stunde kroch dahin, unterbrochen von Altheas gekünstelt fröhlichen Bemerkungen und Junos einsilbigen Antworten. Endlich hörten sie Williams ural-

ten Wagen in der Auffahrt und einen Moment später erschien ein strahlender Kenneth in der Küche.

»Das Ergebnis war negativ!«

»Was soll das heißen?«, fauchte Juno, sie war schneeweiß vor Zorn.

»Ich meine positiv. Ich meine, das Röhrchen hat sich nicht verfärbt.«

»Oh, gut. Dann lass uns um Himmels willen fahren, ehe Mummy auf die Idee kommt in unser Auto zu steigen.«

»Hubert kann auch fahren.«

Juno stand einen Moment wie vom Schlag getroffen. »Das glaub ich einfach nicht! Es ist Weihnachten! Er muss doch mehr getrunken haben, als zulässig ist.«

»Anscheinend hatte er das Zwicken in der Leber und hat die ganze Zeit pures Gingerale getrunken.«

»Das heißt vermutlich, dass wir davon nicht genug besorgt haben.«

»Es könnte schlimmer sein, Schatz. Wenn er nicht mehr fahren könnte, hätten wir deine Mutter bei uns im Wagen.«

In diesem Augenblick stapfte Mrs Kent herein. Sie schäumte. »Also wirklich, jeder weiß, dass ich nicht trinke! Ich weiß wirklich nicht, wozu sie diese Maschinen haben, sie sind vollkommen unzuverlässig.«

Altheas und Patricks Blicke trafen sich. Er war offenbar zu demselben Schluss gekommen wie sie und hatte Mühe nicht zu lachen. Sie fand es selbst schwierig, sich ein Lächeln *zu v*erkneifen.

»Mutter, soll das heißen, dein Alkoholtest hat ergeben, dass du über null Komma acht Promille hast?«

»Das sagt diese Maschine. Ich habe noch nie im Leben etwas so Albernes gehört.«

»Es liegt am Körpergewicht«, erklärte Patrick ernst. Er hatte sich wieder in der Gewalt. »Schon ein Fingerhut voll Sherry« – den Brandy verschwieg er taktvoll – »kann bei jemandem, der so schlank ist wie Sie, zu erhöhten Alkoholwerten im Blut führen, während jemand, der größer und kräftiger ist, es einfach absorbiert.«

Mrs Kent war sichtlich besänftigt. »Nun, das ist natürlich ein plausible Erklärung. Also, nun kommt endlich, wir haben keine Zeit zu verlieren.«

»Du brauchst wirklich nicht mitzukommen, Mummy.«

»Nein, du wirst dich zu Tode langweilen«, stimmte Althea zu. »Wir könnten Bridge spielen oder so was. Ich bin sicher, Patrick spielt Bridge, oder?«

»Ich fürchte, nein.«

»Wirklich, Althea, als könnte ich hier ruhig sitzen und Karten spielen, während meine Tochter ihr erstes Kind bekommt.«

Althea hatte keine Ahnung, was ihre Mutter getan hatte, als sie William bekam, aber ganz sicher hatte sich nicht an ihrer Seite gestanden und die Zeitabstände zwischen den Wehen gemessen.

Juno kam schwerfällig auf die Füße. »Danke, dass du's versucht hast«, murmelte sie im Hinausgehen. Kenneth begleitete sie zur Haustür, den riesigen Koffer in der Hand. Ihre Eltern stritten darüber, ob ihre Anwesenheit im Krankenhaus vollkommen überflüssig oder absolut unerlässlich sei. Kenneth rief über die Schulter zurück, er werde anrufen, sobald er etwas wisse und endlich machte die Karawane sich auf den Weg.

Patrick betrachtete Althea neugierig. »Und jetzt?«

»Jetzt warten wir. Das heißt, du brauchst natürlich nicht zu bleiben. Du kannst jederzeit nach Hause gehen.«

Wenn ein Unterton in ihrer Stimme sagte, dass es das war, was er tun sollte, ignorierte er ihn. »Also dann. Wir könnten Scharade spielen.«

Die Jungen sahen ihre Mutter entsetzt an. »Mum! Ich weiß, ich sollte das nicht sagen und es war mir eine Freude, alle zur Polizei zu fahren, aber wirklich, muss ich jetzt auch noch Scharade spielen?«

Patrick verzog reumütig das Gesicht. »Natürlich nicht. Was wollt ihr denn machen?«

»Nach Hause fahren«, sagte Merry. »All unsere guten Geschenke sind da. Wir wollten eigentlich gar nicht herkommen.«

»Aber ich hab versprochen, dass ich hier warte ...« Ihr Gewissen wollte Althea wieder einmal in zwei Stücke reißen.

»Ich fahr mit den beiden nach Hause«, sagte William und sein Gesicht hellte sich deutlich auf. »Wir kommen schon zurecht.«

»Gleich kommt ein Film von Quentin Tarantino, den ich unbedingt aufnehmen will«, sagte Rupert. »Ich könnte ihn auch hier gucken, aber vermutlich willst du nicht, dass Merry ihn sieht.«

»Ich will auch nicht, dass *du* ihn siehst ...«, begann Althea.

Patrick unterbrach sie. »Warum lässt du sie nicht fahren? Ich leiste dir Gesellschaft. Und es ist doch wohl verständlich, dass sie sich hier langweilen.«

Die Kinder nickten eifrig.

»Oh, meinetwegen.« Althea war zu erschöpft um noch eine Debatte durchzustehen. »Aber fahr vorsichtig, William, ja? Vermutlich sind schon viele Betrunkene unterwegs.«

William, der ja eben schon durch die Stadt gefahren

war, versicherte seiner Mutter geduldig, er werde natürlich vorsichtig fahren, das tue er schließlich immer, und führte die nächste Gruppe aus dem Haus.

Unmittelbar bevor die Haustür zufiel, hörten sie Merry fragen: »Was denkt ihr, wird das hinhauen? Auf dem Sofa?«

Patrick hatte es natürlich auch gehört. Er legte den Kopf zur Seite. »Tja, was meinst du?«

Althea fühlte sich verfolgt. Als habe sie einen Jungen, dem sie nicht so recht traute, mit in ihr Zimmer genommen, während ihre Eltern aus waren.

Das lag zum einen daran, dass genau das der Fall war, nur hatte nicht sie ihn eingeladen, sondern Juno. Und natürlich traute sie ihm. Er würde nie irgendetwas tun, das sie nicht wollte. Sie war diejenige, der sie nicht trauen konnte. Und ohne ihre Kinder als Anstandsdamen beziehungsweise –herren in der Nähe fühlte sie sich sehr verwundbar.

»Ich glaube, für so was werde ich langsam zu alt.« Dann ging ihr auf, wie prüde sich das anhörte, und sie fuhr fort: »Ich denke, wir sollten ein bisschen Ordnung schaffen. Es sei denn, du möchtest mein Trifle noch probieren?«

Patrick seufzte. »Wenn Trifle alles ist, was du mir anzubieten hast, werde ich mich damit begnügen.«

»Ich fürchte, so ist es.«

»Denkst du nicht, wir sollten reden? Ich meine, wirklich reden, nicht nur Smalltalk.«

Althea seufzte ebenfalls. »Vermutlich schon, aber ich bin nicht sicher, ob jetzt der geeignete Moment ist.«

»Wir haben aber nur diesen Moment! Es ist schwieriger, dich allein zu erwischen, als eine Audienz beim Papst zu bekommen.«

»Das ist nicht wahr ...«

»Das ist sehr wohl wahr. Und ich bin ein bisschen verwirrt, weißt du. Bei unserer letzten Begegnung haben wir uns wie von Sinnen auf dem Fußboden geliebt und jetzt sagst du mir kaum die Tageszeit. Ich wüsste zu gerne, woran das liegt.«

»Das stimmt doch überhaupt nicht, Patrick. Du verstehst es einfach nicht.«

»Und das werde ich auch nie, es sei denn, du erklärst es mir.«

»Das hab ich schon. Vor Ewigkeiten.«

»Du meinst all dieses Gerede über die Kinder und dass du ihr Leben nicht durcheinander bringen willst? Das ist Unsinn, Ally. Die Kinder würden wunderbar damit zurechtkommen, ich bin sicher.«

»Ich will jetzt wirklich nicht darüber reden. Ich bin so müde. Ich hol dir Trifle.«

Sie hatte die Schüssel gerade auf den Tisch gestellt, als das Telefon klingelte. Sie rannte, jede nur denkbare Katastrophe kam ihr in den Sinn und sie wirbelten in ihrem Kopf durcheinander wie ein Fliegenschwarm. Erst als sie abgehoben hatte, ging ihr auf, dass es noch viel zu früh für Nachrichten aus dem Krankenhaus war. Sie waren vermutlich noch nicht einmal dort.

Es war Merry, die Bescheid geben wollte, dass sie heil angekommen waren.

»Danke, Liebling«, sagte Althea. »Es war sehr lieb von dir, anzurufen.«

Sie legte auf. Patrick saß auf dem Sofa und hatte seine langen Beine ausgestreckt. Er hatte sich ein Dessertschälchen gefüllt und aß. »Das ist gut!«, sagte er. »Du auch?«

»Nein, danke.« Sie war zu nervös um zu essen. Juno,

Patrick und der Weihnachtsstress hatten ihr zugesetzt und die Anspannung wollte nicht weichen. Hätte sie noch genug Energie gehabt um sie zu holen, hätte sie sich eine weitere Dosis Rescue Tropfen verordnet.

»Ich hab ein Weihnachtsgeschenk für dich.«

»Wirklich?« Sie war entsetzt. »Aber ich hab keins für dich.«

»Du wusstest ja auch nicht, dass ich komme. Möchtest du es jetzt haben?«

»Warum nicht, meinetwegen. Ich meine ... das wäre sehr nett.« Gott! Sie war so durcheinander, selbst die elementaren Grundregeln der Höflichkeit waren ihr entfallen.

Er stand auf und durchstöberte die Pakete unter dem Baum auf der Suche nach einem bestimmten. Es sah so aus, als habe er für die ganze Gesellschaft Geschenke gekauft.

Altheas war flach und weich. Wenn es Unterwäsche oder irgendwas Ähnliches ist, dann sterbe ich, dachte sie, befühlte es behutsam, bewunderte das Weihnachtspapier und zögerte den Moment der Wahrheit hinaus. Es war ein Seidenschal. Sehr geschmackvoll und absolut unverfänglich.

»Er ist wunderschön.« Sie legte ihn um ihre Schultern. »Es ist furchtbar, dass ich kein Geschenk für dich habe. Ich hatte sie dieses Jahr fast alle selbst gemacht.«

»Ein selbst gemachtes Geschenk wäre durchaus akzeptabel.«

»Aber ich habe dir keins gemacht.«

»Du könntest mir einen Kuss geben, damit machst du mich glücklich.«

»Ich kann dich nicht glücklich machen. Oh, ich könnte dir einen Kuss geben, aber mehr auch nicht.«

»Oh doch, das könntest du.«

»Patrick, ich hab's dir doch erklärt. Ich will ... kann keine oberflächlichen Affären haben.«

»Definiere oberflächlich.«

»Du weißt genau, was ich meine! Wir haben unterschiedliche Bedürfnisse. Ich kann deine nicht befriedigen ...«

»Ich bin sicher, mit ein bisschen Übung könntest du das durchaus.«

»... und du kannst meine nicht befriedigen.«

Sie schwiegen einen Moment. Nur das Zischen von Junos Gaskamin durchbrach die Stille. »Nicht, wenn du mir nicht sagst, was deine Bedürfnisse sind.«

Sie sah ihn an, seine langen Beine, wie er sich da in seiner lässigen Eleganz auf Junos cremefarbenem Ledersofa herumlümmelte. Wie konnte sie ihm sagen, was sie wollte? Wie hätte sie ihm erklären können, dass sie Liebe wollte, eine Bindung-glücklich-bis-ans-Ende-ihrer-Tage, genau dasselbe, was Topaz gewollt hatte. Es wäre ihm peinlich. Nach einem kurzen, bedeutungsvollen Schweigen würde er schließlich antworten. Und was würde er sagen? Es tut mir Leid, Ally, aber dafür bin ich nicht der richtige Mann. Ich hab es zweimal versucht und es hat nicht funktioniert. Würde er das sagen? Wenn sie Glück hatte, ja, denn es würde wehtun, aber es wäre wenigstens die Wahrheit. Aber vielleicht würde er ihr auch etwas vormachen um sie zu halten, solange sein Interesse an ihr währte, und dann würde er ihr eines Tages sanft aber unmissverständlich erklären, dass es vorbei war.

»Jetzt mal im Ernst«, sagte er. »Woher willst du wissen, dass du meine Bedürfnisse nicht befriedigen kannst? Du hast mich nie gefragt, was ich eigentlich will.«

»Das muss ich auch nicht. Manche Dinge spürt man einfach instinktiv.«
»Ach, tatsächlich?«
»Ja! Und bevor du fragst, was ich von einer Beziehung erwarte: Gar nichts. Ich kann ... will keine wie auch immer geartete Beziehung, solange die Kinder noch zu Hause sind. Es wäre zu schwierig für sie.«
»Hast du sie mal gefragt?«
Althea befeuchtete ihre Lippen. »Natürlich nicht! Du kannst in solchen Dingen keine hypothetischen Fragen an deine Kinder stellen, sie wären sofort argwöhnisch und würden das Schlimmste befürchten.«
»Warum wäre es ›das Schlimmste‹, wenn du eine Beziehung hättest? Warum kann es nicht positiv sein?«
Sie suchte verzweifelt nach den richtigen Worten um ihm die Sache mit dem Selbsterhaltungsgen und den Stiefvätern zu erklären ohne beleidigend zu klingen, da schrillte schon wieder das Telefon.
Sie rechnete damit, Kenneths Stimme zu hören, und es dauerte einen Moment, ehe sie Frederick erkannte.
»Hallo? Althea, bist du es?«
»Ja.« Sie unterdrückte ein Seufzen. »Hallo, Frederick. Frohe Weihnachten. Wolltest du die Kinder sprechen? Sie sind nach Hause gefahren.«
»Ich weiß. Ich habe gerade mit ihnen gesprochen. Nein, ich wollte mit dir reden.«
»Oh. Warum?« Sie hatte ihm eine Weihnachtskarte und eine sehr hübsche Krawatte aus dem Secondhandshop geschickt. Was wollte er denn noch? Überschwänglichen Dank für seinen Geschenkgutschein?
»Hör zu, ich hab dir einen Vorschlag zu machen. Wir wollen das Haus kaufen.«
»Welches Haus?«

»Dein Haus. Unseres.«

»Wie meinst du das? Es gehört mir doch schon.«

»Althea! Bist du betrunken? Erinnerst du dich, dass ich eine neue Firma gegründet habe, als ich im Sommer drüben war?«

Sie erinnerte sich nicht, aber sie glaubte ihm. »Hm.«

»Na ja, sie hatte einen ziemlich guten Start. Meine Partner wollen, dass ich so bald wie möglich nach England zurückkomme. Topaz und ich möchten dir deinen Anteil am Haus abkaufen. Verstehst du?«

Althea glaubte eigentlich nicht, dass sie betrunken war, aber es dauerte ein Weilchen, bis ihr die Tragweite dieses Ansinnens aufgegangen war. »Tja, aber ich kann unmöglich verkaufen. Es ist das Zuhause der Kinder!«

»William hat angedeutet, dass du kaum zurechtkommst, jetzt, wo du arbeitslos bist. Wenn ich das Haus übernähme, wäre es immer noch ihr Heim, jedenfalls manchmal.«

»Frederick ...«

»Ich weiß. Es ist ein ziemlicher Überfall, aber denk darüber nach. Ich bin bereit dir den derzeitigen Marktwert zu zahlen. Das ist großzügig, wenn man bedenkt, dass mir ein Viertel ja eigentlich schon gehört.«

»Aber ...«

»Ich hab es den Kindern vorgeschlagen und sie schienen ganz angetan.«

»Was fällt dir ein! Sie haben nichts damit zu tun.«

»Eben hast du noch gesagt, es sei ihr Zuhause. Du bist unlogisch, altes Mädchen. Lass dir die Sache durch den Kopf gehen und gib mir Bescheid. Aber es ist bei weitem das Beste, was du tun kannst, glaub mir.«

»Hör mal, ehe Merry nicht mit der Schule fertig ist,

kriegst du weder das Haus noch einen Penny von einem Hausverkauf. Ich hab all die Jahre die Hypothek bezahlt und es gehört zu drei Vierteln mir!«

»Ich biete dir den vollen Marktwert, mehr sogar, und du musst mir keinen Penny bezahlen. Das ganze Geld wird dir gehören. Wenn du abwartest und an jemand anderen verkaufst, wirst du mir mein Viertel auszahlen müssen.«

Das musste sie erstmal verdauen. »Dieses großmütige Angebot sieht dir irgendwie nicht ähnlich, Frederick. Bist du sicher, dass *du* nicht zu viel getrunken hast?«

»Keineswegs. Ich weiß nur, was ich will, und bin bereit dafür zu bezahlen. Topaz hat ihr Herz an dieses Haus gehängt.«

»Aber warum? Es gibt Tausende hübscher Häuser, die weitaus besser für ein Paar geeignet sind als meins. Das ist ein Haus für eine Familie.«

»Topaz findet den Wintergarten so schön. Und du musst zugeben, die Aussicht ist spektakulär. Und der Garten gefällt ihr auch.«

Also wenigstens hatte die Frau Geschmack, das musste man ihr lassen. »Und das Wohnzimmer wär ihr nicht zu klein?«

»Groß genug für uns zwei. Wir haben nicht oft Gäste. Wir würden die Wand zwischen deinem Zimmer und dem Gästezimmer einreißen und ein vom Schlafzimmer aus begehbares Bad einbauen.«

»Ihr habt schon alles durchdacht, was?«

»Oh ja. Ich möchte, dass du auch darüber nachdenkst. Wie gesagt, die Kinder sind einverstanden. Sie können ihre Zimmer behalten und darin schlafen, wenn sie uns besuchen. Topaz freut sich schon darauf, sie kennen zu lernen.«

»Und wird es ihr nicht unangenehm sein, so nah bei Patrick zu wohnen?«

»Wieso denn? Sie sind beide kultivierte, erwachsene Menschen. So wie du und ich.«

»Oh.« Es war eine völlig unzureichende Antwort, aber da ihre Kehle von den unterdrückten Tränen wie zugeschnürt war, war es alles, was sie zustande brachte.

»Nur eins noch. Die Sache eilt. Wir sind Barzahler, und das bedeutet, auch du könntest dein neues Haus bar bezahlen.«

»Bis wann müsste ich ausziehen?«

»Ende März.«

»Frederick! Das ist ausgeschlossen! Ich kann nicht vor der Chelsea Flower Show umziehen.«

»Die ist doch erst im Mai, oder?«

Althea seufzte. »Ja, aber ich habe furchtbar viel dafür vorzubereiten. Ich kann nicht eben mal zwischendurch umziehen!«

»Sei nicht albern. Ein bisschen Organisation ...«

»Frederick, du bist einfach das Letzte!«

»Also, du wirst drüber nachdenken? Es ist ein wirklich gutes Angebot, du wirst kein besseres kriegen, wenn du schließlich verkaufen musst. Und bestimmt nicht in bar.«

»Vermutlich nicht.«

»Dann sag ich nur noch frohe Weihnachten und ein gutes neues Jahr von Topaz und mir und ich hoffe bald von dir zu hören.«

Althea legte wortlos auf.

Patrick hatte sich taktvoll zurückgezogen. Er kam wieder herein, als das Gespräch beendet war. »Schlechte Nachrichten?«

Sie nickte. »Ja. Nein. Ich weiß nicht.«

»Was?«

»Frederick will mein Haus kaufen.«

»Oh.«

»Er will mit Topaz dort einziehen.« Sie warf ihm einen gequälten Blick zu, während sie sich ausmalte, wie Topaz in ihrem Haus wohnen und in ihrem Wintergarten sitzen würde und ihren Garten mit bunten Samenmischungen und Dahlien verunstaltete.

»Tja. Aber du musst ja nicht verkaufen, oder?«

»Ich muss zumindest darüber nachdenken. Meine Ersparnisse und meine Arbeitslosenabfindung sind so gut wie aufgezehrt. Und auch wenn es nur eine kleine Hypothek ist, ich muss die Rate trotzdem jeden Monat irgendwie aufbringen.«

»Bietet er dir einen vernünftigen Preis?«

»Mehr als vernünftig, vorausgesetzt ich ziehe vor Ende März aus.«

»Hm. Nicht viel Zeit.«

»Nein. Ich muss etwas Neues finden und kaufen, mit all der Rennerei, die damit einhergeht, ausziehen, einziehen – und meinen Garten vorbereiten.«

»Für Chelsea?«

Sie nickte. »Na ja, ich wäre Barzahler, das macht die Dinge einfacher. Das Problem ist nur, ich liebe dieses Haus und ich glaube nicht, dass ich noch mal eins finde, das mir *so* gut gefällt.«

»Dann tu's nicht.«

»Frederick sagt, er hat mit den Kindern darüber gesprochen – dieser Bastard – und sie finden die Idee gut. Aber für sie ist es etwas anderes. Sie werden immer noch dort wohnen können, wenn sie Frederick besuchen.«

»Und Topaz«, fügte er hinzu. Wenn er noch wütend auf sie war, wusste er es jedenfalls gut zu verbergen.

»Anscheinend brennt sie darauf, die Kinder besser kennen zu lernen.«

Patrick lachte. »Arme Topaz.«

»Wie meinst du das?«

»Ich meine, sie sind eine ziemliche Herausforderung. Sie wird sie nicht so ohne weiteres herumkommandieren können, das werden sie sich niemals gefallen lassen.«

»Von mir lassen sie sich allerhand sagen«, sagte Althea nachdenklich.

»Du bist aber auch nicht gerade ein Ordnungs- und Kontrollfanatiker.«

»Nein, vielleicht nicht. Und ich kann nicht von ihnen verlangen in Armut zu leben, weil ich so sentimental bin und an dem Haus hänge.«

»Du musst nicht immer ihre Interessen vor deine stellen. Du hast auch Rechte. Und nicht sie müssten ihr Zuhause aufgeben, sondern du.«

»Ich weiß. Aber sie sind in einem furchtbar kostspieligen Alter. Keine Hypothek bezahlen zu müssen und vielleicht ein Polster übrig zu behalten, würde schon vieles erleichtern.«

»Bist du in ernstlichen Schwierigkeiten?«

»Eigentlich nicht. Nicht so wie andere Leute. Aber es war immer schon schwierig, Kleidung und so weiter zu bezahlen, und seit ich arbeitslos bin, ist es eben noch ein bisschen schlimmer. Wir kommen über die Runden, wenn nichts Teures kaputtgeht. Aber irgendwas geht eben immer kaputt, gerade wenn man's am wenigsten gebrauchen kann.«

»Lass dich nicht zu irgendetwas drängen, das du nicht tun willst.«

Sie schüttelte den Kopf. »Ich bin vielleicht nicht so

entschlossen wie meine Mutter und meine Schwester, aber ich lasse mich nicht tyrannisieren, das versichere ich dir. Und wenn ich ein schönes Haus finde, mit einem Garten, schönem Ausblick und genug Platz ...«

»Alles, was du jetzt auch hast.«

»Genau. Vielleicht würde es mir ja gefallen. Ich wollte immer schon ein Schlafzimmer, das groß genug ist um ein Chaiselongue hineinzustellen. So wie deins.«

Patrick kam zum Sofa herüber und setzte sich neben sie. »Vielleicht lassen wir mein Schlafzimmer im Moment lieber außen vor. Du hast genug, worüber du nachdenken musst.«

»Ich meinte nur, dass es groß ist«, beharrte Althea.

»Mag sein. Vielleicht hab ich ein besseres Gedächtnis und keinen so unverdorbenen Charakter wie du.«

»Tut mir Leid.« Jetzt erinnerte sie sich ebenfalls daran, was sich dort abgespielt hatte, und das zusammen mit seine Nähe, dem schwachen Duft seiner Haut, seiner Haare und seines Aftershaves war extrem beunruhigend. Also stand sie auf.

Er nahm sanft aber bestimmt ihre Hand und zog sie zurück. »Ich habe überhaupt keine drastischen Dinge im Sinn«, sagte er leise. »Aber es ist Weihnachten, wir sind allein im Haus und ich glaube nicht, dass ein kleiner Kuss ernstlich schaden könnte.«

Althea schluckte und gestattete sich tiefer in das Sofa zu gleiten. Aber nachdem sein Mund ein paar Sekunden auf ihrem lag, zweifelte sie, ob er wusste, was ein »kleiner« Kuss war. Sie richtete sich mit Mühe auf. Sie spürte nur zu deutlich, was sich aus der Berührung seiner unverschämten, geschickten Zunge und seiner empfindsamen, kräftigen Hände, die so mühelos den Weg in ihre Kleidung fanden, entwickeln konnte.

»Das geht nicht. Stell dir vor, meine Eltern kämen plötzlich zurück. Es wäre zu albern, wenn sie uns auf dem Sofa erwischen würden. Ich bin neununddreißig Jahre alt!«

»Hör auf dir alle möglichen Dinge vorzustellen. Genieße den Augenblick.« Er öffnete den dritten Knopf an ihrer Bluse. »Du siehst immer in die Zukunft und ahnst Katastrophen voraus. Entspann dich und denk an das Jetzt. Nichts Schreckliches wird passieren, ich werd es nicht zulassen. Du kannst mir vertrauen, ich versprech es dir.«

Es war nie er gewesen, dem sie nicht traute, sondern immer sie selbst. Aber der Teil ihres Selbst, der sie vor Schwierigkeiten bewahrte, hatte sich in die Ferien verabschiedet und das gewissenlose, weibliche Selbst allein zurückgelassen, das einen Mann wollte, das ihren Körper verleitete so hemmungslos auf seine Berührungen zu reagieren. Und was er sagte, war ja richtig: Das Leben flog nur so dahin und wenn man die guten Momente nicht beim Schopfe packte, die kleinen Augenblick der Glückseligkeit zwischen den Katastrophen, dann verkümmerte die Seele. Das Leben wurde grau und monoton.

Sie lagen auf dem Sofa, immer noch vollständig bekleidet aber so nah, wie zwei Menschen sich kommen können, als Patrick den Kopf hob.

»Was ist los?«

»Ich hab einen Wagen gehört. Vermutlich deine Eltern.«

Sie standen auf und Althea legte hastig ihre Ohrringe an und knöpfte ihre Bluse zu. Und um zu verhindern, dass irgendwer die richtigen Schlüsse zog, ging sie in die Diele und öffnete die Tür.

Es waren nicht ihre Eltern, sondern Kenneth und Juno. »Sie haben mich nach Hause geschickt!«, heulte sie. »Das Baby kommt doch noch nicht heute!«

KAPITEL 22 Es dauerte noch eine Weile, bis Althea endlich nach Hause kam. Kenneth fuhr sie, nachdem er seine untröstliche Frau ins Bett verfrachtet hatte. Patrick war schon Stunden zuvor gegangen. Als sie sich endlich zusammen mit Bozo ins Bett kuschelte, war sie zu durcheinander und zu müde um zu schlafen.

Es lag vermutlich daran, dass sie völlig ausgelaugt war. Und außerdem war sie enttäuscht wegen Junos Baby, wenn auch nicht so enttäuscht wie Juno selbst, die das Gefühl hatte, jetzt, da man sie nach Hause geschickt hatte, weil die Wehen ganz aufgehört hatten, würde das Baby einfach niemals kommen.

Und schließlich war da noch der drohende Verlust ihres geliebten Hauses. Patrick hatte natürlich Recht, wenn er sagte, dass sie nicht an Frederick verkaufen musste, wenn sie nicht wollte. Aber im Grunde genommen hatte sie gar keine Wahl. Sie konnte nicht von den Kindern erwarten, dass sie es weiterhin klaglos hinnahmen, arm zu sein, wenn es eine Alternative gab. Und war sie erst einmal ausgeruht, würde ihr die Suche nach einem Haus bestimmt Spaß machen. Sie liebte es, ihre Nase in anderer Leute Häuser zu stecken, und als Barzahlerin hatte sie gute Chancen ein Schnäppchen zu machen.

Der Umzug war der eigentliche Pferdefuß. Sie würde jede Minute damit beschäftigt sein, ihre Pflanzen für

Chelsea zu züchten. Das Letzte, was ihr fehlte, war den ganzen Plunder, der sich über achtzehn Jahre angesammelt hatte, aussortieren zu müssen. Und sie würde eine Unmenge von Pflanzen mitnehmen wollen. Wo sollte sie sie nur alle unterbringen? Was, wenn sie kein neues Haus fand, bevor sie ausziehen musste? Die Vorstellung ihre Möbel irgendwo einzulagern war schon schrecklich, aber ihre Pflanzen? Gab es irgendwelche Firmen, die geliebte Haus- und Gartenpflanzen in Pflege nahmen, bis ihre Besitzer ein neues Zuhause für sie fanden? Unglücklicherweise waren die Gärten ihrer Kundinnen schon zum Bersten voll, denn sie war dort nach dem bewährten Rezept verfahren erst gar keine Flächen frei zu lassen, auf denen Unkraut gedeihen konnte. Vielleicht sollte sie eine Gartenparzelle mieten. Nein. Das wäre Wahnsinn. Sie würde Wochen brauchen um den Boden umzugraben und für ihre Zwecke brauchbar zu machen. Sie musste sich eine andere Lösung einfallen lassen.

Und sie sorgte sich unentwegt um ihren Wettbewerbsgarten. Würde sie es schaffen, eine ausreichende Anzahl Pflanzen zu züchten, die den hohen Qualitätsansprüchen genügten? War ihr Konzept überhaupt praktikabel? Zu Hause, in ihrer vertrauten Umgebung, hatte sie weitaus länger als drei Wochen gebraucht um den Garten anzulegen. Wie sollte sie in Chelsea zurechtkommen, umgeben von lauter Profis?

Sie wendete ihr Kopfkissen zum siebten Mal. Sie wollte jetzt endlich schlafen. Bozo hatte schon lange genug von ihrem ständigen Hin- und Herwälzen, das sie ungefähr alle zehn Minuten aufschreckte. Ein Hund brauchte wenigstens seine dreiundzwanzig Stunden Schlaf pro Nacht, das wusste doch jeder.

Aber auch ein kühles Kissen und die besten Vorsätze zu schlafen konnten das drängendste aller Probleme nicht aus ihrem Kopf verscheuchen. Patrick. Sie liebte ihn, sie wollte ihn, aber sie konnte ihn nicht haben. Denn sie musste die Interessen ihrer Kinder über ihre eigenen stellen. Und die Kinder würden keinen Stiefvater wollen, erst recht nicht jetzt, da ihr Vater eine Stiefmutter anschleppen würde in Gestalt von Topaz, die sie zweifellos noch grauenhafter finden würden als Claudia.

Sie mochten Patrick und solange er nichts weiter war als ein Freund, würden sie vermutlich mit der Sache zurechtkommen. Aber wäre er bereit sich mit dieser Rolle zu begnügen? Die Antwort lautete schlicht und einfach nein. Außerdem würde es sie selbst in den Wahnsinn treiben, wenn er »nichts weiter als ein Freund« für sie wäre. Ebenso wenig konnte sie sich zu heimlichen, amourösen Treffen zu ihm schleichen, während die Kinder in der Schule waren. Abgesehen von den tausend logistischen Gründen, die dies unmöglich machten, gab es zweitausend moralische. Sie konnte sich Patrick nicht »nebenher halten«, selbst wenn er sich dafür hergegeben hätte. Nein, ein sauberer Schnitt war die einzig faire Lösung für sie beide.

Diese schwierige Entscheidung getroffen zu haben hatte keineswegs die erhoffte beruhigende Wirkung. Sie wurde immer noch nicht schläfrig. Konnte sie Patrick bitten ihre Beziehung drei Jahre lang auf Eis zu legen? Nein, das war ausgeschlossen. Morgen würde sie ihn wissen lassen, was sie beschlossen hatte.

Sie war sich nicht bewusst überhaupt geschlafen zu haben, als sie am zweiten Weihnachtstag aufwachte. Ihr Kopf war ebenso schwer wie ihr Herz und sie konnte der Fortsetzung des Weihnachtsprogramms kaum ins Auge sehen. Noch viel weniger fühlte sie sich der Aufgabe gewachsen Patrick anzurufen und ihm für immer Lebewohl zu sagen, aber sie hob den Hörer ab und wählte. Nach dem dritten Klingeln ertönte seine Stimme und es dauerte einen Moment, bis sie erkannte, dass es sein Anrufbeantworter war.

Ihr fielen ein paar Unterhaltungsfetzen ein, die sie mit angehört hatte, dass Patrick den Rest der Weihnachtstage bei seiner Schwester verbringen wolle, ehe er über Silvester seine Töchter besuchte. Sie legte vor dem Piepton auf. Was sie zu sagen hatte, konnte sie keiner Maschine anvertrauen. Sie würde ihm stattdessen einen Brief schreiben. Das mochte feige sein, aber es würden Wochen vergehen, ehe sie das nächste Mal Gelegenheit haben würde ihn persönliche zu sprechen.

»Was machst du da, Mummy?«, fragte Merry. Sie trug ein überdimensioniertes T-Shirt, ein paar Wollstrümpfe, die bis zu den Oberschenkeln reichten, und eine Jeansjacke, allesamt Weihnachtsgeschenke.

»Ich schreib einen Brief. Willst du dir nicht was Vernünftiges anziehen? Du holst dir den Tod.«

»Hast du vergessen, dass wir bei Ronnie zu Hause eingeladen sind?«

»Nein, nein«, log sie. »Wenn ich hiermit fertig bin, bin ich so weit.«

»An wen schreibst du denn?«

»Patrick«, sagte sie ohne nachzudenken. Das hier war der dritte Anlauf, und wenn Merry sie nicht bald in Ruhe ließ, würde es vermutlich auch noch einen vierten geben.

»Wozu?«

Althea legte ihren Stift beiseite. »Er hat mir einen wundervollen Seidenschal zu Weihnachten geschenkt. Ich schreib ihm um ihm zu danken. Hast du schon deine Danksagungen geschrieben?«

»Also hör mal...«, protestierte ihre Tochter. »Heute ist erst der zweite Feiertag!«

Es hatte den gewünschten Effekt: Merry verdrückte sich schleunigst. Normalerweise fing Althea nicht so früh an ihre Kinder an die Dankesbriefe zu erinnern, aber sie bestand darauf, dass sie geschrieben wurden, ehe die Schule wieder anfing.

Sie wandte sich wieder ihrem Brief zu.

Lieber Patrick,
so Leid es mir tut, aber ich schreibe um dir zu sagen, dass ich nicht glaube, dass wir weiterhin Freunde bleiben können [eine wunderbar schwammige Formulierung]. *Ich habe deine Gesellschaft in der Vergangenheit immer sehr genossen, aber aufgrund der Schwierigkeiten, die ich dir geschildert habe, wird das zukünftig nicht mehr möglich sein. Alles Gute.*

Und um aus ihrer Lüge Wahrheit zu machen fügte sie hinzu: *Danke für den wunderschönen Schal.*

Da wegen der Feiertage in absehbarer Zukunft kaum damit zu rechnen war, dass die Briefkästen geleert wurden, überbrachte sie ihn selbst.

Am 28. Dezember bekam sie eine Antwort.

Danke für deinen Brief. Ich akzeptiere deine Entscheidung und werde dich in Zukunft nicht mehr behelligen.
Patrick

Am Neujahrstag, zwei Wochen zu früh, bekam Juno ihr Baby. Ein bildschönes Mädchen von 3200 Gramm und ihre Geburt ging bemerkenswert reibungslos vonstatten.

»Es lag vermutlich an der verunglückten Generalprobe zu Weihnachten. Darum hat die Premiere so gut geklappt«, sagte Juno. Rotwangig und strahlend saß sie aufrecht in ihrem Krankenhausbett und hielt das winzige, schlafende Geschöpf im Arm.

»Darf ich?« Althea streckte die Arme aus und hob ihre Nichte hoch. Sie hatte in letzter Zeit viele gute Gründe gehabt um zu weinen, aber das hier war der einzige, den sie zulassen konnte. »Sie ist perfekt«, brachte sie mit erstickter Stimme hervor. »Genau wie du.«

»Sie ist wunderschön, nicht wahr? Aber sie ist Kenneths Abbild.«

»Wann will Mum kommen?«

Juno lächelte. »Sie sind eingeschneit. Die A9 ist völlig unpassierbar. Vor dem Wochenende werden sie auf keinen Fall kommen können.«

»Und wann wirst du entlassen?«

»Na ja, ich hab mit dem Arzt ausgemacht, dass ich eine Woche hier bleibe. Es schien mir das Beste, weißt du.«

Althea verkniff sich einen Seufzer der Erleichterung. Die Probleme mit Juno und ihrem Baby würden erst anfangen, wenn sie zu Hause war. Jeder kleine Aufschub, bevor sie die perfekte, Tag und Nacht hilfsbereite Schwester spielen musste, kam ihr gelegen Im Augenblick hatte sie genug eigene Probleme.

Sie glaubte eigentlich nicht, dass Frederick sie mit Absicht zu einem Zeitpunkt aus ihrem Heim vertreiben wollte, da praktisch keine Häuser zum Verkauf standen, aber es machte die Dinge nicht gerade einfacher. Sie hatte immer gedacht, es mache Spaß, Häuser zu besichtigen und sich vorzustellen, wie es sein mochte, darin zu leben, und was sie aus dem Garten machen könnte. Aber es machte überhaupt keinen Spaß. Sich vorzustellen in den Häusern leben zu müssen, die sie besichtigten, war eher deprimierend. Die Gärten, soweit vorhanden, hatten lehmige Böden und das war ein Punkt, in dem sie einfach keine Kompromisse machen konnte nach all den Jahren, die sie die lockere, fruchtbare Erde in ihrem Garten gewohnt gewesen war.

Zusammen mit den Kindern klapperte sie die wenigen Objekte ab, die angeboten wurden, und ihre Stimmung wurde immer düsterer. Schließlich weigerten sich die Jungen sie weiterhin zu begleiten, sodass sie bei der Besichtigung des letzten Hauses nur ihre Tochter als moralische Unterstützung dabei hatte.

»Hier können wir nicht wohnen«, verkündete Merry entschieden. »Es riecht.«

Althea sah hastig über die Schulter um sich zu vergewissern, dass der Eigentümer des Hauses nicht zuhörte. »Es würde nicht riechen, wenn wir hier wohnten. Jedenfalls nicht nach gekochtem Huhn.«

»Ich könnte nicht zu Fuß zu Ronnie kommen.«

Althea seufzte. Das war allerdings ein gewichtiges Argument gegen das Haus. »Aber davon abgesehen ist es ganz passabel, oder? Es hat vier Schlafzimmer ...«

»Kein Gästezimmer.«

»Ein Luxus, auf den wir verzichten können. Eine hübsche Einbauküche, ein schönes Wohnzimmer mit Glastüren.«

»Und eine schöne Fabrik gleich vor dem Fenster«, sagte Merry niedergeschlagen.

»Liebling, ich schwöre, wir haben jedes Haus besichtigt, das auch nur entfernt infrage kam, und das hier ist noch das beste von allen. Wir haben nicht mehr viel Zeit, wenn Daddy Ende März einziehen will.«

»Das sind noch fast zwei Monate. Eine Ewigkeit.«

»Das ist gar nichts! So eine Sache zieht sich hin mit Besichtigungen und Verträgen und all diesen Dingen. Wir können von Glück sagen, dass wir keine Hypothek aufnehmen müssen.«

»Aber du wirst kein Haus kaufen ohne ein Gutachten machen zu lassen, oder?« Merry klang besorgt.

»Na ja, vielleicht lasse ich eins machen, aber weil wir keinen Kredit brauchen, ist es nicht unbedingt notwendig.«

»Doch, das ist es! Ich hab Patrick in der Stadt getroffen und ich musste ihm versprechen, dass ich nicht zulasse, dass du ein Haus ohne Gutachten kaufst. Er sagte, er werde es machen, wenn du möchtest.«

»Ich hab es dir doch erklärt, Liebling. Patrick und ich haben unsere Freundschaft beendet.«

»Aber ihr könnt doch nicht …«

»Oh doch. Deine Freundinnen und du, ihr macht das schließlich auch andauernd.«

»Aber wir sind Kinder! Du und Patrick seid Erwachsene. Ich finde es ziemlich gemein, wie du ihn behandelst. Und er findet das auch!«

»Merry, Liebling, ich möchte wirklich nicht, dass du dich mit Patrick triffst. Das gehört sich nicht.«

»Ich ›treffe‹ mich nicht mit ihm, er ist mir auf der Straße zufällig über den Weg gelaufen. Wirklich, du bist so ungerecht. Wenn ich irgendwen von deinen anderen

Freunden ignorieren würde, wärst du wütend. Aber du willst, dass ich Patrick ignoriere, dabei ist er wirklich cool.«

»Na schön, du brauchst ihn nicht zu ignorieren, aber ich würde es vorziehen, wenn du ihm nichts über meine Privatangelegenheiten erzählst.«

»Wie beispielsweise?«

»Wie beispielsweise die Tatsache, dass wir ein Haus suchen.«

»Oh Gott! Das hab ich ihm nicht erzählt! Er wusste es. Er fragte, ob wir schon was gefunden hätten. Und da hat er das mit dem Gutachten gesagt.«

Althea seufzte. »Lass uns nach Hause fahren.«

»Also kaufen wir das Haus hier nicht?« Merrys hübsches Gesicht nahm einen flehenden Ausdruck an.

»Ich glaube nicht. Es sei denn, uns bleibt nichts anderes übrig. Komm, wir fahren bei Juno vorbei und besuchen das Baby.«

»Würde es dir was ausmachen, mich vorher zu Hause abzusetzen? Ich liebe Candida, aber Juno macht immer so einen Aufstand, wenn ich sie mal halten will.«

Also fuhr Althea allein zu ihrer Schwester und ihrer Nichte und fragte sich wie immer, was Juno sich nur dabei gedacht hatte, ihre Tochter nach einem scheußlichen Mikroorganismus zu benennen, der es auf Frauen abgesehen hatte. Merry hatte Recht, Juno konnte einen wahnsinnig machen mit ihrer übertriebenen Vorsicht. Aber Althea hatte nichts anderes erwartet und ihr gestattete Juno noch am ehesten das Baby hochzunehmen, weil es in Altheas Armen immer gleich aufhörte zu weinen.

»Sie haben es einfach gern, körperliche Nähe zu spüren«, erklärte sie, klopfte ihrer Nichte liebevoll den Rücken und dämpfte damit ihren Lautstärkepegel zu einem schwachen Wimmern ab.

»In einem der Bücher steht, wenn sie getrunken und ihr Bäuerchen gemacht und eine frische Windel bekommen hat, soll man sie einfach schlafen legen.« Juno war erst seit knapp sechs Wochen Mutter, ihr Glaube in Ratgeberbücher daher noch unerschüttert.

»Dann ist es das falsche Buch«, erwiderte Althea. Sie wusste, Juno konnte ihre Bücher nicht einfach beiseite legen und sich auf ihren Instinkt verlassen. »Hier ...« Mit einer Hand durchforstete sie den Stapel Bücher mit ehrgeizigen Titeln wie *Die Mutter des perfekten Babys* auf dem Tisch. »Hier drin schreiben sie, dass du das Kind herumtragen sollst, bis es eingeschlafen ist. Nur die westliche Gesellschaft könne auf die Idee verfallen ihre Babys so zu behandeln, wie wir es tun.«

»Oh«, sagte Juno kleinlaut. »Na ja, jetzt ist sie ja eingeschlafen. Oder muss man sie die ganze Zeit auf dem Arm halten?«

»Nein, nein«, versicherte Althea. »Sobald sie schläft, kannst du sie hinlegen. Nur musst du sie sofort wieder aufnehmen, wenn sie anfängt zu weinen.«

Sanft aber bestimmt führte sie Juno von dem schlafenden Kind weg, nachdem sie sie davon überzeugt hatte, dass das Babyfon eingeschaltet war und funktionierte, und machte ihr eine Tasse Tee. Althea hätte Juno all diese Dinge auch sagen können ohne sich auf ein Buch beziehen zu müssen, aber Juno hätte es nicht akzeptiert. Worte der Weisheit mussten schwarz auf weiß gedruckt sein, zwischen hochwertige Buchdeckel gebunden und mit zahlreichen Farbfotografien veranschaulicht um vertrauenswürdig zu sein.

»Wie steht es mit der Haussuche?« Juno nippte an ihrem Tee und legte die Füße auf einen freien Stuhl. Das hätte sie sich in der Vor-Baby-Ära niemals gestattet.

»Lausig. Wenn das Haus brauchbar ist, ist die Gartenerde indiskutabel, wenn der Garten okay ist, ist es zu weit von der Schule und der Stadt und so weiter.«

»Ich hätte gedacht, als Barzahler wärst du in einer günstigen Position.«

»Das wär ich auch, wenn es irgendwas gäbe, das man bar bezahlen könnte. Aber um diese Jahreszeit ist einfach nichts auf dem Markt. Warum muss Frederick unbedingt Ende März einziehen? Hätte er nicht wenigstens bis nach der Chelsea Flower Show warten können?«

Juno, die derzeit chronisch an Schlafmangel litt, brauchte einen Moment, bis ihr klar wurde, was ihre Schwester meinte. »Nun, vermutlich kann er sich nicht aussuchen, wann er hier seinen neuen Job antritt.«

Althea seufzte. »Nein.«

»Und du könntest erst einmal eine Wohnung mieten, oder?«

»Vielleicht, aber was wird mit meinen Pflanzen? Die kann ich doch nicht einlagern.«

»Glaubst du nicht, Frederick wäre einverstanden, dass du sie in seinem Garten lässt, bis du etwas Neues gefunden hast?«

Althea verzog das Gesicht. »Die Pflanzen im Garten schon, ja, aber nicht den Wald im Wintergarten. Es ist Topaz' bevorzugter Raum, sie wird ihn neu möblieren wollen.«

»Ich fand immer, dass viel zu viel Grünzeug da herumstand.«

Althea erhob sich. »Ich muss los, die Jungs sind sicher schon völlig verhungert. Und mach dir keine Sorgen um

Candida. Nimm sie einfach auf, wenn sie weint, und leg sie an. Es macht nichts, wenn der Vier-Stunden-Rhythmus jetzt langsam durcheinander gerät.«

»Ich will nicht, dass sie dick wird.« Juno stillte mit wenig Begeisterung. »Sie könnte deine Veranlagung geerbt haben. Weißt du noch, was für ein Fettklößchen Merry war?«

»Aber sie ist heute spindeldürr! Stillkinder regulieren ihr Gewicht selbst. Sei unbesorgt.« Sie küsste ihre Schwester. »Und lass Kenneth auch mal mit ihr spielen.«

Hätte Mrs Jenkinstown nicht angerufen um sie zu erinnern, hätte Althea die Schulratssitzung komplett vergessen. Sie raste hin und kam trotzdem zu spät. Als sie ihren Wagen abschloss, entdeckte sie Patricks auf der anderen Seite des Parkplatzes. Verdammt! Er hätte sich anstandshalber von der Teilnahme entschuldigen und der Sitzung fernbleiben können. Und pünktlich war er obendrein auch noch. Das war wirklich rücksichtslos. Sie war so beschäftigt gewesen, ihr war kaum Zeit geblieben an andere Dinge zu denken als das Haus und wie viel Platz übrig blieb, wenn man ein Einzelbett in ein drei mal drei Meter großes Zimmer stellte. Aber die Gedanken an ihn lauerten immerzu im Hintergrund und mit ihnen die bleierne Traurigkeit, die abzuwehren mit jedem Tag schwieriger wurde. Wenn sie ihn jetzt sah, würde alles noch viel schlimmer.

Sie vergewisserte sich, dass an jedem Platz ein kompletter Kopiensatz der für die Sitzung benötigten Unterlagen bereitlag, als Geoffrey Conway und Patrick eintraten.

»Mr Donahugh hat sich das Baugrundstück noch einmal angesehen. Wir werden bald mit den Ausschachtungen anfangen können. Könnten Sie uns wohl noch schnell eine Tasse Tee machen, ehe wir anfangen, Mrs Farraday?«

Sie bemühte sich um ein freundliches Lächeln. »Ich fürchte, ich hab keine Zeit. Warum fragen Sie nicht Janet? Ich bin sicher, ihr würde es nichts ausmachen.«

Sie hatte nichts dagegen, in der Pause Tee zu kochen, das gehörte zu ihrem Job, aber nicht jetzt.

»Tassen und Kessel stehen schon bereit, Mrs Farraday.« Geoffrey Conway erinnerte sich vermutlich gerade, warum er sie nicht als Sekretärin genommen hatte. Man konnte sich einfach nicht darauf verlassen, dass sie immer widerspruchslos tat, was man ihr sagte.

»Dann können Sie sich ja problemlos selbst eben eine Tasse machen, nicht wahr. Aber nicht für mich, bitte. Ich sehe zu, dass ich hier fertig werde.«

Sie sah kurz zu Patrick um ein Lächeln auf Geoffrey Conways Kosten mit ihm zu tauschen, aber er erwiderte ihren Blick finster, sein Ausdruck wirkte wie versteinert.

Patrick starrte sie auch weiterhin erbost an, wann immer ihre Blicke sich trafen. Nachdem sie das ein-, zweimal hatte über sich ergehen lassen, mied sie seinen Blick. Sie registrierte mehr aus dem Augenwinkel, dass er mit wütender Heftigkeit Kringel und Muster auf die Unterlagen vor sich malte. Warum war er ihr immer noch böse? Sie wusste, er hatte Sylvia zum Essen ausgeführt. Sylvia hatte es ihr erzählt. Sie hatte ihr auch berichtet, dass er mit Jenny gesehen worden sei. Warum also diese vernichtenden Blicke?

Mrs Jenkinstown fing ein besonders tödliches Exemplar auf, während der Pastor und der Biologielehrer über die Gestaltung des Aufklärungsunterrichtes debattierten. Verwundert und enttäuscht blickte die Vorsitzende zu Althea hinüber. Sie errötete heftig. Hätte sie Patrick und sie beim Händchenhalten oder beim Füßeln ertappt, hätte Mrs Jenkinstown es vermutlich wohlwollend zur Kenntnis genommen, doch diese offenkundige Zurschaustellung von Unstimmigkeiten erregte anscheinend ihr Missfallen.

Nach der Sitzung ging Althea ins Schulbüro um ihr Protokoll auf dem PC zu schreiben. So ersparte sie sich in den nächsten Tagen noch einmal herkommen zu müssen, vor allem aber wollte sie Patrick und Mrs Jenkinstown einen ausreichenden Vorsprung lassen, damit sie ihnen auf dem Parkplatz nicht begegnen musste. Als sie fertig war, vertrödelte sie noch ein paar Minuten, die sie eigentlich gar nicht übrig hatte, und tauschte mit Janet ein bisschen Klatsch, damit sie sicher sein konnte, dass die Luft auch wirklich rein war. Dann zog sie den Mantel über. Sie musste zu einer Hausbesichtigung – die letzte, schwor sie sich. Danach würde sie endgültig aufgeben.

Wäre Janet nicht auf dem Sprung gewesen, hätte Althea an der Tür wieder kehrtgemacht und wäre im Gebäude geblieben, trotz des Besichtigungstermins. Patricks Wagen war noch da. Und Patrick selbst lehnte an der Fahrertür ihres Autos. So ein Mist!

»Ist irgendwas?«, fragte sie, als sie näher kam. »Ich bin ein bisschen in Eile. Ich muss mir ein Haus ansehen.«

»Ich weiß. Darum hab ich gewartet.«

»Ah ja?« Sie kramte ihren Schlüssel hervor und überlegte, ob sie wohl damit auf ihn einstechen musste, damit er sich bewegte.

»Wenn es das Haus ist, welches ich glaube, solltest du es nicht einmal mit einer Kneifzange anfassen.«

Althea hatte selbst ihre Zweifel. Doch Patricks überhebliche Einmischung brachte sie augenblicklich zu dem Entschluss, dass sie dort und nirgendwo anders leben wollte. Sie holte das Exposee aus der Tasche. Er riss es ihr aus den Fingern und überflog es mit einem missfallenden Blick.

»Renovierungsbedürftig. Hast du eine Vorstellung, was das bedeutet?«

»Ein Freund von mir ist ein handwerkliches Allroundtalent und er wird mir helfen.«

»Ich komme mit dir. Mein Wagen oder deiner?«

»Patrick, was soll das? Was gibt dir das Recht mir Vorschriften zu machen?«

»Freundschaft! Und bevor du auf diesen verdammten, unverschämten Brief verweist, den du mir geschrieben hast: Ich meine, nicht zwischen uns. Ich rede von meiner Freundschaft mit deinen Kindern. Ich hab sie gern. Es sind nette Kinder. Und sie haben ein besseres Zuhause verdienst als dieses baufällige Gesundheitsrisiko. Also? Wessen Wagen?«

Sie spürte, dass sie im Begriff war nachzugeben, und unternahm einen letzten Versuch. »Was bildest du dir eigentlich ein? Ich bin durchaus in der Lage festzustellen, ob ein Haus nur renovierungsbedürftig oder tatsächlich abbruchreif ist. Und ich bin eine ziemlich geschickte Heimwerkerin.«

Er knöpfte ihr die Schlüssel ab, schloss erst die Fahrer-, dann die Beifahrertür auf und stieß sie beinah hinein. Sie versuchte loszufahren und ihn einfach stehen zu lassen, aber er war schon eingestiegen, ehe der Motor startete.

Ihr Wagen quälte sich ächzend den Hügel hinauf. Das Schlimmste an dieser Situation war, dachte sie, dass sie insgeheim froh war jemanden bei sich zu haben, der das Haus mit ihr ansah.

›Das hat wirklich keinen Zweck, weißt du.‹

Das wusste Althea allerdings. Aber sein Urteil machte es nicht gerade einfacher, es einzugestehen. ›Es hat einen schönen Garten. Die Erde ist ganz brauchbar.‹

›Ist das alles, was dich interessiert?‹

›Nein, aber es ist wichtig. Und das Schlafzimmer ist auch groß.‹ Sie kämpfte die Erinnerung nieder, die dieser Bemerkung auf dem Fuße folgte, und hoffte, er werde es auch tun.

›Aber die Kinderzimmer sind winzig und es liegt furchtbar weit außerhalb.‹

›Merry könnte ein Musikzimmer bekommen. Es wäre schön für sie, wenn sie Klavier üben könnte ohne die ewigen Proteste ihrer Brüder.‹

›Ich bin überzeugt, Merry hätte lieber ein Zimmer, das groß genug für ein Bett *und* einen Kleiderschrank ist. Und zwar in einem Haus, in dem man sich nicht schon am helllichten Tage gruselt.‹

Er stand ihr gegenüber auf der anderen Seite der Küche an die Arbeitsplatte gelehnt. Die Küche hatte eine vernünftige Größe und konnte vermutlich recht hübsch werden, wenn man die altersschwache Pressspaneinrichtung herausriss und durch etwas Solideres ersetzte. Althea betrachtete Patrick nachdenklich und gestand sich ein, dass sie keine Einwände erheben würde, wenn er jetzt zu ihr herüberkäme und sie in die Arme nähme, dass sie sich vielmehr an ihn schmiegen und geborgen fühlen würde. Aber er kam nicht zu ihr herüber. Er blieb, wo er war.

Althea seufzte. ›Ich bin sicher, ich habe jedes Haus

gesehen, das zum Verkauf steht«, sagte sie ruhig. »Das hier ist das letzte von denen, die auch nur entfernt infrage kommen. In sechs Wochen muss ich ausziehen. Ich kann es mir nicht leisten, allzu anspruchsvoll zu sein. Ich könnte das hier kaufen und mich noch einmal auf die Suche machen, wenn das Angebot wieder größer ist.«

»Dabei würdest du schätzungsweise zehntausend Pfund verlieren.«

»Vielleicht. Aber mir bleibt keine Alternative! Was ich jetzt wirklich gebrauchen könnte, wär ein bisschen Unterstützung. Im Grunde ist dieses Haus doch ganz passabel.«

»Die Bausubstanz ist marode. Nur du kannst auf die Idee kommen ein Haus ohne Gutachten zu kaufen. Ich bin sicher, wenn eines gemacht würde, wäre diese Bruchbude praktisch unverkäuflich.«

Althea wandte sich ab. Rechthaberei war keine sympathische Eigenschaft und sie wollte sie nicht länger in seinem Gesicht und seiner Körpersprache sehen.

»Es *gibt* eine Alternative, weißt du.« Sie hatte ihn lange nicht mehr mit so sanfter Stimme sprechen hören. »Du könntest erst einmal etwas mieten.«

»Aber wo?« Spätestens seit der sechsten Niete hatte sie immer wieder darüber nachgedacht.

»In meinem Haus.« Ihr Mund klappte auf. Sein Vorschlag verschlug ihr die Sprache und diesen Zustand nutzte er aus um fortzufahren: »Ich kann euch sechs Zimmer bieten, in die es nicht hereinregnet. Du könntest deinen Handwerker engagieren um sie zu tapezieren oder sonstwie bewohnbar zu machen. Ihr könntet bleiben, bis die Sache in Chelsea über die Bühne gegangen ist. Dann hast du mehr Zeit und bis dahin sind auch sicher schon wieder mehr Objekte auf dem Markt.«

Er verstummte, aber es gelang ihr immer noch nicht, die Funktionen von Gehirn und Mund auch nur halbwegs zu koordinieren.

»Ich hab mit William darüber gesprochen. Er hält es für einen perfekten Kompromiss.«

Sie seufzte. »Natürlich. Schließlich ist er Buddhist.«

KAPITEL 23 Der einfache Teil war so gut wie erledigt. Alle Gläser, Tassen und Teller waren in Zeitungspapier eingewickelt und in ein Sammelsurium von Pappkartons und Teekisten verpackt worden. Das hatte viel Zeit gekostet, aber es erforderte keine schwerwiegenden Entscheidungen. Auch die Bücher hatte sie verpackt, sie hatte sogar ein paar aussortiert. Die Möbel waren mit farblich unterschiedlichen Etiketten gekennzeichnet und die Sachen, die eingelagert werden sollten, waren schon weg.

Doch der Dachboden war ein Minenfeld der Sentimentalität und sie hatte überhaupt keine Lust ihn in Angriff zu nehmen. Erst als Frederick anrief und wütend ankündigte, er werde seinen Scheck sperren, falls ihr Gerümpel bei seiner Ankunft in England immer noch nicht vom Dachboden verschwunden war, wandte sie sich dem Problem wirklich zu. Anscheinend hatte Topaz die Absicht sich auf dem Dachboden einen Fitnessraum einzurichten.

Säckeweise Babykleidung, Kisten mit zerbrochenen Lieblingsspielzeugen, Koffer voll alter Schulhefte vom ersten Schuljahr bis zur Gegenwart – sie konnte diese Aufgabe unmöglich alleine meistern, hatte Sylvia erklärt und rückte an um zu helfen. Sie wusste, ohne ihre unsentimentale Einflussnahme hätte Althea eine ganze Containerladung mit altem Krimskrams aufbewahrt, die entweder eingelagert oder in Patricks Ställen untergebracht werden müsste. Und waren diese Stallungen auch großzügig, hatte er doch einen Großteil seiner eigenen Sachen dort untergestellt und wäre bestimmt nicht angetan, jedes Mal über einen Berg aufgeplatzter Plastiktüten klettern zu müssen, ehe er sie erreichen konnte. Ganz sicher nicht, wenn er feststellte, was diese Plastiktüten enthielten.

»Nein, den Strampler kannst du nicht wegwerfen«, flehte Althea, als Sylvia einen löchrigen, graublauen Frotteelumpen hochhielt. »Den haben alle drei getragen und sie sahen so süß darin aus!«

»Hast du keine Fotos davon?«, fragte Sylvia.

»Natürlich. Berge.«

»Dann wirf ihn weg. Er ist verschlissen und die Hälfte der Druckknöpfe funktionieren nicht mehr. Wirklich«, fuhr sie nachdrücklich fort, als sie sah, dass Althea widersprechen wollte. »Deine Enkelkinder können ihn nicht mehr tragen. Deine eigenen Kinder erinnern sich nicht daran, also bedeutet er ihnen nichts. Und ich kann mir nicht vorstellen, dass du ihn Juno anbieten willst. Also, weg damit.«

»Okay«, stimmte Althea seufzend zu. »Du hast vermutlich Recht.«

»Natürlich hab ich Recht. Siehst du die Rolle Müllbeutel da drüben?« Althea nickte. »Die werden wir jetzt einen nach dem anderen mit den Sachen füllen, die weggeworfen werden.« Der Strampler machte den Anfang. »Und wenn wir fertig sind, gehen wir nach unten, machen den Wein auf, den ich mitgebracht habe, und bestellen Pizza. Ich geb eine aus.«

»Ja, Sylvia.« Althea legte den Kopf zur Seite und betrachtete ihre Freundin. »Ist es dir je in den Sinn gekommen, dass ein Job als Kindergärtnerin keine ausreichende Herausforderung für dich ist? Du hättest das Zeug zur Schuldirektorin.«

Sylvia lachte leise. »Du meinst also, ich bin diktatorisch. Aber ich bin auch gut, du wirst sehen.«

Das war sie wirklich. Sie zwang Althea zu raten, welches ihrer Kinder dieses Arbeitsblatt ausgefüllt oder jenes Bild gemalt hatte, und wenn sie es nicht auf Anhieb wusste, wanderte es in den Müll. Sie waren etwa eine Stunde nach diesem System verfahren, als Rupert heraufkam und ihnen Tee brachte. Im Hinausgehen erwähnte er, ihm sei es gleich, wenn er das Zeug aus seiner Grundschulzeit nie im Leben wiedersähe, und danach wurde Sylvia noch viel radikaler.

Schließlich wankten sie die Treppe hinab, beladen mit den letzten Müllsäcken und Sylvia bestand darauf, sie umgehend in Altheas Kofferraum zu packen um zu verhindern, dass sie ihre Meinung noch einmal änderte. Morgen sollten sie auf die Müllkippe. Sylvia stöberte einen Korkenzieher und zwei Teebecher mit abgebrochenen Henkeln auf und schenkte ein.

»Wann kommen die Möbelpacker?«

»Morgen. Um acht.«

Althea hatte den Umzug selbst machen wollen. Mit einem gemieteten Kleinlaster und der Hilfe von ein paar Freunden. Doch ihre Mutter, die immer sehr hilfsbereit war und ihr großzügig unter die Arme griff, solange ein Sicherheitsabstand von ein paar hundert Meilen sie trennte, hatte darauf bestanden, ein Umzugsunternehmen zu bezahlen.

»Umziehen ist auch mit Möbelpackern schon schlimm genug«, erklärte sie kategorisch. »Wenn du es selbst machst, wird nur alles schief gehen. Du wirst dir das Kreuz verrenken und was dann? Dann kannst du wochenlang im Bett liegen und die Decke anstarren.«

Und da Althea keine Zeit für Bettruhe hatte, holte sie ein paar Angebote ein, nannte ihrer Mutter das günstigste und erlaubte ihr es zu bezahlen.

Der zweite Vorteil, den die Einschaltung eines Umzugsunternehmens mit sich brachte, war, dass sie weniger häufig mit Patrick zusammentreffen musste. Trotz seines großzügigen Angebots und seiner offenkundigen Besorgnis um ihre Familie ging er ihr nach wie vor aus dem Weg. Natürlich hätte sie eigentlich froh sein müssen. Sie hatte ihn überhaupt nicht mehr sehen wollen und das hatte sie ihm ja auch geschrieben. Aber jeder seiner eisigen Blicke traf sie wie ein Dolchstoß mitten ins Herz. Er war so freundlich und herzlich zu den Kindern, aber sie behandelte er nie anders als unterkühlt und herablassend. Offenbar wollte er zwar sein Haus mit ihr teilen, nicht aber die Luft, die er atmete. Doch sie hatte ja kaum Zeit sich über ihn zu ärgern, denn es waren nicht einmal mehr sechs Wochen bis zur Chelsea Flower Show.

»Was für eine Pizza willst du?«, fragte Sylvia, während Althea sich an ihrem Weinbecher festhielt und gleichermaßen deprimiert über ihr gebrochenes Herz und den bevorstehenden Gartenwettbewerb nachsann.

Es gab eine endlose Diskussion, Vorschläge wurden gemacht und verworfen, bis Althea schließlich gezwungen war sich zu entscheiden. »Ach, ich nehme dasselbe wie ihr.«

»Aber du magst keine Ananas auf Pizza«, sagte Merry. »Jetzt sag doch endlich, was du willst.«

»Na ja, dann eben ohne Ananas.«

»Es muss dir furchtbar schwer fallen, hier auszuziehen«, meinte Sylvia, als sie sich in den Wintergarten zurückzogen. Es war ziemlich kalt hier zu dieser Jahreszeit, aber die Kinder hatten das Wohnzimmer usurpiert und sahen einen Film, in dem es von Polizisten, Autos und Kraftausdrücken nur so wimmelte.

»Das stimmt. Aber die Zukunft macht mir im Moment mehr zu schaffen als die Notwendigkeit die Vergangenheit hinter mir zu lassen. Wir waren glücklich hier, die Kinder und ich. Und es war lange mein Heim. Aber andererseits bin ich hier auch so unglücklich gewesen, wie ich hoffentlich nie wieder sein werde.«

»Ja, natürlich. Du scheinst immer so gelassen und entspannt, man vergisst leicht, was du mitgemacht hast.«

»Na ja, das ist alles Schnee von gestern«, erwiderte Althea fröhlich. Sie legte keinen Wert darauf, Mitleid in den Augen ihrer Freundin zu sehen.

»Und wirst du damit zurechtkommen, mit Patrick zusammenzuleben? Es heißt, ihr hättet ... ähm, ein kleines Kommunikationsproblem.«

»Also Erstens werden wir nicht mit Patrick *zusammen*leben, sondern wir bewohnen lediglich einen Teil seines Hauses. Und was das Zweite angeht, wir kommen prima miteinander aus. Aber wir sind eben nicht zusammen.«

»Hat er dein Herz gebrochen?«

»Natürlich nicht! Was für ein dummes Zeug du manchmal redest, Syl. Wir passen nur einfach nicht zusammen, das ist alles.« Sie betrachtete ihre Freundin neugierig. »Um ehrlich zu sein, ich dachte eigentlich, *du* hättest ein Auge auf ihn geworfen. Wie steht es damit?«

Sylvia wirkte verlegen und ratlos zugleich. »Ich geb's zu, ich hab ihn unter einem Vorwand angerufen und vorgeschlagen, ob wir noch mal essen gehen wollten, aber er hat mich abblitzen lassen.«

Ein Gefühl, das sehr große Ähnlichkeit mit Erleichterung hatte, vibrierte für einen Augenblick in Altheas Zwerchfell. Sie unterdrückte es entschlossen. »Wirklich? Na ja, ich hab so ein Gefühl, als sei er an Jenny interessiert. Er hat eine Schwäche für jüngere Frauen.«

»Ich bin jünger als du!«

»Aber nicht so jung wie Jenny.«

»Nein, das ist wahr. Na ja, vielleicht geb ich ihm noch eine Chance, wenn ich dir beim Einzug helfe. Möglicherweise kann er sich nicht richtig erinnern, wie ich aussehe.«

Althea lachte ausgelassen und verbarg den Schmerz, den Sylvias gedankenlose Bemerkungen ihr verursachten. »Warum nicht? Aber bist du sicher, dass du uns helfen willst? Ich will dich nicht ausnutzen.«

»Ach was. Und ich werde Jenny überreden mitzukommen. Du kannst jede Hilfe brauchen.«

»Das ist wahr«, stimmte Althea bedrückt zu. Es war nicht gerade eine erfreuliche Aussicht. Sie würde mit ansehen müssen, wie zwei so selbstbewusste junge Frauen wie Sylvia und Jenny Patrick umschwärmten und hofierten. Na ja, es hieß, Umziehen sei die größte psychische Belastung gleich nach dem Verlust eines geliebten Menschen oder einer Scheidung, also würde ein zusätzlicher Stressfaktor vermutlich keinen großen Unterschied mehr machen.

Es war ihr ziemlich peinlich, als sie herausfand, dass Patrick ihr und den Kindern die Räume überlassen hatte, die er bisher selbst bewohnt hatte, und keineswegs die, die er ihr gezeigt hatte. Es gab irgendeine Erklärung dafür, die William Althea überbrachte, aber sie war in

Gedanken gerade mit etwas anderem beschäftigt und hörte deswegen nicht genau hin. Sie hatte genug damit zu tun, den Möbelpackern zu sagen, welches Teil wohin sollte. Schon unter normalen Umständen war das eine schwierige Aufgabe und der Umstand, dass sie nicht die Räume bezog, die sie erwartet hatte, machte alles noch viel komplizierter. Sie waren viel größer, jeder von ihnen bekam ein eigenes Schlafzimmer und dann blieb immer noch ein Wohnzimmer für sie alle übrig. Aber Althea hatte alles anders geplant.

Was einmal Patricks Schlafzimmer gewesen war, sollte ihr Wohnzimmer werden. Es war ein sehr großzügiger Raum und die Aussicht war wundervoll. Aber das wahre Motiv ihrer Entscheidung war ein völlig anderes: War der Raum erst einmal mit dem ganzen Krimskrams ihres Familienlebens gefüllt, dann, so hoffte sie, würde sie vielleicht vergessen können, was sich hier in der Sturmnacht abgespielt hatte.

Althea hatte den Eindruck, dass Sylvia nicht nur gekommen war um zu helfen, sondern ebenso um nach lohnenden Objekten Ausschau zu halten. Sie betrachtete die beiden muskulösen jungen Möbelpacker abschätzend. »Deiner gefällt mir nicht besonders«, bekundete sie Jenny im Flüsterton.

Althea presste missfallend die Lippen zusammen. Ihr gefielen sie alle beide nicht. Anstelle der üblichen braunen Kittel trugen sie ärmellose T-Shirts und Levis. Stolz ließen sie die Muskeln spielen, aber trotz der viel versprechenden Formen schienen sie nicht besonders kräftig und was in ihren Köpfen vorging, konnte man nur raten.

Ganz anders der Vormann. Er war ein älterer, drahtiger Mann, der vermutlich viel besser allein zurechtgekommen wäre. Mit viel Feingefühl bugsierte er Möbelstücke die Stufen hinauf, um enge Kurven und über Treppengeländer, sodass man meinen konnte, sie seien aus Gummi. Er hielt offenbar auch nichts von Keuchen, Schnaufen und Fluchen, ohne das seine jüngeren Kollegen scheinbar nicht auskommen konnten. Althea hätte es kaum gewundert, wenn er eine Bücherkiste mit einem Zauberstab berührt hätte und alle Bücher in die Regale geflogen wären wie bei Mary Poppins.

»Ich hab sie gern ein bisschen älter«, murmelte sie und beobachtete den Vormann im braunen Kittel, der den beiden jüngeren zeigte, wie man einen Vitrinenschrank anhob und trug ohne Kleinholz daraus zu machen.

»Ich auch«, sagte Jenny. »Aber nicht faltig und verschrumpelt. Einen reifen Mann eben. Der sich in der Welt auskennt und der weiß, wie man eine Frau behandelt.«

»Etwa so wie Patrick?«, fragte Sylvia.

Es war schwer zu sagen, ob Jenny errötete, denn eine feine Staubschicht bedeckte ihr Gesicht, das ohnehin schon immer eine gesunde Farbe aufwies. »Genau.«

»Kommt, wir haben noch schrecklich viel zu tun«, sagte Althea.

»Also welches Zimmer wird deins?«, wollte Sylvia wissen. »Oder ziehst du in Patricks?«

»Wie meinst du das?« Diesmal war Althea an der Reihe zu erröten, aber wer es sah, dachte vermutlich, es sei die Folge ihrer Erschöpfung.

»Ich meine dieses große Zimmer hier«, Sylvia ging vor ihr durch die Tür. »Das hier war Patricks Schlafzimmer.«

»Ah ja? Und woher weißt du das?« Irgendwie gelang es

Althea, die Frage neckend statt eifersüchtig klingen zu lassen.

Sylvia zuckte die Schultern. »Er hat mich mal herumgeführt.«

Ob es dabei geblieben war, konnte Althea nicht sagen. »Ach so. Nun, da es das größte Zimmer ist, dachte ich, es soll unser Wohnzimmer werden.«

»Also welches wird dein Schlafzimmer?«

Althea führte sie in das kleinste. »Hier. So bleibt für jedes der Kinder noch ein eigenes Zimmer.«

»Man kann auch zu selbstlos sein, weißt du«, bemerkte Jenny. »Du müsstest öfter mal an dich selbst denken und dich durchsetzen. Vielleicht solltest du einen Kurs besuchen.«

»Ich mag den Raum«, erklärte Althea bestimmt. »Er hat eine herrliche Aussicht.« Es war dieselbe wie aus den Fenstern des jetzigen Wohnzimmers. Aber falls Sylvia oder Jenny das bemerkt hatten, gaben sie jedenfalls keinen Kommentar ab. Sie konnten ja nicht wissen, warum Althea den Ausblick so liebte – es sei denn, sie empfanden genauso, weil sie die gleichen Erinnerungen damit verbanden.

»Ich geh und sag den Männern Bescheid«, bot Jenny an und verschwand.

Sylvia und Althea gingen ins Wohnzimmer zurück. »Deine Möbel werden hier ziemlich verloren wirken«, meinte Sylvia. »Was dieser Raum braucht, ist ein breites Bett mit Baldachin und so weiter.«

»Was er hingegen bekommt, sind ein Sofa und zwei Sessel, die dringend neu bezogen werden müssten. Und jetzt reich mir doch mal den Besen rüber.«

Der Großteil ihrer Möbel und Habseligkeiten lagerte in einem Container. Die monatliche Lagermiete war horrend, aber, so hoffte Althea, es würde ja nur für eine kurze Übergangszeit sein. Nur das absolut notwendige Minimum nahmen sie mit in Patricks Haus: Schulbücher, Gartenbücher, ein paar Töpfe und Pfannen und ein paar persönliche Kleinigkeiten. Die meisten davon waren in irgendeiner Form Geräuschverursacher, stellte Althea resigniert fest: CD-Player, Kassettenrekorder, Fernseher. Vielleicht war Patrick deswegen in einen entlegenen Flügel des Hauses gezogen.

Sylvia bestand darauf, dass sie Patrick einluden ein Glas Wein mit ihnen zu trinken. Jenny unterstützte den Antrag. Althea protestierte mit der Begründung, es sehe noch zu chaotisch aus um Gäste zu empfangen und außerdem sei er sicher müde und so weiter und so fort, aber sie hörten nicht auf sie. Althea gab das Projekt »Durchsetzungsvermögen« als hoffnungsloses Unterfangen auf.

Er kam, aber es gelang ihm, Althea nahezu völlig aus dem Weg zu gehen. Nur sie bemerkte es, aber sie spürte es dafür ganz deutlich. Sie beschloss sich selbst, ihre Kinder und ihre Pflanzen aus seinem Haus zu schaffen, sobald die Chelsea Flower Show hinter ihr lag. Vorher konnte sie sich einen effektvollen Abgang leider nicht leisten.

Sie beobachtete aus dem Augenwinkel, wie er mit den Mädchen flirtete und mit ihren Kindern sprach, die sich allesamt auf den Wohnzimmermöbeln herumlümmelten, die in der Tat verloren wirkten in diesem Tanzsaal von einem Zimmer.

»Das ist ein Wohnzimmer für zwei Sofas«, meinte Merry. »Oder drei sogar.«

»Cool! Können wir nicht noch zwei Sofas besorgen?«,

fragte Rupert. »Dann könnten wir alle ganz gemütlich im Liegen fernsehen.«

»Und wo soll deine Mutter sitzen?«, fragte Patrick.

Rupert zuckte die Schultern. »Sie hat doch sowieso keine Zeit mehr sich mal eine Minute hinzusetzen.«

Patrick sah zu ihr hinüber, aber falls diese Eröffnung ihn auch nur andeutungsweise besorgt stimmte, verbarg er das sehr wirksam hinter gelangweilter Missbilligung. »Ach wirklich?«

»Ja«, sagte Althea. »Und jetzt muss ich los und die Tiere bei Juno abholen, ehe sie sie in der Wildnis aussetzt.«

Im Gewächshaus standen die Dinge nicht zum Besten. Ein ganzer Kasten efeublättriges Leinkraut war eingegangen, die Pflanzen hatten es offenbar übel genommen, von der Gartenmauer hierher verpflanzt zu werden. Die Nigellensetzlinge waren alle sehr hoch geworden und zur Seite gekippt und die kleine Esche hatte ihre Blätter abgeworfen. Es blieben ihr nur zwei Wochen, bis der Aufbau in Chelsea begann, also kaum genug Zeit um neue Pflanzen zu ziehen und sie beschloss das Leinkraut und eine junge Esche erst ein, zwei Tage vor der Jurybesichtigung zu besorgen. Frederick und Topaz würden einen neuerlichen Beutezug durch den Garten erdulden müssen.

Aber sie waren im Grunde sehr hilfsbereit. Alle waren das. Nur Patrick ignorierte Althea. Er fragte nie, wie die Dinge stünden, oder bot seine Hilfe an.

Sylvia hatte ihrer Mutter und ihrem Stiefvater mitgeteilt, dass Althea für ungefähr drei Wochen ein Bett in London brauchte. Ihr Stiefbruder sollte als Altheas Assistent fungieren. So wurde Sylvias ganze Familie rekrutiert und Althea war ihnen sehr dankbar und bot an für

Unterkunft und Hilfeleistung zu bezahlen. Sylvias Bruder nahm freudestrahlend an und sie alle hießen Althea willkommen.

Jennys Cousin aus Australien war auf großer Europatour und derzeit in England. Er hatte einen Job als Arbeiter beim Aufbau eines grandiosen Gartens für eine renommierte Zeitschrift. Jenny versprach ihn Althea vorzustellen, ehe die Öffentlichkeit vom Gelände der Gartenschau verbannt wurde, damit Althea wenigstens einen Menschen dort kannte. Althea war für das Angebot dankbar, obwohl sie sich fragte, ob Jennys Cousin große Lust haben würde seine Zeit mit einer Frau »mittleren Alters« zu vertrödeln, wo das Gelände doch nur so wimmeln würde vor jungen, hübschen Gartenarchitekturstudentinnen, die die Gärten für ihre Colleges anlegten.

Doch bevor es so weit war, galt es erst einmal, Merrys Geburtstagsparty auszurichten. Der Geburtstag war Ende April und hätte eigentlich ein Vorbote des nahenden Sommers sein sollen, aber, erinnerten ihre Söhne Althea immer wieder, in einem Jahr hatte es sogar geschneit. Das blieb ihnen dieses Jahr Gott sei Dank erspart und die Party, bestehend aus fünf exotisch gekleideten, auffällig geschminkten jungen Mädchen, ging wie geplant über die Bühne. Sie spielten Flüsterpost, Reise nach Jerusalem und Scharade, blieben die ganze Nacht auf und quasselten und gingen am nächsten Morgen nach Hause, gähnend und mit dunklen Ringen unter den Augen, aber alle versicherten Althea, es sei eine großartige Party gewesen.

Rupert war von seinem Großer-Bruder-Podest herabgestiegen und hatte sich bereit gefunden den Kassettenrekorder zu bedienen. Als die Gäste fort waren, sagte er: »Diese Mädchen sehen aus wie zwanzig und benehmen sich wie Neunjährige.«

Althea ignorierte seinen missfallenden Ton und lächelte. »Ich weiß. Ist das nicht herrlich? Sie sehen schon richtig erwachsen aus, aber im Grunde sind sie noch kleine Mädchen.«

KAPITEL 2 Es goss in Strömen. Althea war mit dem Frühzug aus Gloucestershire gekommen und hatte ihr Gepäck in Fulham bei Sylvias Eltern gelassen. Jetzt stand sie in der Halle des U-Bahnhofs Sloan Street und kam sich vor wie eine richtige Landpomeranze. Sie traute sich noch nicht so recht sich in diese fremde Welt da draußen zu stürzen, eine Welt, die vornehmlich aus eilenden Füßen und Regenschirmen zu bestehen schien. Ein Wald aus Regenschirmen, alle in geeigneter Höhe um den Unachtsamen die Augen auszustechen. Die Menschen um sie herum schienen genau zu wissen, wohin sie wollten und was sie taten, und Althea fürchtete, wenn sie noch länger zögerte, würde sie früher oder später einfach niedergetrampelt.

Und auch wenn es dem Wetter durchaus angemessen war, fühlte es sich doch irgendwie nicht richtig an, in Gartenmontur durch London zu stiefeln. Die Leute auf der Straße trugen geschniegelte graue Anzüge und dunkelblaue Regenmäntel oder solche aus durchsichtigem Plastik über eleganten, kurzen Röcken. Hier und da entdeckte sie auch einen Turban, der meistens mit einem eleganten Wollmantel, wetterfesten Halbschuhen und ledernem Aktenkoffer einherging. Aber sie sah niemanden in geschnürten Wanderstiefeln, weiten Schlabberhosen und wattierter Windjacke, die, selbst als sie neu war, nicht so ausgesehen hatte, als sei sie von Barbour.

Sie kam sich schon wie ein Versager vor, weil sie die U-Bahn genommen hatte und nicht den Bus, wie Sylvias Mutter empfohlen hatte. Althea traute den Bussen nicht, man wusste nie, wann man aussteigen musste. Die Namen der U-Bahn-Stationen standen hingegen für jedermann sichtbar an den Wänden der Bahnhöfe, sodass man Bescheid wusste, wann man angekommen war. Sie atmete tief durch, zog sich die Kapuze über den Kopf und stürzte sich ins Getümmel. Sie ging, so hoffte sie wenigstens, in Richtung Royal Hospital Grounds. Sie war zwar schon einmal auf der Chelsea Flower Show gewesen, aber da hatte eine Freundin sie mitgenommen und sie konnte sich nicht mehr an den Weg erinnern. Sie hatte einen Stadtplan in der Jackentasche, wollte ihn in dieser Sintflut aber nicht hervorholen.

Man hatte ihr mitgeteilt, wann sie sich mit dem Organisator des Wettbewerbs, ihren Mitbewerbern und der kleinen Gruppe von Hilfskräften, die ihnen zustanden, treffen sollte, aber sie wusste nicht genau, wo dieses Treffen stattfinden sollte.

Es kann nicht so schwer sein, sie zu finden, sagte Althea sich und riskierte im Schutz der Markise vor einem Laden einen schnellen Blick auf den Stadtplan. Im Schaufenster lagen handgeschneiderte Westen. Jedes Stück kostete mehr, als Althea in einem ganzen Jahr für Kleidung ausgab. Teure Gegend. Sie musste auf dem richtigen Weg sein.

Schließlich stand sie vor dem weitläufigen öffentlichen Park, der nun bald mit viel harter Arbeit und einem gewissen Maß an Zauberkunst in die Chelsea Flower Show verwandelt werden würde. Erste Anzeichen dieser Metamorphose waren schon sichtbar. Kleine Trauben von Menschen in Overalls standen zusammen, hielten Seile in den Händen, riefen sich Anweisungen zu, winkten rückwärts fahrende Fahrzeuge ein. Lastwagen fuhren die Parkwege entlang, auf ihren Ladeflächen standen Holzkisten, die mit Plastikfolie abgedeckt waren. Bretter, Gerüststangen und Steine stapelten sich in regelmäßigen Intervallen um den großen Platz, wo ein gewaltiges Zelt errichtet werden sollte. Lieferwagen von Gartenbaufirmen, städtischen Gartenämtern aus dem ganzen Land, Holz- und Torflieferanten machten einen erschreckend professionellen Eindruck. Ein Zelt stand bereits und eine lange Menschenschlange hatte sich davor gebildet. Es war der Kaffeestand.

Wo soll ich jetzt hin? Vorsichtig linste sie unter dem Rand ihrer Kapuze hervor und sah sich um. Sie müssen hier irgendwo sein. Sie begab sich auf einen Rundgang. Mit etwas Glück würde sie zwei weitere Figuren entdecken, die einen ebenso verlorenen Eindruck machten wie sie selbst.

Althea lächelte jeden hoffnungsvoll an, der ihr entgegenkam. Es waren nicht viele, und obwohl sie alle ihr Lächeln erwiderten, trat keiner auf sie zu und sagte »Sie müssen Althea sein.« Sie kam an einer langen Reihe von Porzellantoiletten vorbei, es waren Hunderte. Sie wirkten wie das preisgekrönte Exponat eines Skulpturwettbewerbs. Sie sah einen Tieflader, der einen alten Leiterwagen und den gewaltigen Stamm einer ausgewachsenen Eiche brachte. Ihre Stimmung besserte sich. Zweifellos würde ihr Garten langweilig und armselig wirken neben so viel Einfallsreichtum, aber es war sicher faszinierend, zu sehen, wie die anderen Gärten entstanden.

Endlich entdeckte sie eine Frau neben einem kleinen Schild, auf das jemand mit einem dicken Filzstift »Gardens Grow« geschrieben hatte. Althea trat erleichtert auf sie zu. »Hallo! Sind Sie Felicity Clark?«

»Nein«, sagte die Frau. »Mein Name ist Veronica Edgeworth-Harvey, ich habe die Teilnahme hier gewonnen.«

Sie hatte einen ausladenden, grünen Regenschirm, die Markenversion von Altheas Windjacke ohne Kapuze und unter dem Kragen lugten eine weiße Seidenbluse, ein Schal von Hermès und eine Perlenkette hervor. Unterhalb der Jacke sah man einen Tweedrock und wasserfeste Stiefel von Hunter, dunkelblau und makellos. Sie trug Perlenohrstecker, ein perfektes Make-up und kein Lächeln.

»Oh, hallo. Wie schön Sie kennen zu lernen! Mein Name ist Althea. Althea Farraday. Ich bin auch eine der Wettbewerbsteilnehmerinnen.« Sie streckte die Hand aus und die Frau sah sich gezwungen ihre Rechte aus der Tasche ihrer Barbour-Jacke zu ziehen. Die Hand war kühl. Sie ist nicht eingebildet, dachte Althea und hoffte inständig, dass sie Recht hatte, sie ist nur nervös und schüchtern.

»Ich frage mich, wo Felicity Clark ist?«, fuhr Althea fort. »Sie sagte, halb zehn.«

»Ich weiß. Sie hat sich verspätet.« Es klang verärgert.

»Wer mag wohl der dritte Teilnehmer sein?«

»Ein Mann. Der Neffe einer Freundin von mir. Es ist furchtbar ungerecht, denn er ist praktisch ein Profi. Ich habe nur einen sechswöchigen Kurs für Gartengestaltung besucht.«

»Oh.« Althea überlegte, ob sie eingestehen sollte, dass sie einen nullwöchigen Kurs in Gartengestaltung besucht hatte, aber sie beschloss, dass ihr Selbstvertrauen schon hinreichend geschwächt war, ohne dass sie sich die vornehme Herablassung dieser englischen Rose zuzog.

»Aber unser Mann wird herkommen und mir beim Pflanzen helfen.«

»Was meinen Sie? Welcher Mann?«

»Mein *Gärtner*.« Sie sah Althea an, als zweifle sie an ihrem Verstand. Und Althea fühlte sich tatsächlich ziemlich idiotisch unter diesem kritischen Blick. Sie konnte sich nicht aller Einzelheiten entsinnen, doch sie war ziemlich sicher, dass die Teilnahmebedingungen ausdrücklich vorschrieben, man müsse seinen Garten selbst entwerfen. Aber auch als sie ihr Gedächtnis eingehend durchforstete, konnte sie sich an keine Klausel erinnern, die Leuten mit Gärtnern, Landsitzen und hochnäsigen Manieren die Teilnahme versagte. Schade.

»Oh.«

Ein junger Mann trat mit besorgter Miene zu ihnen. »Sind Sie Althea und Veronica?« Er reichte ihnen nacheinander seine warme Hand. »Ich bin Michael. Felicity hat mich gebeten Sie willkommen zu heißen. Sie ist aufgehalten worden. Alistair Crowthorne, der dritte Teilnehmer, ist da drüben in der kleinen Hütte. Kommen Sie bitte mit.«

Althea und Veronica folgten ihm in nachdenklichem Schweigen. Althea dachte, ein netter junger Mann, der wenigstens den Eindruck macht, als sei er freundlich, auch wenn das vermutlich Teil seines Jobs als Publicrelations-Mann ist. Veronicas Miene gab ihre Gedanken nicht preis, aber Althea hätte darauf gewettet, dass sie innerlich gegen impertinente Subjekte wetterte, die es wagten, sie beim Vornamen zu nennen, ehe sie ihr vorgestellt worden waren und ehe sie es gestattet hatte.

Alistair Crowthorne war groß, dunkelhaarig, unbestreitbar gut aussehend und etwas weniger zugänglich als Veronica Edgeworth-Harvey – falls das überhaupt möglich war. Seine Stiefel waren grün, aber ebenfalls auf Hochglanz poliert und dazu trug er einen Burberry-Mantel und einen Hut, der selbst bei seinem Großvater altmodisch gewirkt hätte. Er war etwa fünfundzwanzig und klang wie fünfzig, als Michael ihn zwang den Mund aufzumachen.

»Also, Flick wird bald hier sein und Ihnen Ihre Parzelle zeigen.« Michael gab sich die größte Mühe die Stimmung ein bisschen aufzutauen. »Aber wir können kurz auf die Regeln eingehen, während wir warten.« Er zog eine Rolle mit Plänen hervor. »Es ist hier.« Er zeigte auf ein rechteckiges Feld. »Und die Parzelle ist in Drittel unterteilt. Eins für jeden von Ihnen.« Er lächelte kurz. Nur Althea erwiderte das Lächeln. »Sie können drei Tage lang unseren Bagger und unsere drei Hilfskräfte beanspruchen um den Boden vorzubereiten, aber wenn Sie danach weitere Hilfe brauchen, müssen Sie selbst dafür aufkommen. Okay?«

Alle nickten.

»Ich bin sicher, Sie werden viel Spaß haben. Es ist eine großartige Chance in Chelsea auszustellen. Ich finde, ›Gardens Grow‹ haben sich da etwas ganz Tolles einfallen lassen, dass sie Ihnen die Möglichkeit eröffnen.«

»Ja«, sagte Althea, als ihr aufging, dass niemand sonst etwas sagen wollte.

»Also ...« Michael sah auf seine Uhr und befragte vermutlich den Terminkalender in seinem Kopf, ob er keine plausible Ausrede parat habe um bald von hier zu fliehen. »Da Flick noch nicht hier ist, bringe ich Sie zu Ihrer Parzelle. Die Jungs mit dem Bagger werden bald anrücken, also haben wir keine Zeit zu verlieren. Nicht lange und Sie werden von Kopf bis Fuß mit Schlamm bedeckt sein.« Er lachte. Er konnte ja bald verschwinden.

Schweigend gingen sie zu viert zu der Stelle, wo ihre Gärten angelegt werden sollten. Michaels Begeisterungsreden waren verstummt, weil sie auf so wenig Gegenliebe stießen. Veronica machte ein gequältes Gesicht, als sei ihr jemand zu nahe getreten. Und Alistair schien so erhaben über den Rest der Welt, dass es ein Wunder war, dass seine Stiefel überhaupt noch den Boden berührten.

Althea rang mit der unschönen Erkenntnis, dass nicht alle Menschen, die Freude an Gärten haben, zwangsläufig nett sind. An diese Annahme hatte sie sich jahrelang geklammert und es war ein harter Schlag, gerade hier und jetzt desillusioniert zu werden. Aber wenn ihre Mitbewerber nicht noch etliche Grade auftauten, bestand keine Aussicht auf die Kameradschaft, die sie erhofft und erwartet hatte. Sie mochten alle im selben Boot sitzen, Seite an Seite auf einem relativ kleinen Stück Land arbeiten, aber das hieß offenbar noch lange nicht, dass sie soziale Kontakte pflegen würden.

Das war enttäuschend. Aber noch enttäuschender war die Erkenntnis, dass sie am Rande der wichtigsten und aufregendsten Berufschance ihres Leben stand, aber keineswegs aufgeregt war, auch nicht besonders ängstlich. Sie wollte einfach nur nach Hause.

Und das waren nicht die großen, staubigen Räume mit den wunderschönen Ausblicken und der exquisiten Architektur, die jetzt unzureichend mit ihren Möbeln bestückt waren und derzeit ihre Kinder beherbergten.

Nein, sie wollte zurück in das Heim, das sie so viele Jahre lang geliebt und gehegt hatte, das jetzt Frederick und Topaz usurpiert hatten und von dem sie sich nicht einmal richtig verabschiedet hatte.

KAPITEL 2 Althea wünschte, sie hätte eine Thermoskanne mitgebracht, wie die edlen, lederbezogenen Exemplare, die Alistair und Veronica dabei hatten, und sie müsste nicht jedes Mal ungefähr eine Meile weit zu dem Stand am Eingang laufen, wenn sie einen Kaffee wollte. Sie hätte den Inhalt ihrer Thermoskanne bedenkenlos mit den anderen geteilt. Aber Alistair und Veronica waren es nicht gewöhnt, Dinge zu teilen. Es fiel ihnen sogar schwer zu akzeptieren, dass der Bagger und die Arbeiter nicht nur ihnen allein zur Verfügung standen. Wenn die Parzelle eines Mitbewerbers umgegraben wurde, standen sie ungeduldig dabei, die Hände in die Hüften gestemmt und murmelten: »Na endlich«, wenn sie schließlich an der Reihe waren.

Althea wusste, sobald sie den Rücken kehrte, würden sie versuchen den fröhlichen Baggerführer dazu zu bewegen, ihre Parzelle links liegen zu lassen und stattdessen auf einer der anderen zu arbeiten. Sie konnte nur hoffen, dass er sich nicht überreden ließ. Er war freundlich, der strömende Regen und die aufgeweichte Erde konnten seine Laune nicht dämpfen. Sie brachte ihm einen Becher Kaffee und ein KitKat mit – sie brauchte ihn dringender als die anderen, denn Sylvias Bruder hatte sich das Kreuz verrenkt und konnte nicht kommen. Sylvia hatte angemerkt, das sei typisch. Jennys Cousin war auch noch nicht aufgetaucht.

»Ihre Parzelle soll eine Hanglage kriegen, stimmt's?«,

fragte der Baggerführer und nahm einen Schluck Kaffee, inzwischen nur noch lauwarm, der Regen und der lange Rückweg vom Kaffeestand hatten ihn abkühlen lassen. »Also wann kommt Ihre Erde?«

»Oh Gott«, murmelte Althea mit zusammengebissenen Zähnen, damit die anderen nicht gleich von ihrem Fehler hörten. »Daran hab ich überhaupt nicht gedacht.«

»Tja«, sagte Jerry der Baggerführer. »Viele Leute lassen jede Menge Erde abtragen. Halten Sie einfach die Laster an und bitten Sie hier abzukippen. Dann brauchen Sie ein paar alte Bahnschwellen um die Rückseite zu stützen.«

Sie hätte ihm ihren Körper geboten, wenn sie geglaubt hätte, er könne Interesse haben.

»Ich danke Ihnen vielmals. Es ist mir einfach nicht in den Sinn gekommen, dass ich für Erde sorgen muss. Ich hab immer nur an meine Pflanzen gedacht.«

»Gehen Sie nur, fragen Sie den Fahrer von dem Laster davorn.«

Althea war im Grunde ein offener, aufgeschlossener Mensch, aber es fiel ihr trotzdem schwer, junge Männer auf der Straße anzuhalten und um einen Gefallen zu bitten. Doch sie zwang sich dazu und war verblüfft, wie willig dieser junge Mann war.

»Wir müssen Berge von dem Zeug wegschaffen, wollen Sie alles?«, fragte er.

»Na ja, ich brauche schon ziemlich viel.«

»Ich sag Ihnen was: Ich bring die Erde hierher, bis Sie mir sagen, ich soll aufhören. Okay?«

»Wunderbar. Das ist so nett von Ihnen, vielen Dank.«

Er grinste und winkte ab. »Keine Ursache.«

Althea fand im Laufe des Tages heraus, dass nur ihre Mitstreiter vom »Gardens Grow«-Wettbewerb so hochnäsig und unzugänglich waren. Alle anderen, denen sie begegnete, waren sehr freundlich und hilfsbereit. Die Bahnschwellen bekam sie von jemandem, der zu viele geordert hatte und nur die schönsten verwenden wollte. Der LKW-Fahrer, der ihr die Erde brachte, gab ihr diesen Tipp. Nachdem Althea die Erlaubnis eingeholt hatte, brachte er auch die Bahnschwellen zu ihrer Parzelle. Sie waren furchtbar schwer, aber mithilfe von Ned und Tom, den Arbeitern, die »Gardens Grow« gestellt hatte, brachte sie sie in Stellung und hatte schließlich eine gesicherte Rückseite für ihren Hang.

Unglücklicherweise beschwerte Veronica sich, dass die Schwellen genau zweieinhalb Zentimeter über die Grenze zu ihrer Parzelle hinausragten. Und obwohl Veronica ein antikes Sommerhaus für diese Ecke vorgesehen hatte und die zwei Zentimeter gut entbehren konnte, bestand sie darauf, dass Althea die Schwellen absägte. Aber sie hätten ebenso gut aus Gusseisen sein können. Die Säge, die Althea geborgt hatte, war der Aufgabe nicht gewachsen und auch nach einer halben Stunde angestrengter Arbeit hatte sie noch nichts ausgerichtet. Ned oder Tom (Althea lernte nie, welcher welcher war) sah ihr so lange zu, wie es mit seinem Gewissen vereinbar war, und löste sie dann ab. Aber nach einer Viertelstunde musste auch er ergebnislos aufgeben. Während Veronica beim Mittagessen war, pinselten sie zu dritt eine frische Schicht Holzschutzmittel auf die Enden und versicherten ihr, als sie zurückkam, dass die Schwellen jetzt die korrekte Länge hätten. Althea weigerte sich ein schlechtes Gewissen zu haben, vor allem nachdem sie die Parzellen noch einmal maß und feststellte, dass Veronicas zehn Zentimeter breiter war als ihre. Mit der U-Bahn fuhr sie zurück bis Fulham

Broadway, müde und weiser. Veronica, die in einem Mercedes an ihr vorbeirauschte, hielt nicht an um sie zum Bahnhof mitzunehmen.

Sylvias Mutter war mütterlich im besten Sinne des Wortes. Sie machte Althea eine Tasse Tee und ließ ihr ein Bad ein, während sie ihn trank. Dann bestand sie darauf, Althea Abendessen zu machen, Shepherd's Pie, Erbsen und Möhren, auf einem Tablett in ihrem Zimmer, sodass sie im Bademantel essen konnte und nicht zu reden brauchte, wenn sie nicht wollte. Althea wollte nicht, aber es gelang ihr doch wenigsten noch, Mrs Jones zu sagen, wie dankbar sie für ihre Freundlichkeit war, ehe sie um neun wie tot ins Bett fiel.

Am nächsten Morgen verließ sie das Haus um sieben und wagte die Fahrt mit dem Bus. So hatte sie zwei Stunden auf der Parzelle für sich allein, ehe die anderen kamen. Es regnete nicht mehr so schlimm wie am Vortag und ihre Stimmung hob sich.

»Tasse Kaffee, Al?« Ned – sie war sicher, es war Ned – hielt ihr einen halb vollen Plastikbecher hin. »Den schulde ich Ihnen.«

Althea nippte. »Na ja. Wenigstens warm, wie man so schön sagt.«

»Im Gegensatz zu Lord und Lady Dumpfbacke.« Er nickte in Veronicas und Alistairs Richtung. »Ehe die mal auftauen, müsste erst die gesamte Ozonschicht verschwinden.«

»Vermutlich hatten sie eine schwere Kindheit«, sagt Althea.

»Sie sind alt zur Welt gekommen.«

Althea wühlte in ihrer Handtasche. »KitKat?«

Er nahm eins. »Danke.«

Während die anderen beiden stritten, was Ned als Erstes tun solle, machte Althea sich auf den Weg um die anderen Gärten, die hier entstanden, zu bewundern.

Sie waren allesamt weitaus ambitionierter und exotischer als ihrer. Es gab einen Wintergarten in einem Baum, wie ein Glashaus hoch oben zwischen den Ästen eines der im Park gewachsenen Bäume. Es war wundervoll, wie die Brücke eines Schiffes, und versprach die Sensation der Ausstellung zu werden. Jemand anderes baute eine Miniaturnachbildung des Grand Canyons mit all seinen unterschiedlichen Gesteinsschichten in der richtigen Reihenfolge. Wieder ein anderer baute den Garten eines irischen Eremiten nach, mit neun Reihen Bohnen, einem verfallenen Steinhäuschen, einem Tümpel und fantastischen Wildblumen.

Die Ruhepause von Veronicas und Alistairs vornehmem Getue war erholsam und inspirierend. Während sie zu der Erkenntnis kam, dass ihr Garten in so illustrer Gesellschaft niemals bestehen konnte, inspirierte die energiegeladene Atmosphäre sie gleichzeitig zu größeren Höhen. Und sie fing an sich darüber zu amüsieren, dass Veronica und Alistair, die doch ebensolche Amateure waren wie sie selbst, die einzigen Menschen hier waren, die sich für etwas Besseres hielten, obwohl doch die berühmtesten Namen der Gartenwelt hier vertreten waren.

Übers Wochenende fuhr Althea nach Hause. Die Kinder und Bozo holten sie vom Bahnhof ab. Als sie sie zusammen auf dem Bahnsteig warten sah, geriet ihre würdevolle Haltung ins Wanken und sie musste gegen Tränen ankämpfen.

»Ich hab euch ja so schrecklich vermisst!«, sagte sie,

umarmte sie nacheinander und hob schließlich Bozo hoch, die an ihren Beinen kratzte.

»Gefällt es dir denn nicht?«, fragte Merry. »Ich dachte immer, du wolltest so gern zur Chelsea Flower Show.«

»Das stimmt und es gefällt mir auch, denke ich. Ich hab euch eben nur vermisst. Hab ich euch gefehlt?«

»Natürlich«, sagten sie.

Aber Althea merkte, dass das nicht stimmte. Und obwohl sie froh war, dass sie nicht wie verlorene Waisenkinder an ihren Rockzipfeln hingen, kam sich nicht umhin sich zu fragen, woran das liegen mochte.

»Also kümmert William sich gut um euch?«, fragte sie und nahm Merrys Hand.

Merry warf einen eiligen Blick über die Schulter um sich zu vergewissern, dass keine ihrer Freundinnen in der Nähe war und sah, dass sie wie ein kleines Mädchen ihre Mummy an der Hand hielt. Dann nickte sie. »Einigermaßen. Vor allem Patrick hat sich um uns gekümmert.«

»Wie meinst du das? Was hat Patrick gemacht?«

»Na ja, er kam um zu sehen, ob alles in Ordnung ist und so.«

Althea wollte protestieren, aber dann ging ihr auf, dass sie das nicht konnte. Wäre es irgendjemand anderer, der ein Auge auf ihre Kinder hatte, wäre sie froh und dankbar gewesen. »Und was war mit Juno? Hat sie auch mal nach euch gesehen?«

Rupert schüttelte den Kopf. »Eher umgekehrt. Wir haben uns um sie gekümmert. Sie ist so was von neurotisch wegen Candy – so dürfen wir sie übrigens nicht nennen – dass sie keine Energien für uns übrig hat.«

»Nein, neugeborene Babys sind anstrengend.«

»Darum gehen wir ab und zu rüber und tragen Candy

herum, damit Juno mal schlafen kann. Sie brennt drauf, dich zu sehen.«

Althea atmete tief durch. »Sie wird sich noch ein bisschen gedulden müssen. Erst will ich ein Bad, etwas zu trinken und ein Stündchen schlafen. Ich bin völlig im Eimer.«

»Mum! Ich dachte, das sollen wir nicht sagen«, ermahnte Merry.

»Stimmt. Und ich auch nicht. Aber niemand ist perfekt.«

Patrick war nirgends zu entdecken, als William im Innenhof ihres Übergangsheims hielt. Althea war unendlich erleichtert und bitter enttäuscht. Das muss daran liegen, dass ich total übermüdet und ein bisschen aufgewühlt bin, sagte sie sich. Aber sie beschloss, dass sie ihn morgen aufsuchen und ihm danken würde, dass er sich um die Kinder gekümmert hatte.

Samstagnachmittag besuchte Althea ihre Schwester. Patricks Wagen war immer noch nicht wieder aufgetaucht und erst als sie schon fast bei Juno waren, erwähnte Merry, dass er übers Wochenende weggefahren sei.

Juno freute sich sie zu sehen und zeigte ein gewisses Interesse für das, was Althea von Chelsea erzählte, aber vor allem bestürmte sie sie mit Fragen. Als Althea ihr bereitwillig Ratschläge gab, verwarf sie sie allesamt als vollkommen falsch.

Althea war nie beleidigt, wenn jemand ihre Ratschläge ablehnte. Warum sollte irgendwer sie befolgen? Aber Juno schien erpicht darauf, sie zu hören, nur um Althea dann vorzuhalten, wie dumm, altmodisch, überholt und gefährlich sie waren. Allein Candida selbst, ein anbetungswürdiges kleines Bündel, das nach Weichspüler und Baby duftete und einschlief, sobald Althea es hochhob, machte aus dem Besuch ein lohnendes Unterfangen.

Am Montag wurde Althea mit der ersten Ladung Blumen, Bäume und Erde – all das nannte sie jetzt Pflanzmaterial – nach London chauffiert. Daniel, einer von Williams buddhistischen Freunden, fuhr sie in seinem altersschwachen Kleinbus. Er tat es aus Nächstenliebe und für zwanzig Pfund. Es beunruhigte sie ziemlich, in einem so unsicheren Wagen zu fahren, aber es war die einzige Möglichkeit. Ansonsten hätte sie einen Kleinbus mieten müssen, nach London und wieder zurückfahren und dann den Zug nehmen müssen, eine kostspielige, zeitraubende Angelegenheit. Althea hatte zwar jetzt ein beruhigendes Polster auf ihrem Bankkonto, aber Sparsamkeit war eine so tief verwurzelte Gewohnheit, dass sie nicht von heute auf morgen damit brechen konnte. Außerdem würden sie jeden Penny für ihr neues Haus brauchen. Falls sie je eines fand.

So brach sie mit Daniel an einem wundervollen Maimorgen um fünf Uhr nach London auf, den Wagen voller taufeuchter Pflanzen. Es war ein Morgen von vollkommener Schönheit, wie Althea es noch nie zuvor erlebt hatte. Sie hatte nur vier Stunden geschlafen und fühlte sich ein bisschen benommen, doch sie bestaunte den Morgennebel in den Tälern, der die Fabriken und Schnellstraßen verhüllte, sodass nur die Hügel und die Bäume sichtbar waren. Daniel war glücklicherweise schweigsam und so konnte sie die Schönheit, die sie umgab, ungestört genießen.

Nach ungefähr zwanzig Meilen kam sie zu der Erkenntnis, dass sie Chelsea unter anderen Umständen in vollen Zügen genossen hätte. Sie mochte die Leute, die dort ihre Gärten anlegten. Die Atmosphäre war anregend. Hätten sie alle als Team zusammengearbeitet, nicht als Konkurrenten, hätte sie sich so richtig wohl fühlen können. Aber zu viel machte ihr in letzter Zeit zu schaffen.

Es war nicht nur, dass sie das Haus hatte aufgeben müssen, in dem sie so lange gelebt hatte. Nicht allein Patrick, nach dem sie sich nicht weniger sehnte als zuvor, nur weil sie ihn nicht gesehen hatte. Auch nicht die ungewisse Zukunft: Wo sie leben würde, womit sie ihren Lebensunterhalt verdienen sollte. Oder die unvermeidliche Sorge wegen der bevorstehenden Schulexamen der Jungen. Die Noten der mittleren Reife waren nicht so wichtig, Hauptsache, Rupert schnitt gut genug ab um in die Oberstufe zu kommen. Aber Williams A-Levels waren für sein ganzes späteres Leben wichtig. Das war ihm selbst erst vor kurzem klar geworden, möglicherweise zu spät.

Nein, der wahre Grund, warum es ihr unmöglich war, ausgeglichen und zufrieden zu sein, war die schmerzhafte Erkenntnis zu der sie unlängst gelangt war, dass eine ihrer liebsten, festesten Überzeugungen grundfalsch war: Ihr eigenes Glück immer den Interessen der Kinder zu opfern war ein unerfüllbarer Anspruch. Nach und nach hatte sie eingesehen, dass sie ihre Beziehung mit Patrick hätte fortsetzen sollen. Die Probleme, die die Kinder möglicherweise damit hätten haben können, hätte sie in Angriff nehmen sollen, wenn sie auftauchten. Eine besonders bittere Pille war die Einsicht, dass sie wahrscheinlich wunderbar damit zurechtgekommen wären. Aber jetzt war es zu spät. Jetzt würde Patrick sie nicht mehr haben wollen und käme sie mit Schokoladenguss und in Geschenkpapier verpackt. Und warum sollte er auch? Sie war eine neurotische, dumme Kuh, die nicht wusste, was sie wollte, und leichtfertig eine viel versprechende Beziehung abgebrochen hatte, nur für den Fall, dass ihre Kinder Einwände haben könnten, ohne besagte Kinder auch nur nach ihrer Meinung zu fragen.

»Alles in Ordnung?«, fragte Daniel. »Sie sind ein bisschen sehr still.«

»Ich bin nur müde, das ist alles.«

Es war seltsam, dachte sie, dass ihr diese Dinge zu einem Zeitpunkt klar geworden waren, als all ihre Gedanken doch eigentlich auf die Gartenausstellung konzentriert waren. Vermutlich war ihr Gehirn so daran gewöhnt, nur die vertrauten, ausgetretenen Pfade des Denkens zu benutzen, dass ihr Geist erst neue Wege einschlagen konnte, als ihr bewusstes Vernunftsdenken so beschäftigt war, dass es ihn nicht länger kontrollieren konnte.

»Möchten Sie ein Pfefferminz, Daniel?«

»Nein, danke.«

Und das war alles, was sie an Konversation zustande brachten, bis sie nach London kamen und Althea ihm den Weg weisen musste.

Althea war ausgesprochen dankbar, dass ihr Chauffeur Buddhist war und daher nicht zu Zornesausbrüchen, Ungeduld und Flüchen neigte. Andernfalls hätte ihre Fahrt, gekrönt von einer einstündigen Prozession im Schneckentempo vom Eingang der Ausstellung bis zu ihrer Parzelle, der reinste Albtraum werden können. Nicht zum ersten Mal fragte Althea sich, ob Buddhismus nicht vielleicht doch etwas für sich hatte.

Daniel half ihr beim Ausladen, nahm sein Geld und machte sich auf den Weg nach Hampstead, wo er an einer Meditation teilnehmen wollte. Althea schlug ihm scherzhaft vor ihn am Haupteingang mit einem Becher Kaffee zu erwarten.

»In der Zeit, die Sie bis zum Ausgang brauchen werden, könnte ich meine Pflanzen setzen, zum Kaffeestand gehen und mit der Tasse zum Haupttor kommen.«

Er grinste und hob die Schultern. »Samsara!«

»Dieser Junge«, sagte sie zu Veronica, die in ihrer Nähe stand, »war einmal ein Jurastudent.«

»Oh. Und was ist er jetzt?«

»Buddhist.«

»Ach. Ich wusste nicht, dass das ein *Beruf* ist.«

Althea seufzte. »Nein. Aber ich wünschte, es wäre so.«

Die Zeit flog nur so dahin. Zuerst wurde das Ausstellungsgelände für die Öffentlichkeit gesperrt. Niemand kam ohne einen besonderen Ausweis herein. Dann begannen die eigentlichen Verwandlungswunder. Über Nacht wurden aus Baustellen Wiesen, mithilfe von Kränen wurden ausgewachsene Bäume gepflanzt, ihre gewaltigen Wurzelballen in Plastikfolie gehüllt. Althea sah zu, als ein Hain aus hundertjährigen Olivenbäumen auf einem Hang angepflanzt wurde; der Kranführer arbeitete mit dem Feingefühl und der Präzision eines Chirurgen. Gewächshäuser, Pavillons, sogar Boote wurden herbeigeschafft. Das gigantische Hauptzelt wurde errichtet. Es herrschte eine Atmosphäre fieberhafter Betriebsamkeit.

Und auch Katastrophen stellten sich alltäglich ein. Veronicas weiße Glyzinenstaude spielte plötzlich verrückt und wurde braun. Sie verbrachte einen hektischen Morgen mit ihrem Handy und versuchte eine neue aufzutreiben. Alistairs Feigenbaum weigerte sich auszuschlagen, selbst als er ihn in Plastik hüllte und beheizte. Ein Kran zerbrach mehrere Scheiben des Glasbaumhauses. Pflanzen verkümmerten ohne Vorwarnung oder erkennbaren Grund.

Jeden Tag kam Althea zitternd vor Angst zu ihrer Parzelle und fragte sich bang, welcher Schicksalsschlag sie wohl ereilt haben mochte. Ihr Garten war jetzt beinah fertig bis auf die Kleinigkeiten, die sie erst in der letzten Minute erledigen konnte. Und jeden Tag fand sie alles in bester Ordnung – bis zum Freitag vor der Jurybesichtigung, die am Montag stattfinden sollte. Was sie an diesem Freitag entdeckte, war so grauenvoll, dass es die Probleme der anderen zu Nichtigkeiten schrumpfen ließ.

Donnerstagnacht war ein Rücklaufrohr der Themse gebrochen und das Wasser hatte sich mit einem vernichtend kraftvollen Strom über eine Ecke der »Gardens Grow«-Parzelle ergossen. Niemand hatte es bemerkt, bis eine Nachteule von einem Bonsaizüchter es zwei Stunden später entdeckte. Doch da stand schon alles knietief unter Wasser und Altheas Garten war teilweise weggeschwemmt worden.

Sie entdeckte es am Freitagmorgen um sieben. All ihre angeschüttete Erde hatte sich in einen trägen Schlammstrom verwandelt. Ihr Brunnen glitt langsam den sorgfältig errichteten Hügel hinab. Die Bäume hatten sich so weit zur Seite geneigt, dass sie jeden Moment zu kippen drohten. Die ganze Parzelle sah aus wie ein Plastikmodell, das einem Feuer zu nahe gekommen war.

Sie atmete tief durch und sagte nichts. Veronica, die ausnahmsweise einmal früh gekommen war, trat zu ihr.

»Alles in Ordnung mit Ihnen? Ich habe Felicity angerufen. Sie sagt, sie sei schon unterwegs. Sie scheinen es sehr gelassen zu nehmen.«

»Das ist der Schock«, sagte Althea. »Und Pragmatismus. Ich habe jetzt einfach keine Zeit für einen Nervenzusammenbruch. Das muss bis nächstes Wochenende warten.«

»Kann ich irgendetwas tun?« Veronica war offensichtlich ebenso entsetzt wie Althea. Es war reiner Zufall, dass es nicht ihren Garten getroffen hatte.

»Kann ich Ihr Telefon benutzen? Ich muss meinen Sohn anrufen.«

»Aber muss er nicht zur Schule?«

Althea schüttelte den Kopf. »Nein, freitags nicht.«

William war einsilbig, aber hilfsbereit. Er werde versuchen alles zu tun, worum Althea ihn bat. »Ja, sicher, Mum. In Ordnung. Kein Problem. Ich komme. Ich werde sehen, ob ich Daniel erwische, wenn nicht, wird's etwas länger dauern. Aber wir kriegen das hin. Versuch dir keine Sorgen zu machen.«

Erst danach zog Althea sich auf die Damentoilette zurück. Sie benetzte gerade ihr Gesicht mit Wasser, als sie Schritte näher kommen hörte.

»Hey! Sie sind diejenige, deren Garten weggespült worden ist!« Es war eine Frau Anfang zwanzig mit langen braunen Haaren, die zum Zopf geflochten waren, und einem mitfühlenden Gesichtsausdruck. »Wie furchtbar!«

»Ja.«

»Aber ›Gardens Grow‹ ist der Sponsor, oder? Die werden dafür sorgen, dass Sie nächstes Jahr noch einmal mitmachen können.«

Althea schüttelte den Kopf. »Nein. Für mich heißt es jetzt oder nie. Es muss also dieses Jahr noch klappen.«

»Sie sind ziemlich gefasst.«

Althea lächelte beinah. »Ich hab vorhin schon mal gesagt, ich hab keine Zeit für einen Nervenzusammenbruch vor dem nächsten Wochenende. Mein Sohn wird von einem Freund hergefahren. Er wird mir helfen. Er ist Buddhist. Sehr beruhigende Gesellschaft.«

»Wie sah Ihr Garten aus? Ich bin gerade erst angekommen und hab ihn vor diesem Desaster nicht gesehen.«

Althea lehnte sich ans Waschbecken. Im Augenblick gab es sowieso nichts, das sie tun konnte. Also warum sollte sie nicht dieser interessierten Person von ihrem billigen Garten erzählen, der für wenig Geld schnelle Ergebnisse lieferte.

»In allen Büchern steht, man soll Pflanzen immer in Dreier- oder Fünfergruppen kaufen. Aber welches junge Paar im neuen Eigenheim kann sich das leisten? Es ist teuer genug, einzelne Pflanzen zu kaufen. Ein Großteil meiner Pflanzen – zu Hause, meine ich, obwohl ich ausgezogen bin – habe ich geschenkt bekommen oder auf Flohmärkten gekauft. Das ist keine schlechte Methode, aber natürlich dauert es lange. Und das Paar, das ich mir vorstelle – manchmal kommt es mir so vor, als würde ich sie kennen – fängt bei null an. Sie sind gerade in ihr kleines Häuschen gezogen und alles, was sie haben, ist ein Stückchen ungepflegter Rasen und ein bisschen Mutterboden. Und es liegt auch noch am Hang.«

»Warum die Hanglage?«

»Weil das einzige Stück in meinem Garten, das ich erübrigen konnte, am Hang lag und ich wohne in einer hügeligen Gegend in den Cotswolds. Da sind ebene Gärten selten.«

Die junge Frau schien so fasziniert, dass Althea bereitwillig weitererzählte. Es war tröstlich, ihre Ideen und Träume mit jemandem zu teilen, der so interessiert war. Veronica und Alistair waren so zugeknöpft über ihre Entwürfe, dass sie immer das Gefühl gehabt hatte, mit ihnen nicht darüber reden zu können. Und zu Hause hätte niemand sie wirklich verstanden. Sie unterhielten sich immer noch, als Veronica hereinkam.

»Oh, da sind Sie ja. Felicity ist hier. Sie meint, Sie sollten aussteigen und es nächstes Jahr noch mal versuchen.«

»Ich sollte lieber gehen. Danke«, sagte sie zu der jungen Frau. »Es war nett, mit Ihnen zu reden. Ich fühle mich schon viel besser.«

Die Frau lächelte breit. »Mich hat's auch gefreut. Ich finde, Sie haben ein paar wirklich gute Ideen.«

Althea ließ sich durch nichts von ihrem Entschluss abbringen ihren Garten wieder aufzubauen. Sie wollte nicht ein ganzes Jahr lang auf eine neue Chance warten.

»Also schön«, sagte Felicity. Sie klang erschöpft. »Sie können Hilfe bei der Anlage des Hügels bekommen, aber beim Pflanzen ... Ich bin nicht sicher, ob das fair wäre.«

»Wäre es nicht«, warf Veronica ein, deren Unterstützungsbereitschaft nicht von langer Dauer gewesen war.

»Mein Sohn kommt her. Wenn Sie dafür sorgen, dass er einen Ausweis bekommt? Er wird mir helfen.«

»Gut«, sagte Felicity. »Wie heißt er? Ich werde den Ausweis am Eingang hinterlegen.«

Althea war sicher, ihr Vorrat an Gefühlen wie Verwunderung und Schrecken sei vorläufig aufgezehrt, aber als sie Patrick statt William auf sich zukommen sah, bekam sie doch merklich weiche Knie. Er suchte sich einen Weg durch das nach wie vor anhaltende Verkehrschaos rund um das Hauptzelt und schritt mit entschlossener Miene auf sie zu. Bislang war sie so tapfer gewesen. Aber als sie Patrick sah, war sie nahe daran, in Tränen auszubrechen – was alle schon viel früher erwartet hatten.

Anfangs konnte sie nicht sprechen. »Hallo«, brachte sie schließlich heiser hervor. »Was tust du denn hier?«

Patrick nahm sie nicht in die Arme. Er lächelte nicht einmal. Er knurrte lediglich: »William hat mir gesagt, was passiert ist.«

»Aber deswegen brauchtest du doch nicht herzukommen. William hätte mir geholfen.«

»William steht kurz vor den Prüfungen, solltest du das vergessen haben. Er braucht jede Minute um zu pauken.«

»Das weiß ich! Ich hätte ihn nicht angerufen, aber es war ein echter Notfall!«

»Darum bin ich hier. Und bevor du irgendwas sagst, du brauchst keinen Gärtner, sondern einen Bauarbeiter. Also, was soll ich tun?«

Althea lächelte. Zum ersten Mal seit Ewigkeiten, so schien es ihr. Patricks wohlgeformter, nackter Oberkörper, die kraftvollen Bewegungen, mit denen er die Schaufel schwang, waren ein beeindruckendes Bild. Mit ungeheurer Geschwindigkeit beförderte er ganze LKW-Ladungen Erde an ihren Platz zurück und Althea stand oben auf dem wachsenden Hügel, klopfte die Erde fest, brachte die Plastikfolien wieder an Ort und Stelle und pflanzte ihre Blumen und Sträucher wieder ein. Sie arbeiteten den ganzen Tag beinah ohne Pause.

Am späten Nachmittag kam die Frau vorbei, die Althea auf der Toilette kennen gelernt hatte. »Wahnsinn«, sagte sie.

Althea wusste nicht, ob sich das auf Patrick bezog, dessen gebräunte Haut mit einem glänzenden Schweißfilm überzogen war und der sich mit einer Eleganz und Schnelligkeit bewegte, die es nahe legten, Graben zur olympischen Disziplin zu erheben, oder ob sie die Fortschritte meinte, die Altheas Garten gemacht hatte, seit sie ihn zuletzt gesehen hatte.

»Ja, ja«, sagte Althea, eine passende Antwort zu beiden Alternativen. »Ich bin noch nicht sicher, ob ich es rechtzeitig schaffe, aber wenigstens hab ich es versucht.«

»Sie wissen, dass Sie Punkte abgezogen kriegen, wenn auch nur ein Blumentopfrand aus der Erde lugt oder ein Grashalm oder Zweig in die falsche Richtung zeigt?«

»Ja, sicher. Aber ich glaube, es geht mir überhaupt nicht mehr darum, einen Preis zu gewinnen. Es reicht, dass ich einen respektablen Versuch gemacht habe.« Sie betrachtete die benachbarten Parzellen, beide inzwischen nahezu perfekt. »Und mich neben diesen Gärten nicht blamiere.«

Patrick setzte die Schaufel ab und stützte sich darauf. »Sie sehen beide extrem professionell aus.«

»Ich weiß.« Althea seufzte. »Ich hätte doch einen Kurs machen müssen. Aber ich war immer eher ein Learning-by-doing-Typ.«

»Wirklich?«, sagte die Frau. »Haben Sie eine Karte?«

Althea zog verwirrt die Brauen zusammen.

»Sie meint eine Visitenkarte«, sagte Patrick. Und an die Frau gewandt: »Nein, ich fürchte nicht.«

»Dann schreiben Sie mir einfach Ihren Namen und

Ihre Adresse auf einen Zettel. Und Telefon- und Faxnummer.«

Althea wollte gerade erklären, dass sie auch keine Adresse oder Telefonnummer zu bieten hatte, als Patrick seine Brieftasche hervorholte. »Hier.« Er schrieb etwas auf eine seiner Karten. »Unter der Nummer können Sie Althea erreichen. Wenn sie nicht da ist, können Sie eine Nachricht hinterlassen.«

Die Frau war tief beeindruckt und warf Althea einen neiderfüllten, respektvollen Blick zu. »Danke. Und hier ist meine Karte.« Sie reichte sie Althea. »Kann gut sein, dass ich mich bald melde.«

»Ich frage mich, wozu«, sagte Althea, nachdem sie gegangen war. »Ob sie Probleme mit ihrem zwei mal zwei Meter Rasen und ihrem Ligusterstrauch hat?«

Patrick hob sein Hemd auf, das er über einen von Altheas kleinen Zäunen gehängt hatte, und streifte es über. »Ich weiß es nicht. Schwer zu sagen.«

Althea vergaß die Frau, als sie sah, dass Patrick sich anzog. »Gehst du?« Sie hörte den ängstlichen Unterton in ihrer Stimme und lächelte um ihn zu übertünchen. Veronica war zurückgekommen und sie sollte sie nicht anders als zuversichtlich und gelassen sehen.

»Ich muss. Ich hab furchtbar viel Arbeit.«

Altheas fröhliches Lächeln quälte sich noch ein bisschen mehr in die Breite.

»Ich weiß es zu schätzen, dass du hergekommen bist. Ohne deine Hilfe hätte ich es niemals geschafft.«

»Doch, das hättest du. Jemand anderes hätte dir geholfen. Ich hatte meine eigenen Gründe, warum ich gekommen bin.« Dann beugte er sich vor, küsste sie sehr hart auf den Mund, wandte sich ab und verschwand in der Menge.

»Ist er Ihr Freund?«, fragte Veronica.
»Ich glaub nicht«, sagte Althea verwirrt.
»Warum küsst er Sie dann so?«
»Weiß der Himmel.«

KAPITEL 26 Am Montagmorgen um vier wachte Althea endgültig auf und wusste sofort, dass sie nicht mehr einschlafen konnte. Sie hatte geschlafen, da war sie sicher, aber nur sehr wenig. Den Großteil der Nacht schien sie damit zugebracht zu haben, die rasanten Veränderungen zu überdenken, die ihr Leben zunehmend auf den Kopf stellten. Sie gab es bald auf, Ordnung in das Durcheinander in ihrem Kopf bringen zu wollen, stand stattdessen auf und trat ans Fenster.

Das Gästezimmer im Haus von Sylvias Mutter lag im Dachgeschoss und Althea hatte einen weiten Blick über die Dächer und Schornsteine von Fulham und Chelsea. Und dieser Morgen verlieh sogar dem Kraftwerk von Battersea eine gewisse Schönheit, hüllte es in rosa schimmernde Nebelschwaden, Sonnenstrahlen funkelten auf der grauschwarzen Fassade.

Wie viel schöner wäre der Ausblick aus ihrem Fenster in Patricks Haus gewesen. Dieser undankbare, unsinnige Gedanke kam ihr in den Sinn und im selben Moment setzte ein gefährliches Rumoren in ihrem Bauch ein und sie musste dringend zur Toilette. Sie fühlte sich wie ein viel zu straff gezogenes Gummiband, das darauf wartete, zu zerreißen, das seine angestaute Energie freisetzen und sie vorwärts katapultieren und in Aktion versetzen würde.

Und es schien unmöglich, das auf diesem begrenzten

Raum hier zu tun. Sylvias Mutter und Stiefvater schliefen gleich unter ihr und ihr ruheloses Auf- und Abgehen würde sie stören. Sie hatte ihr Buch ausgelesen und selbst wenn nicht, sie glaubte kaum, dass sie sich ausreichend hätte konzentrieren können um zu lesen. In diesem Stadium wirkten auch Rescue Tropfen nicht mehr. Sie zweifelte, ob selbst größere Mengen puren Alkohols die geringste Wirkung auf sie gehabt hätten, außer dass ihr speiübel geworden wäre.

Nachdem sie zum vierten Mal auf der Toilette gewesen war, kam sie zu dem Schluss, dass sie auf dem Ausstellungsgelände weitaus besser aufgehoben wäre. Es war immer noch besser, ihre Nervosität mit ihren Leidensgenossen zusammen durchzustehen, als hier allein herumzusitzen, wo nichts sie von dem verknoteten Gefühl in ihren Eingeweiden ablenkte. Bewegung oder Arbeit waren die einzige Rettung.

Sie versuchte es mit beiden. Sie ging den ganzen Weg von den Außenbezirken von Fulham bis zu den feinen Stadtvillen in Chelsea zu Fuß. Sie schlug ein forsches Tempo an und begann bald zu schwitzen. Sie brauchte etwas länger als eine Stunde. Und je größer die Häuser wurden, an denen sie vorbeikam, umso exotischer wurden die Gärten. Sie bewunderte den Einfallsreichtum und ihr Erstaunen darüber, was die Menschen hier aus ihren kleinen, schattigen Gärten gemacht hatten, verdrängte bald ihre Nervosität. London war gar nicht so grässlich, entschied sie. Im mattgoldenen Morgenlicht hatten sogar die ärmlicheren Viertel einen gewissen Reiz. Doch auch jetzt schon, um fünf Uhr morgens, war die Stadt in Bewegung. Und als sie am Haupttor zum Ausstellungsgelände ankam, stellte sie fest, dass die letzten Vorbereitungen für die

Chelsea Flower Show die ganze Nacht hindurch weitergegangen waren.

»Die Floristen sind überhaupt nicht schlafen gegangen«, berichtete der Wachmann am Tor, als Althea eine Bemerkung über das hektische Treiben machte. »Und dabei sind die meisten doch schon älter.«

»Meine Güte. Ich fühl mich wie gerädert, obwohl ich um neun schlafen gegangen bin.« Das war nicht ganz richtig. Sie war zwar zu Bett gegangen, aber eingeschlafen war sie noch lange nicht.

»Tja, die haben Ausdauer, das muss man ihnen lassen.«

Althea blieb noch einen Moment und plauderte, ehe sie tief durchatmete und ihrem Schicksal ins Auge sah.

Es war schier unglaublich, was hier über Nacht noch geschehen war. Einige der Parzellen, die gestern noch neu und spärlich gewirkt hatten, waren plötzlich zur Schönheit gereift. Sie sprach mit einem Aussteller, der offenbar auch keinen Schlaf hatte finden können und den sie ein paar Tage vorher kennen gelernt hatte.

»Ihre Möbel sind also noch gekommen?«

Er lächelte sie erleichtert an. »Ja. Ich hab nicht mehr dran geglaubt, dass sie rechtzeitig fertig würden, geschweige denn hier ankommen. Am Donnerstag hab ich den Mann angerufen – Donnerstag, stellen Sie sich das vor – und er hat gesagt: ›Ich hab jetzt das Holz‹.«

»Wie schrecklich! Haben Sie nicht getobt?«

Er schüttelte den Kopf. »Das hat keinen Sinn. Anbrüllen hat auf diese Kunsthandwerker nicht die geringste Wirkung. Er wusste, bis wann ich die Sachen brauchte, und ich musste einfach darauf vertrauen, dass er sie rechtzeitig fertig bekommt.«

»Sie sehen fantastisch aus, als wüchsen sie aus der

Erde.« Zwei Stühle mit Armlehnen und eine Bank umstanden einen Brunnen, der aus ein paar übereinander geschichteten moosbewachsenen Steinen bestand, über die sich ein kleiner Wasserfall ergoss. Neiderfüllt sah sie von der kleinen Waldlandschaft zu dem antiken Sommerhaus in der Ecke, den Körben voll reifer Früchte, dem Tunnel aus weißen Rosen, taubenetzt und duftend.

›Der ganze Garten sieht fantastisch aus. Sie kriegen bestimmt eine Goldmedaille.«

›Wer weiß? Ich bin zum ersten Mal in Chelsea. Vermutlich ist es schon vorgekommen, aber es ist doch sehr unwahrscheinlich.«

›Ich hoffe nur noch, dass ich mich nicht blamiere. Veronica sagt, ein Garten wie meiner würde sich besser auf der Hampton Court Show machen, und sie meint es nicht als Kompliment. Ihrer Einschätzung nach ist Hampton eher etwas für Hobbygärtner – sie lassen sogar Kinder zu.«

›Ich finde, Ihr Garten ist prima, wenn man bedenkt, dass Sie keine richtige Ausbildung haben. Ganz zu schweigen davon, dass er beinah davongespült worden ist.«

Althea lächelte, dankbar und mit angemessener Demut, hoffte sie, und schlenderte weiter. Warum, warum nur hatte sie sich dazu hinreißen lassen, zu glauben, sie könnte hier irgendetwas anderes erreichen als sich lächerlich zu machen? Ebenso gut hätte sie versuchen können mit ihren bescheidenen Kochkünsten eine Anstellung in der Küche des Dorchester zu bekommen. Was hatte ›Gardens Grow‹ ihr da nur angetan?

Sie beeilte sich nicht zu ihrer Parzelle zu kommen. Sie wusste, sie würde armselig wirken nach all den Wunderwerken, an denen sie vorbeigekommen war: rankenbewachsene Statuen, die sich aus lilienbedeckten Teichen erhoben, schattige Lauben, minimalistische japanische Steingärten, wo jeder noch so kleine Kiesel etwas auszusagen vermochte, dichte Bärte aus spanischem Moos, die ein Haus wie aus einer Filmkulisse zierten, Tara vor dem Feuer. Nein, ihr schlichter Hanggarten im Cotswolds-Stil würde im Vergleich einen erbärmlichen Eindruck machen.

Doch wenigstens gewährte es ihr ein paar kostbare Stunden allein, hier zu so unchristlicher Zeit anzukommen, unbehelligt von Veronicas nasaler Stimme, die auch dann noch missfallend klang, wenn sie sich freute. Und ohne Alistairs überhebliche Blicke, unter denen sie sich mit jeder Minute älter, dicker und provinzieller fühlte. Er sehnte sich wahrscheinlich zu den Zeiten zurück, da Leibeigene seine Ländereien bewirtschafteten. Seine Liebe zu Pflanzen hätte ihn eigentlich menschlich machen müssen, aber sie schien vielmehr einem Bedürfnis zu entspringen sich alle Dinge untertan zu machen, ihnen seinen Willen aufzuzwingen, sogar der Natur. Das einzig Natürliche, was er in seinem Garten duldete, waren die gewaltigen Granitblöcke, die von seinem Landsitz herbeigeschafft worden waren. Doch der Garten war wunderschön – auch wenn alles darin vom ursprünglichen Plan der Natur abwich, entweder veredelt, vergoldet, übermäßig vergrößert oder verkleinert war, war der Effekt doch atemberaubend. Die Juroren mussten von so perfekten Blüten einfach beeindruckt sein.

Althea verabscheute Vandalismus, trotzdem überkam sie manchmal in öffentlichen Parkanlagen ein fast unbezähmbares Verlangen Ringelblumensamen, Nigellen oder gar Levkojen zwischen den ordentlichen Reihen aus Begonien, Salvien und Lobelien zu verstreuen. Alistairs Garten war weitaus geschmackvoller als die fantasielosen Blumenbeete in den Parks, aber er weckte dasselbe Verlangen in ihr einen Schlag gegen die widernatürliche Ordnung zu führen, selbst wenn der Garten gar nicht so lange hier sein würde, dass die Samen keimen konnten.

Ihr eigener Garten wirkte daneben extrem hausbakken und schlicht. Allerdings, hätte sich nicht der unmittelbare Vergleich zu seinem aufgedrängt, wäre sie recht zufrieden mit ihrem Werk gewesen. Er sah besser aus als zu Hause, denn hier hatte sie den Neigungswinkel des Hanges selbst bestimmen können, statt sich mit den natürlichen Gegebenheiten arrangieren zu müssen. Sie hatte ein bisschen Geld in Zaunelemente aus geflochtener Weide investiert, die die unterschiedlichen Abschnitte und den Pfad abgrenzten. Zu Hause hatte sie ausrangierte Zäune vom Sperrmüll verwendet. Hier war ihre Teichfolie am Rand mit feinster Blumenerde bedeckt, nicht mit dem billigen Zeug voller Steine und Borkenstücke. Und irgendwie wirkten die einfachen Wildblumen, die sie so liebte, im Kontrast zu dieser dunkelbraunen Erde sehr viel exotischer.

Der Bereich um den Teich gefiel ihr am besten. Er war nur etwa sechzig Zentimeter auf einen Meter zwanzig und jedes freie Fleckchen war bepflanzt. Zungenfarn, duftende korsische Minze mit filigranen, zartrosa Blüten und Hahnenfuß umstanden den kleinen Teich, über dessen Rand Froschbiss mit Blättern wie winzige Lilienblüten, wilde Vergissmeinnicht und Wasserminze wuchsen. Der Teich wirkte sehr tief und geheimnisvoll, seine wahre Natur war ebenso gut versteckt wie die Töpfe, in denen die Pflanzen wuchsen. Und an diesem

Morgen hatten sich zwei Libellen eingefunden, die wie zwei winzige, türkisfarbene Elfen über dem schimmernden Wasser schwebten.

Dieser Gunstbeweis von Mutter Natur heiterte Althea auf und sie ging weiter zum Feuchtbeet, das hinter dem Teich lag. Sie hatte die Absicht gehabt auf die herrlichen Funkien zu verzichten, die diesem Abschnitt den nötigen Hauch von Feinheit verliehen hätten. Sie hatte gute Gründe für diese Entscheidung: Funkien waren teuer und immer schnell von Schnecken befallen. Jedenfalls war es bei ihr zu Hause so. Doch der freundliche Landschaftsgärtner, der die Parzelle eines Seniorengärtnervereins gestaltet hatte, hatte ihr gesagt, er habe ein paar wunderschöne Exemplare übrig, die er ihr gern überlassen wolle. Die Spuren der Themseflut waren an dieser Stelle noch deutlich sichtbar, sie war alles andere als perfekt. Weil sie hier in Chelsea war, beschloss Althea sein Angebot anzunehmen. Ihre schriftlichen Kommentare zu ihrem Entwurf, an denen sie so lange herumgefeilt hatte, führten Funkien auf und wiesen darauf hin, dass man auf sie verzichten könne, wenn man ein Schneckenproblem habe, doch da sie nicht damit rechnen musste, dass das hier in der einen Woche auftreten würde, wollte sie sich selbst die Freude machen.

Sie ging weiter zu dem kunterbunten Beet mit den einjährigen Pflanzen und zu ihrem winzigen Steingarten. Kieselgarten treffe es eher, hatte William gesagt, weil er so klein war. Aber auch die Pflanzen darin waren klein und filigran und brachten die Steine wunderbar zur Geltung. Rankender Feldthymian bedeckte den einzigen größeren Stein. Stein wie Thymian hatte Althea in ihrem eigenen Garten ausgegraben, doch sie wirkten, als seien sie hier daheim und gaben dem Steingarten das dringend notwendige Aussehen von Reife.

Alistair hatte den Abschnitt mit den einjährigen Blumen abfällig als ›Farbenchaos‹ bezeichnet. Und es stimmte, es war eine wilde Kombination aus Farben, die man für gewöhnlich nicht Seite an Seite sah, doch Althea fand, jeder Garten brauchte ein Eckchen für die pure Lust am Bunten und sei es nur, damit auch die Kinder sich am Garten erfreuen konnten.

Durch einen Rundbogen gelangte man in Altheas Tempel des Guten Geschmacks, in ihrer Beschreibung der Weiße Garten genannt. Sorgsam ausgewählter Fingerhut mit cremeweißen Blütenblättern, die von kleinen, zimtfarbenen Punkten überzogen waren, weißer Sommerphlox, schwer duftendes Steinkraut, weiße Geranien und Bechermalven blühten vor einem Hintergrund aus weißen Wicken, Klematis und einer Kletterrose, die sie seit letzten Mai gehegt und gepflegt hatte. Dieser Teil des Gartens war gnädigerweise von der Flut verschont geblieben. Das war wirklich Glück im Unglück, überlegte Althea, denn es wäre so gut wie unmöglich gewesen, ihn wieder herzurichten.

Am Ende des Gartens stand eine verwitterte Bank, die Juno ausrangiert und Althea liebevoll restauriert hatte. Althea war immer müde, wenn sie sie erreichte, so als sei es wirklich ein langer Weg von einem Ende des Gartens zum anderen, nicht nur ein paar Meter.

Die Bank war von Rosen umgeben, die sie großteils aus Ablegern gezogen hatte, bis auf die *Rosa Glauca*, auf die sie so stolz war, die aus einem Samenkorn entstanden war, das Mutter Natur in höchsteigener Person in Altheas Garten gesät hatte. Geißblatt stand hier und da zwischen den Rosen, sodass diese Bank einem wohlduftenden, entrückten Refugium glich. William hätte angemerkt, dass es ein recht dornenreiches Refugium werden würde, wenn man die Rosen nicht ständig zurückschnitt, aber es wirkte überwältigend, und das war es, was in Chelsea zählte.

Althea ließ sich auf der Bank nieder, darauf bedacht, die zarten Blüten nicht zu zerdrücken, die über ihre Wange strichen. Sie schnupperte, sog die von Apfelduft erfüllte Luft ein und fand sich an die Nacht erinnert, als sie ihre Pflanzen in Patricks Gewächshaus vor dem Sturm gerettet hatte. Und an das, was danach passiert war. Unvermeidlich folgte ein schmerzhafter Stich der Sehnsucht. Sie schüttelte den Kopf um diese Gedanken zu verscheuchen und stand auf. Sie hatte noch furchtbar viel zu erledigen. Auch wenn es erst Viertel vor sechs war, wurde es Zeit, dass sie anfing zu arbeiten. Ihr Garten sollte perfekt sein, ehe Alistair und Veronica kamen. Sie stellte fest, nicht ohne einen Hauch von Schadenfreude, dass Alistairs Feigenbaum nach wie vor nicht ein einziges Blättchen hatte.

»Also, erzählen Sie mir etwas über Ihren Garten.«

Es war Altheas Freundin mit dem netten Gesicht und dem geflochtenen Zopf, deren Namen sie sich nicht merken konnte. Heute hatte sie ein Mikrofon und einen Kassettenrekorder dabei und sie hatte Veronica, Alistair, eigentlich fast alle nach ihren Gärten befragt. Aber für Althea war diese Frau wirklich schon eine Freundin, also ignorierte sie das Mikrofon und sprach ungehemmt.

»Nun, das wichtigste Prinzip bei meinem Garten ist Kostenersparnis ...«

Sie erzählte von ihrem Waschbeckenteich, dem Zungenfarn und farnblättrigem Leinkraut, die man überall finden konnte. Sie gestand auch, dass sie die teuren Zaunelemente nur gekauft und die Funkien nur gepflanzt hatte, weil es die Chelsea Flower Show war.

»Aber es würde genauso mit ausrangierten Holzlatten und Borretsch funktionieren – wissen Sie, dieses Wildkraut mit den großen Blättern und winzigen, tiefblauen Blüten.«

»Sie klingen richtig enthusiastisch.«

»Na ja, das bin ich auch. Gärtnerei war immer meine Leidenschaft und ein Nebenjob und jetzt, hoffe ich, wird sie mein Beruf.« Ein bisschen verwundert hörte sie sich von ihrer Arbeitslosigkeit erzählen. »Aber vor allem will ich demonstrieren, dass jeder einen schönen Garten haben kann, nicht nur die Leute mit Südlagegärten und viel Geld für Bepflanzung. Dieser Garten hier kann schon im ersten Jahr gut aussehen, im zweiten noch besser.«

»Und was werden Sie tun, wenn die Ausstellung vorüber ist?«

»Ich werde annoncieren und auf jede Weise, die mir einfällt, Werbung machen. Aber es gibt so viele Gartenarchitekten und nur die mit den ganz großen Namen können wirklich davon leben. Die meisten Gartenarchitektinnen haben reiche Ehemänner.«

»Aber Sie wollen trotzdem versuchen Ihren Lebensunterhalt damit zu verdienen?«

»Ich könnte es niemals aufgeben. Aber vermutlich muss ich mir zusätzlich einen Job suchen.«

»Haben Sie vielen Dank. Das war hochinteressant. Inspirierend. Und wie schätzen Sie Ihre Gewinnchancen ein?«

»Sie meinen hier bei der Ausstellung einen Preis zu

bekommen? Null, ehrlich gesagt. Für mich war es schon ein Sieg, so weit zu kommen. ›Gardens Grow‹ haben diese Gelegenheit hier als Preis für einen Wettbewerb ausgeschrieben und es war ein Glück für mich, den zu gewinnen. Ich habe so viel gelernt, mehr erwarte ich nicht.« Althea lächelte vertraulich. »Und seien Sie doch mal ehrlich, glauben Sie wirklich, mein Garten, so stolz ich auch darauf bin, könnte mit all diesen professionell angelegten Gärten konkurrieren? Es ist, als wolle man auf einem Shetland Pony beim Grand National mitreiten. Es ist ein Wunder, wenn man über das erste Hindernis kommt.«

»Also, nochmals, vielen Dank. Es hat mir großen Spaß gemacht, alles über Ihren Garten zu hören, und ich bin sicher, unsere Zuschauer wird es ebenso interessieren.« Sie schaltete ihren Rekorder aus. »Sie haben doch meine Karte noch, oder?«

Althea wusste im ersten Moment nicht, was sie meinte.

»Nein, natürlich nicht. Hier.« Die Frau gab ihr eine neue. »Ich werde mich bei Ihnen melden, ganz bestimmt.«

Althea warf einen Blick auf die Visitenkarte, ehe sie sie in die Hosentasche steckte. Phillida Stancombe. *Flourishing Ideas Productions*. Sie hatte gerade noch Zeit sich zu fragen, was sich hinter diesem blumigen Namen verbarg, ehe Veronica zu ihr trat. »Die Juroren werden jeden Moment hier sein. Sollten Sie sich nicht lieber umziehen?«

Veronica war in einem wunderbaren, asiatisch anmutenden Hosenanzug erschienen, der ihren Porzellanteint, die Perlen und ihre schmalen Knöchel und Füße optimal betonte. Wenn sie nur nicht so hochnäsig wäre, dachte Althea, sie könnte schön sein.

»Die Juroren? Ach du lieber Himmel! Ich verschwinde!«

»Sie wollen nicht warten?«

»Auf keinen Fall. Ich erfahre es früh genug.«

Althea fand einen stillen, vergessenen Winkel hinter der Damen-Behindertentoilette. Es war ein grasbewachsenes Fleckchen, das mit Zeltplane und Spannleinen vor den Blicken der Welt abgeschirmt war. Sie lag auf dem Rücken, die Sonne im Gesicht und versuchte sich zu entspannen.

»Nervös?« Es war die Frau mit dem Kassettenrekorder, Phillida Sowieso.

»Ja, ob Sie's glauben oder nicht. Auch wenn ich so aussehe, als wollte ich nur ein bisschen Sonne tanken.«

Die Frau lachte leise. »Ich wette, Sie haben nicht geschlafen und ich wette, Sie waren wenigstens zwanzigmal auf dem Klo.«

»Zweiundzwanzigmal.«

»Hier, trinken Sie einen Schluck Wein. Ich habe einen Flachmann in meiner Tasche.«

»So früh am Morgen?«

»Wenn Sie vor Sonnenaufgang aufgestanden sind, muss es Ihnen doch jetzt vorkommen, als sei es die richtige Zeit, um eine Flasche zu öffnen. Hier, nehmen Sie.«

Sie hielt Althea den Flachmann hin und sie nahm einen Schluck. »Der schmeckt wunderbar.«

»Ich habe lieber roten statt weißen genommen, weil ich wusste, er wird warm, ehe ich dazu komme, ihn zu trinken. Los, trinken Sie noch mal.«

»Wollen Sie denn nichts?«

Phillida schüttelte den Kopf. »Ich bin erst seit sieben auf. Für mich ist es noch Morgen. Nur zu, trinken sie aus. Dann können Sie vielleicht ein halbes Stündchen schlafen, ehe die königliche Familie eintrifft.«

Althea stöhnte. »Was denken Sie, kann man vor Nervosität sterben?«

»Warum sind Sie so aufgeregt? Wegen der Queen?«

»Oh nein. Vermutlich sollte ich das. Aber sie ist nur ein Mensch und es gibt immer einen Weg mit Menschen zurechtzukommen, wenn man sich nur genug Mühe gibt. Nein ...«

»Also was dann?«

»Alle werden so furchtbar traurig sein, wenn mein Garten durchfällt. Ich weiß, ich hab vorhin zu Ihnen gesagt, dass ich meinen Preis schon gewonnen habe. Aber es gibt Menschen ...« Patricks lachende Augen kamen ihr in den Sinn. »Meine Kinder, Familie, die alles getan haben um mich zu unterstützen. Und sie werden so bitterlich enttäuscht sein.«

»Erfolg ist eine komische Sache. Man weiß nie, wann der Moment gekommen ist, da man wirklich Erfolg hat.«

»Bitte?«

»Ach, egal. Trinken Sie den Wein, essen Sie mein Sandwich und machen Sie ein Nickerchen. Ich komm später noch mal vorbei.«

Zu ihrer größten Überraschung schlief Althea tatsächlich ein. Sie wachte mit einem Ruck auf, einer Panik nahe und wusste nicht, wo sie war. Ein Blick auf die Uhr sagte ihr, dass es kaum eine Stunde her war, seit sie ihre Parzelle verlassen hatte.

Sie hatte keine Eile zu erfahren, wie sie abgeschnitten hatte. Sie ging zur Damentoilette, wusch sich das Gesicht, zog ihr Kleid an, ein älteres, heiß geliebtes Stück, das ihr immer Selbstvertrauen gab, und ging zur »Gardens Grow«-Parzelle zurück.

Im ersten Moment glaubte sie, es sei ein Irrtum, was da auf dem Schild stand, das mitten in ihrem Garten steckte. Dann dachte sie, dass vielleicht die Parzelle als Ganzes, mit allen drei Gärten zusammen, den Preis gewonnen hatte. Aber dann sah sie ein Schild in Alistairs Garten. Sie wandte sich wieder dem zwischen ihren Blumen zu und nahm die Botschaft in sich auf. Es schien, dass ihr Garten, ihr billiger, improvisierter, beinah davongespülter Garten eine Silbermedaille gewonnen hatte.

Felicity kam hinter einer japanischen Pagode hervor. »Meine Lieben! Das ist herrlich! Silber für Althea und Bronze für Alistair! Sie dürfen es nicht persönlich nehmen, Veronica. Diese Dinge sind ja so subjektiv.«

Althea, auf deren Gesicht sich langsam ein strahlendes Lächeln ausbreitete, war beeindruckt. Das konnte nicht einfach sein, was Felicity da zustande gebracht hatte, mit einem Atemzug zwei Bewerbern zu sagen, dass sie Außergewöhnliches geleistet haben, und dem dritten, dass es eine Sache ohne Belang sei.

»Natürlich lag es nur daran, dass der Feigenbaum keine Blätter hatte, sonst hätte ich Gold bekommen«, bemerkte Alistair.

»Da bin ich sicher«, sagte Althea. Sie hatte Mühe ihre Freude, Erregung und erst recht ihre Befriedigung darüber, dass sie ihn überflügelt hatte, zu verbergen.

»Nun, ich werde nach Hause fahren«, verkündete Veronica. »Wenn sie glauben, dass ich hier eine Woche lang meine Zeit verschwende und dem Pöbel freundlich Auskunft erteile, dann haben sie sich aber geirrt.«

»Tja, erteilen Sie wenigstens der Queen freundlich Auskunft«, erwiderte Felicity. »Danach können Sie tun, was Sie wollen. Hier, Althea, wollen Sie mein Handy nehmen um Ihrer Familie Bescheid zu sagen?«

Nach ein paar Fehlversuchen erreichte Althea Patricks Anrufbeantworter. Sie sprach ihre Nachricht auf Band, traurig, dass niemand da war um sie persönlich in Empfang zu nehmen, aber selig, dass die Nachricht so gut war. Die Kinder würden es erfahren, wenn sie aus der Schule kamen. Vielleicht lud Patrick sie zum Essen ein. Ach, Patrick. Sie seufzte tief, für einen Augenblick legte sich ein Schatten über ihr Glück wie eine Wolke, die sich vor die Sonne schiebt. Aber dank der Silbermedaille konnten er und die Kinder sich wenigstens sagen, dass ihre Mühen nicht umsonst gewesen waren.

Einige Zeit nachdem die offizielle Besichtigung vorbei war, königliche Hände geschüttelt und viele Fragen gestellt und beantwortet worden waren, kam eine strahlende Phillida, kaum in der Lage einen Luftsprung zu unterdrücken. »Ja, ja ja!«, rief sie Althea zu und streckte ihre Faust triumphierend in die Luft. »Ich wusste, Sie können es schaffen!«

»Vielen Dank, dass Sie sich so für mich freuen.« Althea war ein bisschen verwundert, dass jemand, den sie kaum kannte, so beglückt über ihren Erfolg war.

»Jetzt, wo Sie die Medaille bekommen haben, kann ich meinen Plan in die Tat umsetzen!«

»Sie haben einen Plan?«

»Allerdings! Ich weiß natürlich nicht, was Sie davon halten, aber wie würde es Ihnen gefallen, eine Gartensendung zu moderieren?«

»Was?« Althea glaubte, sie habe sich verhört.

»Im Fernsehen. Ich gehöre zum Team von *Gardening Go-Round* und unsere Moderatorin geht in Mutterschaftsurlaub. Ich hab immer schon gesagt, was wir brauchen, ist ein Amateurgärtner, nein, seien Sie nicht böse, ich meine lediglich jemanden, der nicht jahrelang in Kew Gardens war und ein Botanikdiplom hat. Haben Sie doch nicht, oder?«

»Ein Botanikdiplom? Nein!«

»Aber Sie lieben Gärtnerei und können gut darüber reden?«

»Ich weiß nicht.« Sie dachte einen Moment nach. »Ich schätze, ich rede darüber, wann immer sich jemand findet, der es hören will, ja. Die meisten meiner Freunde interessieren sich nicht besonders dafür.«

»Es wäre erst einmal nur ein Vertrag für drei Monate, aber wenn es gut läuft, würde er verlängert. Ich weiß, dass Mary Fenton nicht die Absicht hat zurückzukommen, wenn das Baby da ist.«

»Wollen Sie damit sagen, ich soll zum Fernsehen?«

»Genau! Ich glaube, Sie wären perfekt. Sie sind genau wie Ihr Garten, nicht abgehoben, sondern für jedermann erreichbar und zugänglich. Und es wird gut bezahlt. Sie könnten für eventuelle Durststrecken sparen. Und, selbst wenn der Vertrag nicht verlängert würde, Sie wären bekannt!«

Veronica, die trotz anders lautender Ankündigung nicht nach Hause gefahren war, mischte sich ein. »Sind Sie sich darüber im Klaren, dass Althea keinerlei Fachausbildung hat?«

Phillida sah sie an. »Was denn, gar nichts? Keine Gärtnerausbildung oder irgendein Landschaftsbaulehrgang?«

Na ja, sie hatte gleich gedacht, es sei zu gut um wahr zu sein. »Nein, ich fürchte nicht. Ich bin absoluter Autodidakt. Nur beim Zeichnen hat mir jemand geholfen, ein Freund hat es mir beigebracht.«

»Aber das ist ja wundervoll! Genau, was wir brauchen! Ich kann es kaum erwarten, Nathan davon zu erzählen. Ich werd ihn irgendwann im Laufe der Woche mit herbringen.«

Phillida ging schließlich, schwebte auf einer Seifenblase von Enthusiasmus davon.

»Manche Leute sind einfach Glückspilze«, sagte Veronica.

Althea dachte darüber nach. Konnte man sie, die mit drei kleinen Kindern sitzen gelassen worden war, ihren Job verloren hatte, deren Pflanzen beinah einem Sturm zum Opfer gefallen waren und deren Garten um ein Haar von der Themse davongespült worden wäre, einen Glückspilz nennen? Nun, verglichen mit Veronica, die schlank und reich war und vermutlich von ihrem Mann auf Händen getragen wurde, aber nicht wusste, dass sie lebte, fühlte sie sich verdammt glücklich.

KAPITEL 27 »Hi, Mum!«

Althea wandte sich um und zu ihrem Erstaunen entdeckte sie William, Rupert und Merry, die in einer Reihe nebeneinander standen und offenbar nicht sicher waren, wie sie ihre Mutter in dieser exotischen Umgebung begrüßen sollten.

Sie stieg über die Absperrung, die ihren Garten umgab, und stürzte auf sie zu. »Ach, wie herrlich! Wie seid ihr hier hereingekommen? Ihr seid keine Mitglieder.«

»Patrick hat das arrangiert. Er war mit einer der Gartenarchitektinnen zusammen auf der Uni.«

»Ah ja? Mit wem?«

»Barbara Wynn-Jones. Sagt dir das was?«

»Natürlich sagt mir das etwas! Sie ist berühmt.« Außerdem war sie ausgesprochen talentiert, charismatisch und mit irgendeinem wichtigen Mann aus London verheiratet.

»Na ja, anscheinend sind sie und Patrick gute Freunde.«

»Aber wie seid ihr hergekommen? Mit dem Zug?«

»Ja. Juno hat in der Schule angerufen und eine Abwesenheitserlaubnis für uns besorgt.«

»Das war aber lieb von ihr.« Und ausgesprochen untypisch noch dazu.

»Nun ja, Patrick ...« Merry verstummte unter den finsteren Blicken ihrer Brüder.

»Patrick was?«

»Hat gesagt, sie soll's tun«, murmelte sie.
»Und wann hat Juno je getan, was man ihr sagt?«
»Was weiß *ich*.«
»Entschuldige«, sagte Althea. »Und wie seid ihr vom Bahnhof hergekommen? Doch nicht etwa mit der U-Bahn?«
»Natürlich! Also wirklich, Mum«, protestierte William. »Man könnte meinen, du denkst, wir sind Kinder.«
»Seid ihr doch auch«, brummte Althea vor sich hin.
Die Jungen hörten sie und tauschten einen gequälten Blick.
»Nun ja, ihr seid ja offensichtlich heil hier angekommen. Also, was haltet ihr davon?«
»Er ist super«, verkündete Rupert. »Besser als der, den du zu Hause gemacht hast.«
»Wirklich?«
»Ja. Fast so gut wie dieser hier.« Er wies auf Veronicas Garten.
»Darf ich die Blumen pflücken?«, fragte Merry.
»Nein!«, rief Althea entsetzt.
»Schon gut. War nur ein Witz.«
Es war wunderbar, die Kinder wieder zu sehen und all ihre Neuigkeiten zu hören. Telefonieren war einfach nicht dasselbe. Ihre Unterhaltung wurde häufig unterbrochen, weil ganze Ströme von Leuten vorbeikamen, die Althea Fragen stellen wollten. Sie konnte es immer noch nicht richtig fassen, dass sie als Expertin angesehen wurde, nachdem ihre Meinung ihr Leben lang immer nur so geringe Beachtung gefunden hatte.
»Juno will auch kommen«, sagte Merry, als es einmal für ein paar Minuten ruhiger war. »Man darf Babys mit herbringen, aber keine Kinderwagen.«
»Oh, gut. Ich hoffe, es wird ihr gefallen.«

»Tja, ich schätze, sie wird die anderen besser finden«, meinte Merry. »Aber sie war ganz aus dem Häuschen vor Freude. Hör mal«, fuhr sie hastig fort. »Würd's dir was ausmachen, wenn wir ein bisschen einkaufen gingen und dich später wieder hier treffen, so gegen fünf?«

Ihre Kinder, unschuldige Lämmer vom Lande, allein in London unterwegs? William las ihre Gedanken und kam ihren Einwänden zuvor. »Wirklich, Mum, ich pass schon auf sie auf. Und wir sind hier in Chelsea, nicht in Brixton. Das Schlimmste, was passieren kann, ist, dass uns irgendein blasierter Yuppie kidnappt und uns zwingt Queens-Englisch zu sprechen.«

»Keine Witze über solche Dinge, bitte! Also meinetwegen. Aber bleibt bei William, ihr zwei. Habt ihr Geld?«

»Nein.«

»Dann solltet ihr besser meine Karte mitnehmen.«

Althea warf einen schnellen Blick über die Schulter. Juno war entsetzt gewesen, als sie herausfand, dass Altheas Kinder ihre Geheimnummer für den Geldautomaten kannten. Nur gut, dass sie nicht wusste, dass sie am Automaten immer neben ihr standen und ihr die Ziffern vorbeteten für den Fall, dass sie sie vergessen hatte. Jetzt hatte sie Angst, sie könnten überfallen und gezwungen werden die Nummer preiszugeben.

»Wie viel soll ich abheben? Fünfzig?«, fragte William.

»Ja, aber ich will einen Teil davon zurück. Ihr könnt euch etwas zu essen holen und ein kleines Andenken kaufen.«

»Ein sehr kleines«, brummelte Merry. »Fünfzig Pfund ist nichts heutzutage.«

»Aber ich lebe in der Vergangenheit und denke immer noch, fünfzig Pfund ist genug um einen vierzehntägigen

Urlaub auf Mallorca für eine fünfköpfige Familie zu bezahlen. Heute Abend gehen wir richtig schick essen«, versprach sie.

Sie gingen in eines der italienischen Restaurants in der Gegend.

»Ihr könnt euch aussuchen, was ihr wollt, nur keine Pizza«, sagte Althea. »Die gibt es oft genug zu Hause.«

Das machte die Auswahl schwierig, langwierig und geräuschvoll, aber zu guter Letzt hatten sich alle entschieden. Ein freundlicher Kellner nahm ihre Bestellung auf und kam kurz darauf mit ihren Getränken zurück.

»Und wie seid ihr zurechtgekommen in Patricks Haus?«, fragte Althea, nachdem sie einen tiefen Zug aus ihrem Weinglas genommen hatte. »Vermutlich könnt ihr es kaum erwarten, dass wir endlich wieder ein Haus für uns allein haben.« So ging es ihr selbst, aber die Vorstellung wieder auf Haussuche zu gehen war zu grauenhaft um jetzt daran zu denken.

»Eigentlich ist es ganz toll«, sagte Rupert. »Ich wünschte, wir könnten so ein Haus finden.«

»Ich auch«, stimmte Merry zu.

»Es ist ein bisschen zu groß und vornehm für unsereins, Herzchen.«

»Na ja, aber wir könnten doch eine Hälfte von Patricks Haus kaufen«, erwiderte Merry. »Wir wohnen doch sowieso schon drin und es ist noch so viel Platz.«

»Auf jeden Fall ist es viel zu groß für einen allein«, meinte Rupert, der Reichtum moralisch fragwürdig fand.

»Ich kann mir nicht vorstellen, dass er es auf Dauer mit irgendwem teilen will«, sagte Althea. Ganz zu schweigen, was sie selbst davon halten würde. »Wahrscheinlich legt er großen Wert auf seine Privatsphäre.«

»Es gibt eine Privatsphäre, es gibt aber auch so was wie Einsamkeit. Das Haus ist groß genug für ein Regiment«, wandte William ein.

»Du könntest ihn doch fragen, ob wir nicht dableiben können«, schlug Merry vor. »Dann bräuchten wir uns nicht wieder all diese scheußlichen Häuser anzusehen. Weißt du noch das eine, wo es so komisch roch?«

»Und all die anderen mit den Mauselochzimmern?«, fügte Rupert hinzu.

»Ich muss auch sagen, es ist super, bei Patrick zu wohnen«, sagte William. »Patrick ist wirklich in Ordnung.«

»Ja. Er ist cool. Warum bist du immer so kurz angebunden mit ihm, Mum?«, fragte Merry.

Die Ankunft des Essens ersparte Althea eine Antwort geben zu müssen. »Glaubst du, du schaffst das, Merry?«, fragte sie, als ihre Tochter hinter einem Gebirge aus Pasta verschwand.

Merry warf ihr einen ungeduldigen Blick zu. »Ich bin kein Baby mehr, Mum.«

William untersuchte argwöhnisch seine Vorspeise, ob sich nicht doch irgendwo eine Krabbe oder ein Stückchen Geflügel darin verbarg. »Schmeckt es dir, William?«

Er seufzte. »Ich bin auch kein Baby mehr.«

»Das hier ist Klasse, Mum«, sagte Rupert. »Und deins?«

Althea kostete eine Gabel voll der mit Ricottakäse und Spinat gefüllten Cannelloni. »Himmlisch.«

»Also, warum verstehst du dich nicht mit Patrick, Mum?«, fragte William und balancierte eine Spargelstange auf seinem Löffel aus.

»Wie kommst du auf so etwas? Natürlich verstehen wir uns gut.« Althea klang entrüstet.

»Nach Weihnachten hast du uns erzählt, ihr wärt keine Freunde mehr.«

»Na ja, das ist wieder in Ordnung. Halbwegs.«

»Da scheint er aber anderer Meinung zu sein«, sagte Merry.

»Vielleicht mag er mich nicht besonders.«

»Oh, natürlich«, erwiderte Merry. »Darum ist er auch Hals über Kopf losgebraust um deinen Garten zu retten, weil er dich nicht besonders mag.«

»Ich glaube, er steht auf sie.« Rupert errötete bei dem Gedanken, dass seine Mutter sexuell anziehend sein könnte und spießte eine Ravioli auf.

Merry sah ihre Mutter aufmerksam an, als sehe sie sie plötzlich mit anderen Augen. »Wirklich? Cool!«, sagte sie, erfreut aber verständnislos.

»Das glaub ich nicht«, murmelte Althea und zupfte an ihrer Serviette herum.

»Aber was hat das mit seinem Haus zu tun?«, wollte William wissen. »Soll ich ihn fragen, ob er will, dass du die eine Hälfte kaufst?«

»William, wenn du meinen Namen und das Wort Haus Patrick gegenüber auch nur im selben Atemzug erwähnst, streiche ich dein Taschengeld bis du neunundvierzig bist.«

»Mum! Mit neunundvierzig braucht er doch kein Taschengeld mehr«, sagte Merry.

»Doch«, meinte Rupert. »Wenn er dann immer noch Buddhist ist.«

»Aber vielleicht wär er wirklich froh, wenn er dir eine Hälfte verkaufen könnte. Juno glaubt, ihm geht das Geld aus.«

»Tatsächlich? Ist Juno mit der Frau seines Bankdirektors befreundet?«

»Ich glaub nicht. Aber sie kam vor ein paar Tagen vorbei und bemerkte, es sei nicht viel am Haus getan worden, seit sie es zuletzt gesehen habe.«

»Das muss nicht zwangsläufig heißen, dass ihm das Geld ausgegangen ist.«

»Ich wiederhole nur, was Juno gesagt hat«, antwortete William gelangweilt. »Können wir jetzt vielleicht das Thema wechseln?«

Obwohl sie die nächsten drei Tagen meistens vollauf damit beschäftigt war, mit den Horden von Menschen zu reden, die zu ihr kamen, konnte Althea doch nicht aufhören über die Möglichkeit nachzugrübeln eine Hälfte von Patricks Haus zu kaufen und darüber, was die Kinder ihr erzählt hatten. Trotz ihrer Einwände im Restaurant dachte sie insgeheim, dass die Unterbrechung der Bauarbeiten vermutlich wirklich bedeutete, dass das Geld knapp geworden war. Es war ein riesiges Haus und es gab noch schrecklich viel daran zu tun. Außerdem war Barnet House eines der schönsten Häuser in Gloucestershire. Und keins der zahllosen Häuser, die sie besichtigt hatte, war wirklich bewohnbar, geschweige denn schön.

Natürlich galt es zu bedenken, dass sie zu einer ungünstigen Zeit auf Haussuche gegangen war, während der Flaute nach Weihnachten, jetzt waren weitaus mehr Häuser auf dem Markt. Und sollte sie den Job beim Fernsehen wirklich bekommen, konnte sie sich zusätzlich zu der Summe, die sie schon hatte, noch eine Hypothek leisten.

Aber in ihrem Herzen wusste sie, dass sie Patricks Haus wollte ... beinah so sehr, wie sie Patrick wollte.

Juno kam wie versprochen, mit einem atemberaubenden Hut und mit Candida, ebenso hübsch und elegant wie ihre Mutter in Organdy und Broderie Anglaise. Sie saß in einem Tragegestell, das weder ihre noch die Erscheinung ihrer Mutter im Mindesten beeinträchtigte.

»Oh, Ally, ich bin ja so stolz auf dich!«, rief Juno aus, nachdem es Althea gelungen war, sie zu küssen ohne Hut oder Baby zu zerdrücken. »Ich wusste, du würdest es schaffen! Eine Silbermedaille! Was glaubst du, warum du keine Goldmedaille bekommen hast?«

Hätte sie sicher sein können, dass Juno etwa zwei Stunden lang den Mund halten und zuhören konnte, hätte sie es ihr vielleicht erklären können. Da das aber weitaus schwieriger zu erreichen war als eine Goldmedaille, versuchte sie es erst gar nicht. »Ich weiß nicht genau.«

»Der da drüben ist hübsch.« Juno wies auf Veronicas Bruchsteinmäuerchen.

»Wenn du dir meinen angesehen hast, werd ich dich Veronica vorstellen«, versprach Althea.

»Wirklich, ich bin sehr beeindruckt.« Und sehr überrascht, nach dem Klang ihrer Stimme zu urteilen. »Es ist ganz anders als deine sonst eher konzeptlosen Entwürfe. Was für ein hübscher kleiner Teich. Oh, aber ist das nicht ein Unkraut, Liebes? Das kleine Ding da mit den mauvefarbenen Blüten? Hast du es beim Jäten übersehen? Vielleicht hast du deswegen keine Goldmedaille bekommen?«

»Das ist efeublättriges Leinkraut und ich bezeichne es als Wildblume.«

»Oh.«

Nachdem Juno und Veronica sich bekannt gemacht und festgestellt hatten, dass sie ein paar gemeinsame

Bekannte hatten, entführte Juno Althea um ihr ein Glas Pimms auszugeben.

»Patrick war gestern Abend zum Essen da. Er war so reizend zu Candida, nicht wahr, Liebling?« Seit sie ein Kind hatte, konnte Junos Stimme, die für gewöhnlich kühl und sachlich klang, ganz plötzlich einen weichen, liebevollen Tonfall annehmen, wenn sie mit ihrer Tochter sprach, und dann mit erschreckender Plötzlichkeit wieder umschlagen. »Er hat keinen Ton gesagt, als sie ein bisschen Milch auf sein Jackett gespuckt hat, stimmt's nicht, Engelchen? Der arme Mann«, schloss sie brüsk.

»Ich glaube nicht, dass es ihm etwas ausgemacht hat.« Althea verspeiste ein Stück Gurke und fragte sich, ob Juno sich jemals vertat und das Baby anfuhr und zu Kenneth säuselte. »Manche Männer lieben Babys.«

»Ach, das meinte ich doch nicht. Nein, ich meine, es ist traurig mit seinem Haus.«

»Was ist mit seinem Haus?«

»Nun ja, er hat selbst nichts gesagt, aber ich war vor ein paar Tagen da und es war nichts mehr daran getan worden. Und Diana Sanders hat gesagt, er hat die Bauarbeiter weggeschickt. Ihm scheint das Geld ausgegangen zu sein.«

»Das hat er Diana erzählt?«

»Oh nein. Ich glaube nicht, dass sie sich kennen. Aber ihre Nachbarn lassen sich gerade den Patio pflastern und die Firma hat vorher für Patrick gearbeitet. Die Männer haben es ihr erzählt.«

»Das hat nichts zu bedeuten. Wenn sie fertig waren ...«

»Aber das ist es ja, waren sie nicht! Er hat bezahlt, was sie bisher gemacht haben, aber der Auftrag war noch nicht abgeschlossen. Trotzdem hat er sie weggeschickt. Ich denke, er wird verkaufen müssen.«

»Das wär ja furchtbar!«

»Findest du? Es ist ein schrecklich großer Kasten. Wunderschön, sicher, aber viel zu groß für einen allein. Ich denke, es wäre nur vernünftig, es abzustoßen. Falls er einen Käufer findet.«

Althea, die selbst ihr Haus verkauft hatte, weil es »nur vernünftig« war, wollte nicht, dass Patrick dasselbe Schicksal erlitt. »Möchtest du noch etwas trinken?«

»Nein, danke, Liebes. Wenn man stillt, muss man vorsichtig sein.« Sie warf Althea einen Blick zu, der besagte, dass es viele gute Gründe gab vorsichtig zu sein und dass sie drauf und dran war einen nach dem anderen aufzuzählen.

Es war Donnerstagabend. Althea hatte das Gefühl, wenn sie sich nicht bald hinsetzte, würde sie einfach umfallen, wo sie stand. Also flüchtete sie zum hinteren Ende ihres Gartens und sank auf Junos Bank nieder. Sie hatte die Augen geschlossen und die lärmende Menschenmenge aus ihrem Bewusstsein verbannt, als sie plötzlich jemand ansprach. Ihre Augen klappten auf und sie sah einen jungen Mann mit Pferdeschwanz, der eine Videokamera trug. Er hatte die Linse auf sie gerichtet. Sie wollte gerade protestieren, als Phillida Stancombe hinter ihm auftauchte.

»Entschuldigen Sie, ich wette, wir sind die letzten Menschen auf der Welt, die Sie jetzt sehen wollen, aber es war der einzige Termin, den Tristan noch frei hatte.«

»Ähm ... wie bitte?«

»Ich wollte Sie unbedingt auf Film haben, damit die

großen Bosse sehen können, was für ein Star Sie sein werden. Ich bin ja so aufgeregt!«

Phillida machte ihrer Erregung Luft und Tristan filmte noch ein Weilchen. Sie nahmen Althea dabei auf, wie sie ihren Besuchern Fragen beantwortete, ihr Gartenkonzept vor der Kamera beschrieb, zu Veronica hinübersah und huldvolle Bemerkungen über deren Garten machte. Sie wollten sie auch noch ins Hauptzelt schleppen und ihre Reaktionen auf die Exponate dort filmen, aber Althea konnte sie davon überzeugen, dass sie dort an keinen der Stände nahe genug herankommen würden, höchsten an die Bonsais.

»Sie sind ein Naturtalent, ein absoluter Star!«, frohlockte Phillida. »Ich werde morgen mit Nathan vorbeikommen. Das ist der Mann, den Sie beeindrucken müssen. Aber wir kommen früh, bevor Sie so müde sind.«

»Gut«, sagte Althea. Sie badete ihre Füße in ihrem Teich – ohne zu merken, dass Tristan immer noch drehte – und fühlte sich ein bisschen besser. »Ich freu mich schon.«

William und Daniel sollten um Punkt fünf am Freitagnachmittag kommen um Althea zu helfen ihre Blumen auszupflanzen und alles, was sie nicht verkauft hatte oder wovon sie sich nicht trennen konnte, nach Hause zu schaffen.

Tatsächlich hatte sie eine ganze Menge Pflanzen verkauft, aber seltsamerweise wollte niemand den Waschbeckenteich und viele ihrer Wildblumen hatten seit Montag einen deutlichen Unkrautcharakter angenommen.

Um zwanzig nach fünf begann sie ungeduldig zu werden und sich wegen der Pflanzen zu sorgen, die sie gekauft hatte, als ein schneidiger Lieferwagen vor ihrer Parzelle anhielt. ›So eine Nobelkarosse sieht Veronica ähnlich‹, sagte sie zu Gerry, ihrem neuen Freund, der Orangerien machte. Es war Patrick.

Sie war nicht so überrascht, wie sie hätte sein müssen. Er war schon so oft unerwartet in ihrem Leben aufgekreuzt, dass sie inzwischen immer damit rechnete. Aber sie war nervös und sehr unsicher.

›Also? Können wir abbauen?‹, fragte er.

Es war ein sehr heißer Tag und seine Baumwollhose war zerknittert, sein Hemdkragen offen. Veronica, die ihrem Chauffeur gerade Anweisungen bezüglich des Transports ihrer Passionsblume gab, hielt einen Moment inne um ihn zu bewundern.

›Wo sind William und Daniel?‹

›Du läufst Gefahr deinen Sohn wie einen Ehemann zu behandeln. Er ist in der Schule, wo er hingehört.‹

›Ich habe keinen Ehemann.‹

›Ich weiß. Deswegen bin ich ja hier.‹

Und nachdem er diese etwas missverständliche Bemerkung der allgemeinen Chaosstimmung, die in Chelsea am Abend des letzten Ausstellungstages herrschte, hinzugefügt hatte, fing er an den Lieferwagen zu beladen.

›Ähm, ich hab bei verschiedenen Leuten ein paar Pflanzen gekauft. Ich geh sie eben holen.‹

Sie kämpfte gegen eine Flut von Menschen an, viele von ihnen torkelten blind einher, die Arme voller Pflanzen und Blumen. Doch sie schlug sich zu ihrem Ziel durch und kehrte schließlich selbst schwer beladen zurück, wundervolle Exemplare zu Spottpreisen, die alle auf den Kompost gewandert wären, wenn sie sie nicht gekauft und einen Lieferwagen für ihren Transport gehabt hätte.

Schließlich stieg sie vorne neben Patrick ein. Schweigend fuhr er im Schritttempo Richtung Hauptausgang. Schweigend betrachtete Althea das Menschengewirr, die Zerstörung all der Wunderwerke, die Natur und Kunst mit vereinten Kräften erschaffen hatten. So viel Mühe, so viel Inspiration waren darin eingeflossen, es war ein Jammer, dass das Ergebnis nur eine so kurze Lebensspanne hatte. Es war traurig. Aber so war Chelsea. Wenigstens hatte »Gardens Grow« es übernommen, ihren Hang abzutragen, andernfalls hätte sie das ganze Wochenende damit zubringen müssen, den Urzustand wiederherzustellen.

»Du musst sehr stolz sein«, bemerkte er, als sie endlich den Damm Richtung Fulham entlangschlichen, weil sie ihre Sachen noch bei Sylvias Eltern abholen musste.

»Ja, aber ohne dich hätte ich es niemals geschafft.«

»Natürlich hättest du das. Ich hab dir lediglich beigebracht, wie man einen Bleistift hält.«

»Es war nicht nur das ...«

»Du bist diejenige, die den Preis gewonnen hat, ganz allein. Also jetzt nimm auch die Lorbeeren.«

Der Verkehr war katastrophal. Nach einer halben Stunde waren sie kaum vorwärts gekommen.

»Es war furchtbar nett von dir, zu kommen. Der Verkehr ist grauenhaft und es ist so ein weiter Weg.«

»Das wäre nicht anders, wenn William und sein Freund gekommen wären.«

»Nein, aber sie hätte ich bezahlt.«

Er sah zu ihr hinüber.

»Ich nehme nicht an, dass du Geld von mir annehmen würdest?« Sie sah starr auf die Straße hinaus.

»Nein«, erwiderte er knapp.

Althea wollte darauf bestehen, wenigstens das Benzin zu bezahlen – das war wohl das Mindeste, vor allem, wenn seine finanzielle Lage derzeit wirklich angespannt war. Aber im letzten Moment biss sie sich auf die Zunge. Vermutlich hätte er sie nach Hause laufen lassen, mit all ihren Pflanzen.

»Woher hast du den Wagen?«

»Er gehört der Firma.«

»Die Kinder haben mir erzählt, du kennst Barbara Wynne-Jones?«

»Ja, wir haben zusammen studiert.«

»Das haben sie mir auch erzählt. Ihr müsst immer noch guten Kontakt haben, wenn du über sie die Eintrittskarten besorgen konntest.«

Er sah sie wieder an. »Ja, wir sind immer noch befreundet.« Sein Mundwinkel zuckte. »Vor allem wieder seit es in ihrer Ehe so kriselt.«

»Oh.«

Es herrschte ein paar Minuten Stille. Dann sagte er: »Die Kinder haben erzählt, dass man dir einen Job beim Fernsehen angeboten hat.«

»Ja. Es ist eigentlich urkomisch. Erinnerst du dich an die Frau mit dem Zopf? Der du deine Karte gegeben hast?«

Er nickte.

»Na ja, es sieht so aus, als sei sie Produzentin bei einem Sender, der eine Gartensendung im Nachmittagsprogramm hat. Und sie suchen eine neue Moderatorin.«

»Und das sollst du werden?«

»Ja. Nicht allein, natürlich, aber ich soll eine Art Ratgeber für Leute mit wenig Erfahrung und wenig Geld abgeben.«

»Gratuliere!«

»Das Gute daran ist, selbst wenn sie es nach einer Staffel absetzen, werde ich einen Namen haben. Die Leute werden sich an mich erinnern, wenn sie meine Werbeanzeigen lesen.«

»Das ist wahr.«

»Ich hab ihren Chef kennen gelernt, weiß nicht mehr, wie er heißt, Nathan Sowieso. Er war reizend. Und er will mich unbedingt haben. Er hat gesagt, heute ginge das Bestätigungsschreiben raus.«

»Das ist doch wunderbar.«

Altheas Repertoire an leichter Konversation war erschöpft. »Aber nicht wunderbar genug um ein Lächeln auf dein Gesicht zu zaubern?«

Er lächelte, wenn auch nur ganz kurz. »Natürlich freu ich mich für dich. Du wirst das ganz hervorragend machen und ich bin überzeugt, du hast eine große Karriere vor dir. Barbara war tief beeindruckt.«

»Barbara Wynne-Jones?«

»Eben diese.«

»Wirklich? Sie hat es nicht nur gesagt, weil sie wusste, dass wir befreundet sind?«

»Barbara sagt niemals Dinge nur um höflich zu sein.«

Ein Gefühl von wohliger Wärme breitete sich in ihrem Bauch aus, wie der erste Löffel heißer Suppe nach einem langen Fußmarsch durch Regen und Kälte.

»Aber für dich laufen die Dinge nicht so besonders im Augenblick?«

»Bitte?«

»Juno meinte ... Du weißt ja, was für ein Informationsnetz sie betreibt, und sie hat gesagt ...« Sie unterbrach sich kurz. »Sie sagte, sie glaubt, dass du möglicherweise das Haus verkaufen musst.«

»Stimmt.« Sein Blick war auf die Straße gerichtet und

sie konnte keine Regung in seinem Gesicht erkennen. Aber er musste todunglücklich darüber sein.

»Ich kann mir vorstellen, wie deprimiert du bist.«

»Es hat keinen Sinn, deprimiert zu sein. Es ist eben passiert, ich habe mich übernommen.«

Althea wusste, sie musste weitersprechen. »Die Kinder haben einen Plan.«

»Ah ja?«

»Ja. Sie meinen, ich sollte eine Hälfte deines Hauses kaufen. Dann hättest du genug Geld um die Restaurierung abzuschließen.«

»Ah ja?«

Das klang nicht sehr ermutigend. »Natürlich wollen sie die Hälfte, in der wir jetzt wohnen.«

»Natürlich.«

»Also, was hältst du von der Idee?«

Er antwortete nicht und Althea war zu angespannt um ein langes Schweigen zu ertragen. »Ich habe ihnen gesagt, es sei vermutlich kein guter Gedanken, weil ich nicht glaube, dass du mich besonders magst.«

»Verstehe.«

»Und? Magst du mich gern?«

»Manchmal bist du ganz in Ordnung.« Er schaltete zurück und mogelte sich an einem Bus vorbei.

Wenn das alles war, was er zu bieten hatte, dann sollte er doch sein Haus verhökern und zur Hölle fahren. »Also, dann werde ich mich sofort auf die Suche nach einem Haus machen und so bald wie möglich ausziehen.«

»Das hat keine besondere Eile. Ich glaube nicht, dass irgendwer wild darauf ist, ein Vermögen für ein verfallenes Landhaus auszugeben.«

»Vielleicht kaufe ich es ganz.«

»Das kannst du dir gar nicht leisten.«

»Woher willst du das wissen? Ich habe noch das ganze Geld von meinem Hausverkauf und bei dem Gehalt, das ich verdienen werde, kriege ich bestimmt einen großen Kredit, wenn ich will.«

»Aber nicht mit diesem Haus als Sicherheit. Und selbst wenn, du könntest die Raten gar nicht aufbringen.«

»Oh, manchmal bist du ein richtiger ... du weißt schon.«

Er schüttelte kurz den Kopf wie ein Hund, der Wasser in den Ohren hat. »Ich weiß. Tut mir Leid. Ich verderb dir deinen Triumph. Ich bin ein Klotz.«

Althea war sofort besänftigt und streckte die Hand aus. Im letzten Moment konnte sie sich bremsen, ehe sie sie auf sein Bein legte. Sie zog sie eilig wieder zurück. »Du könntest Geld aufnehmen und das Haus in mehrere Eigentumswohnungen aufteilen. Du würdest ein Vermögen machen.«

»Nein. Mein Traum war es wieder in seinem einstigen Glanz erstrahlen zu lassen. Eigentumswohnungen sind selten glanzvoll.«

»Es ist ein Jammer.«

»Was?«

Sie gab sich alle Mühe sachlich und geschäftsmäßig zu klingen, als sei nichts an ihrem Angebot persönlich. »Dass du nicht willst, dass ich dic eine Hälfte von deinem Haus kaufe. Es würde deine und meine Probleme lösen. Ich hätte ein Heim, wie ich es mir wünsche, du hättest das Kapital um die Instandsetzung fortzuführen. Wir müssten uns ja nicht zwangsläufig ins Gehege kommen. Wenn wir uns Mühe geben, könnten wir es vermutlich vermeiden, uns überhaupt je zu begegnen.«

»Das ist wohl das Albernste, was ich in meinem Leben je gehört hab.«

Es fühlte sich an, als habe er sie in den Magen geboxt. Sie kauerte sich in ihrem Sitz zusammen und wünschte, sie hätte genug Energie um aus dem Wagen zu springen und auf eigene Faust nach Hause zu fahren.

»Es sei denn«, fuhr er fort und überholte einen Fahrrad-Pizzaboten, mit viel zu wenig Abstand, fand Althea. »Es sei denn, wir wären verheiratet. Und ich nehme nicht an, dass du daran interessiert wärst, oder?«

Althea wurde heiß und kalt und sie zweifelte, ob sie richtig gehört hatte. Dann beschloss sie ihren Ohren zu trauen und fällte eine schwere Entscheidung. Es wäre so einfach, irgendetwas zu murmeln, weiter aus dem Fenster zu starren und ihm zuzustimmen. Aber er selbst hatte ihr einmal gesagt, sie solle den Augenblick leben. Es war also seine eigene Schuld, wenn ihm nicht gefiel, wozu das führte.

»Doch, das wäre ich durchaus.«

Er stieg hart auf die Bremse und gab dann wieder Gas. »Was wärst du?«

»Ich wäre daran interessiert, zu heiraten und so weiter.«

Er räusperte sich. »Grundsätzlich, im Allgemeinen? Oder jemand Bestimmten?«

Er machte es ihr nicht gerade leicht. »Jemand Bestimmten.«

Er fuhr schweigend weiter, aber seine Gedanken schienen nicht mit dem Geschehen auf der Straße beschäftigt.

»Mich?«

»Wenn du mich fragen würdest, ja, dich.«

Er setzte den Blinker, bog plötzlich in eine Nebenstraße und hielt. Sie standen auf einer doppelten, gelben Linie – absolutes Halteverbot. »Könntest du das noch mal sagen?«

»Ich sagte, wenn du mich fragtest, bezüglich einer Heirat, wäre ich interessiert.«

»Du meinst, du würdest Ja sagen?«

»Ja. Aber du müsstest mich fragen. Diese Unterhaltung ist so kompliziert, dass ich sonst nicht wüsste, wozu ich meine Zustimmung gebe.«

Er holte tief Luft, hob die Schultern, ließ sie wieder fallen. »Willst du mich heiraten?«, fragte er schließlich und sah unverwandt auf die Straße hinaus.

»Ja«, sagte Althea und sah vor ihnen eine schwarze Katze über die Straße laufen. Für einen Augenblick geriet sie in Panik, weil sie nicht mehr wusste, ob das Glück oder Unglück brachte. Ein Verkehrspolizist kam auf sie zu. Das war einfacher. Die brachten definitiv Unglück. »Da ist ein Verkehrspolizist.«

»Das ist mir gleich.« Er wandte sich zu ihr um und legte eine seiner großen Hände in ihren Nacken. »War das wirklich dein Ernst? Dass du mich heiraten wirst?«

»Ja, aber der Verkehrspolizist ...«

»Der kann mich mal«, sagte er und küsste sie.

KAPITEL 28 Sie hinterließ Unmengen von Schnittblumen bei Sylvias Eltern, sodass ihr Haus – wollte man Sylvias Stiefvater glauben – wie eine Friedhofskapelle aussah. Dann irrten sie ein Weilchen durch die kleinen Anwohnerstraßen von Fulham, ehe sie auf die Hauptstraße zurückkamen. Althea seufzte und schloss die Augen.

»Alles in Ordnung?«, fragte Patrick.

»Es war nur vielleicht alles ein bisschen viel auf einmal. Und ich gäbe alles für eine Dusche.«

»Wie wär's, wenn wir nicht sofort nach Hause fahren? Du weißt ja, wenn wir ankommen, sind alle da.«

»Was meinst du mit ›alle‹? Doch wohl nur die Kinder.«

»Das meinte ich. Aber ich hätte dich gern für mich allein.«

»Die Kinder sind ein Teil meines Lebens ...«

»Ich weiß«, unterbrach er hastig, er hörte die plötzliche Sorge in ihrer Stimme. »Und ich bin durchaus bereit dich mit ihnen zu teilen. Ich hab sie wirklich gern, weißt du, das hat überhaupt nichts mit dir zu tun. Ich dachte nur, wenn du müde bist, ich wüsste ein schönes Hotel in Henley, gleich an der Themse. Wir könnten dort übernachten, morgen zeitig aufbrechen und zum Frühstück zu Hause sein.«

Althea seufzte. »Das klingt himmlisch.«

»Ich halte an einer Telefonzelle und frage, ob sie ein Zimmer frei haben, ja?«

»Und ich sollte den Kindern Bescheid geben, dass ich heute nicht nach Hause komme.« Sie runzelte die Stirn. »Was soll ich ihnen sagen? Dass wir eine Panne haben?«

»Sag ihnen die Wahrheit. Dass du erledigt bist und ins Bett willst.«

Sie unterdrückte ein Lächeln, weil es drohte ein wissendes, erwartungsvolles Grinsen zu werden. »Wir fahren also zu diesem Hotel, damit wir früh schlafen gehen können?«

Er versuchte erst gar nicht seine lüsternen Blicke zu vertuschen und sie fand ihn vollkommen unwiderstehlich. »Genau.«

»Patrick, ich weiß, dass sie dich wirklich ins Herz geschlossen haben und was sonst noch dazugehört, aber das ist etwas, das ich ihnen schonend beibringen muss.«

»Althea, mein Liebling, meine Angebetete, mein Engel ... wärst du sehr erschüttert, wenn ich sagte, dass sie mir praktisch die Pistole auf die Brust gesetzt und verlangt haben, dass ich dir einen Antrag mache? Dass Merry vor allem bitterlich enttäuscht sein wird, wenn sie nicht spätestens im Herbst in einem purpurnen Taftkleid hinter dir zum Altar schreiten darf?«

Althea seufzte. »Es ist nicht Merry, um die ich mich sorge. Es sind die Jungs.«

»Aber sie sind einverstanden. Sie sind nur ein bisschen durcheinander und verstehen nicht, warum du immer ›so zickig‹ zu mir warst.«

»Soll das heißen, du hast diese Sache mit meinen Kindern besprochen ohne mir einen Ton davon zu sagen? Du bist genauso unmöglich wie Frederick!«

»Ich bin viel schlimmer als Frederick. Wenigstens sind es seine Kinder. Aber ich wusste, dass ich niemals eine Chance bei dir haben würde, ehe die Kinder ... ihr Einverständnis erklärt haben.« Althea schlug mit der Faust gegen das Handschuhfach. »Rollentausch der unerhörtesten Form. Der Bräutigam fragt die Kinder um Erlaubnis ihre Mutter zu heiraten!«

Patrick lachte leise. »Na ja, sie haben ja zugestimmt, also warum solltest du Einwände erheben? Tatsächlich war es William, der vorgeschlagen hat ...« Er brach plötzlich ab.

»Was?«

»Nichts. Spielt keine Rolle. Und es tut mir Leid. Ich hätte nie ein Wort zu ihnen gesagt, aber sie haben davon angefangen.«

»Was? Patrick! Das ist ja furchtbar! Viel schlimmer, als ich befürchtet habe!«

»Es war nicht ganz so, wie es sich jetzt vielleicht anhört. Wir saßen abends zusammen und redeten und da hat Merry ...«

»Merry! Wie konnte sie nur!«

»Merry fragte, warum wir nicht einfach zusammenziehen.«

Althea bedeckte das Gesicht mit den Händen. »Meine Mutter würde sich im Grabe umdrehen, wenn sie tot wäre.«

»Und ich habe gesagt, das sei nicht so einfach und ich hätte das Gefühl, dass du nicht willst.«

»Oh Gott!«

»Aber sie sagte, sie sei sicher, dass du mich wirklich gern hast, weil du so fertig warst, als ich mit Jenny zusammen war. Wie bist du übrigens auf diese absurde Idee gekommen?«

»Ist doch egal«, murmelte sie und stöhnte.

»Na ja, dann haben wir jedenfalls ausführlich darüber diskutiert. Und die Jungs meinten auch, du hättest was für mich übrig, und William sagte, du hältst mich wahrscheinlich auf Distanz, weil du fürchtest, sie hätten was dagegen.«

»Richtig.«

»Aber da das nicht der Fall ist, waren sie der Ansicht, ich sollte in Aktion treten.«

»Gott, das ist so unendlich peinlich ...«

»Keineswegs. Die Einschaltung von Kupplern ist eine gute, alte irische Sitte. Vieles spricht dafür. Und jetzt lass uns sehen, ob wir zwei funktionierende Telefonzellen finden.«

»Hallo, Merry? Ich bin's.«

»Oh, hi, Mum.«

»Liebling, wärt ihr wohl sehr enttäuscht, wenn wir heute Abend nicht nach Hause kämen? Wir ...« Sie fühlte, wie ihr das Blut ins Gesicht schoss. Es war nicht einfach, seiner dreizehnjährigen Tochter zu gestehen, dass man ein Sexualleben hatte. »Patrick möchte, dass wir in einem Hotel übernachten. Es ist so eine weite Fahrt und ich bin so müde.«

»Oh ... Es ist Mum.« Althea hörte sie im Hintergrund murmeln, ehe Merry die Hand über den Hörer legte. »Kein Problem«, sagte sie dann. »William fährt mich rüber zu Juno. Sie hat gesagt, ich darf Candida vielleicht baden.«

»Wie schön.«

»Du bringst mir die Seife mit, oder?«

»Natürlich, wenn es welche gibt. Wollen deine Brüder mit mir sprechen?«

Althea hörte Merry fragen. »Nicht zwingend. Ich soll dich grüßen. Und Patrick auch. Ich muss jetzt Schluss machen. Bis bald.«

Althea hängte ein und wusste nicht, ob sie froh oder traurig sein sollte. Es war wunderbar, dass ihre Kinder so selbstständig waren und ohne sie zurechtkamen, aber es war ein bisschen gewöhnungsbedürftig.

Der Garten des Hotels erstreckte sich bis zum Fluss hinunter. Der Parkplatz lag hinter dem Haus und man erreichte ihn über eine Zufahrt, die durch gepflegte Rasenflächen mit alten Bäumen und geschmackvollen Blumenbeeten führte.

»Das ist wunderschön!«, sagte Althea. »Man sieht geradezu vor sich, wie elegante Damen mit riesigen Hüten und winzigen Sonnenschirmen hier entlangflanierten und auf der Terrasse Tee getrunken haben.«

»Wie heiß ihnen im Sommer gewesen sein muss. Kein Wunder, dass sie immerzu in Ohnmacht gefallen sind«, meinte Patrick.

Sie selbst schien weitaus weniger hierher zu passen, dachte sie, verschwitzt und müde in ihren zerknitterten Sachen. Zögernd folgte sie Patrick, als er ihr Gepäck die Stufen hinauf und durch die Tür zur Rezeption brachte.

Er muss wissen, dass wir nicht verheiratet sind, dachte sie, als der junge Portier ihre Anmeldung ausfüllte. Sie fühlte sich plötzlich sehr unsicher und versuchte all ihre Gedanken auf den Seidenblumenstrauß im Kamin zu konzentrieren, während Patrick unterschrieb. Hier stehe ich, eine erwachsene Frau – beinah vierzig, verdammt – und geniere mich, weil ich mit einem Mann zusammen ein Hotelzimmer nehme. Patrick lächelte ihr aufmunternd zu. »Gehen wir nach oben?«

Althea nickte und folgte ihm eine geschwungene Treppe hinauf zu ihrem Zimmer, dankbar, dass er die Dienste eines Pagen abgelehnt hatte.

Das Zimmer war offensichtlich für Paare in den Flitterwochen eingerichtet. Ein riesiges Bett mit einer weißen Tagesdecke, bodenlange, goldene Vorhänge zierten das Fenster, das einen Ausblick auf den Garten und den Fluss bot. Im Bad fanden sich zahllose flauschige Handtücher und genug kleine Päckchen und Fläschchen mit Badeöl, Schampoo und Duschgel um selbst Merry zufrieden zu stellen.

»Wir sind ein bisschen spät dran«, bemerkte Patrick und ließ ihre formlose Tasche achtlos auf das weiß bedeckte Bett fallen. »Wir sollten bald hinuntergehen, wenn wir noch etwas essen wollen.«

Althea wollte nie wieder im Leben essen. Ihr Appetit war verschwunden. Keine jungfräuliche Braut hätte nervöser sein können angesichts dieses imposanten Betts und eines Bräutigams, der plötzlich ein Fremder war.

»Kann ich eben noch unter die Dusche?«

»Natürlich.«

Der Wasserstrahl war heiß und stark, sandstrahlte die Strapazen und den Staub dieses endlos erscheinenden Tages von ihrem Körper. Aber innerlich war sie immer noch voller Unruhe. Hier war sie nun, erfolgreiche Gartenarchitektin, Verlobte eines gut aussehenden, liebevollen Mannes, im Begriff zum ersten Mal in ihrem Leben wirklich finanziell unabhängig zu werden. Aber statt der Euphorie, die sie hätte empfinden müssen, fühlte sie sich nur fremd und unausgeglichen.

Er war nicht im Schlafzimmer, als sie aus dem Bad kam. Sie zog sich wieder an und trocknete sich die Haare. Dann legte sie sehr sorgfältig ihr Make-up auf. Sie war gerade mit dem Lippenstift beschäftigt, als Patrick hereinkam, und sie wusste plötzlich, was nicht stimmte.

Er warf sich der Länge nach mitsamt Schuhen aufs Bett.

»Patrick, ich weiß nicht so recht, wie ich es sagen soll ...«

Er setzte sich auf, nicht länger entspannt, sondern sehr blass unter seiner Sonnenbräune. »Aber du hast deine Meinung geändert. Du willst mich doch nicht heiraten.« Er sagte es leichthin und lächelte, aber sie hörte die Anspannung in seiner Stimme.

»Nein, nein, nichts dergleichen. Es ist nur ...«

»Was? Um Himmels willen, sag schon.«

»Ich möchte nach Hause.«

Er schloss die Augen und stieß den Atem aus. »Ist das alles? Gott! Einen Augenblick dachte ich, es wäre etwas Ernstes.«

»Es macht dir nichts aus?«

»Nein, eigentlich nicht. Nur ...«

»Was?«

»Ach, nichts. Wir haben ja noch den ganzen Rest unseres Lebens zusammen.« Er sah Altheas verständnisloses Gesicht und fügte hinzu: »Um Nächte in Hotels zu verbringen, meine ich.«

Sie nickte. »Ob sie sehr ärgerlich sein werden?«

»Wer?«

»Die Leute hier vom Hotel. Wenn wir nicht bleiben.«

»Natürlich nicht. Ich gehe zur Rezeption und geb Bescheid. Du kannst weitermachen mit was immer du gerade tust und ich komme dich holen, wenn alles geregelt ist.«

»Patrick?«

»Ja?«

»Ich liebe dich.«

Die Wärme in seinen Augen erfüllte sie mit einem glühenden Gefühl freudiger Erwartung – und mit Liebe. »Behalt den Gedanken im Kopf und sag es mir noch mal, wenn ich ... angemessen reagieren kann.«

Plötzlich wurde Althea ganz leicht ums Herz. Es war das Hotel, das sich nicht richtig anfühlte, nicht ihr Leben, nicht die Wahl, die sie getroffen hatte. Sie packte die wenigen Dinge, die sie gebraucht hatte, wieder in ihre Tasche, strich die Bettdecke glatt und stibitzte ein Exemplar von jeder Sorte Fläschchen aus dem Bad für Merry.

Glücklicherweise war das Foyer menschenleer, als sie schließlich gingen, sodass sie niemandem schuldbewusst ins Auge sehen musste.

»Musstest du das Zimmer bezahlen?«, fragte sie, als sie losfuhren.

»Mach dir darüber keine Gedanken. Schlaf. Du musst völlig erledigt sein.«

Wenn es sie auch ein wenig verwunderte, dass er das sagte, kam sie der Aufforderung doch frohen Herzens nach und schlief während der gesamten Heimfahrt. Sie wachte nur einmal kurz auf, als er anhielt um zu tanken.

»Wach auf, wir sind da.«

Althea schlug die Augen auf. »Meine Güte, hab ich die ganze Fahrt verschlafen?«

»Umso besser. Althea ...« Er nahm ihre Hand. »Es gibt etwas, das ich dir vielleicht sagen sollte.«

Ihr Herz setzte einen Schlag aus und sie zog ihre Hand zurück. »Wenn du mir sagen willst, dass du in Wirklichkeit mit Topaz verheiratet bist oder eine Frau und Kinder hast, die glauben, du seist Fernfahrer, dann tu's drinnen. Ich will jetzt aus diesem Lieferwagen steigen.«

»Bitte, ganz wie du willst.«

Sie kletterte steif heraus und wartete, dass er mit dem Schlüssel folgte. Er sprang leichtfüßig aus dem Wagen, trat zu ihr und schloss die Tür auf.

»Überraschung!«

Die Eingangshalle war voller Menschen in Partystimmung, die »Gut gemacht! Gratuliere!«, riefen. Luftballons, auf denen »Herzlichen Glückwunsch« stand, versperrten ihnen beinah den Weg. Transparente, mit Sternen und Herzen übersät, wiederholten die Gratulationen in großen, vielfarbigen Buchstaben. Merry hatte offenbar hart gearbeitet, unterstützt von ihrer Freundin Ronnie, die Althea halb verdeckt von den Erwachsenen im Hintergrund ausmachte.

Merry fiel ihrer Mutter um den Hals. »Hallo, Mum! Es ist wunderbar, dass ihr doch noch gekommen seid. Wir waren so enttäuscht, als wir dachten, ihr kommt erst morgen!«

Sie wurde von ihren Brüdern zur Seite gedrängt und dann kam einer nach dem anderen um Althea zu küssen und zu beglückwünschen.

»Juno, war das deine Idee?«, verlangte Althea zu wissen, als ihre Schwester, Baby im Tragegestell, sie umarmte. »Wieso hast du mir nichts gesagt? Wir wären beinah gar nicht gekommen!«

»Freust du dich denn nicht?«, fragte Juno. »Merry hat geschworen, dass du dir immer schon mal eine Überraschungsparty gewünscht hast, aber Patrick war nicht sicher und hat gesagt, er könne nicht versprechen, dass er dich nach Hause bringt.«

»Aber was hättet ihr gemacht, wenn wir im Hotel geblieben wären?« Althea machte eine weit ausholende Geste und wies auf die Transparente. »Dann wär das alles umsonst gewesen.«

»Oh nein«, widersprach Merry. »Die Party hätten wir so oder so gefeiert. Mit oder ohne euch.«

»Aber du freust dich?«, vergewisserte Juno sich.

»Ich bin hingerissen.«

Weniger hinreißend, aber typisch für Juno, war die Anwesenheit von Frederick und Topaz, die im Hintergrund lauerten.

»Das ist ein bisschen unkonventionell, Juno, meinst du nicht?«, sagte Althea. »Exfreundin und Exmann zur Verlobungsparty einzuladen? Nicht dass es mir etwas ausmacht ...«

Juno blinzelte. »Du meinst, du und Patrick? Ihr seid verlobt!«, schrie sie und weckte Candida, die sofort mit einstimmte. »Hört mal alle her! Sie haben sich verlobt!«

Eine neue Flut von Umarmungen und Küssen und Schulterklopfen spülte über Althea hinweg. »Ich dachte, sie wüssten es«, raunte sie Patrick zu, der ebenfalls belagert wurde. »Warum sonst die Gratulationen?«

»Deine Silbermedaille natürlich, du Schaf. Aber was macht das schon, irgendwann mussten sie's ja erfahren.«

»Gut gemacht, Mum.« William umarmte sie ungeschickt. »Ich bin sehr glücklich für dich.«

»Und was ist mit dir? Wie fühlt es sich für dich an?«

»Völlig in Ordnung, wirklich. Es wird super sein, einen reichen Stiefvater zu haben.«

»Aber Liebling, Patrick ist nicht reich.«

William sah verwirrt zu Patrick. »Nein? Tut mir Leid, da muss ich irgendwas falsch verstanden haben.«

»Geh und such Rupert und Merry für mich, sei so gut. Ich muss wissen, wie sie es aufnehmen.«

Rupert und Merry nahmen es sehr gut auf. Merry fragte als Erstes, ob Ronnie auch Brautjungfer werden könne. »Ich meine, ihr braucht doch wenigsten zwei und

Candida ist viel zu klein, selbst wenn ihr noch Ewigkeiten wartet.«

»Mal langsam, Merry, vielleicht wollen sie gar nicht so eine offizielle Hochzeit«, sagte Rupert. »Wer weiß, vielleicht schleichen sie sich lieber heimlich zum Standesamt.«

»Kommt nicht infrage. Ich werde nicht zulassen, dass meine Mutter einen Millionär heiratet ohne anständige Hochzeit.«

»Liebling, wie kommst du nur darauf, dass Patrick ein Millionär ist?«

»Ist doch jetzt ganz egal. Sag nur, dass ihr eine vernünftige Hochzeit feiert und dass Ronnie Brautjungfer sein darf.«

»Einverstanden. Wenn wir einen Priester finden, der uns traut. Wir sind ja beide geschieden, weißt du.«

»Super! Ich geh und sag's Ronnie.«

Es war in gewisser Weise unvermeidlich und es passierte, als sie in die Küche ging um einen Schluck Wasser zu trinken. Dort traf sie auf Topaz.

»Sie haben ihn also schließlich so weit gekriegt, dass er Sie heiratet?« Topaz' schlanke Gestalt lehnte an dem massiven Tisch, der Patrick als Arbeitsfläche diente.

Althea hob die Schultern. »Ich hab ihm Geld geboten, wie konnte er da widerstehen? Mich zu heiraten bedeutet, dass er das Haus behalten kann. Wie herrlich es ist, reich genug zu sein um des Geldes wegen geheiratet zu werden.«

»Wie meinen Sie das?« Topaz zog verständnislos eine akkurat gezupfte Braue in die Höhe. »Er braucht Ihr Geld nicht. Wissen Sie denn nichts von diesem Treuhandfonds seiner Familie? Nächstes Jahr wird die nächste Auszahlung fällig. Er ist praktisch Millionär.«

Althea war zumute, als sei jedes Glas Wein, das sie getrunken hatte, plötzlich in ihre Knie abgesackt. Sie fühlte sich mit einem Mal sehr schwach und verspürte ein überwältigendes Bedürfnis Patrick zu sehen. Er war im Wohnzimmer, dem Raum, den sie eines Tages als Arbeitszimmer nutzen wollte, und unterhielt sich mit Kenneth über Babys.

»Was ist denn, Liebling?«, fragte er, als er ihren Gesichtsausdruck sah.

»Kann ich dich einen Moment sprechen?« Sie führte ihn den Flur entlang und durch eine Tür in ihre zukünftige Küche. »Topaz hat mir gerade eröffnet, dass du steinreich bist! Du hättest das Haus überhaupt nicht verkaufen müssen!«

Er biss sich auf die Unterlippe und schüttelte achselzuckend den Kopf. »Es tut mir Leid. Es war Williams Schuld. Er hat mir geraten nichts davon zu sagen. Er glaubte, es werde meine Chancen verschlechtern. Und weil meine Chancen sowieso schon so miserabel schienen, konnte ich das nicht riskieren.«

»Keinem Mann war je zu trauen«, zitierte sie. »Also, wenn du so reich bist, warum hast du die Arbeiten am Haus unterbrochen? Seit ich nach Chelsea gefahren bin, hat sich hier überhaupt nichts mehr getan.«

»Komm mit und sieh dir an, was ich gemacht habe.«

Er nahm ihren Arm und führte sie in den Garten hinaus. Er war wie ein Hafen der Ruhe und des Friedens, weit weg von Lärm und Durcheinander. Am liebsten wäre sie den Rest des Abends hier geblieben. Die Nacht war ein wenig schwül, die Sterne funkelten hell und sie war ein bisschen beschwipst und sehr verliebt. Aber er ließ nicht zu, dass sie anhielten, ehe sie zum Gewächshaus kamen.

»Da.«

Es war komplett restauriert worden. Jeder Rahmen, jede Glasscheibe waren repariert oder erneuert worden. Irgendwer, Merry vermutlich, hatte Lampions und Kerzen aufgestellt, deren Flammen sich im Glas spiegelten, sodass ihre Zahl ins Uendliche vermehrt schien. Die neuen Stellagen waren stabil, hell und dufteten nach frischem Holz. Die Bodenfliesen waren erneuert worden. Es gab einfach nichts, was sie in einem solchen Gewächshaus nicht züchten konnte.

»Jalousien und Bewässerung kannst du programmieren, wenn du wegmusst«, sagte er. »Und im Boden sind Beete eingelassen, sodass du Kletterpflanzen ziehen kannst.«

»Es ist wundervoll!«

»Und das ist noch nicht alles.«

Er führte sie zum Ende des Gewächshauses, das sich zu einem weiteren, verglasten Bau hin öffnete, ebenfalls von Kerzen erhellt. Aber diese Kerzen standen in herrlichen schmiedeeisernen Haltern. Es war eine Orangerie, genauso wunderschön wie diejenigen, die sie in Chelsea gesehen hatte. Die Luft war warm und die Kerzen tauchten alles in flackerndes, weiches Licht. Nicht nur eine Orangerie, sondern auch ein Swimmingpool. In der Giebelwand gab es ein riesiges, halbmondförmiges Fenster, jetzt in goldenes Licht getaucht, das den Blick auf den Sonnenuntergang freigab.

»Das ist unbeschreiblich«, hauchte sie, überwältigt vom Anblick dieser großzügigen Glasfläche, die in einzelne Scheiben unterteilt war und sich im Pool spiegelte.

»Ein diokletianisches Fenster. Es ist schön, nicht wahr?«

»Fantastisch.«

»Ich weiß, dass du nicht gerade verrückt aufs Schwimmen bist, aber der Pool ist beheizt und er wird die Luft hier so feucht machen, dass du alle möglichen exotischen Pflanzen züchten kannst. Und weil ich Gartenarbeit verabscheue, hab ich dann wenigstens eine Beschäftigung, während du gräbst und pflanzt oder wer weiß was tust.«

»Vielleicht entdecke ich meine Leidenschaft fürs Schwimmen ja noch.« Die Vorstellung in diesem Pool zu schwimmen, nackt, zusammen mit Patrick, war einigermaßen erträglich. »Wie in aller Welt hast du das in so kurzer Zeit geschafft?«

»Du hast doch in Chelsea gesehen, was man innerhalb von zwei Wochen zustande bringen kann. Das Prinzip ist dasselbe. Du brauchst nur genug Leute, die sich auf das verstehen, was sie tun.«

»Aber bist du auch sicher, dass es nicht viel zu teuer war? Ich weiß, Topaz hat gesagt, du wärst reich, aber du hast die anderen Arbeiter weggeschickt, die, die jetzt einen Patio bei Diana Sanders' Nachbarn pflastern.«

»Stimmt. Sie waren mir zu langsam. Bei einem Patio ist das vermutlich nicht so tragisch.«

»Also ist dir gar nicht das Geld ausgegangen?«

»Ich fürchte, nein.«

»Du brauchst mein Geld überhaupt nicht um das Haus zu restaurieren?«

»Nein. Ist das sehr schlimm?«

Sie seufzte tief. »Die Vorstellung für mein Geld geheiratet zu werden hat mir schon sehr gefallen, weißt du. Ich hab mich so reich gefühlt.«

»Du bist die erste Frau, der ich je begegnet bin, die darüber enttäuscht ist, dass ihr Mann Geld hat. Die anderen – und Topaz war wohl die schlimmste – schienen sich nichts anderes vom Leben zu erhoffen als einen Mann, der ihnen die Art von Lebensstil bieten kann, an den sie sich gerne gewöhnen würden.«

»Wie schrecklich von ihnen.«

»Aber du wolltest *mir* Geld geben, dein ganzes Geld, obwohl du nie zuvor Geld hattest.«

»Weil ich dich liebe«, erklärte sie. »Man will alles teilen mit denen, die man liebt.«

»Aber dich reich zu fühlen ist nicht wichtig für dich?«

»Nein. Nur ungewohnt.« Sie zögerte. »Mich geliebt zu fühlen, das ist wichtig für mich.«

»Ich habe die Absicht dir dieses Gefühl für den Rest deines Lebens zu geben.«

»Oh, Patrick.«

»Außerdem will ich ganz andere Dinge von dir als dein Geld.«

»Ah ja?« Sie lächelte und wartete auf ein paar belanglose aber wohltuende Schmeicheleien.

»Hm. Ich baue darauf, dass du meinen Garten kostenlos gestaltest. Und zwar einen Garten, der absolut keine Arbeit macht. Komplett gepflastert, keine grässlichen Blumen.«

Sie lachte leise. »Wenn du Gärten so schrecklich findest, warum hast du dich mit einer Gartenarchitektin eingelassen?«

»Das war keine Absicht, glaub mir. Ich dachte, ich sei für immer geheilt von Liebe und festen Bindungen und allem, was damit einhergeht. Und jetzt sieh nur, was aus mir geworden ist. Jetzt bin ich gebunden bis ans Ende meiner Tage, nicht nur an eine Frau, sondern an ihre drei Kinder, eine Schar Haustiere und ungefähr eine Million Pflanzen.« Er seufzte. »*Samsara.*«

»Du hast mit William zusammengesteckt.«

»Stimmt. Und wo ich gerade beichte, kann ich dir auch gleich gestehen, dass ich dir noch keinen Verlobungsring gekauft habe.«

Sie wies auf die Orangerie. »Das ist viel besser.«

Er drückte sie an sich. »Es sollte ein Köder sein. Ich dachte, du könntest meinen Antrag niemals ablehnen, wenn ich dir das hier biete. Ich wusste, Geld würdest du mühelos widerstehen, aber nicht einem richtigen Gewächshaus.«

»Es ist komisch, Patrick, und vielleicht fällt es dir schwer, das zu glauben, aber ich würde dich ebenso gern heiraten, wenn du in einem kleinen Bungalow mit einem Garten nach Norden wohntest.«

»Es sei denn, die Erde wäre lehmig und die Kinder könnten mich nicht ausstehen.«

»Na ja – jede Liebe hat ihre Grenzen.«

Er wurde plötzlich ernst. »Aber es ist so, wie du es wolltest? Es gefällt dir?«

»Es ist besser als jeder Ring. Es ist das wundervollste Gewächshaus auf der ganzen Welt.« Er kam einen Schritt näher und schloss sie in die Arme. »Es ist bis ins letzte Detail perfekt«, murmelte sie, die Lippen an seinen Hals gedrückt.

Nur der Fußboden, stellten sie kurz darauf fest, war ein bisschen hart.

›Katie Ffordes romantischste Liebesgeschichte‹
THE TIMES

Nachdem die dreißigjährige Hetty gerade ihren Freund auf frischer Tat mit einer anderen ertappt hat und überdies auch noch ihren Job los ist, kommt ihr das Angebot wie gerufen, für eine Weile den leerstehenden Landsitz ihres Großonkels Sam zu hüten. Wie Hetty feststellen muss, hält das wunderschöne Anwesen jedoch so manche Überraschung bereit. Und dann taucht eines Tages auch noch Sams Erbe, der raubeinige Connor, mit einem ungewöhnlichen Ansinnen dort auf …

3-404-14649-2